U0610440

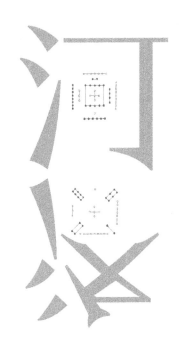

河洛文化研究丛书

河洛思想文化研究

董延寿　张留见　李焕有　鲁庆中　黄黎星　著

河南人民出版社

图书在版编目（CIP）数据

河洛思想文化研究／董延寿等著 . — 郑州：河南
人民出版社，2018.2
（河洛文化研究丛书）
ISBN 978 - 7 - 215 - 10217 - 0

Ⅰ．①河… Ⅱ．①董… Ⅲ．①文化史—研究—
洛阳 Ⅳ．①K296.13

中国版本图书馆 CIP 数据核字（2018）第 027221 号

河南人民出版社出版发行
（地址：郑州市经五路 66 号　邮政编码：450002　电话：65788063）
新华书店经销　　北京虎彩文化传播有限公司印刷
开本 710 毫米×1000 毫米　　　1/16　　　印张 26.5
字数 320 千字
2018 年 2 月第 1 版　　　2018 年 2 月第 1 次印刷

定价：182.00 元

目　　录

绪　　论

河洛思想文化主要是指在河洛地区形成的,处在最高层次、以精神形态存在的文化,即关于世界观、人生观、价值观和方法论的文化。人们也把这种对"知"与"行"的本质及其规律认识的文化,叫做哲学文化或思想文化。

一、河洛思想文化的主要内涵

研究河洛思想文化,首先要界定它所研究的范围。我们认为,河洛思想文化主要包括以下几个方面:(1)《易经》的哲学思想;(2)周公的礼乐思想;(3)老子与道家的哲学思想;(4)东汉时期的经学思想;(5)魏晋时期的玄学思想;(6)佛教禅宗的哲学思想;(7)北宋时期的理学思想等。

(一)《易经》的哲学思想

《易经》有着丰富的哲学思想。《易经》作为中国百经之首,从表面看是一部占卜、预测之书,但是,从卦序、卦名、卦象、卦辞、爻序、爻辞、爻象、断辞及其推演过程等方面分析,其中包含着中国传统道德哲学重要思想和原理。

第一,《易经》中包含着"道非常道,有无相生"的宇宙观。

"道非常道,有无相生"是中国哲学对自然界本质的深刻揭示,是对自然规律的高度总结。《易经》以独特的方式把自然界的发展变化规律渗透到自己的理论体系之中,把自己的理论体系置于正确的、科学的宇宙观指导之下。世界是物质的,世界是由道生成的,《易经》中体现这一观点的方法独特而且实用。《易经》六十四卦,每卦都是由三爻一卦的单卦两两相叠而成的重卦,其中的八个单卦也都以自然界八种物质或物质现象命名。乾代表天,坤代表地,震代表雷,巽代表风,离代表火,坎代表水,艮代表山,兑代表泽,其他相叠的五十六卦也各有其名,其卦名的字义虽然不完全显示具体物质,但其所代表的内容离不开物质现象。世界是物质的,物质是发展变化的,发展变化遵循"道非常道"的发展观。《易经》对物质的发展变化体现得最为淋漓尽致。六十四卦的编排顺序就充分体现了自然界的发展变化规律。《易经》六十四卦,三百八十四爻,分别代表着自然界的万事万物,无论从哪一卦哪一爻开始变起,都可变出所有六十四卦。通过这种联系,把本爻所代表的事物,和天(乾)、地(坤)、火(离)、水(坎)、山(艮)、泽(兑)、风(巽)、雷(震)及其他各卦爻所代表的事物普遍联系在一起。

第二,《易经》中包含着"遵道重德,己所不欲,勿施于人"的人生观。

正确的人生观,源自于正确的宇宙观(世界观)。树立正确的宇宙观,就要求我们按照自然规律办事,这就是中国道德哲学的遵道重德观念。宇宙观揭示人与自然关系的本质,人生观则揭示人与人关系的本质,实质是遵道重德。人与人的关系不分民族、国家,不分历史朝代,自始至终表现为君臣(上下)关系,父子(先后)关系,夫妻、兄弟、朋友(左右平等关系),儒学称为"五典"的关系。上下、先后、左右类似于宇宙空间,因而人生观也类似于宇宙观。中国道德哲学提倡以德治国,以德治人,根本在于明"五典","五典"之要在于君臣有仁忠,父子有慈孝,夫妇分主次,兄弟分长幼,朋友讲诚信。此品德集于一人之身,具体表现为知、仁、勇"三达德",欲求"三达德",贵在好学,力行,知耻,此谓修德之三要,修德之门在于"己所不欲,勿施于人"。

第三,《易经》中包含"对立统一,负阴抱阳"的辩证法思想。

对立统一和负阴抱阳,是中西方哲学关于对立统一规律的不同表述,其实质相同。西方哲学关于对立统一的基本表述是对立双方,相互对立,相互联系,互为存在的前提。中国道德哲学认为,万物负阴而抱阳,冲气以为和。既分阴阳,说明二者不同是对立,既负又抱说明阴阳不可分离是统一,孤阴不生,独阳不长。冲气以为和,则进一步解释,为什么既对立却同居一体,既同居一体却为何对立。原因是阴阳双方在消耗自身的同时,既增长了自身的势力,又抑制了对立面的消耗和势力增长。双方就是在这样的消长运动中达到平衡,从而使负阴抱阳的平衡体,能够持续一定的时间。当这个平衡被打破的时候,就是事物灭亡的时候,从而构成了万物皆有生命的从有到无的过程。中国人应用对立统一负阴抱阳的规律,表现为一分为二、合二而一地分析问题、处理问题。这也是西方人认为中国人有独特的逻辑思维方法之所在。

(二)周公的礼乐思想

礼乐制度的确立有一个漫长的过程。传说中的三皇五帝时代,就有了一些礼乐的雏形。夏、商、周三代,虽然出现了政权更替、国都变迁,但一脉相承的礼乐制度不仅从未中断,而且还因"殷因于夏礼"、"周因于殷礼",礼乐制度得到了进一步发展。西周初年,周公在洛邑制礼作乐,更使礼乐制度走向成熟和完备。周公的礼乐思想主要包括:

第一,治国安邦的大一统思想。

周公,姓姬,名旦,文王四子,武王弟。西周建立后不久武王逝世,成王年幼,周公替侄摄政。为了适应形势发展的需要,掌握实际大权的周公姬旦,大力推行分封制度,扩大分封至 71 个诸侯国,其中 53 国为姬姓,封国体现着强烈的宗法血统观念。这些诸侯国普遍带有开拓疆土的任务,公、侯、伯、子、男爵位的嫡长子世袭更为其注入了活力。另外,西周还有相当一部分爵位的继承者是有特殊身份的人,武王长女大姬嫁给陶正官虞阏父的儿子胡满,胡满被封为陈国(今河南淮阳)诸侯,同时,夏朝的后代、商朝的后代也都被封为诸侯。周公用礼乐把这种包括通过联姻加强的宗法与封建相融合的制度巩固下来,以求缓和社会矛盾,平衡贵族、诸侯间的权力,确保周天子作为共主的世袭地位。

周公朝读书百卷,夕待贤士七十人。他将古代在河洛大地上形成的天命观念、部族信仰、宗亲关系与君权融为一体,规范着整个社会的行为。在上层建筑领域,周礼规定,辅助天子执行权力的三公为最高官职,即太师、太傅、太保。三公之下设六官:天官冢宰总理日常政务,地官司徒掌管土地、户籍,春官大宗伯管理卜祭、礼仪,夏官司马掌管军事,秋官司寇掌管刑法,冬官司空掌管工程建筑。周公又把众多的礼分为吉(祭祀,祭祀求吉祥)、凶(葬丧)、军(检阅、出征)、宾(朝觐、述职)、嘉(婚礼等)五类。祭祀,被列为五礼之首。国君祭祀天下名山,用牛作太牢,对应数字为九;诸侯祭祀封地内名山,以羊做少牢,对应数字为七;卿大夫用猪鸡作祭祀,称牺牲,对应数字为五;一般人只限用鱼,对应数字为三。祭祀的规范仪式体现了鲜明的等级观念。礼经三百,威仪三千,涉及君臣、父子、性别、言行举止各个方面。有些礼仪看起来好像是一种形式,无实质内容,其形式实际代表了一种封建秩序。可以说,礼就是周公为不同人制定的不同的做人标准,从中体现了中国人独特的思维方式、价值观念、伦理道德。周礼是周代完备的政典,礼的核心是等级造成的差别,又需要借助音乐歌舞,根据内容的不同,演奏于不同的场合。

《吕氏春秋·古乐》中说,周公创《大武》之乐,以歌盛世,壮军威。乐作为感化人心的艺术手段,或激励斗志,或抒发情感,配合礼在金字塔结构的社会中保持权力最大化,相得益彰,是当时中华文明的完美形式。礼乐有别有和,有尊有亲,相辅相成,互为作用,达到了周公"经国安邦、垂范后世、为万代开太平"的目的。

礼乐文明是在各部落大联盟趋向融合的基础上产生的,是周朝伟大的创新。礼乐文明是华夏民族第一次有明确特征的文化积淀,它对中华民族的发展产生了巨大影响。周公在这一文化创造过程中的作用不可低估。

礼的内容不但包括冠、婚、葬、祭、享、燕、朝聘、衣服、车马和宫室等,同时也包括一切具体的典章制度,如政治制度、土地制度、赋税制度、法律规范等。

乐,包括音乐、舞蹈等,它和礼紧密相连。天子、诸侯、卿大夫等各有其相应的乐、舞,乐器种类、乐队规模、演奏曲调、舞者人数等都有严格的区别。下不能僭上,卑不能凌尊。

春秋以后,礼乐制度虽然遭到了破坏,但它的影响却一直延续下来。周公制礼作乐开创了儒家学说的初基,影响着中国古代社会的发展和文明历程。周礼规定的政治制度、法律规范,在规范人们的实际行动中,相辅相成,互为作用,对于维护国家的统一,起到了重要作用。

第二,敬德保民的治国方略。

提倡"敬德保民",目的是强化西周王朝的统治。商人信仰天命,而武王以忌日起兵,牧野之战,一举克商,使周人对天命产生了怀疑,提出天不可信的思想。周人一面怀疑天,一面又仿效商人尊崇天,表面上看很矛盾,其实不然。实际上,凡是尊崇天的话都是对商人及其归属国讲的,凡是怀疑天的话都是对周人自己讲的。周人自己不信天命,可知道商人相信天命,用天命来统治商人是再好不过的工具。周人把天命作为一种统治工具,但不敢完全依赖这种工具,于是提出了"敬德保民"思想。周人告诉商人,天所以弃商佑周,是因为商人丧德而周人明德。明德就要保民,明德保民是周人获得天命的根本原因。为了巩固统治,周人要求自己"敬德",敬德就是约束自己,使老百姓能够生活下去,即要求周人时刻警惕自己,不可有丝毫的疏忽和懈怠,在严格要求自己的同时,全力控制政权,不给叛乱者以可乘之机。这样天下不生变乱,自然就能保住天命。"德"字在周诰中一而再,再而三地重复着,这是时时告诫周王朝的统治者,要敬德保民,这的确是周人独有的思想。在关于天的思想上,周人注重修德,强调人力,这确实是一大进步。

"敬德"的实质就是约束自己,保护百姓的利益,加强内部团结。"敬德"的标准就是遵守礼乐制度。礼乐制度,即奴隶制的等级名分制度,它体现了奴隶主贵族的阶级地位和等级特权,规定了君臣、父子、兄弟、夫妻、朋友之间的上下尊卑关系。因此,只要各级奴隶主贵族的一言一行都合乎礼乐制度,就是发挥了敬德精神,周朝的政权就可以巩固。

敬德保民思想和礼乐制度,是以怀疑天命,注意人力为出发点的,以天命为手段,以敬德保民作为维持政权的目的,从思想上绝不放松统治力量,在实践中以礼乐制度为准绳。这套思想体系和礼乐制度对巩固周朝政权起到了重要作用,对后世影响极大。

(三)老子与道家的哲学思想

老子是道家的创始人。《史记》说,老子姓李,名耳,字聃。楚国苦县(今河南鹿邑县东)厉乡曲仁里人。做过周守藏室史,在洛阳生活了很久,后因周室衰微,他身骑青牛,西出函谷关而去,不知所终,著有《道德经》一书。《道德经》又名《老子》,分道经和德经上下两篇,共五千余言,传为老子路过函谷关(今河南灵宝坡头北)时所作。

"道"是中国古代哲学的重要范畴,用以说明世界的本原、本体、规律或原理。在中国哲学史上,"道"这一范畴为道家首先提出。道的原始涵义指道路、坦途,以后逐渐发展为道理,用以表达事物的规律性。春秋时期,老子最先把道看做是宇宙的本原和普遍规律,成为道家的创始人。老子的哲学思想主要包括以下几个方面:

第一,"道生万物"的唯物史观。

"道"是世界的本原。在老子以前，人们对生成万物的根源只推论到天，至于天还有没有根源，没有触及到。到了老子，开始推求天的根源，并提出"道"。他认为，天地万物都由道而生。他说："有物混成，先天地生。寂兮寥兮，独立而不改，周行而不殆，可以为天地母。吾不知其名，强字之曰'道'，强为之名曰'大'。大曰'逝'，逝曰'远'，远曰'反'。"①关于道生万物的过程，他说："道生一，一生二，二生三，三生万物。万物负阴而抱阳，冲气以为和。"②什么是"道"，道是超时空的精神性的虚无本体，老子说："道之为物，惟恍惟惚。惚兮恍兮，其中有象；恍兮惚兮，其中有物。"③

第二，"负阴抱阳"的辩证法思想。

老子论"道"，是当时思辨哲学的最高成果。他不仅对世界的本原作出了"道"的最高抽象，而且对"道"的运动规律作出了最高概括。他提出，向相反的方向转化是"道"的运动规律。认为自然界和人类社会是变动不居的；变动不居的原因是天地万物都存在两个互相矛盾的对立面，以及对立面的互相转化。他揭示出一系列的矛盾，如：有无，难易，长短，高下，前后，美丑，祸福，刚柔，强弱，损益，兴衰，大小，轻重，智愚，巧拙，生死，胜败，进退，攻守等。他认为，这些矛盾的任何一方面都不能孤立存在，而是互相依存，互为前提。老子还深刻揭示了对立面的互相转化。他认为，正常能转化为反常，善良能转化为妖孽，委屈反能保全，屈枉反能伸直，低下反能充满，少取反能多得。中国传统思维中通常所说的"物极必反"，就是这个意思。

第三，"贵柔"思想。

老子论"道"的另外一个重要思想是"贵柔"。他认为，柔可以克强。他反复强调："天下之至柔，驰骋天下之至坚。"④老子提出人们的处世之道要清心寡欲，明哲保身，要做到这些，莫过于"善下"和"不争"。他揭示出事物在运动中强弱可以相互转化，静可以转化为动，柔可以转化为刚，弱可以转化为强。因此，老子主张柔弱胜刚强，并提出了以静制动，以弱胜强，以柔克刚，以少胜多等政治、军

① 《老子》第 25 章。
② 《老子》第 42 章。
③ 《老子》第 21 章。
④ 《老子》第 43 章。

事方面的战略原则。

老子以道作为其思想核心,所以他所创立的学说被称为道家学说,他所创立的学派被称为道家学派。道家学说蕴含着睿智的哲学思想,博大精深,是中国传统文化的精华,它对中国人的思想观念、思维逻辑、行为方式等都产生过深远而广泛的影响。

产生于河洛地区的道家学说,成为河洛思想文化的核心之一。老子是公认的道家学说和道家的鼻祖。他长期生活在洛阳,任职东周王朝的守藏室史,负责管理周王朝的图书典籍等。他生活的时代,社会动荡,民心思变。他纵观社会兴衰治乱、历史祸福成败,并融合多种思想观点,创建出自己的学说。

（四）东汉的经学思想

经学是中国古代研究儒家经典,解释其字面意义、阐明其蕴含义理的学问,是儒家学说的核心。所谓儒家经典,现在一般是指儒家十三经,亦即《周易》、《尚书》、《诗经》、《周礼》、《义礼》、《礼记》、《春秋左氏传》、《春秋公羊传》、《春秋穀梁传》、《论语》、《孝经》、《尔雅》、《孟子》。但早期的儒家经典并不是这十三经。春秋时期,儒家创始人孔子对中国古代文献进行了全面整理,形成了六经,即《书》、《诗》、《礼》、《乐》、《易》、《春秋》。自此以后,儒生们以六经为课本学习儒家思想。战国时期,六经已被人们公认为宝典。由于秦始皇焚书坑儒,以致大量先秦典籍丢失,所以汉初儒生们凭自己的记忆将原来的儒家经典用西汉用的文字记录下来,形成今文经。古文经学所依据的经书,主要是西汉中期以后在民间发现的古书,因其是用战国及以前的古文字所书写,故称之为古文经。古文经学与今文经学由于所依据经书的版本不同,所以在许多方面产生了分歧。今文经学认为,孔子是"为汉制法"的"素王",而古文经学认为,孔子是古典文献的整理保存者,是一位"述而不作、信而好古"的先师;今文经学认为,六经是孔子所作,是孔子政治思想的反映,古文经学认为,六经是上古文化典章制度与圣君贤相政治格言的记录;今文经学注重微言大义,古文经学注重对经文本义的理解和典章制度的阐明。如果说今文经学关注的重心在于政治哲学与历史哲学的话,那么古文经学所关注的重心就是历史史料学与语言学。在今、古文经学的长期争辩过程中,逐渐渗透,互相融合。东汉初年(公元79年)召开的白虎观会议就是一个官方召开的企图弥合今、古文经学异同的重要会议,会议成果由班固写成《白虎通德论》一书。《白虎通德论》以今文经学为基础,初步实现了经学的统一。东汉末年,古文经学的集大成者郑玄,网罗众家之长,对今古文经学进行了全面总结,自成一家之言,郑玄以古文经学为基础,吸收今文经学的优点,态度严谨,实事求是,从而超过了前人,自此以后郑学兴盛,郑学的兴起,标志着今古文经学之争的终结。经学的内容虽然十分广泛,但它所包含的大一统思想以及气生万物的唯物思想最具代表性。

第一,大一统思想。

汉武帝即位后,为了适应大一统的政治需要,实行罢黜百家、独尊儒术,从此儒学独尊。《诗》、《书》、《礼》、《易》、《春秋》五经成为法定经典,汉武帝时立五经博士,每一经置若干博士(教师),博士下又有弟子,博士与弟子传习经书,分成若干"师说"。今文经学以训诂章句为手段,阐发孔子的思想,宣传儒家学说。今文经学以《春秋》为孔子万世立法的"元经",其主流就是"春秋公羊学"。《春秋公羊传》所阐发的微言大义,特别强调存三统、张三世、异外内、大一统等思想。董仲舒说,春秋大一统者,天地之常经,古今之通谊也。今师异道,人异论,百家殊方,指意不同,是以上亡以持统一;法治数变,下不知所守。臣愚以为,不在六艺之科,孔子之术者,皆绝其道,勿使并进。董仲舒从儒家的王道政治出发,提出用儒家的六艺来统一全国人民的思想,教育导化百姓。董仲舒的理论得到了汉武帝的赏识,从此大一统思想实际上成了历朝历代全国人民的思想。

第二,气生天地的唯物思想。

秦汉时期,关于天的解释基本上有三种含义:神灵之天、道德之天和自然之天。董仲舒思想的特点是突出道德之天,而以神灵之天为最高主宰。东汉时期形成的《白虎通德论》继承了董仲舒的思想。它说,天者何也? 天之为言镇(正)也,居高理下,为人镇也。这是说,天高高在上,目的是居高理下。这里"天"就是人们头上所见的星象悬布、日月著明的天空,并不是人格神,但它的形体、它的存在,包含着一种道德和政治的目的与意义。地者,元气之所生,万物之祖也。

因为天地是由元气所生,所以有其演化形成的历史。《白虎通德论》说:天始起,先有太初,后有太始,形兆既成,名曰太素。混沌相连,视之不见,听之不闻,然后剖判。清浊既分,精出曜布,度物施生。精者为三光,号者为五行。行生情,情生汁中,汁中生神明,神明生道德,道德生文章。故《乾凿度》曰:"太初者,气之始也,太始者,形兆之始也,太素者,质之始也。"就是说,气开始时无形无象,视之不见,听之不闻。经过太初、太始、太素三个阶段,才剖判为天和地。天由清气构成,地由浊气构成。天地施气,产生万物。清气又称精气,构成天上的三光。浊气构成地下的五行。五行产生情、汁中、神明、道德、文章。《白虎通德论》在这里坚持了物质在先,精神在后,精神是物质发展的一个阶段的思想。这里讲的天是物质之天、自然之天。地是五行的总称,也是物质的实体。

(五)魏晋时期的玄学思想

玄学是以《老子》《庄子》《周易》为本,综合儒道思想而出现的一种崇尚老庄哲学的思潮。它萌芽于汉末三国,形成于曹氏当权的魏国,鼎盛于司马氏执政的西晋,是魏晋时期的主流思想。

玄学之"玄",出自老子的思想,《老子·一章》中说:"玄之又玄,众妙之门。"玄学讨论的问题看上去玄之又玄,比如,关于"有"和"无"的问题,"本"和"末"的问题等等。实际上,这些问题与当时的社会政治问题紧密相关。当时,老子思想在意识形态领域占据上风,但要维持社会秩序又离不开儒家的纲常名教。因此,如何协调"名教"与"自然"的关系,是一个被学者们普遍关注的问题,也是玄学家们讨论的主要内容。玄学包含的主要哲学思想有:

第一,贵无思想。

玄学最早的代表人物是曹魏正始年间(240—249年)的何晏与王弼,他们是玄学的奠基人。《晋书·王衍传》说:"魏正始中,何晏、王弼等著述《老》《庄》,立论以为,天地万物皆以无为本。"何晏(?—249),字平叔,南阳宛(今河南南阳)人,他认为"天地万物皆以无为本。本也者,开物成务,无往不成者也"①。王弼(226—249),字辅嗣,魏国山阳(今河南焦作)人。其主要论点,大体与何晏相同,也是把"无"说成万物的本体,他在《老子·指略》中说:"夫物之所以生,功之所以成,必生乎无形,由乎无名。无形,无名者,万物之宗也。不温不凉,不宫不商,听之不可得而闻,视之不可得而彰,体之不可得而知,味之不可得而尝。故其为物业则混成,为象也则无形,为音也则无希声,为味也则无呈,故能为品物之宗主,苞通天地,靡使不经也。"王弼所提出的有与无、有名与无名、有为与无为等

---

① 《晋书》卷八八《何晏传》。

问题,都成为后来玄学家们争论的议题。

第二,越名教而任自然的思想。

继何晏、王弼之后,阮籍和嵇康成为玄学的代表人物。他们都是"竹林七贤"中的人物,生活在魏晋交替的政治动荡时代,皆不满司马氏篡位夺权,以老庄之学作为立命的精神支柱。他们反对名教出于自然,认为名教与自然是对立的。阮籍猛烈批判名教礼法,说它是"天下残贼战危死亡之术",一些所谓礼法之士,不过像裤中的虱子一样,行不敢离缝际,动不敢出裤裆,惟法是修,惟礼是克,上欲图三公,下不失为九州牧,实际是一群利禄之徒。嵇康认为只有"越名教而任自然",才能够恢复淳真质朴的至德至善。

第三,独化理论。

郭象是西晋时期玄学的集大成。《晋书·郭象传》说他:"少有才理,好《老》《庄》,能清言。太尉王衍每云:'听象语,如悬河泻水,注而不竭。'州郡辟召,不就。常闲居,以文论自娱。"其主要著作是《庄子注》。郭象哲学思想的核心是他的"独化"说,他用"独化于玄冥之境"的观点,说明世界万物的生成、变化以及万物之间的相互关系。认为老庄所说的"无"并不能生成万物,天地万物的生成和变化都是自然而然地孤立生发出来的,"万物皆造于自然"。天地万物所以是这样而不是那样,完全是由"命"或"理"决定的,即所谓"唯在命耳"。他说:"不知其所以然而然,谓之命。""天性所受,各有本分,不可逃,亦不可加。"强调人要"随天安之","任自然之运动",不要"为为"而为。

玄学不同于老庄哲学,也不同于儒家学说,是一个新的思想体系,它所提出的或着重关注的有无、本末、自然与名教等一系列具有思辨性质的概念范畴,都是原始儒学和两汉经学所不具备或不重视的。

（六）佛教禅宗的哲学思想

东汉时期,佛教传入洛阳,由于统治阶级的提倡,佛教在中国得到了迅速发展,佛教宣传的业报轮回观念,逐渐被中国人所接受。南北朝时期,菩提达摩从印度来到中国,宣传禅宗理论,成为中国禅宗的始祖。禅,就是安静的沉思、静坐、心境专一,使思想高度集中,以逢苦不忧,得乐不喜,无所追求来进行思想意识的锻炼。禅宗从菩提达摩开始,中间经过慧可、僧璨、道信、弘忍,传到第五代弘忍时,他的两个弟子神秀和慧能发生了分裂,形成了北宗和南宗。北宗的代表神秀,南宗的代表慧能,他们在对空无的理解上,由于深浅程度的不同,便形成了北南两系。最能代表他们思想的是两首偈语。神秀说:"身是菩提树,心如明镜台,时时勤拂拭,莫使染尘埃。"这就是说,佛教徒要经常注意对身心的修养,要像菩提树、明镜台那样保持清洁、明净,不要受外界尘埃即世俗杂念的污染。慧能认为,神秀的偈语,未能体现出禅宗的宗旨,于是他说:"菩提本无树,明镜亦非台,本来无一物,何处惹尘埃。"慧能的偈语,更能体现禅宗的宗旨,因为慧能根本不承认有所谓外物的存在,当然人心也就不会受到外物的影响,成佛的关键在于向内用力,也就是说佛在心内,不在心外。禅宗北南两系形成后,北宗主要活动在以洛阳为中心的北方地区,南宗主要活动在岭南一代。禅宗以心外无佛为宗旨,以自悟自修为教门,以直接简易为方法。

第一,佛教的"业报轮回"思想。

"业报轮回"是印度传统宗教哲学的核心,是婆罗门教教义的重要基石。在婆罗门教早期,印度先民们就在《梨俱吠陀》中,表述了对人死后归宿的思考。他们认为,人死之后会去到死神"阎摩"掌管的处所,与去世的祖先会合,行善者能够升到天界,由此看来,代表早期婆罗门教的是一种朴素的灵魂不灭观念。

公元前6世纪,佛教在印度兴起,佛教继承和发展了婆罗门教的业报轮回观念。业,梵文意思是造作。业分身、口、意三个方面。根据动机和行为的效果,业又分为善业、恶业、无记业(不善不恶业)。行为发生后有一种潜在的力量存续下去,并带来或苦或乐的果报,果报通过六道轮回来体现。轮回,就是指业力在欲界、色界、无色界三界之内的天、人、畜生、阿修罗、饿鬼、地狱六道中生死流转。多修善业能转生到福地,多造恶业则必沉沦于畜生、饿鬼、地狱之中备受痛苦。这个理论使人们知道,善行必将得到幸福,恶行必将遭受痛苦。这种理论基础就是佛教的道德因果律及多世报应原则。

佛教道德因果律认为,一切事物都是由因果法则支配的。善因必产生善果,恶因必产生恶果,善果必从善业生,恶果必从恶因生。这是一种不以人的意志为转移的规律。佛教认为,因与果的承受者是有联系地纵贯前世、后世、来世的,处于轮回之中。即自业自报、自作自受。

业报轮回提出德行与幸福一致,而德福一致的实现是由轮回的多世流转来保证的,即业报实现的多世原则。佛教认为,业报从感果力来说,有定报、不定报;从时间来说,有现报、生报、后报。对每一个人来说,前世、现世、后世是肯定存在的,所以道德因果律的实现不仅仅限于现世。《因果经》说:"欲知前世因,今生受者是;欲知后世果,今生所为是。""欲知前世因,今生受者是"的宗旨是为了强化人的道德意识,用道德理论约束人们的行为,促使人们修善止恶,不断提高道德修养。

第二,菩提达摩的"二入四行"理论。

菩提达摩禅法的主要内容是"二入四行"理论。"二入":一理入,二行入。"四行":一报怨行,二随缘行,三无所求行,四称法行。菩提达摩"二入四行"理论强调,要在实际生活中贯彻即行即解即证的精神原则。他的这种即行即解即证的理论没有固定的程序、规范可以遵循,是一种高度自觉的实践。"二入四行"主张理行并重,在修学过程中有机统一、不可偏废;"二入四行"理论,是以简洁的文字概括了佛教大小乘的所有义理和实践,具有极大的涵括性和融摄性,具有向多种层面解释和发挥的可能性。菩提达摩的理论,也符合中国传统思想文化尚简易、重实践的精神特点,后来的南宗禅和北宗禅都是对菩提达摩禅法精神的发挥和发展。菩提达摩是中国禅宗的始祖,他奠定了中国禅宗哲学思想的基本原则。

第三,慧能的本心清净与顿悟成佛思想。

心主要指人的是心理活动。慧能认为,人心本来的原始状态是清净的,而人心的现实状况虽然有时清净,但往往是迷妄的。这就是说,心包含着本心和妄心两个层面。"本心"是众生本来的心性,原始的状态,本心就是"净心"。慧能十分强调"本心"的作用,本心是众生成佛的根据。他非常重视人心的回归,还原于本心。慧能认为,还原本心也就是还原于人的清净之心,众生若能做到这一点,也就能获得解脱,成就为佛了。

慧能的顿悟说,在于自己认识自己原来的清净之心,直接成佛。慧能于大梵寺讲顿教法门,对大众说,万法尽在自心,何不从自心中,顿见真如本性? 其所以能顿悟,就是因为清净之心也就是佛心就在人的心中,本来就有,就像月亮本来就在天空,因为被乌云覆盖,一旦风吹云散,月华顿见光明。心性问题解决了,一切问题都会迎刃而解。人们若有超越利害得失的心理境界,对许多矛盾纠葛、恩怨亲疏、闲言碎语,就不会当一回事。慧能主张以自悟自修作为入教之门,他认为,一切佛性尽在心中,所以要求门徒"自行自悟",所谓自悟,就是一种无念的精神状态,无念就是没有妄想,没有妄念。他认为,身外无物,身外也无佛,任何直接或间接承认客观事物的观点,以及求法求佛的念头,都是妄念。慧能认为,这种无念的精神状态,可以猝然得到,无需通过渐修来集聚,这就是所谓的"顿悟顿修"。

(七)北宋理学的哲学思想

北宋的理学思想,有一个逐渐的形成过程,是"二程"在继承周敦颐、邵雍、张载等理论的基础上逐渐形成并建立起来的。

周敦颐(1017～1073),字茂叔,道州营道(今湖南道县)人。学者称其濂溪先生。著有《太极图说》、《通书》等。他从小喜爱读书,从先秦时代的诸子百家,到汉代传入中国的印度佛家,他都有所涉猎,这为他精研《易经》,创立先天宇宙论思想奠定了基础。他研究《易经》,成为北宋理学的开山祖,他的理学思想在中国哲学史上起了承前启后的作用,他继承《易传》和部分道家理论,提出一个简单而有系统的宇宙构成论,在中国哲学思想上产生了广泛影响,他所提出的哲学范畴,如无极、太极、阴阳、五行、动静、性命、善恶等,成为后世理学研究的课题。周敦颐结合《周易》解释《太极图》,为"理"生万物的理论提供了依据。

邵雍(1011～1077),字尧夫,谥号康节。生于河北范阳,晚年隐居洛阳。他形成了自己一套完整独特的宇宙观,撰写了《皇极经世》、《观物内外篇》等著作,共十余万言。他认为历史是按照定数演化的。他以先天易数,用元、会、运、世等概念来推算天地的演化和历史的循环,对后世易学影响很大,后人也尊称他为"邵子"。他的主要著作有《伊川击壤集》二十卷。《宋史》卷四二七有传。他重新排列《周易》的六十四卦,为理学的建立开辟了道路。

张载严格区分了天、道、性、心等概念,准确地表达了理学的基本宗旨和精神,开创了理学中的"气学"一派,是理学中唯物主义的杰出代表,对理学的创立贡献巨大。

程颢、程颐兄弟合称"二程",他们确定了理学的最高范畴"天理",其核心是"仁",是修养的最高境界。他们将忠、孝、节、义提升到"天理"的高度,形成一整套严密体系。程颢(1032～1085),字伯淳;程颐(1033～1107),字正叔,二程是同胞兄弟,祖籍中山博野(今河北定县),后迁居洛阳。因长期在洛阳讲学,其学说又创立于洛阳,所以被称为洛学。他们提出"理"或"道"的概念,作为自己全部学说的基础,他们在继承周敦颐、邵雍、张载等理论的基础上,逐渐形成了自己的理学理论体系,因而成为理学的创始人。他们的哲学思想主要包括以下几个方面:

第一,道生万物的理论。

二程认为世界是无限的,是有物质构成的。"范围天地之化,天本廓然无穷,但人以目力所及,见其寒暑之序、日月之行,立此规模,以窥测他。天地之化,不是天地之化其体有如城郭之类,都盛其气。假使言日升降于三万里,不可道三万里外更无物。"①二程不仅把宇宙看成是无限的,而且认为在天地之间充满了物质;所有万物都是由气构成的:"陨石无种,种于气。麟亦无种,亦气化。厥初生民亦如是。至如海滨露出沙滩,便有百虫禽兽草木无种而生,此犹是人所见,天地之化,自然生生不穷,更何复资于既毙之形,既返之气,以为造化? 气则自然生。人气之生,生于真元。天之气,亦自然生生不穷。真元之气,气之所由生,不与外气相杂,但以外气涵养而已,人居天地气中,与鱼在水无异,至于饮食之养,皆是外气涵养之道。"②"万物之始,皆气化;既形,然后以形相禅,有形比;形化长,则气化渐消。"③

二程认为,宇宙是由气充实起来的,宇宙间的天、地、人以及其他一切事物,都是由"气化"而成,在其"气化"之后变成"形",使自己"气化"所得之"形"逐渐保存下来。天、地、人等万物都是由"气化"而来,那么"气化"的万物又是自何而来? 二程说:"道则自然生万物。道则自然生生不息。"④那么,"道"又是什么呢?"一阴一阳之谓道,道非阴阳也,所以一阴一阳者道也,如一阖一辟谓之变。"⑤"离阴阳则无道,阴阳,气也,形而下也;道,太虚也,形而上也。"⑥

二程认为,宇宙万事万物是由"道"生成的,道生息不已。宇宙万物的本源

---

① 《河南程氏遗书》卷一五。
② 《河南程氏遗书》卷一五。
③ 《河南程氏遗书》卷五。
④ 《河南程氏遗书》卷一五。
⑤ 《河南程氏遗书》卷三。
⑥ 《河南程氏遗书》卷一。

即"道","道之外无物,物之外无道,是天地之间无适而非道也"①。所谓的"道",亦即是"理"。"或问,何谓诚,何谓道乎? 子曰:自性言之为诚,自理言之为道,其实一也。"②

第二,二程的认识论。

人们的思想认识方法是通过若干环节显现出来,二程把理看做是一种自然趋势。他说:"一阴一阳之谓道,自然之道也,道则亦无始,亦无终;亦无因甚有,亦无因甚无;亦无有处有,亦无无处无。"③"天地万物之理,无独必有对,皆自然而然,非有安排也。每中夜以思,不知手之舞之,足之蹈之也。……万物皆有理,顺之则易,逆之则难,各循其理,何劳于己力哉? ……服牛乘马,皆因其性而为之,胡不乘牛而服马乎? 理之所不可。"④他们所说的"道",亦即是理,道是自然而然的,天地万物之间阴阳、善恶、长短等的对立也是自然而然的。道循万物自然之理,"顺之则易,逆之则难,各循其理,何劳于己力哉?"因自然之势而为之。

程颢说:"《系辞》曰:'形而上者谓之道,形而下者谓之器。'又曰:'立天之道曰阴与阳,立地之道曰柔与刚,立人之道曰仁与义。'又曰:'一阴一阳之谓道'。阴阳亦形而下者也。"⑤"盖上天之载,无声无臭,其体则谓之易,其理则谓之道,其用则谓之神,其命于人则谓之性,率性则谓之道,修道则谓之教。……形而上为道,形而下为器,须著如此说。器亦道,道亦器,但得道在,不系今与后、己与人。"⑥程颢认为"器亦道,道亦器",直接地表明理与器是结合着的,不是截然分开的;善恶是客观的存在。程颢说:"万物莫不有对,一阴一阳,一善一恶,阳长则阴消,善增则恶减。""故不是善与恶在性中为两物相对,各自出来。此理,天命也。"⑦

在以"道心"克服"人心",以"天理"克服"私欲"即人欲的过程中,程颢极其强调"心"亦即道心的作用,他说:"天地本一物,地亦天也,只是人为天地心,是

---

①　《河南程氏遗书》卷四。
②　《河南程氏遗书》卷一。
③　《河南程氏遗书》卷一二。
④　《河南程氏遗书》卷一二。
⑤　《河南程氏遗书》卷一一。
⑥　《河南程氏遗书》卷一。
⑦　《河南程氏遗书》卷一一。

心之动,则分了天为上,地为下。"①天之所以在上,地之所以在下,不是由于天原来在上、地原来在下,而是由于人心之动而形成的高下,这就是说,天地高下决定于人心之动,这是程颢所强调的心的作用。程颢又说:"尝喻以心知天,犹居京师往长安,但知出西门便可到长安。此犹是言作两处。若要诚实,只在京师,便是到长安,更不可别求长安。只心便是天,尽之便知性,知性便如天,当处便认取,更不可外求。"②

第三,二程的天理人欲观。

"存天理,灭人欲",在理学系统中具有极为重要的位置。究竟什么是天理,什么是人欲,它的界限怎样划分,标准又根据什么确定?

程颢说:"吾学虽有所受,天理二字却是自家体贴出来。"③由此可见,天理是二程创造出来的。在二程哲学中,道、性、理、天理诸概念的涵义是一样的,道即性,即理,亦即天理;天理亦即性,即理、道。在二程哲学中,天理的意义是自然之理,"天下善恶皆天理"④。"万物莫不有对,一阴一阳,一善一恶……斯理也,推之其远乎,人只要知此耳!"⑤这里的"天理"和"理"都是事物的自然之理。天理和人欲,二者是对立的,即天理所排斥的是一些人为的坏的东西,因而所谓的恶、利欲、私心等等,都属于天理所排斥的和反对的,最终属于"灭"的范围。

二程对天理人欲之辨极为重视,程颐说:"人之所以为人者,以有天理也。天理之不存,则与禽兽何异矣。"⑥天理是区分人与禽兽的标志,失掉天理的人也就成为衣冠禽兽了。

天理是什么? 有人问"如何是道",程颢回答道:"于君臣、父子、兄弟、朋友、夫妇上求。"⑦"父子君臣,天下之定理,无所逃于天地之间。为君尽君道,为臣尽臣道,过此则无理。"⑧二程所说的道也就是理或者天理,二程所说天理,一个基本的内容就是:君臣、父子、夫妇、兄弟和朋友,这也就是通常所说的五伦。

---

① 《河南程氏遗书》卷二。
② 《河南程氏遗书》卷二。
③ 《河南程氏遗书》卷一二。
④ 《河南程氏遗书》卷二。
⑤ 《河南程氏遗书》卷一。
⑥ 《河南程氏遗书》卷二。
⑦ 《河南程氏遗书》卷一二。
⑧ 《河南程氏遗书》卷五。

　　什么是人欲？与天理对立并为天理所排斥的,都属于欲或人欲、私欲。程颐说:"仁之道,要之只消道一公字。"①与仁与公对立的"私",是属于人欲的范围。"多权者害诚,好功者害义,取名者贼心。"②二程主张"正其谊而不谋其利,明其道而不谋其功",他们认为:"大凡出义则入利,出利则入义。天下之事,唯义利而已。"③"先王之世,以道治天下,后世只是以法把持天下。""三代之治,顺理者也。两汉以下,皆把持天下者也。"④

二、河洛思想文化的基本特征

　　洛阳素以"九朝古都"而名闻天下,其根本原因就在于河洛地区具有丰厚的文化底蕴。"昔三代之居,皆在河洛之间",从此奠定了河洛文化和华夏文明的基石。之后,朝代兴替,中原逐鹿,河洛地区,首当其冲。河洛思想文化虽然是我国古代一种地域性文化,有其独有的地域文化特征。但它是中央文化、国家文化、国都文化、统治文化,长期占据着主导地位,成为中国思想文化的源头和核心。综观河洛思想文化的发展变化,我们认为,河洛思想文化与其他地域文化相比有如下特征:

　　第一,源发性。

　　《易经》是我国哲学的开端。《易经》的诞生和发展大多也在河洛完成,文王为《易》作卦辞,周公作爻辞,开辟了我国哲学史上独树一帜的易学研究。不仅如此,儒学、道学、佛学等均源起于河洛。周公营建雒邑,并在洛邑"制礼作乐",创立中国最早的礼乐文化,以致孔子"入周问礼",历代儒家尊周公为"元圣";老子久居洛阳,是东周王室的"柱下史",道家学说的创始人,他所著《道德经》一书,被称为"万经之王",对我国政治、经济、军事、文化等的发展影响深远;佛教传入中国后首先落脚于洛阳,洛阳白马寺,被称为"中国第一古刹",千百年来白马寺一直以"祖庭"、"释源"的身份在佛教中居于超然的地位。东汉时期经学在洛阳兴起,它不但继承了产生于河洛地区的儒家学说,而且在此基础上对儒家思

---

①　《河南程氏遗书》卷一五。
②　《河南程氏粹言》卷二。
③　《河南程氏遗书》卷一一。
④　《河南程氏遗书》卷一一。

想有了进一步发展,它是儒家学说的继承与发展。产生于河洛地区的玄学,不仅是对儒家学说的继承与发展,更是对产生于河洛地区道家学说的进一步创造。二程的理学初创于河洛,它更是对产生于河洛地区的儒家学说、道家学说、佛教的进一步结合的结果。所以,产生于河洛地区的《易经》的哲学思想,周公的礼乐思想,老子与道家的哲学思想,东汉的经学思想,魏晋时期的玄学思想,佛教禅宗的哲学思想以及北宋理学的哲学思想等,由此而成就了河洛地区乃中国思想文化的源发地。

第二,正统性。

在我国最早的历史典籍《尚书·禹贡》中记载"豫州"时,是这样写的:"荆河惟豫州,伊、洛、瀍、涧,既入于河。"伊、洛、瀍、涧四条河都在洛阳附近汇集并总汇于黄河。这四条河至今也是洛阳市行政区划的标志。这四条河流虽然都不长,瀍、涧二水不过百里,但却在我国最早的史籍《禹贡》中有着非常特殊而显赫的地位,足见河洛地区在华夏早期文明中独有的地位,其独特之处就是"河洛为王者之里"。从著名的二里头遗址,到东周"天子驾六"车马坑遗址,都是有力的证明。"王者之里"的地理位置,决定了产生于河洛地区的思想文化具有正统性的特征,所谓正统就是说河洛地区的思想文化是人们追求、信仰的标志。

儒家文化是中国传统文化的主流,历来处于主导地位。儒学渊源于河洛三代的礼乐文化。此后,儒学的每一次重大变革几乎都离不开洛阳。东汉时期,经学盛行,洛阳作为首都,经学大师云集于此。尤其是郑玄,他所创郑学成为官定儒经标本。北宋时期洛阳成为全国文化中心,"五星聚奎,伊洛钟秀",洛学兴起,理学萌生。理学家邵雍、张载、程颢、程颐等在洛阳著书讲学。程颢、程颐继承周敦颐和邵雍学说,融合佛道内容,建立了一套比较完整的理学体系,被称为"洛学",洛学奠定了宋明理学的基础,后经朱熹的发展成为封建社会的官方哲学,长期统治中国思想领域。可见,儒学发展于东汉经学,成熟于北宋洛学,影响中国数千年,成为中国传统文化永恒不变的主线和核心,儒学在河洛体现的确实是正统位置。

在史学、文学、教育、科技、艺术等方面河洛文化无不具有正统性。早在战国时期,河洛地区就在当时人们心目中确立了其正统地位。《战国策·赵策》载:"中国(中原即河洛地区)者,聪明睿智之所居也,万物财用之所聚也,贤圣之所教也,仁义之所施也,诗书礼乐之所用也,异敏技艺之所试也,远方之所观赴也,蛮夷之所义行也。"河洛地区作为数代帝王定都所在地,其文化始终处于正统地位,引导华夏文化的发展方向。

第三,主导性。

河洛思想文化的正统性,决定了它的主导性。河洛地区不但是夏商周活动的中心地区,也是我国最早的都城。由夏以降,商、西周、东周、东汉、三国魏、西晋、北魏、隋、唐、五代后梁、后唐、后晋均曾建都洛阳。作为国都、京师、京畿之地,诞生、成长、发展、繁荣于河洛大地的思想文化,长期占据着主导地位。

"河图""洛书"是我国原始文化的标志。文王为《易》作卦辞,周公作爻辞,开辟了我国哲学史上独树一帜的易学。周公在洛邑"制礼作乐",创立了中国最早的礼乐文化。老子在洛阳所写的《道德经》,对人们的思维产生了深远影响。宋朝的理学,是儒家学说、道家学说、佛教进一步融合的结果。所以,《周易》的哲学思想,周公的礼乐思想,老子与道家思想,东汉的经学思想,魏晋的玄学思想,佛教禅宗的哲学思想,北宋理学的思想,它们在中国不同的发展时期,都处于主导地位。

第四,兼容性。

河洛居天下之中,是华夏文明最早的源头之一,因此它又有超越于一般地域文化的特征。它既有强大的吸引、包容、凝聚力量,能把周围的文化吸纳过来;同时又具有极高的辐射、渗透力,能把自己的文化传播出去。河洛思想文化之所以影响深远,而且经久不衰,就在于它有着极大的兼容性。我们以佛教为例来说明这个问题,汉明帝永平求法之后,许多僧徒相继来到洛阳,在此翻译佛经传播佛教。摄摩腾、竺法兰翻译的《四十二章经》,是中国第一部汉文佛经。继摄摩腾、竺法兰之后,安世高、支娄迦谶等西域佛学者相继来到洛阳,带来并翻译了大量佛经,使印度古老的佛教开始在中国逐渐流传。

魏晋时期玄学盛行,佛教学说在思辨方法上与玄学相似,所以很快风行社会,从朝廷命官至平民百姓,普遍有了对佛教的信仰。南北朝时期,后赵统治者石勒、石虎,前秦君主苻坚等,为了巩固自己的统治,都大力倡导佛教,客观上也促进了佛教的发展。北魏迁都洛阳后,佛教发展更快,迅速出现了我国历史上第一个崇佛高潮,著名的龙门石窟就是在此前后开始修建的。

隋朝统一后,结束了多年分裂割据的局面,促进了各地文化交流,也使以往南北各有侧重的佛教信仰得以互相补充、融合。佛教也因此出现了不少宗派,如天台宗、三论宗、三阶教等。具有中国特色的佛教宗派的出现,说明佛教从东汉初传,经过数百年的融合与发展,已经基本完成了民族化的进程。

唐朝时期,佛教进入了繁盛时期。宗派林立局面的形成,佛教理论的日臻完备,寺院经济的强盛,佛经的大量翻译,佛教艺术空前兴盛,具有中国特色的佛教宗派如禅宗、唯识宗、华严宗、律宗、净土宗、密宗等,这时都得到了充分发展。唐朝时期,出现了一大批高僧大德,如窥基(632～682),唯识宗的实际创始人;杜顺天,华严宗的初祖;神秀(约606～706),禅宗北宗创始人;慧能(638～713),禅宗六祖,南宗创始人;道宣(596～667),世称"南山律师",律宗的集大成者,等等。在这些高僧大德当中以玄奘最为著名。玄奘(600～664),世称唐三藏,洛阳偃师人,大业末年出家。唐太宗贞观三年(629年),前往印度求法,贞观十九年(645年)回国,带回佛舍利150粒,金檀佛像7尊,经论657部。之后,又专心致力于梵文经典的翻译,前后19年间,与弟子窥基等人,译出经律论70余部。著有《大唐西域记》。

司马光诗云:"若问古今兴废事,请君只看洛阳城。"河洛思想文化在中国历史上的地位是独一无二的,它是华夏文明最早的源头之一,是中华文明的重要组成部分。河洛思想文化之所以成为中国思想文化正统,是与其不断吸收外来优秀文化,不断壮大自己而分不开的。

三、研究河洛思想文化的重要意义

作为中华民族源文化和母文化的河洛思想文化,它虽然产生和形成于中原河洛地区,但是它的内涵和精神外延,绝非囿于一个地域之内。它所涵盖的是整个中华民族五千年的文明史,它所体现的是伟大的中华56个民族的辉煌历史。研究河洛思想文化的重要意义如下:

第一,有利于宣传中华民族刚健自强的"龙战"精神。

龙是中华民族的象征,在中国的古典文献中,记载最多的远古传说中的英雄人物莫过于"龙"。《左传·昭公十七年》云:"太昊氏以龙纪,故以龙师而龙名。"这是在中国把伏羲氏作为龙图腾的最早的文字记载。《三皇本纪》中亦曰:

"炎帝神农氏,姜姓,母曰女登,有娇氏女,少典氏之妃,感神龙而生炎帝。"说的是炎帝乃龙之子。《史记·天官书》中说的"轩辕,黄龙体",则是把黄帝称作黄龙。从伏羲氏、神农氏(炎帝)到黄帝,甚至于从远古、上古、中古和近古,无不把龙和龙的传人作为中华民族的族徽和象征。

诞生于河洛地区的《易经》,被黑格尔称做是一部"包含着中国人的智慧"的千古奇书。《易经》中的第一《乾》卦,以龙取象,寓义深远。《象传》和《文言传》,对《乾》卦中的"乾乾"作了深刻阐发。《象传》云:"天行健,君子以自强不息。"《文言传》云:"大哉乾乎,刚健中正,纯粹精也。""天行健"是说,天的运动周流不懈,永不衰竭;天的性格刚健中正,不卑不亢。"君子以自强不息",是告诫人们无论做任何事情,都应该效法天的刚健精神,不畏艰险,不怕牺牲,奋发图强,永远进取。也就是说,把人的自强不息的意志与天的刚健不辍的精神和谐地统一起来。此即构成"天人合一"思想。

天的健行周而复始,至阴极而返阳,必然出现"龙战"。其"交感"的结果又喻示着万事万物别开一新生面。因此,我们说龙战精神是中华民族勤劳勇敢精神的集中体现,是中华民族智慧的力量源泉。一个人,一个民族,一个国家,只要有了这种刚健自强的龙战精神,就一定能获得事业的成功,民族的复兴,国家的繁荣昌盛。由此观之,龙战精神的基本涵义可以概括为:新陈代谢,鼎故革新,万物苏生。追溯其历史渊源,伏羲画卦制网罟,炎黄农耕奠业基,大禹治水安社稷等等,此是远古时代英雄人物的典型代表,华夏民族龙战精神的开山祖师。商汤伐夏,武王伐纣,周公东征和制礼作乐等等,又是中国社会进入文明时代的领袖人物的优秀代表,同样是华夏民族刚健自强的龙战精神的鲜明体现。早在20世纪30年代,毛泽东就说:"中华民族不但以刻苦耐劳著称于世,同时又是酷爱自由,富于革命传统的民族。在中华民族几千年的历史中,产生了很多的民族英雄和革命领袖。所以,中华民族又是一个有光荣的革命传统和优秀的历史遗产的民族。"①毛泽东所说,既是对中华民族五千年文明史和优秀传统文化的高度概括和科学总结,同时也是对中华民族刚健自强的民族龙战精神的历史地生动地描绘和赞颂。

---

① 毛泽东:《中国革命和中国共产党》,《毛泽东选集》第2卷,人民出版社,1964年。

第二,有利于宣传"厚德载物"的人道主义精神。

产生于河洛地区的《易经》,不但表现出"自强不息"的龙战精神,而且充分体现了"厚德载物"的宽广胸怀。《大象传》云:"地势坤,君子以厚德载物。"这就是说,易经中包含着厚德载物之美德,提倡"修身养性"。把为人宽厚、敬德保民、谦恭逊让、仁义礼智等作为圣贤君子之应有品德。《周易正义》说:"直则不邪,正则谦恭,义则与物无竞,方则凝重不躁。"为人正直、端方、宏大、仁义,是中华民族文化精神的总结,从而构成了民族中的另一精神财富,即厚德载物的人道主义精神。

所谓人道,就是以人为本,爱护人的生命、关心人的疾苦、关怀人的幸福,尊重人的人格和权利。人道主义在欧洲是作为一种资产阶级的思想体系,它把资产阶级的"自由、平等、博爱"说成是普遍的人性,这在资产阶级革命时期起过反封建的进步作用。中国的人道主义则渊源于《易经》中的宽厚仁义思想,其内涵极为丰富。《系辞传》中所说的"人道"是针对"天道、地道"而言的。天道、地道即自然之道,亦即自然规律。所谓人道,就是人应该效法自然、顺应自然、爱护自然;与此同时则应保护人类,关爱别人,视人若己,提倡仁义之心。因此,中国的人道主义在两千多年里一直保持着强劲的生命活力,时至今日,它依然具有强大的生命力和价值取向。美国著名哲学家和史学家威尔·杜兰先生说:"如同印度是形上学和宗教的圣地,中国乃为人道哲学之家。在中国所有的著作中,《易经》——形上学唯一的重要作品——是一部奇特的书籍,但由此展开了中国思想史的记载。"[①]威尔·杜兰把两千多年前出现的《易经》,定性为人道哲学专著,中国思想史的发端。由此可知,中国的人道主义可谓源远流长,久盛不衰。

从历史上看,西周初年周公摄政,提倡以德治国、敬德保民。可以说,周公是这种人道主义的开创者。周公东征平叛之后,委康叔到殷墟故地任职。周公在《尚书·康诰》中明确提出了"明德慎罚"的治国方略,他反复告诫康叔,康叔不辱使命,遵照周公的训诰,正确地解决和处理了周族与殷族这一对民族矛盾,以及其他极为复杂的矛盾问题,使社会稳定,百姓安居乐业。

第三,有利于宣传和睦相处的民族和合精神。

---

① [美]威尔·杜兰:《世界文明史》第1卷,《东方的遗产》,东方出版社,1998年,第455页。

"和合"是中华文化人文精神的精髓,它贯穿渗透于儒、释、道及其他各派学说之中。早在先秦时期,"和合"就被人们广泛运用,孔子即以"和"作为人文精神的核心和价值标准,他强调,君子和而不同,小人同而不和,其含义是既承认差异,又和合不同的事物,通过互补互济达到和谐统一。

民族和合精神是中华五千年文明的最基本精神,和谐统一、和睦相处是中华民族思想文化中的最基本特征。《周易·乾·象》云:"乾道变化,各正性命,保合太和,乃利贞。首出庶物,万国咸宁。"这就是说,大自然的运行变化往返无穷,万事万物按照各自的性能和特点发展着。此即"乾道变化,各正性命"。"保合太和,乃得贞",是说只有使阴阳二气会合、冲和,才能保全其"太和元气",达到阴阳和谐,万物"和合"。阳气周流不息,循环不已,又开始萌生万物,由此天下万方都可和谐统一、安定繁荣、顺美昌盛。此即"首出庶物,万国咸宁"。

"保合太和"的和合精神,是中华民族几千年形成的民族精神的重要表现形式。中国自秦汉以来就开始形成了一个统一的多民族国家,而作为这个国家的主体民族的汉族,也正是在这两千多年的历史行程中,不断地融合、同化了许多民族才得以形成如此强大的国家。在处理和解决各民族之间的关系问题上,起主导作用的是汉族。中原地区的汉民族,不断与西北地区的游牧民族发生矛盾冲突,乃至战争,而且往往是以骠骑强悍,争强好胜的游牧民族取胜。然而,当他们来到中原之后,又往往被中原汉族的和合精神所感染、吸引,乃至融合后而加以同化。魏孝文帝所建立的北魏王朝,成为历史上的一面镜子。魏孝文帝于公元 495 年,采用非常巧妙的方式,把国都由平城迁到洛阳。接着,他又大刀阔斧地进行一系列改革,如改服装、语言、姓氏、籍贯、婚制等等,即所谓的汉化政策。魏孝文帝的这一重大举措,使一个国家在极其错综复杂的民族矛盾的背景下,达到了民族的大融合,并紧紧地团结在以汉族为中心的周围,和谐统一,和睦相处。

中华民族的和合精神,还表现在对于外来宗教和文化的不断吸收、汲取、改造和融合。佛教传入中国,逐渐嬗变成为独具特色的中国化佛教,是这一民族和合精神的成功范例。洛阳的白马寺,不仅成为中国佛教早期传播和各项佛事活动的中心,而且为以后两千年中国佛教的发展奠定了基础。在中原地区,就现存地面建筑遗存来看,大都为佛教建筑模式。从佛教寺院、佛教石窟寺等的佛教建筑模式,以及各项佛事活动来看,都已经中国化了。形成中国化佛教的另一特点,就是佛教文化与中国的传统文化相互影响、吸收、融合及其发展。中国化佛教发展到隋唐时代出现的具有民族特色的三大佛教宗派:天台宗、华严宗和禅宗,此三宗所讲的许多问题都与中国的传统文化紧密相关。天台宗和华严宗均受到中国传统文化中的儒、道的影响;禅宗中的佛性论不仅与儒家的性善论相似,又与儒家的孝悌为本的封建伦理学说相调和,还有庄周的虚无主义思想、玄学家的得意忘言理论等,对禅宗思想的形成无不起到了极为重要的作用。总之,佛教及佛教文化之所以能在中国站住脚、扎下根,并获得发展,乃达到佛教的中国化,一个主要原因就是中华民族这种和合精神所具有的宽容性、融合性和适应性。

第四,有利于促进中华民族的和平统一。

江泽民指出:"中华各族儿女共同创造的五千年灿烂文化,始终是维系全体中国人的精神纽带,也是实现和平统一的一个重要基础。"[1]我们认为,统一大业,不但包含了文化历史的认同,而且包含了对这一文化核心不言而喻的默认和赞同。

河图洛书,周易八卦,儒家经学,道家经典,释教佛学,老庄玄学,伊洛理学,或肇始于斯,或兴盛于此。在不同的历史时期,河洛思想文化的主要内容在不断发展,河洛思想文化中都包含着中华民族的和合大一统思想。

把中华民族作为一个整体的思想,首先来自儒家学说。孔子在《论语·宪问》中说:"管仲相桓公,霸诸侯,一匡天下,民到于今受其赐。"明确提出大一统观念的是《春秋公羊传》。董仲舒在《天人三策》中将它作哲理上天人合一的解释:"《春秋》大一统者,天地之常经,古今之通谊也。"历代统治者都极力追求一统天下,唐太宗提出的"王者视四海如一家"。统一,不仅表现在政治上,也表现在文化价值观方面,提倡在主导思想的规范下,不同派别、不同类型、不同民族的思想文化交相渗透、兼容并包、多样统一,如儒道互补、儒法结合、儒佛相容、佛道相通,儒、佛、道三教合一等,以文化为标准,华夏可以退为夷狄,夷狄可以进化为华夏。这种思想对两千年中华民族的形成、融合和发展产生了很大影响,古代中国在几次短暂的分裂后,得以在更大的范围内达到长期统一,这也与它的特点有

---

① 中共中央文献研究室:《十四大以来重要文献选编》(中),人民出版社,1997年,第1204页。

关。

民族意识是民族凝聚力的重要组成部分,而民族凝聚力是指民族主体以其独特的山河风貌、民族历史、传统文化以及卓越的成就使民族成员产生的依恋情及亲和力。民族意识就是一种民族认同感和对本民族命运前途的看法,以及由此而产生的民族精神,它是一个民族心理素质最集中的反映。它是在民族共同地域、共同生活及历史发展的基础上形成的。

就内容而言,民族意识可分为三个层次:一是该民族共同体成员对自己的民族归属的共识,并由此产生对养育自己的祖先和乡土的依恋,对本民族特有的传统文化的热爱及民族自尊心。二是在民族交往中,意识到本民族的历史地位,关心本民族的命运和前途,以及为维护本民族的整体利益而应负的责任。三是在民族长期发展中形成自己特有的民族精神。一个民族政治文化思想、民族性格、传统道德观念的升华,是维系和支撑一个民族生存与发展的精神支柱、民族魂。文化上的认同是民族自认性一致的根基,它包括思想观念、哲学理论、语言文字、道德伦理、文学艺术、风俗习惯及科技教育等,甚至衣食住行也渗透着传统文化的影响。中华民族传统文化最突出的特点是以儒学为主,兼容并蓄,融合其他多种学说而形成的,强调个人道德修养,注重人与人之间关系的调和。

中国人之所以具有恋土归根的本根意识、华夏族类的共同信念、内聚凝合的情感心理,皆因中华文化的精神纽带在起作用。例如,作为一种地方文化,台湾旧石器时代的长滨文化,新时代早期的大岔坑文化,新时代晚期或金石并用期的圆山文化与风鼻头文化,据考证,无不笼罩在中华民族传统文化的灿烂光环之中。海峡两岸实际存在的语言、民俗、血统、信仰的共同性与渊源性,构成了维系两岸同胞的精神纽带。

中华文化的统一性,核心是全民族共同意识的精神情绪,它来自于共同的历史背景,共同的忧患经验,共同的荣辱记忆,以及共同的人文创建。在其历史发展的长河中,逐渐形成了一个以炎黄为人文共祖,以华夏文化特别是河洛思想文化为中心,同时融合了中华境内各民族文化的统一体。正是这统一的中华文化,源远流长,根基深厚,风泽光被,形成一股强劲的凝聚力、向心力与认同感,成为维护国家统一的重要精神力量。

第一章 《易经》的哲学思想

一、河洛易学:中国思想史的源头

(一)《易经》:中华民族的第一部经典

　　每个民族的第一部著作,对于这一个民族来说,都具有本源性意义。荷马史诗之于希腊人,《五十奥义书》之于印度民族,《圣经》之于希伯来人,《可兰经》之于穆斯林,等等,以前,这些经典都被人们当做民族信仰而备受尊崇,是民族的精神之根。然而,现代原型理论更加确证了这一问题,使得非理性的信仰变得可以理性地理解。原型理论主张对民族精神的研究可以依托人类最早的精神现象,如神话等等。而人类各族的第一部著作,则保存有更集中更丰富的原型的内容。他们认为一个族类的一切精神现象,都与原始的本源的精神原型有关,都是人类早期精神原型的变体。掌握了这些精神原型就理解与把握了一个族类的文化特征、行为方式等等,就理解掌握了这个民族。颇如叶芝所说:"人人都有一个神话,如果我们懂得它,就能理解他的所做所思。"①这即是说,每个人的那个"神话",都是那个人的精神原型,以个体类比群体,每个民族也都是如此。事实上,人类各族的第一部经典,正是生成其民族精神的基本基因,也是打开民族精神之门的一把金钥匙。

　　毋庸置疑,《易经》是中华民族第一部伟大的经典。春秋战国以后,在汉代及以后儒家,它一直是"五经"②之首,在魏晋及以后的道家,它一直被尊为"三

---

　　① 转引自班澜、王晓秦:《外国现代批评方法纵览》,花城出版社,1987 年,第 198 页。
　　② "五经"即《易》《书》《诗》《礼》《春秋》;"三玄"即《易》《老子》《庄子》。

玄"之冠。思想互相排斥、行为迥异的道、儒两家都尊奉《易经》为本门第一,我们常说中国文化是以儒道互补为主干的文化形态,可见《易经》在中国文化中的先在性地位。几千年来,易学贯通百业,无论是天文历算、巫医卜筮、历史地理,乃至建筑堪舆、行气导引、政治军事,等等,它渗透到了中国社会生活的方方面面,因此,"探索华夏传统思维方法的发生、研究传统思维方法的特点,离不开《周易》"[①]。可以说,不言易,不足以理解中国文化。易学中有着中华民族丰富的精神原型,它们成为我们民族的精神基因,融进了我们的血液,成为了我们精神的潜意识,自觉不自觉地驱动着我们民族的行为。

（二）易源于河洛

《易经》源起于河洛。中国有许多的地域文化形态,如海派文化、京派文化、三晋文化、三秦文化、荆楚文化、齐鲁文化、燕赵文化,还有蒙古文化、西域文化、南方百越文化等等,形态各异,内容多样,体现中国文化的丰富与繁荣。河洛文化自然是中国地域文化之一隅,然而,她亦不同于其他的地域文化。

中国上古文化,由大量的考古资料以及丰富的古代文献可证明,是以华夏文化为主干与核心的。而程有为先生说:"华夏文化是汉文化、中华民族文化的母体文化。华夏文化主要源自中国古代早期国家夏商周文化及更为久远的河南龙山文化。"[②]那么,中国的上古文化即龙山文化与夏商周文化都集中于河洛地域之内。具体到河洛文化的内涵与地域范围,用李学勤引用全国政协副主席罗豪才的话说,即是"河洛文化是以洛阳为中心的古代黄河和洛水交汇地区的物质与精神文化的总和,是中原文化的核心,也是中华传统文化的精华和主流"[③]。

宋儒发明、弘扬道统之说,树起中国文化主体之精神,它标志着中国主体文化精神的高度自觉。

先由程颢、程颐二夫子继唐河南孟津人韩愈批佛抑老自觉担当自孟子后八百年不传之道统之后,庄严负起了中国文化传承的使命,他们秉孔孟之道,以儒家正统自居,存亡续绝,涵摄佛道,臧否各派,以自己发明之"天理"二字为纲,始

①　翟廷晋等:《周易与华夏文明》,上海人民出版社,1998 年,第 26 页。
②　程有为:《河洛文化概论》,河南人民出版社,2007 年,第 505 页。
③　李学勤:《河洛文化与汉民族文化散论·序》,载《河洛文化与汉民族文化散论》,河南人民出版社,2006 年。

创理学。后由朱熹承二程余绪,他首次明确地提出了一个具体的儒家道统谱系:"尧以是传之舜,舜以是传之禹,禹以是传之汤,汤以是传之文、武、周公,文、武、周公传之孔子,孔子传之孟轲。轲之死,不得其传矣。"①迨二程兄弟出,中华道统薪火重燃。程颐《明道先生墓表》谓:"周公没,圣人之道不行;孟轲死,圣人之学不传。道不行,百世无善治;学不传,千载无真儒。无善治,士犹得以明夫善治之道,以淑诸人、以传诸后;无真儒,天下贸贸焉莫知所之,人欲肆而天理灭矣。先生(程颢)生于四百年之后,得不传之学于遗经,志将以斯道觉斯民……先生出,倡圣学以示人,辨异端、辟邪说,开历史之沉迷。圣人之道得先生而后明,为功大矣。"②宋儒开端道统,自于尧舜,实际是禀乘春秋贤哲,结撰上古统绪,上溯伏羲,继天立极,下启尧舜,始创人文,建初始道统之精神,而自觉承继。自此始见,中华文化慧命,薪火相传,绵延久远。

而上古道统,首现于被正统儒家认为是孔子所作的《易传》中,其中说:

> 古者包牺氏之王天下也,仰则观象于天,俯则观法于地,观鸟兽之文,与地之宜,近取诸身,远取诸物,于是始作八卦。以通神明之德,以类万物之情。作结绳而为网罟,以佃以渔,盖取诸《离》。包牺氏没,神农氏作,作木为耜,揉木为耒,耒耨之利,以教天下,盖取诸《益》。日中为市,致天下之民,聚天下之货,交易而退,各得其所,盖取诸《噬嗑》。神农氏没,黄帝、尧、舜氏作,通其变,使民不倦,神而化之,使民宜之。易穷则变,变则通,通则久,是以自天佑之,吉无不利。黄帝、尧、舜垂衣裳而天下治,盖取诸《乾》、《坤》。

这些信息表明:(1)在中国文化轴心时期的春秋战国诸子,他们的思想已是对上古中国几千年来思想发展的继承;(2)上古几千年来的思想已经形成了一个由各代圣王创造又由他们而延续的基本的统绪;(3)这个统绪是沿着易学的创立与发展并以之为中心而得以传承。因此,可以说,一部中国上古道统史,就

① 韩愈:《原道》,载《韩昌黎全集》卷一一。
② 《河南程氏文集》卷十○。

是一部上古思想史,亦基本上就是河、洛思想史,就是一部易学起源发生史。

二、上古易学思想研究的方法论批判

(一)科学实证考古学的迷信

上古易学的研究方法论,走过了这样四个阶段,即旧学的"信古"时期、近代的"疑古"时期、现代的"释古"时期与当今的"证古"时期。

而近代的疑古思潮,对中国历史的研究确是影响深远重大。他们本质特点就是极端重视对田野考古材料的理析,完全凭借出土的文物史料说话,有一分出土材料说一分的话。中国的上古历史以及许多的美学史、思想史、审美心理史、审美意识史等都是以地下出土的文物来作为实证的思想材料。王国维用出土文物与文献资料相参照的"二重证据法"确乎对中国古史的研究开辟了广阔的思路。田野考古的确解决了许多的历史之谜。但这也助长了思想史研究对田野文物的依赖与迷信,好像只有地下出土的实物才能真正地解决学术的问题,其他的材料都是胡说八道,致使一些学者"唯物是征",在学术的研究上走向了极端,画地为牢,固步自封。新文物不出,研究则不能越雷池一步。实证的方法确然是一种科学的方法,再好的方法,如果用得过度,也必然像吃多了药物一样,过犹不及。因为上古文物的保存毕竟是有限的,谁知道我们需要的东西地下是否埋藏的有呢?正如台湾易学家高怀民所说:"研究古史,直接史料当然重要,然而直接史料的倚仗有其限度。古史年代久远,且中国古文化多寄身于木质器物,几乎全部已腐化湮灭,如必欲以直接史料为肯定历史之条件,那便有失公道了。""传说与神话有其价值……我们应该在历史演进的时代背景下,将传说与神话纳入当时的时代,参照地理上的遗迹形势,参照自然及人文的条件,参照古籍中的线索,然后从传说及神话的不可靠的故事中寻出其可靠的部分。今如伏羲氏,从历史的演进上言,他在神农氏以上,为畜牧时代初期的人,吾人如必欲看到他头盖骨化石,才肯相信他存在,必欲看到他的手刻八卦骨片,才肯相信八卦为他所画成,那岂不是为自己设下了无法解决的难题,以斩断中华民族历史文化的根源吗?"①

---

① 高怀民:《先秦易学史》,台湾·商务印书馆,1976 年,第 36～37 页。

高先生由此又批评了疑古派的"东周以上只好说无史"（顾颉刚语）的过分观点，认为顾氏"有史学家的勇气，而缺乏史学家的眼光"①。高先生的质问与批评是有力的。

然而我们认为，以出土实物所显现出来的历史虽然是中国古史的实然，但它并不完全等同于已成为传统的现实的中国的历史，这就是"考古实证的历史"与"现实的传统的历史"的不同。

（二）实证考古不能建立客观的上古史

王国维的"二重证据法"的使用范围也是相当有限的，它只能限于有文字记载的时代，如商代、周代。愈往上古的洪荒时代，愈是显示出它的局限性，尤其是用实物而进行的思想的考古就更是如此。因为：

首先，考古史料的非连续性不能显示出中国上古思想发展连续一贯的清晰的思想脉络。

目前，中国的史前考古遗址的发掘，包括旧石器时代与新石器时代，比较著名的已有五六十处之多。其间时间跨度极为悬殊，有十几万年者，有几十万年者，少则也有几千年者。且史前的考古又不能证明诸遗址的原始人类为同一族类且其文化一脉相承，那么我们再想从这些石块、木棒、兽骨、蚌壳、陶罐、泥塑等实物中去寻绎出他们的思想，恐怕我们所依托的主要能力就是我们的想象力啦！正因为史前史料的断裂性使一些历史学家对史前历史的研究也发生了怀疑，著名的清华学派的历史学家雷海宗先生说：

中国古代的神话史本来很长，但一向在半信半疑之间，并不成严重的问题。近来地下发现了石器时代的遗物，于是中国史戴上一顶石头帽子。这还不要紧。北京猿人发现之后，有些夸大习性未除的国人更喜欲狂，认为科学已证明中国历史可向上拉长几十万年。殊不知这种盗谱高攀的举动极为可笑，因为北京猿人早已断子绝孙，我们决不会是他们的后代。由史学的立场来看，北京人的发现与一个古龙蛋的发现处在同等的地位，与史学同样的毫不相干。据今日所知，旧石器时代各种不同的人类早已消灭，惟一残留到后代的塔斯玛尼亚人（Tasmanian）到 19 世纪也都死尽（见 W. J. Sollas 著 *Ancient Hunters* 第四章）。新石器时

---

① 高怀民：《先秦易学史》，台湾·商务印书馆，1976 年，第 37 页。

代的人到底由何而来,至今仍为人类学上的一个未解之谜;是由旧石器时代的人演变而出,或是由他种动物突变而出,全不可知。新石器时代的文化是否由旧石器时代蜕化而出,也无人能断定;新旧两时代的人类似乎不是同一的物种,两者之间能否有文化传达,很成问题。①

雷先生的观点确是对以文物证史的史前研究的一大挑战。如果真的像雷先生所说,那么有关中国上古史的实物证史研究将大打折扣,我们虽不敢像雷先生那样出言振聋发聩,绝对地怀疑乃至打倒连续的史前考古学意义上的历史观,但考古遗址及其文物所显示出来的"事实"最起码还不足以使人们相信中国史前的考古意义上的历史就是绝对的一脉沿传的。继而,也更遑论建立在物质基础之上的人类精神的延续性了。史前艺术研究学者刘锡诚先生通过对原始艺术的研究也体验到了其中的困难,他说:

当我们只能从考古发掘中得到一些各自孤立的原始艺术品的时候,对原始艺术的研究就受到很大的局限。要弄清原始艺术的发展脉络或发展序列,建立系统的原始艺术理论,只能是一个可望而不可及的梦想。②

不同地域、不同时期,动辄相跨数万年、数十万年,且又属于不同种族的上古艺术,我们如何才能确定它们的连续性? 与此相类,欲以考古学实证方法来证成上古历史或上古系统的思想史亦何尝不是如此呢?

其二,史前实证史料所展示出的文化的非主流性亦表明它们是不能作为后继的中国主流文化精神的源头的。

据清代学者顾祖禹(1624～1680年)统计,上古时期,在中国大地上,小国林立,夏禹时代有国万余;到建立殷商的成汤时代,亦有三千余国;至灭商的周武王时期,尚有一千八百国;东周初年(公元前771年),亦有一千二百国;逮至春秋末年(公元前481年)亦尚百余国,而称得上大国的还有十四个③。夏禹时代以前究竟有国多少,就不得而知了,估计亦在万余或万余以上。可以想见中国上古时期部族的繁多。而这些众多的部族可以说几近遍布了黄河、长江流域等中国的大部分地区。他们各自创造着自己的文化,繁衍着自己的种族,参与缔造着中

① 雷海宗:《中国文化与中国的兵》,商务印书馆,2001年,第135～136页。
② 刘锡诚:《中国原始艺术》,上海文艺出版社,1998年,第4页。
③ 见顾祖禹:《读史方舆纪要》卷一。

华早期的文明。然而,大多数的国家连他们的名字尚未在史书中留下,就湮没在了中国远古的茫茫历史之中了。自然他们的湮没也为我们今天的考古学发展埋下了丰富的内容。然而,遗憾的是虽然我们现代的史前考古学成绩斐然,但我们还是没有办法将发掘的遗址与我们的既成的主流历史及传说对号入座。尽管有人说甘肃大地湾遗址可能是伏羲生活的地方,尽管有人认为河南二里头遗址可能是夏都斟鄩,但都难找到确切的证据来做出判定。因此,我们还没有确定出在众多的遗址中哪一处确实代表了中国上古的主流文化。我们既找不到考古发掘遗址中的中国早期主流文明,也就不可能确定这些遗址是一连贯系统的一脉传承的文化,那么我们也无法将这些遗址中所昭示的文化形态来作为我们后来的主体文化的源头。因此,对史前的考古只能采取弗·博厄斯所总结的"地理学的方式",他说:

由于对史前期的研究未能揭示文化变化的具体顺序,因此唯一的研究方法只能是地理的方法,即研究文化的分布状况。[1]

这即是说,史前史研究的考古研究,只能以空间的形态存在,不可能以时间的连续性形态存在。这确是对史前文化遗址研究无奈的客观的正确的方式。

而且由上可知,这些上古遗址的考古发掘已遍布全国各地,它们之间不只有时间的巨大跨度,而且在空间分布上也表现出了强烈的地域性。这些各具特征的地方文明,虽然它们之间也能发现蛛丝马迹的相互影响,但总体上它们是散立的、非系统的。尤其在上古时期,在交通、信息传递极其不便的情况下,文化的传播速度之慢是可想而知的。我们今天倘以这些局部的地方文明来整合上古文明史,实际上也是个"可望而不可及的美好愿望"。

最后,史料信息的模糊性,亦使我们很难断定史料中的信息与传世资料的一致性。

在有文字作为表达工具的夏商周时期(据考证,河南二里头夏代遗址亦有文字出现,概可作为中国文字之祖),传世资料与考古文物的互相印证是容易做得到的,然而再往上古洪荒的无文字时代,史料与文物所传达的信息之间的关系便变得极其模糊了。河南舞阳贾湖遗址的开掘,将中华文明上推至了八千多年

---

① ［美］弗·博厄斯:《原始艺术》,上海文艺出版社,1989 年,第 9 页。

以前,"其中出土的 23 座随葬龟甲的墓中,除去随葬单个龟甲或龟甲碎片的墓以外,其它 14 座都是以 2、4、6、8 的偶数龟甲进行随葬,这意味着当时人已掌握了正整数的奇偶数规律"。有人即据此推断,"这可能就是中国早期的占卜工具,亦可能与中国早期的八卦有关"①。但也仅只是推测而已,这些龟甲可能与史书记载中的灵龟崇拜有关,究竟这些东西在当时起到了什么作用,仍然是不得而知的谜团。2001 年于安徽凌家滩遗址中出土了一块玉片和一只玉龟,经测定该物处于 5300 多年以前的新石器时代。玉龟分背甲与腹甲,由孔和暗槽相连,玉片呈长方形,正面刻有两个同心圆,小圆内刻有方心八角星纹,大圆对着长方形的四角各刻有一圭形纹饰,两圆之间被平分为八等份,每等份雕刻一圭形纹饰。有人据此推测,这可能即是上古时期的河图洛书。学界亦有许多人附和。但至今仍然还只是推测而已。②

　　综上所述,我们认为,考古学意义上的中国历史并不等于现实的已经凝结成传统的客观的中国历史,因为它们不被既成的历史承认,它们并没有进入历史,既已湮灭。我们可以借助考古发掘作为我们主流历史传统研究的补充,而不可将上古历史图景的复现完全寄托在考古的挖掘上。

　　(三)传说的上古史是现实的上古史

　　所谓主流的中国历史传统,就是见之史书、闻之传说的历史,它是由已进入历史的事件所构成。虽然上古时期的传说、神话极可能是经过变形的,但它们却是被历史所承认的,它们是进入现实主流历史的历史事件,它的史料价值是毫无疑问的。疑古派的"东周以上无史"的反古论已成为历史,经冯友兰"释古"学说的提出,于今学界又走向了"证古"(廖铭春语)与"正古"(补正之意,郭沂语)的道路。辨析正误、梳理源流才是今日古史研究的正确方式。只有这样,儒道思想的寻流溯源才可能得出较为可靠的结论。那种只信书上所载的、地下所出的才算是史,而否定口头传说的历史意义的错误观点不应该是我们所取法的。

　　此外,值得重视的是近年来西方史学理论及其方法的绍介对中国的史学研究无疑已产生了极大影响。一些学者不顾中国历史实际地用西方现代史学理论

────────

① 《复活的文明——中国考古报告》,光明日报出版社,1998 年。
② 参阅李修松:《试论凌家滩玉龙、玉鹰、玉龟、玉版的文化内涵》,载《安徽大学学报》哲学社会科学版,2001 年第 6 期。

去释读中国古史。其中法国哲学家福科的历史观已经影响了中国历史研究。按福科的断裂历史观,思想史不具有连续性,他说:

那些传统分析老生常谈的问题——在不相称的事件之间建立什么样的联系?怎样在它们之间建立必然的关联?什么是贯穿这些实践的连续性或者什么是它们最终形成的整体意义?——能够确定某种整体性或者只局限于重建某些连贯。

习惯于寻求起源并不断地沿着以前建立的谱系追溯,习惯于重构历史传统,习惯于沿着进化的曲线前行,习惯于将目的论投射于历史,习惯于不断地重复生活中的隐喻。①

这里意思是说连续的历史是人类对历史进行的意义建构,是非真实的历史,真实的人类思想史是间隔的、断裂的。

对于断裂的历史观,我们并不认同,福科的思想在批判、反思西方思想史上是深刻的。然而并不符合中国的实际。

中国的文化精神发展则迥异于西方,它有自己连续的传统。五千年的历史一脉相传,薪火相续,它的文化精神始终以自己的主体为核心并兼容吸收其他各族的优秀文化而形成了自己洋洋大观、博大精深的整体精神。如牟宗三所言,中国思想具有一个核心观念,即主体性。中国哲学的特质—就是中国哲学特重"主体性"(Subjectivity)与"内在道德性"(Inner—morality)。中国思想的三大主流即儒、释、道三教都重主体性,然而只有儒家思想这主流中的主流把主体性复加以特殊的规定,而成为"内在道德性",即成为"道德的主体性"②。中国思想有一个核心观念即证明了它的非断裂性、整全性。而且,中国的思想发展本身也表现出了其内在的统一性、一贯性。唐君毅先生认为:"吾观整个中国哲学智慧之次第升进,亦以当大体是一平流顺进之历程。至少不同西方印度哲学思想之发展,其起伏跌荡幅度之大。然其平流顺进,如江河之宏纳众流,而日趋浩瀚,亦非不进。"③唐先生给中国思想的进程整体性以诗意的描述,表现了他对源远流长、浩浩博大的民族思想的由衷崇敬与自豪。美国汉学家安乐哲、赫大维亦认为

---

① [法]福科:《知识考古学》,三联书店,1998 年,第 2～14 页。
② 牟宗三:《中国哲学的特质》,上海古籍出版社,1997 年,第 5 页。
③ 唐君毅:《中国哲学原论·原道篇·自序》,新亚研究所,1973 年。

对中国传统应作叙述地理解,他们说:"中国文化之所以会产生叙述性,是因为在这个传统中不时出现这样的文化主导因素,过程和变化优先于静止,这导致特殊的'诸此'(thises)和'诸彼'(thats)重于客观的本质。缘此,是那些独特的榜样,为成为一体的社群确定方向。"①"这样,'汉神话'作为一种叙述,是由形成时期的典范的故事构成的。"②这即是说,中国文化的发展最重视过程,而这个过程又是以"独特的榜样"为方向并且以他们的事迹为核心的一连串的叙事,这就形成了中国文化发展的统一性、一贯性。

综上,对古代思想渊源的考索,我们既不能将之完全建立在考古学意义上的历史中,也不能以西方断裂的思想传统来生套中国一贯的思想历史。中国有其自己一贯的、一脉相承的完整现实的历史传统,那就是中国的史籍与古史传统,这是中国精神的主流的现实的形态。其他的研究都应依据于这个主流的传统,而不能舍本逐末。与之相应,中国思想史的寻源也应当建立在对中国此种历史观的理解之上。

三、《八卦》:狩猎采集业的思想

把《八卦》作为河洛思想史的源头,首先得解决一个问题,那就是《八卦》的起源和作者问题。本来以传统的观点,这本不是个问题,但经过了近代西方学术精神的洗礼,这个问题真正地成了问题。

毫无疑问,《八卦》是中华大地上第一部伟大的著作———一部无字的天书,几千年来,人们没有人对它的作者伏羲氏产生疑问。然而,近代以来,自所谓的科学的实证主义者只相信眼睛不相信耳朵的观点盛行,上古的传说被无情地遭到废弃,中国没有文字时期口耳相传的历史,成了历史学的垃圾,人人得而诛之。一句"东周以上无史",使中华民族成了没有来源的无根的飘蓬,好像这个族群存在得很荒诞。对此,高怀民先生提出了自己的观点,他认为上古的传说经过辨别可以作为史料使用,他坚持伏羲创八卦为不刊之论,根据就是两个有力的假定一项事实,他说:

---

① 郝大维、安乐哲:《汉哲学思维的文化探源》,江苏人民出版社,1999 年,第 7 页。

② 郝大维、安乐哲:《汉哲学思维的文化探源》,江苏人民出版社,1999 年,第 7 页。

历史上传留下来的八卦,必有其最初画成的"人"。

从八卦的整一性上、发展程序上,及其所含之哲学思想上看,应为"一人"所画成,难以想象其为杂凑而成。

一项事实是:

历史上传说下来的画八卦的人,众口一词,只有伏羲氏一人,更无他人。①

基于此种推论,辅以史料作据,高先生说:"本书肯定伏羲画八卦其事,而以之为先秦易学之源头。"②我们同意高先生对《易经》八卦起源论的观点,基于此,结合史料,我们探讨一下与高先生相异的八卦思想。

(一)八卦与空间方位意识

伏羲氏率族生活于古中原的陈地,即今日之河南省淮阳县,此地至今存有大量的远古时期的伏羲生活遗迹,如他的陵墓、画卦台等。

考察伏羲生活的时代,大致相当于旧石器时代晚期,旧石器时代的生活方式,基本上就是以狩猎、采集为主。

史传有关伏羲时期的生产方式的记载,基本上与旧石器时代的人类的生产方式相一致。据《尸子》载:"宓犠氏之世,天下多兽,故教民以猎。"又《汉书》中亦有伏羲"作纲罟以田渔取牺牲,故天下号炮牺氏"。这即说明捕鱼、狩猎是当时主要的生产方式。又《绎史》卷四中载:"古者,民茹草饮水,采树木之实,食蠃蚌之肉,时多疾病毒伤之害。于是神农乃始教民播种五谷。"这亦表明在神农之前,采集、渔猎一直是中国先民基本的生活生产方式。

对于一般的原始生活生产方式的进步秩序,吕思勉概括说:"人类之初,仅能取天然之物以自养而已。稍进,乃能从事于农牧,农牧之世,资生之物,咸出于地,而其丰歉,则悬系于天。故天文之智识,此时大形进步;而天象之崇拜,亦随之而盛焉。"③因此,史书传说所载的远古先民的生产方式的变革正与人类原始生活生产方式的一般进步秩序相一致。这就充分地证明着史载传说的可信。

采集渔猎的生活方式,使原始先民居无定所,逐物而迁。变动不居的生产生活活动使他们对确定的空间方位方向感产生了迫切的需要。所以,空间方位意

---

① 高怀民:《先秦易学史》,台湾·商务印书馆,1976年,第38页。
② 高怀民:《先秦易学史》,台湾·商务印书馆,1976年,第38页。
③ 吕思勉:《先秦学术概论》,东方出版中心,1985年,第6页。

识是人类最先产生的思想观念。美国哲学家乔治·莱柯夫和马克·约翰逊通过对"隐喻"的研究亦认为,世界的系统化是由概念完成的,而人类的第一个概念就产生于"空间方位"(spatial orientation)。而空间方位意识则直接来源于人自身的躯体(physical basis)①。即是说躯体是人类确定空间方位的自然坐标,由此便产生了前后、上下、左右等方位。这样,人们在与世界交往中得到的肉体与文化的经验构成了一个基础,在这个基础上,其他概念如幸福、健康、生命、社会地位,甚至"理性"都可以得到合理的组织与归类,如幸福就是上升,倒霉就是下坡,情绪也有高低等。也就是说从躯体而来的空间方位意识就成了人类最早的组织意义的系统的元逻辑结构。个体的空间方位意识是如此,而一个生活在一起的独立的族类作为一个社会的躯体,也会形成其自身的空间方位意识,如东、西、南、北等。可以说空间方位意识是人类最早的思想,这是符合人类思想发生的客观实际的。刘文英先生亦从原始人的生产生活实践的角度更加具体地阐发了时空意识产生的根源,他说:"原始人采集果实,首先要碰到果子成熟的时间和果树存在的方位问题。原始人捕猎野兽,也要对野兽出没的时间和活动的区域有所了解。""正是在这种实践生活中,人的意识感于外而思于内,逐渐形成了各种各样的时空观念。"②

中国先民相对定居的生活,使他们围绕着定居点,而展开向四周的采集与渔猎活动,为了出能够找到食物,归能够找到住所,达到来去自由,他们需要有确定的方向感,这就产生了中国最早的方向意识。我们从《山海经》中也可以得到其中的讯息,《山海经》皆以南、西、北、东等方向性词汇来标示其目录,这不但表明它是一部有关山川、河流、矿物、动植等的地理学著作,而且它正反映了《山海经》是远古先民渔猎采集逐物而动的生活经验的记录。所以户晓辉认为,《山海经》"明确指示出中国人早期知识的起源方式——以某地为中心,向一个方向移动,对沿途经过的地点,所见到的动植物进行分类和命名,然后再加以价值判断"③。户先生择取《山海经》中"其状如……"的句式,从中发掘出了中国早期先民观察认识事物的比类取象特点,但他无意中却道出了中国古代方位思想产

---

① Lakoff,George/Johnson,Mark:*Metaphors we live by*.Chicago:University of Chicago Press.14ff.
② 刘文英:《中国古代的时空观念》,南开大学出版社,2000 年,第 2 页。
③ 户晓辉:《中国人审美心理的发生学研究》,中国社会科学出版社,2003 年,第 43～44 页。

生的原因。

作为以八卦来规定八方及八方之物的空间方位意识的发生,正是远古时期流动不居的采集渔猎生活对确定性空间渴求的直接产物。当然这样的方向规定并不是像后来的东、西、南、北那样具有纯粹的方向意义,而是因着他们所熟悉的各物所居的方位即用该物代了它们所在的位置。这即是说方位的表示还带有具象的特征。而且,他们还用该物来代表同一方向上所存在的各种物类。这正是今日人类学家所发现的非正规的科学即前科学——原始分类。据《绎史》卷三引《拾遗记》载,伏羲"和八风以画八卦,分六位而正六宗,于时未有书契,规天为图,矩地取法,视五星之文,分晷景之度,使鬼神以致群祠,审地势以定川岳"。"八风"即八方之风①。"六宗"即指天地与以四方代表的四时②,这种和八风,分六宗,定地势正是先民在天地中给自己定位以图自由生存的意义创造。所以伏羲创八卦为天、地、雷、风、水、火、山、泽,既以八方之物标示出了八方的方位,而且也以八本卦别开了天地万类。中国先民以八卦进行的方位规定,开启了中国思想表达意义的元隐喻系统。所以吕思勉亦认为:"伏羲所画八卦,初盖以为分主八方之神,其在中央者,则下行九宫之太乙也。"③谓八卦分主八方之神以定八方方位,这是符合当时实际的采集狩猎生活生产需要的,但谓行九宫太乙之数,则是越超当时生活实际的。

唐力权也认为八卦即是先民对于八方的规定,他说:"我们以为'八卦'的原义并不是八种符号或自然现象或人伦关系。'八卦'或'八象'并不是八种现象而是'八方'的现象。……换句话说,'四象生八卦'这句话基本上乃是泰古人对方位经验的描述。"④因为泰古人对方向的规定以由"直立的形躯而决定,《易

---

① 《吕氏春秋·有始览第一·有始》:"何谓八风,东北曰炎风,东方曰滔风,东南曰熏风,南方曰巨风,西南曰凄风,西方曰飂风,西北曰厉风,北方曰寒风。"

② 蒋湘南说:"六宗之说虽多,其是者只一而已,惠氏(惠栋)之说是也。惠氏之说即伏生之说。"伏生在《尚书·大传》:"万物非天不覆,非地不载,非春不生,非夏不长,非秋不收,非冬不藏,禋于六宗,此之谓也。"见蒋湘南《七经楼文钞》卷一《六宗述》,中州古籍出版社,1991年。

③ 《后汉书·张衡传》注引《乾凿度》郑注:"太乙者,北辰神名也。下行八卦之宫。每四乃还于中央。中央者,地神之所居,故谓之九宫。天数大分,以阳出,以阴入。阳起于子,阴起于午,是以太乙下九宫,从坎宫始,自此而坤,而震,而巽,所行者半矣,还息于中央之宫,即又自此而乾,而兑,而艮,而离,行则周矣。上游息于太一之星,而反紫宫也。"参见吕思勉:《先秦学术概论》,东方出版中心,1985年,第7页。

④ 唐力权:《周易与怀特海之间》,辽宁大学出版社,1997年,第20页。

传》因以'四方'来指以形躯为中心的环境。当人顶天立地般地站立起来的时候，也同时是事物的名相在他周遭开显的时候"①。唐先生的分析以躯体作为描述方向的坐标参照与以居住地为中心的描述是一致的。正是出于人们生活实践的需要，于是才产生了早期先民的方位意识，正是这种方位意识才是中国思想的萌芽。

综之，将各种文献的传述进行聚接，那么我们即可以说明中国思想的起源就像世界其他诸族思想的起源一样，最早的思想当是空间方位意识，而中国民族以八卦定八方的空间方位意识②亦正是当时狩猎、采集生活生产的召唤结果。

（二）八卦与有性别的万物

在自然万物的形成上，中国先民对立式的认识是最为自然的，最符合人类认识由感性到理性、由低级到高级的一般规律。就西方思想的源头"二希文化"而言，古希腊思想产生于泰勒斯的水是万物的本源之说，给万物的开始找了一个实际的体相，古希腊哲学以"有"而开始，从此希腊哲学走向了对"有"的诠解，影响了几千年西方哲学的发展。在其希伯来的万物起源的传统解释中，一切则归之于万能的上帝，上帝一开始就将天地万物分别，使其各安其类，各定其性，从不混淆。世上的一切都是神迹，自上帝创之，它们即本然如此。因此物性即一不变的固定结构，适宜以自然的物性去解析。"宇宙是上帝创造的钟表"则是这种思想的贴切隐喻。这种观念与古希腊"有"的观念自然有着内在的一致性，即万物的确定性、恒一性。然而中国先民"近取诸身，远取诸物"，观人类生之于男女，动物生之于雌雄，万物生之于天地，于是便产生了两性生物的意识，万物的产生都是同类相异两性力量的亲合所生。这即是阴阳。或以为阴阳的观念产生于春秋时期③。作者以为，中国虽然在早期的易学中还没有直接以阴阳二字命名这两种相异的力量，但那种同类而异性的意识很早就已经产生了。我们从现在出土

---

① 唐力权：《周易与怀特海之间》，辽宁大学出版社，1997 年，第 19 页。
② 具体来讲，八卦的八物各代表什么方向，则以《说卦》中如邵雍所说的先天卦位为准，即天南地北、火东水西、泽东南山西北、雷东北风西南。濮阳西水坡 45 号墓形的南圆北方可证天南地北方位的早出，南圆北方的墓形正是说明上古时期天圆地方的观念。
③ 《国语·周语》："幽王二年，西周三川皆震。伯阳父曰：'周将亡矣！夫天地之气，不失其序，若过其序，民乱之也。阳伏而不能出，阳迫而不能烝，于是有地震，今三川实震，是阳失其所而镇阴也。阳失而在阴，川源必塞，源塞，国必亡。'"学界习惯以这条史料为阴阳二气观念出现的标志。

的数字卦对数的奇偶两分上即可以看出这种观念的根深蒂固。早期的数字的奇偶意识实际就是阴阳观念，在没有文字表达意义的时代，数字本身即是文字，即是卦象，数即象即理，象即理即数，三位一体。我们不应该以后人的理、象、数三分的模式来规定古人。中国先民这种万物都像人一样皆由男女所生的观念即是"近取诸身"从自我躯体出发的观念，并且他们以人性来理解物性。这正是早期人类思维"以己度物"的原始范式，法国人类学家涂尔干说："人类在刚开始构想事物的时候，必须得把这些事物与其身联系起来。"①天地万物皆是生出的，而不是现成的存在和上帝的创造，万物亦都是如其生者的独立的生命；人类掌握这些生命的形式即是数字的组合。《易纬·乾坤凿度》中认为八卦即早期的文字的说法，还是可信的。所以八卦天、地、雷、风、水、火、山、泽，皆是由两种同类异性的力量按照不同的方式组合而成。这八类"家族相似"的物类的代表之物按人本身生命形式的形成，就是中国早期生命哲学的原始形态。所以吕思勉说："大事不可知也，则本诸小事以为推，此思想自然之途径，亦古人所莫能外也。古之人，见人之生，必由男女之合；而鸟亦有雌雄，兽亦有牝牡也，则以为天地之生万物，亦若是则已矣。"②

以奇偶相异两性而致的物的生成，即《说卦传》所说的"观变于阴阳而立卦"。那么，八卦始创者为什么必以"三"次组合而不是别的什么次组合呢？即是说，八卦为什么是三画卦呢？

按照最为经典的理解，即是认为三是对天、地、人三道的表征，当然，表面上看这也是合理的。但是在那个人类仍还混迹于动物之中的蒙昧时代，我们的祖先认识到了自己在大自然中的特殊地位了吗？如果真如传统所说，那么，中国民族在人的自觉意识就上推到了人刚从动物中走出的远古时代了，而不是人们通常所认为的春秋战国时代或魏晋时代了。作者以为，这可能无意地拔高了古人的认识能力。因此，对八卦始创的认识还必须按照古人自己的思维方式去思考。据《汉书·律历志》载："自伏羲画八卦，由数起。"以数运思是人类最早的思维方式之一，中国远古先民亦不例外。传说中伏羲画卦结绳以理海内，经人类学者对

① 爱弥尔·涂尔干、马塞尔·莫斯：《原始分类》，上海人民出版社，2000年，第93页。
② 吕思勉：《先秦学术概论》，东方出版中心，1985年，第6~7页。

现代玛雅人结绳记事的比较研究,认为都是通过数进行的。实际上,中国8000年前的河南舞阳贾湖遗址的出土文物更印证了这一点。在"其中出土的23座随葬龟甲的墓中,除去随葬单个龟甲或龟甲碎片的墓以外,其它14座都是以2、4、6、8的偶数龟甲进行随葬,这意味着当时人已掌握了正整数的奇偶数规律"①。自然数的时间序列性以及组成自然数的与物之阴阳两性相一致的奇偶性都为他们的思考提供了元逻辑基础。

据此,我们可以对始创八卦的过程做出较为合理的推测:当伏羲氏"一划开天"时,即产生第一个自然数"一",当两个一构成"一一"时,就产生了第二个自然数"二";当古人再将数与他们按两性生命观念理解的自然万物的思想对应起来时,数就产生奇偶性(即阴阳性)。而古人有一种根深蒂固的观念,即"阳奇阴偶",而这种观念则源起于"雄奇雌偶"的观念。

可是,为什么古人要以雄性为奇、雌性为偶呢?

这当然要从雌雄两性的显在功能上得到理解:古人的数字观念有限,只识仨数,且认为"三"就是多,由此,雄性只能是一,永远也不会变成二,而雌性则会生出另一个而变成二。所以,雄奇雌偶的思维方式是一种很自然的思维方式。

当然,这是按照十进制的自然数序对数的奇偶性的理解。然而,在八卦的生成上,远古的先民并不像今人这样将生成序数与每卦的内在构成数、二进制与十进制区别得那么地分明。事实上,它们都是不作区分地混在一起的。《易传》中"两仪生四象,四象生八卦"②对八卦生成的说明是非常符合原始人的思维习惯的。这里面既包含着(1)"两仪—四象—八卦"三阶序列,同时也包含着(2)奇偶数在形成八卦每阶段上的不同组织形态,即偶奇—偶偶、偶奇、奇偶、奇奇—偶偶偶、偶偶奇、偶奇偶、偶奇奇、奇偶偶、奇偶奇、奇奇偶、奇奇奇。从(1)可以看出,八卦的生成正好是经过两次变化的三个阶段。而如果将万物皆看成是奇偶两种因素构成正如(2)所显示的话,那么,两仪阶段与四象阶段所生成者,都只能是抽象的一般的物性。因为任何物都是由奇偶两素所成,即是说它们还不可能是具体的存在之物。而在第三阶段即八卦阶段上,由奇偶两素的构成之物就

---

① 《复活的文明——中国考古报告》,光明日报出版社,1998年。

② 作者以为,作为中国哲学最高抽象概念的"太极"不可能产生得最早。因为这不符合人类认识始于具体的一般规律,故这里只从"两仪"说起。

不再只是一般的抽象物性,而具有了物的具体性质,即是说它们已可以是具体之物。因此,从古人运数思维的角度说,八卦的三素构成其表征并不是指哲学意义的天、地、人三才,而是说明了构成大自然的基本具体之物即八卦之八象皆是奇偶经三阶的生成。由此,即生成了自然万类。八卦之物既是具体之物的成物之终,又是自然万类的生物之始。奇偶三阶成物成八卦的数理正是上古时期至今不得确解的神秘的"数始于一而成于三"观念的最好解读。

综上,八卦——这一中华大地上的第一篇文章(刘明武语),正是睿智的先民远观近取,从自己生命躯体的维度掌握自然万物,以数理运思,以卦象作载,而建构起来的分八方、别万类以理解自然、社会、人生的中国元哲学话语。中国文化的一切形态都从这里萌生。

(三)小结

由前所论,我们可以看出,(1)八卦是中国早期先民狩猎、采集生活生产的反映,体现了他们在东奔西跑、逐物(植物、野兽等)而动的不定生活中对确定的空间方位的渴求。它以具体的实物来指代空间方位的思维方式正符合于原始思维的形象性与具体性。(2)个体生命的躯体是它们生发意义的元喻体,八卦的生成即是从此生命躯体出发的对于周遭的体验与观察。它奠定了中国哲学的生命性基质。据此观念,一切事物的产生都是自然生出的,而不是神创的,因而(3)八卦沿序数即"一生二,二生三"的三级生成性又使之成为了中国线性生成论思想的最早源头。(4)构成它的作为基本因素的奇偶之数正是对自然万物雌雄两类的最简单的数字化。它的以奇偶之数成卦而立象的特征及其成卦的层级性体现了远古先民以数运思的科学主义色彩。(5)奇偶数立卦的抽象之象亦奠定了中国古代思不离物的象思维的逻辑模式,因而也使中国古代哲学从一开始就具有艺术的形象性与情感性的特征。

八卦的诞生,开启了中国思想的大道之源。它丝毫不沾带天启神示的神秘性,使中国思想一开始就具有了生动的人间性、世俗性和理性,以及其价值与本体、信仰与科学一体化的思想形式。

四、《连山》:植物的精神

如果说《易经》的起始即八卦的创生相当程度上是来自于先民对狩猎、采集生活的思考,因此它的生命性主要是来自于对动物的思考,那么,随着中国早期社会向农业社会的过渡,中国先民与植物的关系亦渐行渐密。《易经》作为中国先民的精神主体,亦随着先民生存方式的植物化,则亦一步步渗进了植物的精神,而变成了植物的哲学。

(一)农业与农的植物化

中国是世界上最早进入农业社会的国家,这应该是没有问题的。从考古资料证实,中国先民早在一万年前就在长江与黄河这两河流域的中下游地区从事着原始的农业生产。他们用简陋的工具如石、木、骨质做成铲、刀、镰、锄、耒、耜等进行着刀耕火种的简单劳动。开渠挖土、排灌收种,平整土地,种植作物,很早就形成了南稻北粟的原始农业风格及原始农业的耕作传统。① 而史传的大量记载也说明着中国农业的早出与早熟。关于中国早期农业的形成是与两个重要人物分不开的。一个是神农氏,另一个就是后稷。据《春秋元命苞》载:"神农生,三辰而能言,五日而能行,七日而齿具,三岁而知稼穑般戏之事。"这里夸张的记述,说明了后人对于中国始创农业的先祖的无限怀想和崇敬。马骕《绎史》中《周书》载:"神农之时,天雨粟,神农遂耕而种之。作陶冶金斧,为耒耜钼耨,以垦草莽,然后五谷兴助,百果藏实。"《易·系辞》记载则更详:"庖牺氏没,神农氏作,斫木为耜,揉木为耒,耒耨之利,以教天下,盖取诸益。"这里虽然没有明言神农氏发明农业,而"耒耨之利,以教天下"则正说明了神农氏因发明了农业工具而教化天下才成为了中国的农业之祖。更为值得重视的是他的创造发明皆来自于易象易理的启示,易象成了引发创造灵感的理论。《管子》中亦言:"神农作,树五谷淇山之阳,九洲之民,乃知谷食,而天下化之。"这里说明了神农始创谷食。而《古史考》的记载则说明了神农是熟食的发明者,其中说:"神农时,民食谷释米,加烧石上而食之。"

而《白虎通》的记载更说明了神农之时是中国远古社会由狩猎攫取的生产方式向种植型农业生产方式的过渡,其中说:"古之人民,皆食禽兽肉,至于神

---

① 如近年发现的位于长江中游地区的湖南道县玉蟾岩、江西万年仙人洞和吊桶环等处有一万年前的水稻硅酸体及陶器、石器和骨器;在河南的贾湖遗址也出土了距今 8000 年前的大量炭化稻和狗骨;在北方的河北武安磁山遗址也发现了类似于米仓的土坑有 300 多个,其中有小米存放的就有 80 多个;此外,西安半坡、宝鸡北首岭和华县泉护村等处,也有粟米发现。

农,人民众多,禽兽不足。于是神农因天之时,分地之利,制耒耜教民农作,神而化之,使民宜之,故谓之神农也。"《淮南子》中也有同样的记载:"古者,民茹草饮水,采树木之实,食蠃蚘之肉,时多疾毒伤之害。于是神农乃始教民播种五谷,相土地宜,燥湿肥墝高下,尝百草之滋味,水泉之甘苦,令民知所避就,当此之时,一日而遇七十毒。"这两段重要的记载,相当详细地反映了中国早期社会在神农时期从采集、狩猎生活向农业社会的转进,亦说明正是神农引领着中国远古先民完成了这一伟大的生产方式的变革。

农业的始创,生产方式的极大变革,带动了与农业息息相关的一系列科学思想和技术方面如天文、地理、气候、工具以及植物学等的巨大进步,进而引发了社会制度、哲学观念以及宗教信仰等精神层面的革新。正如蒋南华所言,农业的产生是人类社会迈进的显著标志,是"野蛮"与文明的分水岭。因为:(1)以农耕和稻作为主体的农业经济,必须以稳定的定居生活和社会成员的良好公德意识和道德风范、社会精神文明为前提,否则就会为谁种谁收等问题而酿成无法解决的社会纷争。(2)农耕稻作不仅需要人们有更高的文化素质和技术水平,也需要有犁田、翻土、薅耙、排灌、收割、储藏等更为复杂多样的农业器具及其操作和管理水平。它必须有相当的物质基础(比如农具的制造,稻谷的收藏、加工)。同时,农耕稻作的发展也必将拉动各行各业(如农具加工制造、冶炼等手工业和交通运输业……)的繁荣、发展与进步。可以毫不夸张地说,农业文明是社会一切文明的主体和基础。①

农业生产方式的确立导致了中国古代文明的全面进步,它不但成为了中国社会的物质基础,而且使中国的民族精神异化为了植物的精神。中国民族由采集、渔猎生活向农业生活的演进,正巧合了斯宾格勒的观相式洞察,他说:"最初的人是一种东奔西跑的动物,他的醒觉意识不住地在生活的道路上摸索前进,完全是小宇宙,不受地点和家庭的奴役,它在感觉上是敏锐的、担心的,老是警惕地驱除某些敌对的自然因素。最初,由于农业的关系发生了一种深刻的变化——因为农业是一件人为的事情,猎人和牧人同它没有接触。挖土和耕地的人不是要去掠夺自然,而是要去改变自然,种植的意思不是要去取得一些东西,而是要

---

① 蒋南华:《中华文明七千年初探》,人民出版社,2002年,第42页。

去生产一些东西。但是由于这种关系,人自己变成了植物——即变成了农民。他生根在他所照料的土地上,人的心灵在乡村中发现了一种心灵,存在的一种新的土地束缚,一种新的感情自行出现了,敌对的自然变成了朋友,土地变成了家乡,在播种与生育、收获与死亡、孩子与谷粒之间产生了一种深厚的因缘。对于那和人类同时生长起来的丰饶的土地发生了一种表现在冥府祀拜中的新的虔信。作为这种生活感情的完整表现,我们到处看到了田庄的象征形状,在屋子的布置中,在外形的每一根线条上,它都把它的居住者血统告诉了我们。农民的住宅是定居的重要象征。它本身就是植物,把它的根深深地扎在'自己'的土壤中。"植物生存方式的农民的出现,"这是每一种文化的先决条件,文化本身也是依次从一种故乡景色中生长起来的,它不断地更新并加强人与土地的亲密关系"①。农民身份的确立亦确立了中国民族的文化之魂,《易经》的发展进而亦变成了植物的哲学。

（二）《连山》②源于"山体崇拜"思想

人类思想的发展是时代各种因素的合力孕育,进而言之,时代思想的独特性亦应该是在影响其写作的首位因素的激荡下而发生的。因此,《连山易》之谓

---

①　斯宾格勒:《西方的没落》,商务印书馆出版,1963 年,第 198～199 页。

②　《连山易》就是神农易。《路史》中说:"炎帝神农氏令司怪主卜,巫咸、巫阳主筮,于是通其变以成天地之义,极其数以定天地之象,八八成卦,以酬酢而佑神,以通天下之志,以断天下之业。谓始万物终万物者,莫盛乎艮。艮,东北之卦也,故重艮以为始,所谓《连山易》也。"《礼记·祭法》载:"是故厉山氏之有天下也,其子曰农,能殖百壳。"《国语》卷四亦载:"昔烈山氏之有天下也,其子曰柱,能植百谷百蔬。"下注曰:"烈山氏,炎帝之号也,起于烈山,《祭法》以烈山为厉山。"另据《周易要义·序》载:"按《世谱》等群书,神农一曰连山氏,亦曰烈山氏,黄帝一曰归藏氏;则连山、归藏并是代号。"这些记载反映了神农氏名号的变传之甚,计有列山氏、烈山氏、连山氏、厉山氏八种不同的称谓。而据明黄道周《群经说》中的解释:盖神农本有烈山氏之称,或谓之厉山氏,可证厉山、烈山、神农,三者是同一人的不同指称。王献唐亦说:"列、烈、厉同隶祭部,古本同音通同,字又作丽、作赖,赖与厉、烈古音亦同。其作丽者,字本丽歌,乃后厉、丽皆转今音,又假丽为厉,实亦一事也。其作连山者,连与烈、厉皆一声之转,连山亦犹列山、厉山。"（王献唐:《炎黄氏族文化考》,齐鲁书社,1983 年）所以,《连山易》即是神农所创。近年来的考古发掘亦有神农易的物证。1950 年,河南安阳四盘磨殷墟出土了一块卜骨,上面刻有三个数字图纹:(一)七八七六七六曰魁;(二)七五七六六六;(三)八六六五八七曰隗。张正烺认为:"可以看出这四个反转不变形的卦凑在一起,决不是一件偶然的事情。魁和隗是卦名,二字连起来当指魁隗氏,是连山氏的别称。因此,我疑心这两卦是《连山》易书的篇首。"(《考古学报》,1980 年第 4 期)而据《帝王世纪》载:"继无怀氏后,以火承木位,在南方,主夏,故谓之炎帝。都于陈,又徙鲁。又曰魁隗氏,又曰连山氏,又曰烈山氏。"汉王符《潜夫论·五德证》中亦说:"赤帝魁隗,身号炎帝,世号神农。"

"连山"易,并不单单因为它的名称与神农氏烈山号相同才如此称谓,连神农氏本身的厉山、烈山或连山之称号亦必有其发生的元初背景——那就是广泛存在于上古时期的山崇拜观念。

首先,中国远古先民的山崇拜观念与他们的山居生活密切相关,"穴居野处"正是他们生活的实况。如《孟子·尽心下》中有"是故得乎丘民而为天子"。实际上,"丘民"之说,已不是孟子时代的事情了,它是远古时期对百姓的一般称呼。对此《墨子》做出了具体的解释,其《辞过》中说:"古之民,未知为宫室,时就陵阜而居,穴而处。"只是到了后来,人们才下山建屋而陆居。所以,《易·系辞传》即说:"上古穴居而野处,后世圣人易之以宫室。"

其次,"山"的意识亦体现在其当时的政治、宗教生活中。在那个缺乏文字表达的时代,部落首领之名亦往往以其所居之山而代称之。《尚书·尧典》有"帝曰咨四岳"的记载,《史记·五帝本纪》延续《尧典》,即记载有尧向四岳询问治水与禅让之事,裴骃《集解》引用郑玄的话说:"'四岳',四时官,主方岳之事。"《史记·五帝本纪》中亦载有舜"类于上帝,禋于六宗,望于山川,辩于群神,揖五瑞,择吉月日,见四岳诸牧,班瑞"。"四岳诸牧"即指四方各部落的首领。这是以地理的山居方位来称名四方部落首领的原始管理方式。章炳麟亦曾提出过"神权时代天子居山说"。据他考证,《尔雅·释诂》载:"林、蒸,君也。"林即山林,蒸即薪蒸,即是说天子居于山林之中,天子居山,三公居麓。后先民移居平陆,亦尚存山居遗号,"综考古之帝都,颛顼所居曰帝丘,虞舜居住于蒲阪,夏禹居于嵩山,商之兴,相土居于商丘,其后又有适山之文"①。周之先,公刘居京。这里丘、阪、山、京,皆实地山号。古人以山为政治中心的目的则是:王居高丘之处可以通于神明,尊严神秘;而污泽则是亡虏之所处,沦于幽谷也。后之所谓"京"、"宣室"(即山室)皆为远古帝所之残留。②《山海经》里反映的正是如章氏所发现的远古观念,《山海经》中的"帝"、"神"都住在山上,"帝"亦建在山上。在史前先民的心目中,山高而神秘,正是与神灵沟通的去处。延伸至后来的陆居,天子仍然建高台以效山陵之崇,每逢祭仪即登台通神,这已是远古风俗之遗

---

① 《盘庚》曰:"古我先王将多于前功,适于山。"
② 《章太炎全集》(四),上海人民出版社,1987年,第87~91页。

绪了。

再次，中国先民的"山崇拜"观念亦与中国原始农业起源于山麓息息相关。按照一般的史学观念，皆认为凡早期之文明皆生于水源充分的大河流域，如埃及人生活在尼罗河沿岸，创建了辉煌的古代埃及文明；苏美尔人生活在西亚的两河（幼发拉底河与底格里斯河）流域，创建了灿烂的古巴比伦文明；居住于南亚恒河沿岸的古印度的达罗毗荼人则创造了高度发达的印度文明，而黄河、长江也成了中国文明的摇篮。作为一种大致的平行类比说法，这是符合事理的。但具体地考校起来，远古时期的中国先民对山的感情远比对水的感情要深得多。柳诒徵曾经指出，中国文明与世界其他文明起源于河流不同，它多起源于山岳。① 何炳棣先生亦认为，中国古时农业与埃及、两河流域不同，它与灌溉无关，而是以旱地陆种的方式进行的。② 钱穆则经考证而揭示出：中国古代的农业最主要的特点在于山耕与旱作物，最早、最普通的种植的是稷，黍次之，粱又次之，麦稻更次之。古史的记载亦充分证明了这一点。中国农业始祖是神农，司马贞在《史记·补三皇本纪》中说："神农本起烈山，故《左氏》称'烈山氏之子曰柱'，亦称烈山氏。"郑樵《通志·三皇本纪》亦说神农氏起于烈山，亦曰烈山氏，也叫连山氏。烈山就是放火烧荒，以便耕作。③ 这正是"刀耕火种"的中国农业初开时期的原始情境。

正是原始时代先民生活对山的依赖，如他们要猎狩、采集、山耕、躲风雨、避寒暑、摆脱洪水、接近神灵等，才使他们产生了对山的顶礼膜拜。亦使他们以山为名，以山为氏，而其思想也无不打上山的烙印。反映在《易经》哲学的发展史中，就是在"三易"主导性卦象"天"、"地"、"山"中，"山"的观念出现得最早，其次是"地"，最后才是"天"。《归藏》以"地"为首卦，《周易》以"天"为首卦，天、地、人是易学的三大核心。文献证明，在殷商时代还没有"天"字的出现，凡甲骨文之"天"皆解为大，吕绍纲先生即认为在易学中"地"的概念要早出于"天"的概念。④ 实际上，在殷人的信仰中，据甲骨卜文载，只有祭地、祭日、祭云、祭雨的

① 《中国文化史》上册，中国大百科全书出版社，1988 年，第 8～9 页。
② 何炳棣：《黄土与中国农业之起源》，香港中文大学出版社，1969 年，第 116 页。
③ 钱穆：《中国古代北方农作物考》，《中国学术思想史论丛》，东大图书公司，1977 年。
④ 吕绍纲：《周易阐微》，吉林大学出版社，1990 年，第 132 页。

祭礼,而没有对"天"的祭礼。再往上推,从洪荒中走来的《山海经》中,亦只有祭地、祭山的宗教活动,却没有对天祭祀的记载。由前文的考证我们可知,比"地"、"天"产生得更早的是"山"的观念。这亦是与人类思维发展的一般规律相符合的,"这是因为天很抽象,离人类很遥远,倒是天上的日、月、云、雨与人的关系比较密切,人与土地更是须臾不离"。所以先民"地"、"山"的观念皆早于其"天"的观念。① 这即是说,周代以前的先民思维还没有达到对抽象性的"天"进行思考的地步,他们只能从直观的切身之物上去从事其思考。这是早期人类认识、思维的最为显著的特征。《连山易》就是远古先民山居生活、山耕农业的哲学表达。后人凡解"连山"为"如山气出云,连绵不断"应属于望文而生义的凿空述说。

(三)"帝出乎震"章与《连山》

易学思想的梳理做起来更比我们说它是存在的有更多的障碍。现在的易学——《周易》是古时之易系的唯一孑遗,保存着较为完整的体系,而《连山》、《归藏》久已湮没于茫茫古史模糊的背景之中了。在最早的上载文献《周礼》中只留下了一则只关涉其名称的记载:"太卜……掌三易之法:一曰《连山》,二曰《归藏》,三曰《周易》。"至于汉郑玄《易赞》及《易论》中的"夏曰《连山》,殷曰《归藏》,周曰《周易》"之说也仅只为"三易"增补了其各自的时代名称而已。即使《太平御览》卷一〇八引桓谭《新论》中的"《连山》八万言,《归藏》四千三百言"与《北堂书钞》卷九五引桓谭《新论》中"历山藏于兰台,《归藏》藏于太卜"的记载,也没有给我们提供具有实质性意义易理内容的信息。尽管浩博的历史文献没有留下《连山》详细的信息,但我们仍可以从那点零星的历史记忆碎片中勾勒出它大致的轮廓。据马国翰《玉函山房辑佚书·易类》中朱日升说:"《连山易》,亡久矣。《周礼》而得其名,因《说卦》而得其义;因夏时而得其用。"由此我们得睹了神农之易的龙体之首尾。朱日升所说的《说卦》中一节即是被邵雍所称的"后天之易",这节内容即:

　　帝出乎震,齐乎巽,相见乎离,致役乎坤,说言乎兑,战乎乾,劳乎坎,成

① 董楚平:《中国上古创世神话钩沉》,《中国社会科学》2002 年第 5 期。

言乎艮。

　　万物出乎震,震,东方也,齐乎巽,巽,东南也。齐也者,言万物之絜齐也。离也者,明也。万物皆相见,南方之卦也。圣人南面而听天下,向明而治,盖取诸此也。坤也者,地也。万物皆致养焉,故曰:"致役乎坤。"兑,正秋也。万物之所说也,故曰:"说言乎兑。""战乎乾",乾,西北之卦也。言阴阳相薄也。坎者,水也,正北方之卦也。劳卦也,万物之所归也,故曰:"劳乎坎。"艮,东北之卦也,万物之所成终,而所成始也,故曰:"成言乎艮。"

对此《说卦》一章,郑玄解之"艮为立春","万物阴气终阳气始,皆艮之用事也"。孔颖达在《周易正义》中亦认为,艮指"前岁之末,后岁之初"。[①] 俞琰亦说:"盖止(艮)则生意绝矣。成终而复成始,则生意周流。"[②]这些只是对于艮卦地位的关键性做出的解释。而据《玉海》卷三五所载,郑玄明确指出:"艮、震、巽、离、坤、兑、乾、坎,《连山》之序也。"张其成先生也肯定此即《连山易》,他认为:"(由上)说明此卦序为连山易的孑遗,反映了夏代淡化天地,重视山居农耕的思想。"[③]张先生的概括甚为精当,不但指出了它即是《连山易》的图式,而且亦敏锐地说明了它是先民山居农耕生活的反映。易学家金景芳先生虽不敢十分肯定,但他亦认为,今本《说卦》"帝出乎震"至"'然后能变化即成万物也'一节,与《周易》的意义全不相符,其特别强调艮的重要性,如所谓'艮,东北之卦也,万物之所成终而所成始也'。故言'成言乎艮'","终万物始万物者,莫盛乎艮"等等,"疑是《连山》旧说"。[④] 综上,学界殆无异议地一致认同了《说卦》该节即《连山》遗文。于此,我们就源寻流地找到了《连山》易体。

　　(四)《连山》:植物生命的叙事

　　综上考证,我们发现,中国先民原始的山居农耕的生产方式及其随之而来的对山崇拜的原始宗教观念构成了他们生活生产的社会基础,那么,建立在这个基础之上的哲学思想,自然即围绕其主要的生产对象——植物与山而展开。证诸

---

① 南宋·朱震:《汉上易传》卷九引。

② 俞琰:《读易举要》。

③ 张其成:《易道主干》,中国书店,1999 年,第 105 页。

④ 金景芳:《学易四种》,吉林文史出版社,1987 年,第 153 页。

《连山易》本身,它即是以山为关节创成的充满植物生命精神的植物哲学。

其一,植物是《连山易》认识自然万物的生命视角和关注中心。《连山易》本身的内容说明了这一点。《说卦》"万物出乎震"一节作为对"帝出乎震"一节的诠释,正是以植物生命的生旺衰绝而构创起来的一种理想的哲学思想图式。在中国思想中,所谓"万物"即是指"植物"。美国著名汉学学者艾兰解释说,在中国哲学中,"作为哲学概念的'物'原型是植物生命"①。植物生命是中国古代一切物的原始隐喻。艾兰的解释是对中国古代哲学中"物"范畴的泛解,而王兴业的解释则直接是对该节中的"万物"而来的,他说,在"帝出乎震"中,"'万物'实际上是植物,八个方位象征植物在一年四季节中生长和成终的动态。把植物当作'帝'的化身,说明当时人们的生活主要靠采集和原始农业来维持"。并且他认为:"'出乎震'卦序重视植物生长的时令特点与夏部落早期情况相符。"②虽然王兴业先生认为的《连山易》为夏易,晚于舜时,更晚于神农之时,但其易理则为一系,"万物"即指"植物"则是此一易系所描述的核心。

其二,《连山易》以八卦中的"山"连接了植物的生命循环,构成了中国古代对植物生命认识的圜道观念。在《连山》的图式中,以植物的生命过程为中心而展开的四时的运行之序被具体地落实在了东、南、西、北的空间方位次序上,所以王夫之说:

> 植物自荣至枯皆有出震而成言乎艮之条理焉。……"齐乎巽",风以动物而使疏秀整齐之谓;"相见"者,物与物相见资于明也,犹致师之致引之而待其自至也;"役",用也,用以养也;"说言",喜于自得之谓;阴阳相薄而战,物即坚刚,争之所自起也;坎为劳卦者,效用于天地之间,其象为水流而不得息;艮则其劳止而将以绍来者之生,故成终而即以成始。以意拟之,大略如此。③

① 艾兰:《水之道与德之端》,上海人民出版社,2003年,第109~110页。
② 王兴业:《〈说卦〉新探——兼论宋人先天卦序后天卦序问题》,参见刘大钧编《大易集成》,文化艺术出版社,1991年,第150~151页。
③ 王夫之:《周易内传》卷六下。

郑康成较王解更显清楚明白,他说:

> 万物出乎震,雷发声以生之也;齐乎巽,风摇动以齐之也;洁犹新也;万
> 物皆相见,日照之使光大;万物皆致养,地气含养使秀实也;万物之所说,草
> 木皆老犹以泽气说成之;战,言阴阳相薄;西北阴也,而乾以纯阳临之;坎,劳
> 卦也,水性劳而不倦,万物之所归也。万物自春出生于地,冬气阴藏还皆入
> 地,万物之所成终而所成始,言万物阴气终阳气始,皆艮之用事也。①

综上阐释,植物的生长是二月春雷震动以使生,风摇之使之长,而至五月得
大明而皆盛旺,至坤土养之使之结实,再至兑秋而得泽气使之欣悦,后至乾为秋
气转深而入冬,阴阳交接②,节气生厉,继而万物就像一个巨大的生命体于一年
中生息不停地走向其坎性的劳顿之处,最后于艮地止息,而新的生命又从艮处开
始孕育,植物的生长如此地循环不已,新新不停。在这个生命的循环链条上,
"艮"居于一个十分特殊的位置上,"艮,东北之卦也,万物之所成终,而所成始
也,故曰'成言乎艮'"③。它成终成始,既是一年中植物生命的终结,又是新一年
新的生命的开始。因此,它连接着生命的过去与未来,使生命的运行轮回无息。

这种从植物生命周期性的盛衰而来的圜道观念,经由先民将之与北极天象
年岁运转规律的结合,而使之体现于天体的运行之中,于是便生成了上古时期法
天度而理民人的以人应天的自然主义的政治制度。据《尚书·尧典》载,舜经过
了尧多次的严峻考验后,接受了尧的禅让,于是开始履行其理政的职责,其中说:

正月上日,受终于文祖(即受禅于尧太庙)。在璇玑玉衡,以齐七政。肆类
于上帝,禋于六宗,望于山川,遍于群神,辑五瑞。既月乃日,觐四岳群牧,班瑞于
群后。

岁二月,东巡守,至于岱宗,柴。望秩于山川,肆觐东后。协时月正日,同律
度量衡。修五礼、五玉、三帛、二生、一死贽。如五器,卒乃复。五月南巡守,至于

---

① 转引自李光地《周易折中》卷一七。

② 非相战斗,见李鼎祚《周易集解》卷一七:"'战乎乾',乾,西北之卦也,言阴阳相薄。"注曰:"薄,
入也。"

③ 《易·说卦》。

南岳,如岱礼。八月西巡守,至于西岳,如初;十有一月朔巡守,至于北岳,如西礼。归,格于艺祖,用特。五载一巡守,群后四朝,敷奏以言,明试以功,车服以庸。

肇十有二州,封十有二山,浚川。

结合《连山》易理与舜继尧位后的一系列政治活动,我们可以发现,《连山》的易理与舜的政治制度之间有着密切的关联:

(1)舜继尧位,以行政令,祭祀上帝、六宗、山川诸神祇。招集四岳百官诸侯,按位分封。这里,自然的六宗(即总指天地、四时)、山川,人间的行政区划(即指以四岳统百官),都在根据北斗七星的运行规律而创制的人间七政上统摄在了一起。

(2)再观察舜由东向南向西再向北分别在二、五、八、十一月份作四方的巡视,我们就会发现,舜的巡视顺序与《说卦》"帝出乎震"一节以震、离、兑、坎四正卦指代的东、南、西、北的方位次序正相一致。其中巡行各方的月份亦与《说卦》"帝出乎震"四正卦所代月份即震二月、离五月、兑八月、坎十一月完全相合。而这种巡守正与农业生产中植物的生旺衰绝四时之序亦保持了高度的一致性,帝王以时考察诸方农业生产,督促天官准授农时,一切的政治措施又都踏上了植物生命的生长节奏,农业生产的核心对象植物的生命形式铸成了中国上古时期这种自然巡行的政治运作模式。

(3)《尧典》中的人间之"帝"、神性的"上帝"与《连山》中的神性之"帝"是统一的①,这种"帝"的亦人亦神性可能反映了上古时期政教合一的统治制度。

值得说明的是,《连山易》系的思想图式与远古的政治制度亦与早期的明堂之制具有内在一致性。可以说古代的明堂建筑就是《连山》易理与当时政治制度的具体物化形态。

对明堂制的考察,又使我们陷进了中国古代典礼制度中相当棘手的一个学

---

① 以前,对"帝出乎震"中的"帝"字的注释,可谓是众说纷纭。李鼎祚《周易集解》注引崔憬说:"帝者,天之王气也。至春气则震王而万物出生。"这是将"帝"看成了天地之间的一种具有生长性能量本体了因而也被物化了。在远古以象运思的时代还不太可能出现这么抽象的概念。而一般的解释都认为这个"帝"应为被人格化的自然之神。如王弼《周易注疏》注之为:"帝者,生物之主、兴益之宗、出震而齐巽者也。"孔颖达疏之为:"辅嗣(王弼)之意以此帝为天帝也。"朱熹《周易本义》于此解为:"帝者,天之主宰也。"显然,这里"帝"皆为人格之神。

案之中。然而,思想的考索主要是理清其明晰的脉络机理,而不必太过纠缠于名物的诂训考释,否则复杂的自相矛盾的传说和被历史扭曲的材料将使思想的清流搞得混浊不堪。当然,我们对史料亦需客观地符合人类思想发展一般事理地做出适当的取舍与甄辨,就算是对思想史最高的客观态度了。对上古思想的研究,学者们所能做的亦仅此而已。

据《左传》文公二年载晋人狼瞫的一段话说:"瞫曰:'《周志》有之,勇则害上,不登于明堂'。"明堂之名始自西周,然又据《周礼·考工记·匠人》中载:"夏后氏世室……殷人重屋……周人明堂。"可见周之明堂是对夏之"世室"、殷之"重屋"的继承。又据《管子》中所载:"黄帝是明堂之仪,舜有告善之旌,汤有总街之匡,武王有灵台之候。"可明黄帝时其制非必为明堂之名,而有这种礼仪、政治制度的建筑体现。另据《艺文类聚》卷三八引《中子》云:"黄帝曰合宫,有虞曰总章,殷人曰阳馆,周人曰明堂。"阳馆即是明堂的别名,这种天子听政的建筑构制叫"合宫"。而《淮南子·主术训》所记又将明堂之制推向了更远的神农时代,其中说:"昔者,神农之治天下也,神不驰于胸中,智不出于四域,怀其仁诚之心,甘雨时降,五谷蕃植,春生夏长,秋收冬藏,月省时考,岁终献功,以时尝谷,祀于明堂。明堂之制,有盖而无四方,风雨不能袭,寒暑不能伤。迁延而入之。"可能这时明堂仅为简陋的建筑,而还不具有复杂的构制,还停留在描述植物的"春生夏长,秋收冬藏"、标记"月省时考,岁终献功"的四方巡守制度上,比不上后来的复杂建构。按照前面所载神农时期这种法天的标记时历的建筑,当时即称明堂似乎不太可能,它们可能起源甚久,功能相同,原理一致,规模、形制可能在不同的时期则会有不同的风格与不同的构造,或者亦有不同的名称,而其法天则道、授农以时的思想则无疑是农业思想的典型反映。据《大戴礼记》第六十七载:

> 明堂者,古有之也。凡九室,一室而有四户八牖。总三十六户,七十二牖,以茅盖屋,上圆下方,所以朝诸侯。其外有水,名曰辟雍。

这里不但说明了明堂之制的久远来历,而且与其他大多数关于明堂形制的记载大致亦相一致,九室,即八方与中央之室合称,为天子于八方按节气巡寝之处;一室四门象征四季,按对应季节行该季对应之礼;八牖即代表八方;七十二牖对应七十二候；上圆下方，正好是上古时期天圆地方在古建筑中的具体体现。《吕氏春秋·孟春纪》高诱注中对天子以明堂之礼行四时之事载录得相当详细：

"天子居青阳左个"。高诱注："青阳者，明堂也，中方外圜，通达四出，各有左右房，谓之个。个犹隔也。东出谓之青阳，南出谓之明堂，西出谓之总章，北出谓之玄堂。是月，天子朝日告朔行令于左右个之房，东向堂，北头室也。"

这节描述了天子按节气巡回居住明堂九室的顺序由东及南，由南及西，再由西及北①，我们再回过头去看《尧典》中帝舜年巡的礼治，即与"帝出乎震"一节，何其相似乃尔！正如叶舒宪先生所说："明堂是宗教礼仪性的建筑，帝王按月居住在明堂不同房室的规定，正对应于人类学所说的'仪式历法'（Cere monial ca-landars）。其起源应上溯到史前定居农业文化开始的时代，要比文明社会中产生的思想学说古老得多。"②

这里律、历、易三位一体的天道观念正是上古时期人天一体的带有自然主义特征的社会制度的典型体现。

在漫长的历史发展中，由植物随天地日月的生命轮回而来的圜道观念积淀成为了中国民族的生命生成论精神。正如艾兰先生所说，植物是中国哲学的本喻，"植物，发芽，生长，直至开花，一旦结果便开始枯萎，夏天繁荣而冬天凋零，这为理解人类本性提供了意象"③。中国先民也正是在与生产对象——植物经过数千年的"同呼吸共命运"而结成了互融互摄的整体，其精神中浸透着植物的气禀。人的生命本不同于植物，当其生命走向完结时，他永远也不能重新复生，本来这正是人作为动物生命的可悲之处，但当先民们看到植物春生、夏长、秋兑，

---

① 《明堂月令》言，天子春居青阳，夏居明堂，秋居总章，冬居玄堂，随着时令的变化而转移其居室的方位，近世学者多认为晚出，是周阴阳家言；今以甲骨文证之，知周王随季节变换居室的制度，正来自商王春宅于东寝室。详见丁山《中国古代宗教与神话考》，龙门联合书局，1961 年，第 161 页。

② 叶舒宪：《神话哲学》，中国社会科学出版社，1992 年，第 166 页。

③ 艾兰：《水之道与德之端》，上海人民出版社，2002 年，第 6 页。

冬藏①,而来年春雷再激,植物万类又欣欣然从地下钻出,"春风吹又生",植物的"一岁一枯荣"的生命循环,自然亦唤起了人们对生命环流运行不息而永恒不灭的精神信念。他们会从植物生命的永恒循环中领悟到人类老幼交替、父子相承的不停轮回,生命就是一个永无止息的圆圈。他们会在子孙们身上看到祖辈的身影与音容,子孙就是祖辈父辈生命的自然延续,这种生命的薪火传递,激起了中国先民对祖先崇拜以及种族延续的巨大热情。短暂的个体生命的死亡并不可悲,因为它只是漫长种族演化进程中生生之流中的一节,整个族类的生命高于个体的价值,正像移山的愚公所言:"吾死有子,子又有孙,孙又有子,子子孙孙无穷匮也。"因此,个体生命的价值相当程度上悬系于传延生命的圣火,这正是中国民族重视家族观念的深层原因所在。

　　而且,植物生死的圜道观念,启示了中国先民的"命"的意识,从而产生了中国早期的"命"的观念。命者,令也,受之不得不行者也。联系到植物生命的生旺盛衰的必然性循环性过程:生长、开花、结果、凋落,不可超越,这即是大自然这个绝对命令的不可违逆的法则。所以,斯宾格勒说,植物性的——宇宙的东西,即富有宿命。② 具有植物品性的中国先民,其生活钳制于必然的生命循环之中,"无所逃于天地之间",成了往复循环的一个类种,于是中国先民便感受到了大自然不可更易的宿命。《尚书·汤誓》中即说:"有夏多罪,天命殛之。"宿命是一种无奈。然而,这种宿命所导致的不只是悲观主义的生活态度,相反,不断重复的永恒循环,亦使中国先民发现了命运的不过如此,人的生灭并不是什么可怕可悲的事情,于是他们即习惯于一种程式化、世俗化、自然化的乐观主义的现世生活,不求向前发展,只求万世太平正是中国人的社会理想。也使人在宿命中放弃了自己的追求与责任。如《尚书·西伯戡黎》中纣王面对周的讨伐,无所畏惧,他说:"我生不由命在天!"这即是说,现实的就是必然的,必然的是可依赖的。

----

① 这是用现代季节观念的描述,春夏秋冬是周代以后的时令季节观念。甲骨文中只有"春"、"秋"二字,而没有"冬"、"夏"二字,证明在殷商乃至《连山》、《归藏》时代,是只有春秋两季而没有冬夏两季。有人据此否认这所谓的后天图式是后人编的,不是周代以前的东西,如于省吾即如此认为,参见其《岁时起源初考》,载《历史研究》1961 年第 4 期。实际上,这也未必正确。中国在相当长的时期内,都是以方位来规定历法的,所谓春夏秋冬,只是将原来的四时之序变成了文字而已。春种秋收是农人的大事,"春"、"秋"二字产生得早应该是合理的,但它不能否定上古时期四时成岁的符号表示时期存在。上古时的"明堂之制"也是一个四时历法在建筑上图式表现。
② 斯宾格勒:《西方的没落》,商务印书馆,1961 年,第 94 页。

中国先民因其循环性的宿命意识而至其缺乏对生命严峻感以及对死亡毁灭的恐慌惊怖,因此也使他们缺乏希腊式的悲剧精神与希伯来式的对神圣的敬畏。与基督教的宿命观相比,它更带有强烈的自然主义色彩。值得一提的是,虽然在基督教中上帝为一切之必然因亦是一种宿命,但上帝作为一人格神在世俗之人的理解中其意旨全具有随时更易的特征,具有不可测度性,因此,它不是一种现世的宿命。这种超越的宿命对世俗的生活显然构成一种强大的震摄力量。

此外,植物生命的圜道观念如果从思维方式的角度理解,它表达了一种生成论的逻辑推理形式。《连山易》以八卦代表八方描述的这个过程是植物生命体的生成过程,生成论正是表现为一个生命体生成衰死的自我完成的过程。生成的时间性是抽象的,当它被落实到了客观的空间方位上后,就取得了具象的形式,抽象的时间借空间得以开显,于是生成即沿着四方的方位由东向南向西向北、再由北向东的顺时针展开,从而,形成了一种大自然的自然推理形式。这种自然的形式化的推理方式,以"自然运行的逻辑"表述着这样一种观念:有东必有南,有南必有西,有西必有北,有北必有东,也即有春必有夏,有夏必有秋,有秋必有冬,有冬亦必然有春。"物,有始,有壮,有究。"①东西南北、春夏秋冬、生旺衰死形成了中国最早的循环生成论哲学。生长正是中国民族从生命的角度理解宇宙变化的根本之处。中国表面化的逻辑即是一种生成论的逻辑推理方式,它的源头正源于植物的生长循环过程。

其三,中国先民生存方式的植物化亦形成了中国民族敏感的时间意识和超时间意识。因为:

首先,中国先民这种"时"的意识有其字源学的依据。

时间之"时"字的创造正是对植物生长状态的本真直观,它一开始就直接诞生于农业的生活之中,标准的农的观念。"时"字,《说文》释为"四时也,从日,寺声"。当然"时"指春夏秋冬四季自是后来的事,而从古文上看则非。显然,由"时"的古文字形可知,它正是描述了日气的光照促使了植物幼芽向上的生长之象状,引而申之,亦可从中意会出古人以植物的生长节奏来表达一年农时气节变化的不同之义。

---

① 《易纬·乾凿度》。

　　考之中国早期一年两季节即只有春秋而无冬夏的时代,标示岁时的"春秋"二字,其字义的创化都与植物的生长有着直接的关系,春的古文即"",上面是"屯",《说文》释之为:"屯,难也,象草木之初生也,屯然而难。"下面是"日"。《汉书·律历志》释春之义为:"阳气动物,于时为春。春,蠢也,物蠢生乃运动。""秋",《释名》解之为:"秋,就也,言万物就成也;又縬也,縬迫品物使时成也。""春"以形训,其义是植物在阳气的促发下不断地出生、生长,"秋"以音训,其义则是植物的成熟,生长的完成,可见,"春秋"之义都是以植物生长的状况对农时的描述。

　　上古时期"时"的基本义就是"天时",实际上,"天时"即天地运行的"四季之时",即四时,四时即农业之时,因此,"时"即指"农时"。如《尚书·尧典》中有:"乃命羲和,钦若昊天,历象日月星辰,敬授人时。"这里就是指帝尧命掌握天地四时之官的羲和推演历法,要报给农人以准确的耕作收获时节。孔子亦曰:"道千乘之国,敬事而信,节用而爱人,使民以时。"[1]朱熹注曰:"时,谓农隙之时也。"孟子亦说:"不违农时,谷不可胜食也。"[2]中国古代"时"的观念即直接来自于植物的生命活动,甚至就是对植物生长节律的直接摹态。

　　而且,植物般的定居生活亦使农只生活在了植物的生存方式——时间之中。

　　正如斯宾格勒所言,人由于以植物为生而种植植物,继而也发生了人向植物的异化[3]。而对于植物来说,因为它不能运动,空间也就失传了意义,仅有"时间"对之才有意义,"一棵植物只知道对于何时与何以的关系。初生的绿芽从寒冷的大地中滋生出来,蓓蕾的饱满,百花怒放,香气馥郁,争奇斗艳和瓜熟蒂落的全部有力的过程——这一切都是实现一种命运的愿望,都是对于何时的经常的渴求。"[4]"另一方面,'何地'对一棵植物的存在是不会具有意义的。"[5]

　　与植物的生活方式相仿,对于中国先民来说,自从他们从东奔西跑的狩猎者和采集者而被植物固着在土地上之后,即过着一种定居的生活,他们世世代代定居在一个地方,他们的思想情感亦被胶着于生养他们的那片土地上,自然的地域

①　《论语·学而》。
②　《孟子·梁惠王上》。
③　斯宾格勒:《西方的没落》,商务印书馆,1961 年,第 198 页。
④　同上,第 89 页。
⑤　同上,第 89 页。

变成了精神的故乡,于是中国先民生成了其浓重的乡土观念。叶落归根正是植物式的乡土意识的恰当表现,尊土重迁成了他们对土地的一种情结。

而从另一方面讲,他们"日出而作,日没而息",活动在极其狭小的地理空间中:南地、北地、东山、西山,日日不停,年复一年。在其生活的狭小空间中,一切的事物都各安其位地井然有序,一旦有物发生错位或不时,那么,就打破了正常的秩序,就是一种不祥;一切的花草虫鱼,都是他们极其熟悉的,多见一物,即以为异类而怪之,正所谓"星坠木鸣,国人皆恐"[①]。他们对其有限的环境中的一物一事之动而引发的系列的变动,虽然未必了解它们内在客观的因果,但却直觉地掌握得相当的准确,"将雨而鱼喁,将风而鹊下"是讲动物的行为与天气现象的对应;"风动而虫生"则说明的是物候对生物的影响。对环境中一事一物的高度熟悉而形成了他们对事物间互相影响的细敏直觉,于是出于对未定性未来掌握的目的,他们倾心关注于事物之间的神秘性联系,细心地绘出环境中事物关系的地图(如《月令》图式)以图对将来者做出准确的预报,因而,他们并不大关注事物是什么,重要的是要将它们放于变化的链条中,在时间之序中给事物以定位。这样,空间中静态的实有之物及其物性在植物化的人的流动的时间意识中被忽略被滤除,甚至空间对他们而言也按四季模式地流动了起来,被时间化了。

而且,自然中日月相推、寒来暑往的一切变化,最后都须凝聚到农业所关注的植物的生命活动上。因为,从另一方面言,高度熟悉化的农耕狭小生活空间因其总体上的年年如此,所以即已变成了一凝固不变的存在,于是空间因其不变性而变得不再重要,所以,在农业的视界中空间即退位为生活的潜在背景,甚至成了影响他们安定的不安的因素。而农业生产的核心——为农所重的植物的时间性的生长变化在农的视界中凸现,生长旺衰的周期变化即进入农的精神而居于主位。于是,在农的精神世界中原来的各安其位的空间万象,开始被绵延的时间之流梳理成表象而成为一条表象的潜流,这即形成了中国先族在时间中理解事物的精神:大化流行。

综上所述,农的定居生活与植物生命活动在农的生活中的凸显改变了强化了中国先民的时间意识,空间的方位亦被纳入进了时间之河中流动了起来。东、

---

① 《荀子·天论》。

西、南、北的确定方位,随着植物的生长旺衰而变成了生长的节奏,这就是"节气"。

其次,植物化的生活形成了中国民族精神的内在超越之路和其沉思、好静、内省的基本品格。

以前谈及中国民族的心性品格,多有认为中国民族性中有一种女性化的偏向者。林语堂、张岱年、成中英等都认为中国人在生活情调上多喜欢享受现成事物,安分守己,乐天知命,爱好自然,以悠闲为理想,爱冥想,爱方便;气质和需要上好求助、谦卑、依赖、顺从、消极退缩、世故冷漠、谨慎多疑、羞怯、沉思等,总的说来,好静柔弱、情感丰富、简单化的思考方式、冥想谨慎,确是中国民族的典型品格。这与西方人的健壮、激动、爱表露、爱支配、攻击、竞争的品性形成了强烈的对照。然对于近代人对中国民族性格的认识,户晓辉先生进行了深远的历史考察与哲学论证,他从生产方式的独特性上对之做出了自己的解释,他认为:"西方人在漫长的旧石器时代一直以狩猎为主要手段,以采集为辅",而"以狩猎为主的文化也必然以男性为主,以男性的活动和思维方式为主","同样,由于女性是采集活动和思维方式为主,这意味着从旧石器时代起,西方文化就逐渐浸润着一种男性气质,中国文化就开始表现出一种女性特质"①。因为"从旧石器时代的采集文化开始,中国先民不仅和欧洲先民一样经历着母系氏族阶段,也深受女性思维方式的浸染和熏陶,因为采集文化本是以女性为主的文化,或许我们可以称之为女性本位文化"②。进而又引纽缦的话说:"《易经》和老子代表的中国智慧,正是母系意识偏爱黑暗和隐秘之物的一种表现形式。"③作者以为,这对中国民族品格的认识确实有些偏颇。且不说纽缦没有从《周易》中看到周人对天之纯阳刚健的最高尊崇,对老子的认识也极其表面。就户先生说中国早期的文化是采集文化,采集文化以女性为主,这也是很值得商榷的。首先由上面我们在采集与八卦的讨论引文中可知,那时也猎狩,不只是采集;再者,我们也不能说明那时采集事务就是完全由妇女来完成的,与之相反,中国的农业发明者正是神农。而且,也不能说明西方祖先的狩猎就没有女性参加,这都是无法证明的东

---

① 户晓辉:《中国人审美心理的发生研究》,中国社会科学出版社,2003年,第153页。
② 户晓辉:《中国人审美心理的发生研究》,中国社会科学出版社,2003年,第154页。
③ 户晓辉:《中国人审美心理的发生研究》,中国社会科学出版社,2003年,第154页。

西。所以我们也不能由此即得出采集的生产方式就是中国民族个性女性偏向形成的根本原因。这是过分笼统地强调了生产方式的决定作用造成的。

作者以为,首先,说中国民族品性的女性偏向并不确切,中国古代"士可杀不可辱","三军可夺帅也,匹夫不可以夺志也","杀身成仁,舍生取义","大丈夫处世立功名"以及周崇天尚阳,儒家尊刚尚健,无论如何这些精神与女性的性情偏向都是没法连接到一块的。

因此,虽然任何比喻都是不完满的,但是,比喻还是应该越贴切越好。如果说中国民族品格具有女性思维偏向尚是一个直觉的洞察,而我们说中国人好静、阴柔、冥想、内省、情感丰满的性格则是直接来自于与之朝夕相处的植物则是更显合理的。人读书,书也在化人;人们常年地与植物打交道,植物的生命精神也潜在地投射到了人的精神之中。客观地讲,劳动对象本身并不像人们想像的那么被动,它也在悄无声息地使劳动主体在品格上向自己移位。正如上文所言,当猎人与采集者一旦变成了农人,他也变成了植物。生活的有限空间因司空见惯而变得熟视无睹,因熟视无睹而变得永远如此,变得必然永恒,自然的空间已退化为潜在的生活的背景,对于农人它已失去了意义。空间意识的淡化使中国先民,其生活从自然的空间中退出而进入了时间中的流程,变动者惟有均匀的充满四季节律的时间之流,绵延的时间感受构成了植物化农人精神的内容,于是空间中的风吹草动在敏锐的以静制动的农的精神中就变成了动态的震、离、兑、坎的时间流程。自然的时间内化为心理敏细的时间感受,亦即生成了中国民族丰满细腻的情感意识。"情者,性之动也",内在的时间就是农的感情之流,构成着中国民族的内在现实的表层。

然而,植物生存的状态即是彻底的身体宁静。

在它感到外在自然天旋地转、一切皆流的同时,在宁静的身体之内,只有时间的节奏、血液的循环。沉思、好静、内省的中国民族品性就被植物化的生存造就。在植物性的宁静中,中国民族产生了对生命躯体的独特理解,他们将身体之内的变化分为两类:阳性的血液循环与阴性的气的循环。针灸、气功中身体经络之网正是中国民族理解生命的独特视角。中国民族在植物性的生存中获得了与

"大宇宙"①的沟通。玄想的道教徒在静修中也感受着有节奏的内在血、气的自然运行,他们也在"食气"中寻求着"神明而寿"。②

植物性的生存亦促成了中国民族超时间意识的形成。当心的宁静超越了内在的血、气之动而退回自身,即"放心"被收回,固着不动的时候,它就处于了一切的变化之外,而获得了超越,于是宁静的心灵,这宇宙间唯一的不动者,就成为了明了一切变化的一只眼睛。以静制动成为了中国民族重要的生存策略。这种心灵,在中国古人那里常常用"静虚"、"未发之中"来描述,如道家的静虚灵明,儒家的"未发之中"。因此,中国民族精神的内在超越之路亦正是在植物化的生存中生出。

中国先民空间的时间化意识是中国古代时空观念的一大特征,这种根本性的观念成就了中国民族独特的审美意识。对此,宗白华先生说:

> 中国古代农人的农舍就是他的世界。他们从屋宇得到空间观念,从"日出而作,日入而息"(《击壤歌》),即从屋宇中出入作息,而得到时间观念。空间、时间合成他的宇宙而安顿着他的生活,他的生活是从容的,有节奏的,对于他,空间、时间是不能分割的。春夏秋冬配合着东南西北,这个意味表现在秦汉的哲学思想里。时间的节奏(一岁,四时十二个月二十四节)率领着空间方位(东南西北等)以构成我们的宇宙。所以我们的空间感觉

---

① 根据斯宾格勒的观点,生命状态有植物与动物两类。植物因其固着于宇宙本身因而是被奴役的;其生命活动与大宇宙连体共栖,因此被称为大宇宙。动物因为它是自由、自足的,因此被称为小宇宙。植物的生命特征都有周期性为标志,它有自己的"节拍"(节奏、拍子)和方向,亦与星辰的大循环相谐和,仅仅生活在时间中,"何地"对于一棵植物的存在没有意义。植物的生长代表了一种宿命。动物生活在空间之中,它的根本问题是"何地与如何",然而动物不只是动物,它还是有植物的种性。当它在危险与恐惧中,它试图返回植物状态;当它入睡后它也回到了植物的状态,这时只有循环的节奏在起作用。它的血性是植物性的根本标志。高级动物的人类,则处于植物性、动物性与人的高贵的精神性三者的张力之间,植物富有宿命、血、性的存在,具有一种极古的优势,它们就是生活。动物或人只是替生活服务的。但人不愿去服务,而要去统治;并且相信它是在统治,因为人类精神试图控制一切。其实,这种信念也是对于生活的服务。因为我们的思想不那样想而这样想,正是宇宙要它这样想。当思维把身体叫成一种概念,当它确认身体是可怜悯的并便血的声音归于沉寂时,思维显示了它的力量。事实上,血仍在统治,因为血在默默地控制着思维活动的始终。所以斯宾格勒认为,由动物醒觉意识发展而来的人的精神表面上显示出其高贵性,但植物性作为宇宙的力量仍潜在地左右着生命的一切活动。小宇宙永远生活于大宇宙之中。

② 《大戴礼记·易本命》。

随着我们的时间感觉而节奏化了,音乐化了!①

宗先生的大意不差,但他仅仅从农业生产的方式上描述了中国以时率空的时空观的形成。实际上,中国的农业生活的形成远自上古,而至秦汉已达数千年之久了。因此这种随农而生的时空模式有其更久远的渊源。

我们以为,中国以时率空的时空观念正是植物生命方式对农人精神的融入结果。中国古代这种空间的节律化的模式造就了中华民族博大的音乐性精神,中国民族的基本精神从根本上说就是音乐精神。因此,动态的节律审美亦成了中国民族的主导性审美方式。与之相比,西方人亦以其相异的时空观念而铸成了自己的主导性审美方式。"西方观念则重分别。时间空间,相异独立,而其视空间,一若更重于时间,柏拉图榜其门,非通几何,勿入吾室。"②正是西方人对空间的倾重也才形成了西方重形重实的审美风格及艺术特性。这正是对视觉——"看"的过分尊崇。

其四,《连山易》的图式反映了中国早期的"中"的观念。在这个东、南、西、北的地理图式中,方位的确定实际上是以人为中准的,农的居住地即是"中"。"中"只具有空间方位的意义,而不是"时"的。这与世界各族的原始观念有着极大的类同性,古希腊的希波克拉底(xippocratic)在把世界分为七个部分时,而把爱奥尼亚(Ionia)看做是世界的肚脐,即中心;在古代伊朗的经文中,伊朗被看做是世界的中心和心脏,国王即坐在宫殿中心的王座上,象征性地居于天国之城的中心;犹太人则把以色列或耶路撒冷看做是世界的中心,其神庙即相当于"圣竿"的作用;在澳大利亚阿兰达(Arands)部族的阿基帕斯人(Achipas)中代表天轴的所谓"圣竿",只有在这根天柱周围的大地才可以居住。如果圣竿折断,则意味着世界末日的到来。当然这些事例多含有"中"的宗教意义或即原始时代的政治意义,带有神守时代的印痕。作者以为,在前神守时代,"中"只具有地理学的意义,对此,朱狄先生解释说:"古代所谓的'世界中心'不是由于繁华,而是由于荒凉,大地上愈是一无所有,人也就愈感到自己是处于一个荒漠的圆周的中

---

① 《宗白华全集》第 2 卷,安微教育出版社,1994 年,第 431 页。
② 钱穆:《现代中国学术论衡》,三联书店,2001 年,第 86 页。

心。最早的中心观念的出现就是居住者区域和环绕它的未知的、不确定的空间之间的相对立的结果,前者是自己的世界;后者是异己的世界。它无非是想把自己的边界凝固化,把已经建立了的秩序的世界和未经开辟的混沌世界严格区别开来。然而后来的'世界中心'的观念愈来愈复杂了。它是神话地理学的一种衍生物。"①

而在《连山易》时期,"中"的观念这种地理方位的意义亦带有了宗教政治意义。这可以从《连山易》思想图式的物化形态——明堂建筑上看到这种意义的转变。在《连山易》图式中,虽然"中"的观念在图中还没有明确的标志,但在明堂——这种上古时期天子执行政务、尊神敬祖的带有明确政治、宗教意义的建筑中,找到了"中"的位置。在明堂的九室之中,有"中"室——即"太室"一处。首先中室具有方位之中的意义。从明堂的巡月移寝制度来看,周围的八室都是流动不居的,而只有中间太室则永远处于恒定状态,这与天上的"璇玑玉衡,以齐七政"的北极星恒定、而周天星斗皆转,或斗柄随时移动又有着极为一致的运行模式。所以,"明堂者,天道之堂也"②。这里北极星与中室都具有了确定方位的身体性的意义。其二,中室又称"图室",为图象之室,这里可能是纪念和祭祀先王先祖的地方,而亦有人认为所谓太室为处理政务之处,也不为太错,因为古时本即政教合一,不分彼此的。作者以为,所谓"图室",正是上古时期缺乏文字表达的时代,人们"图画山川地理神灵"以作为偶像进行各种祭祀仪式的地方。明堂太室之中与《尚书·尧典》中舜的年巡最后归于"文庙"之祭表达了同一个思想。这里"中"室即是神权与政权合一之处,"中"的观念已从原来的地理方位意义转变到了宗教与政治的意义,它成了文化所向的中心。"中"在农的观念的凸出,使之具有了价值标准的意义。大"中"哲学观念的久远渊源,也是政治文化的中央意识的滥觞,随着华夏意识的加强,文化的进步,这种行政宗教的中心而渐变为了华夏的种族文化中心思想,以至形成早期的"中土"意识。

而且,农时的观念与大中意识的结合又产生了"时中"的观念。随着中国古代思想由天道向人道的降落,天之农"时"亦发生了向人际之"中"观念的转变。

① 朱狄:《信仰时代的文明——中西文化的趋同与差异》,中国青年出版社,1999年,第36页。
② 《三辅黄图》。

在将"天时"引入人事中,天时的循环之常,到了人事之中就失去了效力,变得不确定起来,所以时的观念在人事中就变成了时之"几"。恰当的时间掌握变成了极难准确测度的"相几"事件,准确地"相几"即可以中的价值观念来隐喻,"人心惟危,道心惟微,惟精惟一,允执厥中"①。于是,恰当地把握做事的时机即具有了"中"的意义。时中观念即演化成了儒家的"中庸","中庸"观念实际成了处理人际事件的生活的艺术。

(五)小结

综上所述,我们可以看出,在中国上古时期进入农业社会之后,人、植物、自然构成了一个完整有机的整体,他们通过植物与大自然交换着能量,相刃相靡,建构了天人一体的《连山》宇宙的图式,它以植物生命的生长为核心,将天、人统一起来,以植物生长的阶段性为天道的运行节奏,亦将人的行为统一在了这一节奏之中,形成了一种人服于天的哲学观念,以此来调整着、掌握着、驾驭着自然、人、植物之间动态的关系。这个思想图式,具有中国精神原型生成的意义:

(1)它反映了中国上古先民观察世界的参照架构由生命的动物而转向了生命的植物。从此,中国民族开始了从植物生命形态来观察世界、理解世界的认知范式。

(2)这个图式以八卦的卦性完整地描述了植物生命的整个生、长、衰、绝的自我完成的过程,由八卦时期对"生"的偏重而进步到了对"成"对"长"的偏重,出现了中国最早的过程思想。基本上完成了生成论的原始模式。

(3)与西方观念将世界理解成非生命的死物而试图征服之改造之的对待物的方式不同,中国先民与植物的关系使他们要以生产对象为中心而尊重生产对象,辅之助之,而不是去征服之宰制之,从而形成了"辅万物之自然而不敢为"的道家式的与物态度。顺遂物性而助成物成为自己,完成自己,这正是生成论艺术理论的基本预设之一,亦是一切艺术创造的根本原则与根本态度。

(4)在人、物的关系上,人们对天道的遵从,对植物的呵护,对自然的依附,都使物必然地是它们自己,也让物成就它们自己,而没有使物成为过主体要克服的对象,人与物之间保持着相谐相和的统一,人的精神亦保持着与自然的高度一

---

① 《尚书·大禹谟》。

致性,从不试图超越自然。"使民以时",遵天而行。由此形成了早期的生成观念。

(5)在缺乏文字表达春夏秋冬、东西南北等概念的时代,《连山》图式就成了上古先民的天地、社会之自然礼法。它集聚了中国早期的政治、宗教等观念化的意识形态。在这个以八卦结构天道自然的宇宙图式中,浓缩了中国文化中许多的重要思想和中国人的基本精神,它就是中国文化精神的胚胎、原型和缩影。时、中、圜道、守静、生成,许多后生的观念皆从此图式演化出来。中国许多核心性的观念都在这里可以找到其历史的源头。夏时的月令,《吕览》、《史记》按自然岁时编排的结构,老子的道、自然,儒家的中庸等都从这里派出。

五、《归藏》:农的尊土思想

史载《连山》是神农氏之易、《归藏》是黄帝氏之易,而又据载,夏易《连山》得自神农,殷易《归藏》,传自于黄帝。然而究竟在夏人对承继《连山》之易与商人在接受黄帝《归藏》之易时,他们都做出了哪些改造和发展,我们不得而知;而且我们亦无法确定两种易学为什么会如此地隔代相传。我们所能做的即是将《连山》、《归藏》看做一个连续的易学思想的变革过程,《归藏》在《连山》之后,所以,应该是对《连山》的继承与发展。说《归藏》是黄帝之易,资料太少,除了黄帝尚中尊土,尚色为黄,土性为"归藏"之外,我们很难再找到与易学相联系的地方。虽然神农之易与夏易为一,黄帝之易与商易亦为一,我们也不妨将《归藏》之易作为商人精神的象征来看待。

有关黄帝与《归藏》之间的材料有如下几条:

黄帝之时,天见大螾大蝼,黄帝曰:"土气胜",故其色尚黄,其事则土。①

黄帝之时将兴,黄云升于堂。②

黄帝将兴,有黄雀赤头,立日旁,帝占曰:"黄者土精,赤者火荣,雀者赏萌,余当立大功乎!"③

较少神话色彩的正史则评论得较为平实客观:

---

① 《吕氏春秋》。

② 《春秋演孔图》。

③ 《春秋考异邮》。

《史记》载:"有土德之瑞,故号黄帝。"

《纪年》载:"帝以土德王,应地裂而陟葬,群臣有左徹者,感思帝德,取衣冠几杖而庙飨之,诸侯大夫,岁时朝焉。"

而直接记载黄帝与易相关的史料有:

(黄帝)氏败炎帝,战蚩尤,命大桡作甲子,容成造历法,伶伦造律吕,隶首作算数,令羲和占日,常仪占月,鬼臾区占星,并作《归藏易》,所以又称黄帝为"归藏氏"。[①]

黄帝、尧、舜垂衣服而天下治,盖取诸《乾》《巛》,乾巛有文,故上衣玄,下裳黄。[②]

黄帝、尧、舜,垂衣裳而天下治。盖取诸乾坤。[③]

在我们剥离了那些包裹在黄帝诸事迹上的神话成分之后,就可以了解到些基本的史实:

(1)尊土是黄帝时代的基本信念,而由尊土所显示出来的社会变化则是上古中国先民由神农时代的山居生活而转入了陆居生活。

据《论语谶》载:"轩知地利,九牧倡教。"[④]这是说轩辕氏黄帝深切地熟悉土地的好处,并以之教导天下。《新语》中亦说:"天下人民,野居穴处,未有室屋,则与鸟兽同域,于是黄帝乃伐木构材,筑作宫室,上栋下宇,以避风雨。"《白虎通》亦说:"黄帝作宫室以避寒暑,此宫室之始也。"可见宫室的建造当始于黄帝。崎岖的山地是难以建造庞大的宫室的,只有平陆定居才能便利地完成这样的工程。因此,建造宫室活动的本身就反映了黄帝时代中国先民平陆生活的开始。

平地陆居的生活使人们发现了"土地"的重要价值,它比山居之土地肥沃且种植便利,庄稼的旺盛,收成的大大增长使人们发现了土地母力的强大。在漫长的农耕生活中,万物皆从土生出最后又复归于土的直观生活感受,使人们牢固地认识到土地包藏万物的属性,这正是因重土而以坤立道的《归藏易》产生的原始的生产生活情境。

---

① 《史记·黄帝本纪》。

② 《后汉书·舆服志下》,王先谦《汉书集解》,中华书局,1984年。

③ 《易·系辞》。

④ 马骕:《绎史》卷五《黄帝纪》。

由此亦可知,《归藏易》的尊土观念亦并非只是说明它是母氏系族时期产生的易系,并非只是说明它就是母系社会生活的反映。因为黄帝时期,中国社会早已步入了父系氏族时期。黄帝之名以土之黄色命名亦正是他们尊土观念的明证。至于殷代法效黄帝崇土而承袭《归藏》,则山居的生活时期已远去了,所以商王盘庚说:"古我先王将多于前功,适于山。"①山居生活早已成了遥远的历史记忆了。

(2)《归藏易》为黄帝所创是与当时社会生活的变革引起的人们尊土观念的产生这个基本事实相符合的。

(3)《易传》中有"黄帝、尧、舜垂衣裳而天下治,盖取诸《乾》《坤》",意思是说,垂衣裳而天下治,衣在上,为玄天之象;裳在下,为大地之象,上天下地,自然之道也,它表达了一个天地一体、人天合一、秩序井然的太平社会盛景。这仍然是在缺乏文字的时代中国早期先民以实物之象来表达其思想观念的具体表现。"夫悬象设教与治历授时,天道也。"②这也是黄帝时期人们依卦象之理理治社会,以之作为社会秩序的明证。

当然,我们不能说,夏人承继《连山易》,就是证明夏人又由黄帝时代的陆居生活回复到了神农时代的山居生活。对此,我们认为,随着中国农业的发展,其生产过程、技术以及所需要的对自然的掌握程度都逐渐地变得复杂化、细腻化,也随着农业经验的积累,历法的观念变得越来越细密,而且它必须越来越切合于精确掌握植物生长的授时的需要,因此,它必须越来越科学,才能跟上农业生产发展的实际步伐。可以说夏代在《连山易》图式的基础上进行了更加细致的改造,使之成了垂范千代的较为完美的历法,今日仍然沿用的农历"夏小正"虽然未必全是夏代始创时期历法的原貌,但它很大程度上保留了夏代历法的基本内容应该是没有问题的。而在春秋时期夏代的天时观念就受到孔子的称赞,他说:"行夏之时,乘殷之辂,服周之冕。"③朱熹注释说:"夏时,谓以斗柄初昏建寅之月为岁首也。天开于子,地辟于丑,人生于寅,故斗柄建此三辰之月,皆可以为岁首。而三代迭用之,夏以寅为人正,商以丑为地正,周以子为天正也。然时以作

① 《尚书·盘庚》。
② 章学诚:《文史通义》卷一《内篇一》。
③ 《论语·卫灵公》。

事,则岁月自当以人为纪,故孔子尝曰:'吾得夏时焉。'而说者以为谓夏小正之属,盖取其时之正,与其令之善。"①朱熹的解释说明了夏时既正且善,而且又以人为纪,所以优于商周之历法。由此,我们亦可知三代历法也只是岁首取时不同而已,而其基本的图式并没有变化。

殷易对黄帝时期《归藏》的继承,也只是从观念上接受了对土地的那份敬重的观念。正如我们前文所引,在《山海经》中也有对地、对山的祭祀,殷代的文献甲骨文中亦有对土、日、云、雨的祭祀,究其核心,正是朱熹所言的"商以丑为地正"即商代的历法是从"地"辟于"丑"时的"地"位作为一年的开始的。可见商人对大地的尊重。

殷人对易的改造以尊土重地为尚可以反映出以下几个方面的哲学思想的变化:

(1)《归藏》重土的观念反映了中国上古思想对于物的认识发生了由实相向虚相的进一步转化。

由前文我们可知,在由"天地定位"一节所谓的"先天易"向"帝出乎震"的《连山易》的发展过程中,八卦由以其本象即天、地、雷、风、水、火、山、泽这些具体的事物作为定位之卦,发展到了以卦德卦性描述了植物生命四季的变化。八卦由以具体之物的行用到以卦性行用的发展,正符合人类认识由具体之物到抽象之性的一般规律②,先天卦位皆以实相取象,《连山》之易皆以卦性表征,在那里坤也仅显示出其至养万物的德性,而亦呈现出一种显在的表象。而到了《归藏易》中,表露于土地之上、得土地之养的一切物类的样相都归入了土地之中,"归藏者,万物莫不归藏于其中"③。显然,前面的土地,只有万物从其所出之意;而在后者,土地则成了万物皆向其入的神秘场域。土地的形上意义更加丰富。这里,土地所显示出的不只是一个表面上欣欣向荣生机勃勃的大地,而成了一个包孕万物神秘莫测的自然母体。它的隐喻意义由地上而进入到了地下。

---

① 朱熹:《四书集注·论语·卫灵公》。
② 亦正说明了邵氏对先天八卦、后天八卦的分别在认识上的合理性。王夫之说:"植物自荣至枯皆有出震而成言乎艮之条理焉。则此所言,亦序也,非一定不移之位也。其循环相生之序不以卦画之升降消长为次第,盖以卦德之用言,而非因其体天地细缊之化,变动而不可为典要。在天者即为理,不可以人为之渐次测度之也。"(王夫之《周易内传》卷六下)
③ 汉·郑玄:《易赞》及《易论》。

（2）《归藏》的土地含藏观念，亦反映了中国上古先民对自然事物的认识由有而走向了"无"和"玄"。

这种认识上的形上性也是中国先民在物性认识的一种超越。土地即是万物之所出又为万物之所入之所，而土地之下除了土壤和水之外又无别物，这就使先民对土能生物，土如何生物的奥秘产生了神秘的意识，于是使产生了万物皆源"无"的原始意识。那么土地即是那"无"的母体。在冬天，那平静的土地表面上一无所有，然而，正是在那平静的表面之下却孕育着无限的生机。土地不正是老子之道的"无"的恰当表现吗？据《史记》载："汤乃改正朔，易服色，上白，朝会以昼。"孔子曰："殷辂车为善，而色尚白。"《淮南子》亦载："殷人之礼，其社用石，祀门，葬树松，其乐《大濩》、《晨露》，其服尚白。"那白色不也与那包孕万物却空无一物之冬日大地持有同一品格吗？

六、《周易》：重生尚长的植物哲学

在法国思想家孔多塞看来，人类是从大自然中走出来的社会性的生物，所以，它先在自然，然后进入历史。这一过程亦是其理性不断解放的过程：首先是要从自然环境的束缚之下解放出来；然后是要从历史的束缚之下解放出来。[①]这即是说，人类在诞生之后，它首先要用其智慧解决与自然的冲突，在进入社会性的历史后，它又要处理社会的矛盾。中国思想的发展也与人类精神的普遍规律相一致。表现在《易经》的思想中即是：如果说《连山》、《归藏》基本上反映了中国先民顺化自然而解决了人与自然的冲突，那么，《周易》的思想则基本上表达了他们解决人际矛盾的努力。相比于前者，《周易》的产生亦多增加了人的因素，完成着中国古代思想由天向地再向人的步步转进。

（一）忧患的时代催生

首先，从具体的创作环境上说，殷末时期，帝辛无道，"好酒淫乐，嬖于妇人"，狗马充室，酒池肉林，淫奢无度，"百姓怨望，而诸侯有畔者"，乃重辟刑，"有炮烙之法"。[②]其刑极其残酷，他的"赋敛无度，戮杀无止"，致使"康梁沈酒，宫

---

① 参阅孔多塞：《人类精神进步史表纲要》，三联书店，1998 年。
② 《史记》。

中成市",所以"天下同心而苦之"。① 特别是对稍有怨气的大臣的残杀则直接危及到了当时社会之上层。西伯昌、九侯、鄂侯为三公,九侯因献女不遂帝意被醢,鄂侯为之争辩亦随之并脯,西伯昌闻之私叹,又被告发而囚于羑里。纣之亲族梅伯因直谏而被杀,箕子惧祸而详狂出走。另据《帝王世纪》载:纣杀西伯昌之长子伯夷考而烹之,以其羹食文王,后又嘲笑文王食子之羹,所以不算圣人。时代充斥着血腥残暴的恐怖气氛。文王被囚羑里,正是命在悬刀之下,身在案俎之上。身入囹圄,而外界稍微的风吹草动,都让他惊惧。因此,如何在命悬一线的逆境中安其性命,强其精神,以求存生变得至为重要。所以,命运的严峻考验,正是造就圣人所需要的特殊情境。《易经》这部切时之危、应时而变、经历代圣王薪火相传的圣典,自然为身处危困的西伯昌提供了强大的精神支持。在大易的推演中,在天人之际,他寻到了人的精神力量之源,求索到了生存的根本法则。所以他才能够在蹇困之境中安全脱身,以奠周之王业。据此,史载其演《易》之事甚多,确为事实:

《史记·周本记》载:"其囚羑里,盖益《易》之八卦为六十四卦。"

又:《史记·日者列传》载:"周文王演三百八十四爻而天下治。"

又:《史记·自序》亦载:"西伯拘羑里,演《周易》。"

《汉书·艺文志》载其时境更详,班固说:"至于殷周之际,纣在上位,逆天暴物,文王以诸侯,顺命而行道,天人之占可得而效,于是重《易》六爻作上下篇。"

从这些粗略的叙述中,我们仍可以透视出创《易》情境的恐惧与危困。所以,《易·系辞传》云:"《易》之兴也,其当殷之末世,周之圣德耶? 当文王与纣之事耶?"正是对文王演《易》的屯难蹇困的可靠推测。

而从大的时代气氛上说,周代信仰的变革更是一个根本的生存问题。它关涉到了国祚何处立根以及周政权的合法性问题。不解决此一问题整个国家就失去了信念而无所适从。王国维说:"中国政治与文化之变革,莫剧于殷周之际。"②而所谓变革的关键就是周人对原来信念的怀疑,即对帝辛"我生不由命在天"的牢固的天命观念的动摇。殷人号称秉天命而有国,既秉天命而来,即是说

_____

① 《淮南子》。
② 王国维:《殷周制度论》,《观堂集林》,中华书局,1959 年,第 453～454 页。

殷的合法性来自于上帝意志的安排,而上帝的意志就是绝对的命令,不可动摇。可是如今小邦之周却把上帝托国的大邦之殷给推翻了,周人因而成了违背上帝意志的"反叛者",于是周人政权的合法性受到了来自其内部先在的信仰的严峻而痛苦的考验。做了上帝的背叛者使周人陷入了恐惧与忧虑中。于是,寻找新的立命之本以确定周政权的合法性成了时之急务。于是,周人开始了对天命的怀疑:"天棐(非)忱,尔时罔敢易法。"①即是说天并不是有诚意的,你们怎敢轻率而不遵守制度呢? 他们开始怀疑了天的真诚性。② 进而,他们转向了对定命观念的改造。帝辛的祸国自然成了周人活的教训,不以"德"为天下将失天下亦自然成了周人新的立国信念,"皇天无亲,惟德是辅"亦成了周人对天命新的信条。于是,周人完成了由天帝定命论向自我主命论的观念变革。天依然威严地悬在周人的头上,规约着周人惊警审慎,恐惧行事,顺从天意,奋进不息。行天之健则成了周人的精神。周人的信念奠定了中国民族的基本信仰。

综上所述,我们可以看出,殷周的沿革,对于周人来讲确是一个并不轻松的精神涅槃的恐惧时代。周人在推翻了殷人的定命论而建立了自己的主命论的信仰时,经历了痛苦的煎熬,而且其信仰的审慎惊警、常怀忧惧也给自己带上了一种的无形的精神枷锁,于是形成了周人在危惧中以自强的坚劲品格。这亦是整部《周易》的精神内核。所以《易·系辞传》中亦说:"《易》之兴也,其于中古乎?作《易》者,其有忧患乎?"

这不仅是对时代总体氛围的准确描述,也是对创《易》者内心忧患意识的直观洞察。

(二)周人对《易》的创发及其意义

据《史记》载,《周易》的创制是由文王演《易》,系卦作卦辞,周公系爻作爻辞,这在今天看亦是基本可信的。作者以为,《周易》的格制与《连山》、《归藏》相比,从总体上看,有三个方面的改创:(1)以乾为首,效法天德;(2)重卦六爻拟易时位;(3)整肃六十四卦之序以别天人。

---

① 《尚书·大诰》。
② "天畏[威]棐[非]忱,民情大可见,小人难保,往尽乃心,无康好逸豫,乃其乂[治]民。"见《尚书·康诰》。"天不可信。"见《尚书·君奭》。"天难忱斯,不易维王。"见《大雅·大明》。

1. 效法天德以乾为首

正像《连山》、《归藏》各以一卦为首而开创了一个时代的精神品性一样,周人在充满恐惧与忧患的境遇中,以一种生的韧性从天道的生生不息中汲取了大自然的生命力量,为战胜屯难蹇困的逆境而找到了精神的支撑,从而从上帝的怀抱中脱出,"战战惊惊,如履薄冰",蹒跚于上帝的面前,开始了作为一种独立存在的人的自己的生活。而"德"仍然是连接天、人之间的桥梁,通过它天意为人的精神传达着输送着自然的力量。

周人之"天"实是对殷代神性之"帝"的消解,这种消解使周人的对"天"之"敬"代替了殷人的对"帝"之"畏"。① 陈梦家也认为:"西周时代开始有了'天'的观念,代替了殷人的'上帝',但上帝与帝在西周的金文和周书、周诗中仍然出现","殷代的帝是上帝,和上下的'上'不同,卜辞的'天'没有作上天之义的,'天'之观念是周人提出来的"②。但"天"仍然带有其严肃的神性,然而,亦却带有了自然的意义。正是其自然的意义才消解了帝的神性,亦正是其神性使周人仍然保持着对它的"敬"重。

但是,对于周人来说,抽象之"天"的品性并不表现在日月相推、寒来暑往的天道的机械运行中,而体现在了其生物成物的生生不息中。以农业神后稷肇基又以农立国的周人,正是从对自然植物的生息中体验到了坚韧刚健的天之品德。植物的生命精神正是周人品格的内在架构。

其一,天德就体现于描述植物生长的"乾"字的意义上。

《说文》释"乾"曰:"乾,上出也,从乙,乙,物之达也;倝声。"乾义即取倝之声而取乙之形。而乙为"物之达"。《说文》训乙曰:"象春草木冤曲而出,含气尚强,其出乙乙也。"乙为象形字,像草木始生时冤曲之状,所以《史记·律书》中也说:"乙者,言万物生轧轧也。"这里,乾并不是指日月回还不息的运行,而是描述了植物在太阳之气的催促下努力向上生长的"轧轧"之势。实际上,以乾代天卦本象主要是因为乾——植物的生长的坚劲强力即天的本性,就是指天的六爻纯阳性,是天之用,刚健强劲,孔颖达即疏"乾"为:"乾卦本以象天,天乃积诸阳气

① 郭沫若在其《先秦天道观之进展》中说:"'天'字虽在殷商时代早已有之,但卜辞称至上神为帝,或上帝,却决不称为天。"见《郭沫若全集》历史编第一卷,人民出版社,1982年,321页。
② 陈梦家:《殷墟卜辞综述》,中华书局,1992年,第562页。

而成天,故此卦六爻皆阳画成卦也。此即象天,何不谓之天而谓之乾者? 天者定体之名,乾者体用之称,故《说卦》云:'乾,健也。'言天之体以健为用。圣人作易,本以教人,欲使人法天之用,不法天之体,故名乾不名天也。天以健为用者,运行不息应化无穷,此天之自然之理也。故圣人当法此自然之象而施人事,亦当应物成务云。"①与《连山》用卦性单单表现自然的季节之性不同,这里,《周易》用卦性表现的天之德性的主要目的朝向了人,人是意义的主体和中心,人性的本根就在自然的天性之中,一切的意义都从自然之物中生发。

其二,乾卦的卦辞"元、亨、利、贞"亦被解释为植物在四季中的生息周期,显示着"天德"的自我完成。

孔疏《文言》引庄氏之言说:"庄氏之意,以此四句,明天之德也,而配四时;元是物始,于时配春,春为发生,故下云体仁,仁则春也。亨是通畅万物,于时配夏,故下云合礼,礼则夏也;利为合义,于时配秋,秋即物成,各合其宜;贞为事干,于时配冬,冬即收藏,事皆干了也。"②这里以春夏秋冬四时之序,分别配上了植物的不同生长时段,植物的生旺衰绝就与人的仁、义、礼性接合了起来,这亦表达了人性的本根即在自然之中的思想。《易》在周人这里进一步地人化了。

其三,《乾卦》六爻皆用"龙"象,并不是真正的以动物言事,龙本身在中国文化中就是生命生长精神的象征。

李鼎祚引《子夏易传》说:"龙所以象阳也。"又引马融曰:"物莫大于龙,故借龙以喻天之阳气也。"③这里,"龙"即代指了自然界的生长能量。对于中国先民为什么以龙作为乾卦的象征,即为什么以龙为阳气,以前许多人做过考证,大都认为龙即东天随着季节而见藏的龙星④。这是正确的。实际上,中国民族在史前就有苍龙见而万物皆生,白虎出而天下皆杀的观念。1987 年河南濮阳西水坡

①　《周易注疏》卷一。
②　王注孔疏:《周易注疏》卷一。
③　《周易集解》卷一。
④　闻一多说:"乾卦六言龙(内'九四,或跃在渊'虽未明言龙,实指龙也),亦皆谓龙星。"(闻一多《周易义证类纂》,《闻一多全集》第 10 卷,湖北人民出版社,1993 年)夏令夷、陈久金亦说:"《史记·天官书》索隐引石氏曰:'左角为天田',《封禅书》正义引《汉旧仪》曰:'龙星左角为天田',九二'见龙在田',田即天田也。……《后汉书·张衡传》曰:'夫玄龙迎夏则凌云而奋鳞,药时也;涉冬则掘泥而潜蟠,避害也。'玄龙即苍龙之星,迎夏奋鳞,涉冬潜蟠,正合龙星见藏之候。"(夏令夷《周易乾卦六龙新解》,载《文史》第二十四辑。陈久金《〈周易·乾卦〉六龙与季节的关系》,载《自然科学史研究》第 6 卷,1987 年第 2 期)。

遗址(仰韶文化后岗类型)45号墓出土的蚌壳龙、虎图式①说明中国在六千多年前就已有了这种观念。龙在墓主的东侧,虎在其西侧,正是汉代盛行的"左青龙、右白虎"观念的原始形态。"龙星"见,春天到,万物生出,大地充满了勃勃生机,这本没有什么神秘性可言。在没有文字的时代,人们只是用它的出现来标记春天的到来,作为了春天的开始,来指导原始的农业生产。但是随着中国先民从前神守时代向神守时代的进入,"龙星"变成了"龙"也具有神性,最后变成了对助成天地万物生长的不可见的力量。

其四,《易·象传》说:"天行健,君子以自强不息。"这句话虽不必为文王所手作,但确是准确地描述了周人健动生生、乾乾不息的奋进精神。较之殷人,周人开始了中国民族精神新的气象,正如方东美先生所言:"考诸史稽,可知殷周更迭实一大变动之时代,历经长期战乱之后始久享太平者。当是时也,前期静态之殷文化乃逐渐为郁郁乎动健而富于创造性之周文化所取代。……就当时人际之间以及阶级之间关系接触之频繁与创造力之蓬勃活泼而观之,郁郁文周之世,不愧创造力自由发挥,人人竞爽争秀之伟大时代,漪欤盛哉!"②西周的勃兴正像春日杲杲、万物轧轧出地迂曲生长一样,欣欣向荣,日日为新。

2. 重卦六爻以拟时位

《周易》正是通过以六爻而拟时位,从形象的卦象所展示出的植物生长的刚健之势来表达其对天德的理解的。

以前,作者一直认为,按照人类认识发展的一般规律推测,《大象传》应该在《象传》与《小象》之前,《大象》的思维方式应该是一种最为古老的显意方式,因为卦象是《易》的最原始形态,直接用卦象进行思考的思维方式也应该是最为原始的。因此,以卦德显意的《象传》出现在后也是合理的。人们对事物的认识是先识其体后识其性,而不会相反。对于八卦,自然是先有卦体,后有卦性,最后才是以爻位开显意义,这是一般的规律。但苦于找不到真正的事实证据。然而这个问题现在已得到了某种程度的解决。任俊华、梁敢雄二先生通过对近年来出土的湖北江陵王家台秦简《易》书与史传《归藏》传本的研究,发现了《周易》对

---

① 濮阳市文物管理委员会:《河南濮阳西水坡遗址发掘简报》,载《文物》1988年第3期。
② 方东美:《中国哲学之精神及其发展》,黄克剑《方东美集》,群言出版社,1993年,第272页。

以前《易经》的创造性进步,他们说:"从孔子以《坤乾》观'殷道'看,以《坤乾》为祖本的各种《归藏》文本都沿袭了殷代较为原始的卦占方法,历代《归藏》传本和秦简《归藏》的两种摘抄本均不见爻辞,即为明证。将 64 卦按爻系上了 384 条爻辞,确实是周人的一大发明和进步。古人云《归藏》以不变为占,其实是指《归藏》只有本卦而无变卦,不以爻辞为占。"①《归藏易》没有爻辞,即说明殷人不以爻占,而只以象占,即表明当时人们还没有以爻象来彰显意义,亦可见《大象》运象以思的方式原始性。《说卦》之中所列的卦象与《周易》多不相合,即亦证明《易经》在文字不发达的远古时代即代替了文字的表意功能。由此可证,以爻拟时定位自是周人的创造。

爻位被周人赋予了极大的意义。据《汉书·律历志第一上》载:"故自殷周,皆创业改制,咸正历纪,服色从之。顺其时气,以应天道。"这即是说,新的朝代的创立,往往要做出许多新的改制,首先就要改造代表国家制度的历法,服色还在其次。而代表天道观念的《易经》自然是首选的被改造对象。我们知道,在《连山易》中先民是以卦之德性来表示四时节气之性的,而这里以爻位效其时气"以应天道"的思想,正是周人"咸正历纪"创业改制的集中表现。另据郑玄注《周易·乾凿度》(上)中亦言:"系曰:爻,效天下之动也。然则《连山》《归藏》占象,本其质性也;《周易》变者,效其流动也。象者,爻之不变者也。"《连山》《归藏》的占象即本卦之质性,即本卦象卦德而言,卦的意义即是卦象及其德性的会意地组合,以今日说法颇像卦象的"蒙太奇"。《周易》占变而"效其流动",正是将原来死的爻位改造成了活的时序与阶升的位序。这亦正是周人动态生命观的体现。

在一卦六爻由下而上的排列中,一、三、五为奇位(阳位),二、四、六为偶位(阴位)。"六爻分处六级高低不同的等次,象征事物发展过程中所处的或上或下、或贵或贱的地位、条件、身份等。六爻爻位由下而上依次递进,各为初、二、三、四、五、上,体现事物从低级向高级生长的变化规律。其基本特征为:初位象征事物发端萌芽,主潜藏勿用;二位象征事物暂露头角,主适当进取;三位象征事

---

① 任俊华、梁敢雄:《〈归藏〉〈坤乾〉源流考——兼论秦简〈归藏〉两种摘抄本的由来与命名》,载《周易研究》2002 年第 6 期。

物功业小成,主慎行防凶;四位象征事物新进高层,主警惕审时;五位象征事物圆满成功,主处盛戒盈;上位象征事物发展终尽,主穷极必反。"①这是事物变化的普遍性规律,即是说每卦动态性的六爻都展示了一个个体之物的生成过程。以层进的六爻组成的各卦卦象正是来自于对植物生旺盛衰生命过程的模拟。刘长林曾敏锐地指出:"《周易》六十四卦之每卦,从底端的初爻至顶端的上爻,历经六个台级,正像农作物从萌芽、长大到结籽历经若干生化阶段一样,代表一个运动上升的运动过程,随着这一过程的进行,六爻结构的内部关系也在变化更新。当事物发展到顶点,反映在六十四卦中,则表现为从一个卦象过渡到相邻另一个卦象。"②这与《易·乾凿度》的认识亦是一致的,《乾凿度》云:"易气从下生。"郑玄注云:"易本无形,自微及著,气从下生,以下爻为始,故曰逆数也。""气"即植物生命的生长之内在能量,生长就是生命自下而上地不断撑开。所以,对爻位的使用体现了周人健动不息的生命生成论思想。

周人以乾立卦,乾之刚健不息象征了周人的精神品格,而乾之卦辞、爻辞显然又是作者打造的典范,因此它凝聚着创造者的理想与思考的方法。下面我们就以乾卦作为解读其精神的范本对《周易》中蕴含的生命之理做出尽量符合本义的解释。

乾,元、亨、利、贞。

初九,潜龙勿用。

九二,见龙在田,利见大人。

九三,君子终日乾乾,夕惕若厉,无咎。

九四,或跃在渊,无咎。

九五,飞龙在天,利见大人。

上九,亢龙有悔。

《周易》中有天道,有人道,这里显然已将自然生命的自我完成规律施诸到了人事吉凶的占断。我们撇开人事不谈,单从自然的生命生成方式上来对乾卦六爻做一番梳理。

① 张其成:《易道主干》,中国书店,1999 年,第 86 页。
② 刘长林:《中国系统思维》,中国社会科学出版社,1990 年,第 506 页。

乾卦六爻所象征的时序正是植物生长的月份记录。李鼎祚引干宝之注为：

初九，"位始故称初，阳重故称九，阳在初九，十一月之时，自复来也。初九甲子，天正之位，而乾所始也"。

九二，"阳在九二，十二月之时，自临来也。二为地上，田在地之表，而有人功者也"。

九三，"阳在九三，正月之时，自泰来也。阳气始出地上而接物。人为灵，故以人事成天地之动者在于此爻焉"。

九四，"阳气在四，二月之时，自大壮来，跃者，暂起之言，既不安于地，而未能飞于天也"。

九五，"阳在九五，三月之时，自夬来也，五在天位，故曰飞龙"。

九六，"阳在上九，四月之时也，亢，过也。乾体既备，上位即终，天之鼓物，寒暑相报"。①

干宝用乾卦六爻按十二辟卦的卦气中的阳气生发之序来解释了乾卦六爻与一年月份的相互对应的意义。实际亦是以爻位的方式按月份描述了植物由生而旺而盛的过程，这正是由春而夏的生长阶段。因此，爻序具有了顺随植物生长的"月令"的意义。我们且不说这种解释是否就是《周易》的始创内容，毫无疑问，它却是《周易》基本精神的生成论精神的进一步展开。它正是对早期的龙助物生的观念用爻变的形式所作的直观描述。

具体地讲，用爻序表达的植物生命生成论具有如下的意义。

其一，周人以六爻形式描述的植物生命过程，为一切的生命生成提供了一个形象普遍的范式，包孕了宇宙间一切生命的生生之理：一者，它表达了生命的形态皆由两种异性的同类相感相交而生，因此，它的任何一卦都可以被确定为一个与之相应的具有生命性质的一物一事一情境；二者，其用动爻作为对植物生命的生长过程的直观摹拟，亦包含着周人对一切存在皆由其内部相反相和的两种质素互动地构成认识观念，他们视一切事物皆为一动态的自我完成的过程。一卦六爻生成一物，既表示了物的静态性质，同时又动态地展示了物的生成过程，因此，它是宇宙论、本体论合一。

_____

① 李鼎祚：《周易集解》卷一。

其二,《周易》描述了事物生成过程中的时位关系,展现了生成过程中的时位一体性,深化了先民对物性的认识,量化了事物的变化过程:时是位之时,位是时之位;时因位而有了节奏,由此,才使人得以切入事物流动的过程而获得对它们的理解;位因时而连为了一个整体,亦使人能从总体上看到局部位置所具有的意义;位因时而动,时因位而静;时间因位而变得具体,位因时也具有了在整体中获得超越自身的形上意义;阴阳之时与阴阳之位的相错相谐,构成了复杂的生命过程中的韵律与节奏。《周易》的时空关系比《连山》的时空关系调整得更加精致,也具有了更成熟的宇宙生命的本体论意义。这亦为中国古代艺术的韵律审美奠下了其思想的预设。而且,时因位而落实,位因时而生势。"势"即事物在自我生长过程中的必然趋向,它连结着事物的现在与未来,动态地展示了事物的发展趋向,因而也具有了生命自我自发完成的自然主义精神。

其三,"天地之大德曰生"。周人的观念离不开一个"生"字。天下万物皆为生出是《周易》的基本观念之一。《周易》六爻描述了生命的过程。如乾九二爻,孔疏为:"此九二爻,当建丑建寅间,于时地之萌芽,物有生者,即是阳气发见之义也。"[①]二爻爻象准确地描述植物的出生之象,而表现植物出生状态的"生"、"出"两字的字形也是对植物出生的形象性模拟。由此看出,卦爻之象与中国文字对万物的生出的表现保持着高度的一致性。生就是生命的向上的冲动。文字与卦象表义的一致性反映了周代以后中国民族表达思想言象互动的两层模式。

一切生命万物皆为自然造化的生出者,而非创造者,而生出亦是一自无生有的出生。对于先秦哲学中"无"的观念,据庞朴先生考证,在春秋以前,中国哲学中尚没有抽象的"无"的观念。在商代甲骨文中没有"无",而只有"亡"字。亡,《说文》作:"亾,逃也,从人乚,乚,匿也,象? 曲隐蔽形,凡乚之属皆从乚,读若隐。""亡"即是指物原本存在、后来隐藏了而不存在的状态或者原本存在但却看不到的状态。在甲骨文中与"亡"相对用的是"有"。有亦可解作草木生出地上,字形与"生"相近。[②]"亡"、"有"在相对而用地表现植物的生长状态时其意义即为:藏诸地下而不显者,亡也;生长而见出于地上者,有也。所以,植物生长即表

---

① 李鼎祚:《周易集解》卷一引。
② 庞朴:《释无》,载《中国文化与中国哲学》,东方出版社,1986 年,第 63～64 页。

现为自无的生有。这不正与代表天、地、人六爻中的地之二爻所展示的植物从无到有的出生过程相一致吗？这也是《老子》"天下万物生于有,有生于无"的思想根源。

其四,朴茂的生生之象。《易·系辞》中有"生生之谓易",其实这句话不仅可以在传统的意义上理解为"阴阳相生",而且还可以解读为不断地生长。天地之大德谓日新,日新之谓盛德,体现了周人对生命的自我生长自我完成的渐积性、循序性的深刻认识。这里,事物的形成不是如上帝创造般地一蹴而就,永不再变化,而是循序渐积地自我生长,新新不止。事物的生成性与即定性构成了中西方物论的重大区别。一卦六爻正是对这一循序渐积过程的直观显示。其间任何一个阶段皆为不可超越,每一阶段的不完整不充分实现都会使生命之物产生缺陷从而影响成物的整体完美性。六十四卦卦德的吉凶悔吝性正体现了阴阳生物中难于均衡从而导了事物完美者少、残缺者多的物生之现实。《周易》生物的循序渐积论正是中国艺术工夫论的哲学预设。

其五,生命的强健——富有弹力的过程之"中"。"中"的观念在易学思想的发展过程之中,已实现了由以前的空间方位之"中"向在《周易》中的时间过程之"中"的转化。如上所言,易六爻抽象描述了万物的普遍生长模式,即展示了一个生成的过程。而在此一生、长、成、衰的各阶段上,《周易》并非一并重视,而是截取了事物自我生成的中间阶段作为了生命生长的关键阶段,作为了关注的主题。在卦象中即表现为,二、三、四、五爻是《周易》最为关切的爻位。这已为近来出土的西周时期的数字四爻卦所证实。对于四爻卦,张政烺的解释是西周时期卦亦原本六爻,四爻卦是筮法简化的结果。但是怎么简化的,张先生却没作进一步说明。① 然而,孔颖达在对王注《乾·文言》第五节的疏解中,给了我们一个满意的答案,他说:"辅嗣之意以初为无用之地,上为尽末之境,其居住者唯二三四五,故系辞唯论此四爻。"显然,王弼注《易》极重中间四爻与西周时期的四爻卦之间有着卦理上的关联。初爻与上爻,一者表示主体还没有出场,一者表示主

---

① 西周四爻卦的出现,是"筮法为了应付新的复杂情势,则向繁简两个方向发展。一是求深求细,产生了'之卦',形体越来越臃肿。一是求简求易,力图省事,出现了无初上爻的卦,本是一家,分为两式,惟未能盛行。后来写定《易经》的卦爻辞,兼容并包,故其理论又隐约保存于《周易》之内。"(张政烺《易辨》,见《周易纵横录》,湖北人民出版社,1986 年)

体已达无奈的绝境,两者皆为无可变易的定命之处,所以没有意义。而中间四爻正是生命之健强生长而至完成的完整的中间过程,正是生命本体的强力于各种忧患与危困中冤曲生长以求自我完成的阶段。在中间爻位上所显示的生命过程之"中",反映了周人"苟日新,日日新,又日新"的春天的精神。这正是尚刚强健的儒家的易学根源,亦是老子"物壮则老,是谓不道"的尚"中"观念的滥觞。

3. 重整卦序以别天人

西周初期,周公"制礼作乐"以化天下,大大推进了中国文化的发展。对"文"的崇尚标志着中国民族告别了夏之朴野、殷之质实,告别了自然,而进入了社会、历史。由此,人生的吉凶祸福即已非以前单为自然的造作,而多来自于复杂社会的人际冲突。人是自由的,不像自然那样的机械,因此,社会矛盾的主体化也增加了人事吉凶更多的不可猜测性、不定性与随机性。自然,比起《连山》、《归藏》的以自然为核心来,《周易》有了更浓重的人文气息,人是《周易》关注的主体:乾天之刚健与法天的惊警审慎、常怀忧患成为了周民族的基本信念;六爻之序的序列化即对时空精细的分割、量化,正是社会等级秩序的象征,反映了周代"尊尊"的社会差等之序。

更重要的是周人对六十四卦的重整秩序。这在中国文明史上具有非常的意义。依今天《周易》卦序,六十四卦分为两部分:前部分即为上经,三十卦,始于乾、坤,而终于坎、离;后半部分三十四卦,始于咸、恒而终于既济、未济。其中每两卦成一组如乾坤、屯蒙等,"两两相偶,非覆即变",反映着卦卦之间的旁通互化关系。对于周人如此地分别卦序,后人则一致认为反映了周人分别天人、以人法天的观念。正如传为孔子所说的话:"故《易》卦六十四,分而为上下,象阴阳也。夫阳道纯而奇,故上篇三十,所以象阳也。阴道不纯而偶,故下篇三十四,所以法阴也。乾坤者,阴阳之根本也,万物之祖宗也。为上篇始者,尊之也。离为日,坎为月,日月之道,阴阳之经,所以终始万物,故以坎离为终。咸恒者,男女之始,夫妇之道也。人道之兴必由夫妇,所以奉承祖宗,为天地主也,故为下篇始者,贵之也。既济、未济为最终者,所以明戒慎而存王道也。"①显然,这是说上经论及的主要为天地日月的自然之道,而下经讲述的主要是牵涉人事的社会之道。

---

① 《易纬·乾凿度》卷上。

天与人有了明确的分别。对上下经卦序的如此调整,《序卦传》也做出了同样的解释。它认为,上经为"有天地,然后万物生焉,盈天地之间唯万物,故受之以屯,屯者,物之始生也……物不可以终过,故受之以坎,坎者,陷也;陷必有所丽,故受之以离,离者,丽也"。这正是以卦的形式描述了天地万物的生成序列,其核心主题是讲"物"。而下经为"有天地,然后有万物,有万物,然后有男女,有男女,然后有夫妇,有夫妇,然后有父子,有父子,然后有君臣,有君臣,然后有上下……物不可以穷也,故受之以末济焉"。本经始于咸恒,即明社会造端乎夫妇,进而展开了整个社会的形成及其矛盾的运动,正是对人事的描述。这里虽然不无《序卦传》的作者的个人附会,但它所依附的事理还是与其他文献的记述可以互相参验的。其中的确包含着早期周人天人相分的观念。现代易学学者吕绍纲也说:"上经始乾、坤而终坎、离,犹如天地生万物;下经始咸、恒而终既济、未济,犹如人生天地间,所以说,《周易》古经的确蕴含着一个未见'人'字的人概念。"①周人明确的天人相分观念,正是中国民族告别自然,进入历史、社会的重要标志,亦表明了中国民族作为人的自觉。之后,春秋战国时期的严人禽大防、晓利义轻重都是这一思想的具体展开、深化。

4.《周易》的生成论

作者更关心的是《周易》中与中国古代艺论联系紧密的自然哲学观念。基于上文,我们知道,《周易》上下经卦序显然是生成论观念的展现。前经展现自然的生成及其展开,后者则象征人类社会在天地自然背景中的生成。自然万物来自于天地,来自于两种同类而异性的物类相感即乾坤,而社会则造端乎妇夫的相合。天地的相感,妇夫的相合,集中表现了中国民族对生命之物是生成而非创造的独特思考。这种思想集中体现在两个重卦之中。

一是泰卦(乾下坤上)。卦辞云:"泰,小往大来,吉亨。"李鼎祚引虞翻注曰:"阳息坤反,否也。坤阴诎外为小往,乾阳信内称大来。天地交,万物通,故吉亨。"《彖辞》解释得更具哲学意味:"泰,小往大来,吉亨。则是天地交而万物通也,上下交而其志同也。"李氏亦引何安之注言:"此明天道泰也。夫泰之为道,本以通生万物,若天气上腾,地气下降。各自闭塞,不能相交。则万物无由得生。

———————

① 吕绍纲:《周易阐微》,吉林大学出版社,1990 年,第 144 页。

明万物由天地交也。"天地即男女,所以,泰卦以天地之"交",解释了万类之物起源的生成性,引而申之,一切事物亦莫不由两性相感而成其天性。

二是咸卦(下艮上兑)。卦辞云:"咸,亨。得贞,取女吉。"李鼎祚注引虞翻曰:"咸,感也。坤三之上成女,乾上之三成男,乾坤气交,以相与止而说,男下女,故通利贞,取女吉。"亦引郑玄曰:"咸,感也。其于人也,嘉会礼通,和顺于义,干事能正,三十之男,有此之德,以下二十之女,正而相亲,说取之则吉也。"男女亦天地,咸卦正是男女相合造端社会的开始。所以《象》曰:"咸,感也。柔上而刚下,二气感应以相与。止而说,男下女,是以'亨利贞,取女吉'也。天地感而万物化生。圣人感人心,而天下和平。"这里我们撇开道德的教化而只关注其卦象的本义,就会发现,它们仍然是在言说以男女喻天地的社会与人的生成。

由上两卦之总义,即为万物始源于天地的交泰,社会造端乎妇夫咸恒,中国古代哲学解释了一切事物都来自于同类异性的"交感",而非上帝创造的"单性繁殖"。这是一种最为直观的生活哲学,丝毫没有神秘之感。而中国古代艺术的"感兴"生成之说岂不正是人感于物的相孕而成吗?

生物可能是短暂的,而成物则是一个艰辛痛苦的过程。六十四卦上下经则分别描述了天地成物、夫妇成社会的动态的充满冲突与动荡的过程,因此成物是一艰辛的积淀,体现了物动的"渐"积与"劲健"。中国古代艺术生成论的又一学说即养气说亦与之有密切的关联。它体现了《易经》成物哲学的过程论思想。

5. 小结

综上,中国哲学思想的主流易学,在漫长的历史发展中,随着时代的进步而被人们不停地赋予着新的意义。它一方面折射出不同时代的人的基本精神风格,另一方面其思想作为一个独立的生命体也在生成,也在自我完成,构成了中国民族最为坚硬的精神内核。中国民族上古时期非为一族所单传,而是众多民族的融合而成。在这漫长的民族融合过程中,各族都通过对《易》的承继与创新表达着不同的哲学观念,不断丰富着易学的思想,中国民族的基本精神也就在这种不断丰富中逐渐地自我造就着、生成着。《易经》传达着中国民族通过植物与天地自然的物质信息交换,透过植物的生命进行着对天地造化奥秘的窥视。因此,它带有植物生命的特性,表达着中国生命哲学理性形式的完成。天地万类皆是活的生命机体,生命机体是同类异性的交感相孕,是无中生有的出生,又是相异两素的自我巧构;生命是生长的;生命的生长是循序渐积的,体现着潜—生—少—长—壮—衰的循环性过程律动。《易经》是打开中国文化奥秘的关键所在。

七、作为中国思想起源的河洛易学的独特价值

至此,我们描绘了一个中国上古易学思想发展过程的大致轮廓,给我们民族的上古时期的精神历程一点粗略的认识。实际上,我们的自我认识亦是与对他族的认识的区别中得出的。有比较才有鉴别。在对我们自己的思想的描述中,本身就有着一个潜在的参照体系。事实上,在现在这个全球化的学术语境中,我们要想清楚地了解自己,以及了解我们自己的意义,都必须置自己于现代比较性的学术语境之中。这个文化的参照体系近代以来通常都是强势的西方文化。

要说西方文化的源起,可以说,她来自于两个传统,即希伯来传统与古希腊传统,她正是两个传统的互相补充与相合。这两个传统分别给西方精神提供了其自己的价值观念,按照美国当代哲学家巴雷特的观点,希腊人缔造了西方人的理性和科学,而希伯来人则创立了西方人的道德和信仰。我们可以对这两句话做进一步阐释。所谓的希腊人所提供的科学与理性,实际上它建立在这样一种信念的基础之上,即世界有一个客观的因果链条;所谓的希伯来提供了道德和信仰,实际上,它亦是建立在这样一个信念之上,即人不能自立,需要一个强大的精神依靠,最根本的是他们创造了上帝,让上帝创造了世界的一切,来显示上帝的绝对崇高和无所不能,是人间一切的依据和原则,是最高的价值。

因此,与西方文化的起源相比,中国显然非常地独特,它大体上体现在两个方面:一是宇宙是自然主义的生成,还是由上帝无中生有的创造;二是世界是个客观的因果系统,还是共时性的现象群体。

下面我们分别讨论它们。

(1)宇宙的自然主义生成论与神创论。

世界上任何一个民族,在她文化的开端,都要解决这样一个问题,即世界从哪里来,人从哪里来。在这个问题上,不同的民族有着不同的解读。本着希伯来的传统,"现在的欧美人坚持一种未经检验,而且也被证明是一个没有根据的假定:所

有民族都认为宇宙和人类是外在的造物主的创造的产物"①。这是他们最基本的信念之一。所以,当东西文化相撞,西方人开始研究中国文化起源的时候,让他们最不可理解的一个重大问题,就是在中国文化起源的内容中没有"创世"问题,"这意味着中国人认为世界和人类不是被创造出来的,而这正是一个本然自生(spontaneously self-generating life)的宇宙特征,这个宇宙没有造物主、上帝、终极因、绝对超越的意志,等等"②。这种迥异的思想让西方学者最感不可思议。

中国学术界为了说明自己与西方在这个问题上没什么不同,西方有的东西中国应该也有,就举出了盘古神话,以作说明。不错,盘古开天地,确实具有世界神创的内容和意义,但经许多人考证,这个神话不是来自于中国文化主流的上古传统,而是出现在南方的少数民族的文化中。在中国的传世文献中,这个神话出现得很晚,在先秦的一切文献包括出土文献中找不到关于它的记载,它最早出现在公元3世纪时期即三国吴人徐整的《三五历纪》中,而这个时代,中国的基本观念都已形成。亦有许多人认为,这个盘古开天地的神话,源自于印度,有人在苗族的神话中也找到了它的相似版本,所以很可能它源自印度,经西南少数民族而传入内地。当然,亦有人认为,中国上古时期肯定也有创世神话,但年代久远,淹没无闻了。但现实是,我们的神话中确实没有创世神话。

事实上,观察我们传统,比起古希腊的巨大体系性的神系与希伯来充满不可思议的神迹的《圣经》故事来,中国上古时期似乎没有神话,没有神系,都是圣王贤人的传说和故事,充满深重的人间世俗的气息,中国文化的起源特别地理性和清明。如人不是神创造的,是天地生的;火不是从天上偷来的,而是燧人氏自己钻出来的;他们做事情都是自作主张,而不是神启的;等等。

所以,也难怪中国的宇宙起源与西方迥然地相异。如美国汉学家牟复礼认为:"古希腊的宇宙论总有逻各斯、主神或者其他想像出来的主宰俯视着被创造出来的世界,他们对于世界的存在是不可或缺的;中国人的观念跟古闪族传统差异更甚,闪族传统孕育了基督教和伊斯兰教的创世观,上帝用手从虚无中(exnihilo)创造,或是上帝通过自己的意志创造世界;中国人的观念和其他各种机械

---

① [美]牟复礼:《中国思想之渊源》,北京大学出版社,2009年,第19页。
② [美]牟复礼:《中国思想之渊源》,北京大学出版社,2009年,第19页。

论的、目的论的、有神论的宇宙论同样肝胆楚越。"①中国人的宇宙起源论是自然主义的生成论。

按照牟复礼的观点,中国古代亦有灵的观念,但中国人没有将灵的观念推到超越一切的至上地位,他们只是物的存在的一种形态,这是典型的自然主义观念。

著名的新儒学的代表人物杜维明先生在回应中国有无创世观点的同时,阐述了自然主义生成论,他说:"中国世界观的独特性,与其说来源于创世思想的缺乏(他认为中国文字产生之前可能有创世神话),倒不如说源自创世这一概念的另一部分含义:有机的整体和万物的相关(organismic wholeness and interconnectedness of all being)。""表面上看中国历史文化缺少创世神话,实际上下面有一个对现实更基本的假定:这个现实就是存有之万象是有机关连的。""宇宙本然自生的过程展示了三人基本的机制:连续性、整体性、动势性(continuity, wholeness. dynamism)。"②而这一切的思想,都体现在《易经》的哲学内容之中。

这种观念成了中国制度建设的深层理念。因为中国社会制度不是来自于外在的宗教,而是建立于个人的内部。所以,牟复礼认为:"制度化倾向在今日绝大多数社会的宗教中都可见到,却在中国不很紧要,这还有另一个原因,他们的宇宙运作不是机械论的,上古中国人构想的宇宙运作机制只需用内在的和谐与世界有机体各部分的平衡就足以了,它不授意规整的社会组织结构——如教会或与教会平行的政权——来实现一个宗教给定和认可的目的。"③社会的运作就是协调社会组织内部的各种关系,使之和谐。它没有恶的观念,恶不是社会的动力。

《易经》的整体有机主义、自然主义观念沉潜为中国民族的潜意识,而成为中国民族的基本精神原型。

(2)世界是个客观的因果系统,还是共时性的现象群体。

西方文化还从古希腊人那里继承了伟大的理性主义传统,可以说,他们的这种观念以及以其支撑的科学主义,一直支配着自文艺复兴以来的整个西方世界,进而又由西方人的强力推动,而成为全球的一种普世价值。而这种理性主义的一个基本信念就是世界事物的客观因果论。对此,著名分析心理学的大师卡

---

① ［美］牟复礼:《中国思想之渊源》,北京大学出版社,2009 年,第 22 页。
② 转引自［美］牟复礼:《中国思想之渊源》,北京大学出版社,2009 年,第 20 页。
③ ［美］牟复礼:《中国思想之渊源》,北京大学出版社,2009 年,第 21 页。

尔·古斯塔夫·荣格有这样表述,他说:

根据我们理性的假定,凡事都有它的自然规律与可以觉察出来的原因,对此,我们深信不疑。象这样的因果律,就是我们人的最神圣的信条之一。在我们的世界里,我们不允许任何无形的、专断的和所谓的超自然的力量存在。……我们对于那些无形的、专断的观念仍加以排斥。因为不久以前,我们才摆脱那充满梦和迷信的恐怖世界,才塑造出一个理性的意识的宇宙。这是人类最近最伟大的成就。目前我们生活在一个服从理性法则的世界。虽然我们对一切事物的因果关系仍然有许多部分无法洞悉,不过,只要我们的推理能力有所提高,解决它,就只是个时间早晚的问题了。①

正如荣格所言,现在世界是现代人创造出的一个理性的世界,这是近代以来的西方人的巨大成就。同时,他亦揭示出了这个明朗的理性世界的内在理念——客观的因果律,这个西方世界的基本信条,这是他们理解世界的基本方式。

与西方人对世界的认识方式不同,《易经》则表现出一种另外的理论形态。《易经》仅是初民对四季更替、万物盛衰②、天道周旋等自然律动的从"时"的维度上的直观掌握,它仅是对事物的出生、生长以经验性、以卦象的形式作外观的现象性的描述,大自然运行的"时"的节律化如一年四季、十二月、七十二候等都是对自然运行的掌握形式,它并不对其内在的因果链条作客观的揭示,作思辨的理性分析,因此《易经》的思想带有以"时"度物的直观经验性,这也是整个中国思想的根本特征之一。荣格通过对《易经》的研究,发现了支配中国人信念的基本原则——"共时性原理"。他说:

《易经》中的科学根据不是因果原理,而是一种我们不熟悉因而迄今尚未命名的原理,我曾试图命名为同步原理(synchronistic principic),这一术语,仿佛时间远不是一种抽象,而是一个具体的闭联集合体(continuum),它具有这样一些性质和基本条件,能够以一种非因果的平等对应方式,在不同的地点同时表现出来,就象我们在那些同时发生的同一思想、象征或心理状态中发现的那样。③

对于共时性原理,荣格这里说得比较抽象,对此,荣格在别处亦做了详细的

---

① ［瑞士］荣格:《探索心灵奥秘的现代人》,社会科学文献出版社,1987年,第123页。
② 《易纬·乾凿度》说:"物,有始、有壮、有究。"
③ ［瑞士］荣格:《心理学与文学》,三联书店,1987年,第251页。

解释,他说:

正如因果性描述了事件的前后系列,对中国人来说,同时性则处理了事件的契合。因果观点告诉我们一个戏剧性的故事:D 是如何呈现的? 它是从存在于其前的 C 衍生而来,而 C 又是从其前的 B 而来,如此等等。相形之下,同时性的观点则尝试塑造出平等且具有意义的契合之图像,ABCD 等如何在同一情境以及同一地点中一齐呈现。首先,因为物理事件 AB 与心理事件 CD 具有同样的性质;其次,它们都是同一情境中的组成因素,此情境显示了一合理可解的图象。①

同时性即共时性。这里荣格比较了东西方两种思维方式的绝然不同,通过与因果律的比较,给我们更明确地交代了同时性原则的特征,共时性原理描述了心理、物理事件共时出现的状态,它是巧合事件解释原则。在荣格看来,"古代中国人心理沉思宇宙的态度,在某点上可以和现代物理学家媲美,他不能否认他的世界模型确确实实是心理—物理的架构。"②在中国人的宇宙观观察里,心理、物理是一体的,巧合事件正是心、物在同一情境的对应出现,所以,"《易经》六十四卦是种象征性的工具,它们决定了六十四种不同而各有代表性的情境,这种诠释与因果性的解释可以互相比埒。因果性的连结可经由统计决定,而且,可经由实验控制,但情境却是独一无二,不能重复的,在正常的情况下,要用同时性来实验,似乎不可能。《易经》认为要使同时性有效的唯一法门,乃在于观察者要认定卦爻辞确实可以呈显他心灵状态"③。实际上,卦象与心象本来就是《易经》的基本形成原因,它以肯定心象与物象的统一为基础,所以,《易传》上说:

子曰:书不尽言,言不尽意。然则,圣人之意其不可见乎? 子曰:圣人立象以尽意,设卦以尽情伪,系辞焉以尽其言,变而通之以尽利,鼓之舞之以尽神。

心物一体,心象与物象同一情境,这是因果律所不理解的,而这正是《易经》的基本理念。

---

① [德]荣格:《东洋冥想的心理学——从易经到禅》,社会科学文献出版社,2000 年,第 209 页。
② [德]荣格:《东洋冥想的心理学——从易经到禅》,社会科学文献出版社,2000 年,第 209 页。
③ [德]荣格:《东洋冥想的心理学——从易经到禅》,社会科学文献出版社,2000 年,第 209 ~ 210页。

综上所述,我们勾勒了以《易经》思想为核心的上古思想的历程,以此,突显东西方文化的独异性,使我们更清楚地认识我们自己的文化的自足,我们给世界贡献了我们的智慧。

第二章　周公的礼乐思想

周公姓姬名旦,是周文王之子,周武王之弟,因其采邑在周,故称为周公。

周公是中华民族真正的、名副其实的文化先祖。在中国文化精神的塑形阶段,周公通过制礼作乐,构建了西周的政治文化,并经其手奠定了西周的制度。更为重要的是,他以个人的魅力和他所开创的事业,极大地影响了数百年之后的另一个伟人孔子。周公所遗留的文化遗产成为孔子和儒家思想的主要资源。孔子说:"郁郁乎文哉,吾从周。"①"从周"就是追随周公的礼乐文化。近代学者杨向奎(1910~2000)说:"没有周公,就不会有武王灭殷后的一统天下,没有周公就不会有传世的礼乐文明,没有周公就没有儒家的历史渊源;没有儒家,中国传统的文明可能是另一番精神状态。"②

《淮南子·氾论》中有一段对周公的评价:"周公事文王也,行无专制,事无由己,身若不胜衣。言若不出口,有奉持于文王,洞洞属属,而将不能,恐失之,可谓能子矣。武王崩,成王幼少。周公继文王之业,履天子之籍,听天下之政,平夷狄之乱,诛管、蔡之罪,负扆而朝诸侯,诛赏制断,无所顾问,威动天地,声慑四海,可谓能武矣。成王既壮,周公属籍致政,北面委质而臣事之,请而后为,复而后行,无擅恣之志,无伐矜之色,可谓能臣矣。故一人之身而三变者,所以应时矣。"这段评价比较全面地勾勒了周公的做人准则。正是周公顺应时势的为人哲学,赢得了后人的敬仰和称颂。

---

① 《论语·述而》.

② 杨向奎:《宗周社会与礼乐文明》,人民出版社,1992。

周公的诸多事情,或直接发生在洛阳,或与洛阳有一定的关系。可以说,周公的出现,为河洛文化思想增添了厚重的内容,为民族复兴奠定了厚实的根基。

一、周公营建洛邑与"制礼作乐"

(一)周公营建洛邑

洛邑位于伊水和洛水流经的伊洛盆地中心,地势平坦,土壤肥沃,南望龙门山,北倚邙山,群山环抱,地势险要。伊、洛、瀍、涧四河汇流其间。东有虎牢关,西有函谷关,据东西交通的咽喉要道。南有汝、颍二水,可达徐夷、淮夷。经过周公的营建,洛邑成为周朝的东都,经历成王、康王、召王和穆王四王的发展和巩固,为提升洛阳历史地位、积淀河洛文化、凝聚河洛思想奠定了坚实的基础。

1. 营建"东都洛邑"的缘起

周族始源于河洛地区西北部,后向西迁徙,公刘时在豳(又作邠)地活动,古公亶父时"止于岐下",在今陕西扶风、岐山二县相邻处的周原一带发展经济,加强军事力量,逐渐发展壮大起来。季历时,通过对西北诸戎部落的攻伐,周族成为商王朝西方强大的方伯之国。文王、武王之时,周族的政治中心(国都)迁到今陕西西安市西南 12 公里的沣河两岸的丰、镐地区。随着军事力量的更加强大,通过一系列战争,最终灭掉商王朝,并建立周王朝。东都洛邑,是在周灭殷之后,才开始营建的除镐京之外的新国都。人们会有疑问,既然已经有了镐京之都,为什么还要另建新都呢? 原因是国中建都吉兆和便于统治殷民与属国。

武王伐纣,直接推翻了殷纣的"暴虐"统治,而如何处理殷商众多的属国和控制前所未有的广阔版图成为新生政权的迫切难题。殷商立国约 500 多年,其属国不少。① 由于镐京属于西周王朝版图中的西翼,距离商王朝统治的中心地区较远,其政令、军令传达到广大的东方地区十分困难。西周王朝若要控制住东方地区,就必须建立一个位居周王朝版图中心位置的政治中心。而洛邑,正好具备这个条件。

西周时期已出现"中国"一词,而此词的形成与河洛地区直接有关,因为据

---

① 夏商周断代工程专家组:《夏商周断代工程 1996—2000 年阶段成果报告》(简本),世界图书出版公司,2001。

史料考证,洛阳就是处在"国"之"中"。属西周成王时期的青铜铭文《何尊》①,有"余其宅兹中国"一句,这里的"中国",即指国家的中心地区。因此,在河洛地区建立周王朝的另一政治中心是理想的选择。此外,《何尊》铭文记载的周成王五年四月的一天在京室对宗族小子的一次诰命,反映出武王灭商之后准备建都洛阳一带的设想和成王迁都成周的事实。遗憾的是,武王的设想未及实现,就因病而死。待东征结束,周公本着武王遗志,毅然决定兴建东都洛邑。《尚书·洛诰》记载:"我乃卜涧水东、瀍水西,惟洛食;我又卜瀍水东,亦惟洛食。""食",即"吉兆"。用占卜的方式说明洛邑适宜建都,既增添了周公在此建都的信心,也安抚了民意。

2. 洛邑营建时间

东都洛邑营建的时间,争论较为激烈,至少有两种影响较大的说法:周公摄政的五年说、七年说。《尚书大传》:"周公摄政五年营成周。"《竹书纪年》中说:"成王五年迁殷民于洛邑,遂营成周,七年周公复政于王。"《史记·周本纪》:"周公行政七年,成王长,周公反政成王……复卜申视,卒营筑。"《尚书·召诰》:"惟二月既望越六日乙未,王朝步自周,则至于丰。"注曰:二月即成王七年之二月。《史记·鲁周公世家》:"成王七年,二月乙未,王朝步自周。"

我们认为,《尚书大传》和《竹书纪年》中的"五年营成周"说是可信的。首先,从《洛诰》中可知,周公七年还政于成王之前要求成王尽快前往洛邑祭祀、执政,说明洛邑此时已建成在即,而不像是正在规划之中。其次,从《尚书》篇次排列来看,《召诰》在前,《洛诰》在后,因而营洛邑应在《洛诰》所述周公还政于成王事件之前。再者,西周时期营建的都城的规模不如后世王朝那么大,两年左右时间建成新都是完全可能的。如前述,发现的国宝"何尊",其内胆底部有铭文122条,其中明确提到"惟王五祀"周公建洛,再次佐证了"五年说"。

3. 周公是营建洛邑的主要主持者

《尚书·洛诰》:"召公既相宅,周公往营成周。"《尚书·康诰》:"周公初基作新大邑于东都洛。"《史记·鲁周公世家》:"其三月,周公往营成周洛邑。"《史记·周本纪》:"(周公)复卜申视,卒营筑。"《书序》:"周公既诛三监,乃述武王

---

① 唐兰:《何尊铭文解释》《文物》,1976,(1)。

之志,建都伊洛,作《作洛》。"可见主要负责东都营筑的是周公。但《尚书·召诰》:"越三日戊申,太保朝至于洛,卜宅。厥既得卜,则经营。越三日庚戌,乃以庶殷攻位于洛汭。……周公朝至于洛,则达观于新邑营。……太保乃以庶邦冢君出取币,乃复入锡周公,曰:'拜手稽首旅王:若公诰告,庶殷越自乃事。'……予小臣敢以王之雠民百君子越友民,保受王威命明德。……我非敢勤,惟恭奉币,用供王能祈天永命。"由这则材料可知:周公奉成王之命东往洛邑慰问召公及百夫百君,召公及百夫百君让周公转达对成王的教诲,又把礼物交回周公,因而召公当是东都营筑主要负责者和直接参与者。综合分析及考证,营建洛邑,周公应该是总指挥,召公应该说具体工程的实施者。

4. 营建洛邑的主要力量

建洛的参与者,一说是"庶殷",即绝大多数殷遗民,包括殷的诸侯和一般民众。《尚书·召诰》:"越七日甲子,周公乃朝用书命殷侯甸男邦伯。厥既命殷庶,庶殷丕作。"二说是不仅包括了殷的属国和小民,还有周的诸侯和内服官僚。也就是说当时集中了全国的民力、财力进行建设。《尚书·康诰》:"惟三月哉生魄,周公初基作新大邑于东国洛。四方民大和会。侯甸男、邦采卫,百工播民,和见士于周。周公咸勤,乃洪大诰治。"应该说,第二种说法是可信的。因为,周公负责建东都洛在当时周人看来,是关系到生死存亡的大事,内外人等几乎全部参与,更加符合当时的情况。

5. 营建洛邑的主要内容

关于周公所营建之新都,是一个城,还是两个城,虽然学界有所争论,但根据考古发现,实为二城:成周和王城。王城在西,成周在东。[①]

20世纪50年代,考古工作者根据《后汉书·郡国志》河南尹条关于"河南,周公时所建洛邑,春秋时谓之王城"的记载和《国语·周语》中关于"灵王二十年,谷洛斗,将毁王室"的记载,判断王城的位置应在谷水(即涧水)与洛水会合处。按照这一线索,考古工作者终于找到了东周时期的王城旧址。这座城的西北角在东干沟北的土冢处。城墙由土冢向南,进入东干沟一带,沿涧河东岸,在王城公园处跨过涧河向西,在七里河村由北转南,延至七里河村南,又西折后向

---

① 辜堪生、李学林:《周公评传》,四川大学出版社,2006。

南,至兴隆寨西北,为城的西墙;南墙由兴隆寨西北向东拐,在兴隆寨北跨过涧河,经瞿家屯村由西向东延伸,东段因地势低下,不见城墙;城的北墙从东干沟村北的土冢处沿干渠一直向东,至距离唐城西墙约 200 米处止,全长 2890 米,保存最为完整;由北墙转变处向南行,为城的东墙。因为南墙的东段已湮没不见,因而城的东南角没有寻到。王城遗址的北墙西段残高 0.9 米,残宽 7 米,其上压着春秋文化层,其下压着晚商至西周文化层;东墙和南墙,战国和秦汉时曾几经修补,但基底层乃是春秋时期的夯土;西墙大都属于战国时期。虽然其后的二十多年里,考古工作者在多次发掘中发现的大都是东周、汉代文化层和东周墓群,极少见到西周时期的文化层、遗物和遗迹,但如果我们考虑到因年代久远遭人为破坏等因素,那么,已发现的西周文化层、遗物和遗迹,已足以证明春秋至汉代,人们关于洛邑王城的说法是可信的。也就是说,西周王城应该在与东周王城大体相同的位置上。

　　同时,考古工作者在瀍河之滨的发现,给先秦史料中周公在瀍河之滨营成周之说提供了有力的证据。根据考古发现,瀍河流域下游在西周时期曾经是人口相当稠密的地区。在这一地区,发现了为数众多的西周时期的墓葬、车马坑和祭祀坑。近几十年来,考古工作者在东起塔东、塔西、马坡,西至老城西关,南起泰山庙,北达邙山的区域,共发现西周墓葬和车马坑五六百座,占洛邑已发现西周墓葬总数的百分之九十以上,其中瀍河西岸北窑庞家沟墓地发现四百余座,是闻名中外的西周贵族墓地。同时,这一地区西周遗址亦不断被发现,如岳家村、水电段、机务段、泰山庙、东花坛、林业职业技术学院、北窑遗址等等。其中瀍河西岸的北窑遗址面积达十余万平方米,文化堆积层厚,包含物异常丰富,是一处重要的西周时期青铜器铸造作坊遗址。

　　上述已发现的文化遗址,之所以被作为西周之“成周”即在瀍河之滨的证据,是在对文化堆积层进行具体分析的基础之上得出的结论。

　　北窑西周贵族墓地发掘的四百余座墓葬,不仅陶器表现出了对西周早期陶器的继承关系,而且墓葬结构和陕西所发现的西周早期墓葬结构是完全一致的。这种埋葬习俗,反映了周人固有的文化特征。对西周铸铜遗址出土的陶范、熔铜炉壁的分析表明,其青铜铸造工艺完全是继承商代晚期的青铜铸造工艺。那么,在这里从事铸造生产的手工业奴隶基本上也应是来自安阳殷王室铸铜作坊的手工业工匠,他们应当属于史书所记载的迁自安阳的"殷顽民"。同时,在北窑庞家沟西周贵族墓地曾出土太保戈、康伯壶盖、丰伯剑、毛伯戈等文物。太保康伯、丰伯、毛伯等都是西周时期地位显赫的贵族。在瀍河之滨发现如此众多的西周贵族墓葬,说明周之都城就在此地。再者,在洛阳塔湾出土了"万"族徽。万族是商族的分支,墓主"射"当是迁居于此的"殷顽民"。根据"成周既成,迁殷顽民"的记载,也可知成周就在此地。根据《逸周书·作雒》的记载,成周"城方千七百二十丈,郭方七十里,南系于雒水,北因于郏山,以为天下之大凑",城中建筑物有"五宫、太庙、宗宫(文王庙)、考宫(武王庙)、路寝、明堂"。这些楼台殿阁,在建筑内容上有"四阿、反坫、重亢、重郎、常累、复格、藻棁、设移、旅移、旅楹、春常、画旅",通路则有内职、玄阶、堤唐、应门、库台、玄闸等等。可见,其建筑规模较大,结构复杂,已达到作为国都的条件。也有持"一城说"的如湖南师范大学教授游唤民先生。

我们作为洛阳人,对洛阳市区的地理位置还是相当熟悉的。涧河旁边的城池和瀍河旁边的城池之间有相当的距离,"一城说"有点勉强。后来查找资料,再次印证了两城说的正确性。日本学者西鸠定生先生在为杨宽先生的著作《中国古代都城制度史研究》日译本作序时所说:"从周初在洛阳营建成周的城郭以后,中国古代都城的基本结构为:〈一〉由小城和大城两部分组成,小城是君主的宫殿及统治机构——官衙的所在,大城中则居住着士兵、庶民、被征服者,并分布着制铜、制铁等的作坊。〈二〉……①"著名学者王铎先生也持两城说观点:"西周洛阳都城城邑,实则为一度两城,西有王城,东有成周城(亦称下都),西周、东周皆如是。"②故此,我们支持两城说的观点。

6. 安抚殷遗民留守洛邑

成周建成以后,周公把东征中俘虏的殷贵族,即所谓"殷顽",强迫迁入成周集中看管,并在王城派驻八师兵力以监视"殷顽"和东方广大地区。成周实际上成为周在东方的一个军事要塞和政治中心。

《竹书纪年·成王纪》说:"七年三月甲子,周公诰多士于成周。"成周刚刚落

---

① 杨宽:《中国古代都城制度史研究》,上海古籍出版社,1993年。
② 王铎:《洛阳古代城市与园林》,远方出版社,2005年。

成，周公就把迁入成周的"殷顽"召集起来，发表了一篇软硬兼施的训诫辞——《多士》。

全文分作两大段。第一段是攻心，让殷顽民服从周人统治。理由是你们这些殷士不好，上天把大命给了我小"邦周"，决不是我"敢弋殷命"、"敢求位"。这如同你先祖成汤取代不道的夏桀一样，也是"上帝不保"夏桀。我现在把你们从"天（大）邑商"迁到西土，不要怨我，我是矜怜你们的，这也是天命所在。第二段内容是宣布给予生活出路，让他们就地安居，有田地和住宅，"尔乃尚有尔土，尔乃尚宁干止"。如果你们能顺从听命，有德，还被任用。上天会可怜你们，否则，你们不但会失去土地，而且我还会把上天的处罚加在你们身上。

对俘虏进行攻心战术，使之自食其力，恩威并施。这是一整套改造政策。周公反复申明的"天命"不是他的创造，而是从远古继承下来的。《墨子·兼爱下》引《禹誓》"用天之罚"，是禹征三苗时发表的誓词。汤在征服夏桀时誓师词说："有夏多罪，天命殛之。""天"已经不是单纯反映自然力量的神，天神已经干预人间事务。周公在《牧誓》中也提到"恭行天之罚"。对敌人多讲天命的周公，对"天"的观念已经有所发展。"天命"是否转移，怎样才能保住"天命"，取决于有没有"德"，桀纣失掉天命是因为失"德"，周人要保住"天命"则必须有"德"，因此周公在教导周人时就多讲"明德"。"天命"变成可以保持和争取的了。人不再是盲目地服从"天命"，而有了主观努力的可能了，这是积极的。天子是天的代理人，一方面他具有无上的权威，但不是无条件的，他必须有"德"，不然天命就要转移，因而君主、天子不可以为所欲为的，是有条件、受约束的。纣在灭亡前夕还说："我不是有命在天乎？"周公的思想比他，比殷人要大大前进一步。保住天命的条件之一是"保民"，民的状况不能不成为君主认真考虑的问题。

同时，《尚书·毕命》中还显示了周公治洛的细节："旌别淑慝，表厥宅里，彰善瘅恶，树之风声。弗率训典，殊厥井疆，俾克畏慕。申画郊圻，慎固封守。"说明周公治洛的策略是张扬他们的善心、善行，消除其恶心、恶行。一言蔽之，即"以德服人"。

7. 周公在洛邑辅佐成王

洛邑建成，由谁居洛治理是周王朝面临的重大问题。周公和召公都希望成王居洛主持政事统治天下。成王则根据当时民心不服的情况，认为需要周公继续居洛,才能威服东方。关于这些内容的记载,都在《洛诰》之中。《洛诰》主要是记录周公和成王的对话。从对话中显示了周公谋国的忠心和成王倚重周公的诚意,也显示了君臣团结无间、亲爱协调的情形。某些诸侯听了诰命,反叛的心理暗暗地消除了。全篇文章一共五段,其中,第三段记录成王在洛邑恳切请求周公继续治洛的心声——

第四段记录周公在洛邑接受王命和感谢成王慰问的书面答词。周公跪拜叩头说:"王命令我到洛邑来,继续保护您的先祖文王所受的殷民,宣扬您光明有功的父亲武王的伟大,我奉行命令。王来视察洛邑的时候,要使殷商贤良的臣民都惇厚守法,制定了治理四方的新法,作了周法的先导。我曾经说过:'要是从这九州的中心进行治理,万国都会喜欢,王也会有功绩。我姬旦率领众位卿大夫和治事官员,经营先王的成业,集合众人,作修建洛邑的先导。'实现我告诉您的这一法则,就能发扬光大先祖文王的美德。"

另外,周初铜器何尊的发现,给我们提供了研究当时情景的真实资料。《何尊》铭文起首处有"使王初迁宅于成周"一句,不少学者认为此处之"王"指成王,把《何尊》铭文作为成王曾迁都成周的证据。

成王在洛邑主政的论据还有一些:

《尚书大传》卷四《金滕》有一段记载说:周公致政,封鲁,老于周,心不敢远成王,欲事文武之庙。公疾,曰:"吾死必葬成周,示天下臣于成王。及死,成王葬之毕而去,不天下不敢臣。"这段记载很值得深思。周公不想远离成王,遗言死葬成周,这不正好证明成王就在成周,以成周为都城。如果葬于咸阳附近的毕,那就远离成周,亦即远离成王了。而成王表示不敢以周公为臣,印葬之远离成周的毕,恰好是成王都于成周的侧面证明。至于文武之庙,《逸周书·作服》所记建成的宗官,即文王之庙,考官,即武王之庙,皆在洛邑。

朱凤瀚先生也说[1]:何尊所云成王"迁宅"于成周,实际是将王朝政治统治与军事指挥中心迁至成周。何尊铭末"惟王五祀"是指周成王亲政五年。此年洛邑内王宅(即王宫)已建成,周成王遂能迁宅于此。

综上所述,我们认为,周公主持营建洛邑,建成之后,成王在洛邑主政五年,

---

① 朱凤瀚:《召诰》、《洛诰》、《何尊与成周》《历史研究》,2006,(1)。

周公辅佐成王,也在洛邑。

对于洛阳而言,周公无疑是城市建设的开创者。为纪念周公,隋末唐初,人们在洛阳王城遗址上建造了周公庙(在今洛阳市定鼎路),历代修葺完善,今为我国三大周公庙之一,2006年3月,洛阳周公庙被列为全国重点文物保护单位。

2002年,洛阳在建设王城广场时,发现了周天子的墓,并出土"天子驾六"。为此,在王城广场上建造了"周公营建洛邑"雕像。雕塑威武雄壮,让人们凭吊怀念洛阳的营建者——周公旦。

8. 营建洛邑的历史意义

周公、成王秉承武王的遗志,在洛北涧东瀍西的洛阳一带建立东都成周。这对西周王朝的巩固与发展无疑是关键一局,具有极为重要的意义。

第一,使东、西两都的京畿连成一体形成周王朝君临天下的枢纽。《逸周书·作雒》说大邑成周建成后,"制郊甸方六百里,因西土为方千里"。《汉书·地理志》亦云:"初洛邑与宗周通封畿,东西长而南北短,短长相覆为千里。"这样,东西两都紧密连接,大大有利于西周王朝加强对全国的统治。从历史的角度考察来看,西部宗周与东部成周同属西周政治中心,但其性质与地位尚有所不同,宗周以祭祀为主,重在"笾豆之事",而成周以戎为主,重在"军旅之事"。因为成周地处天下的中心,便于加强对四方诸侯及周围戎狄部族的管辖,故成周实际上是西周王朝的最现实的政治中心。

第二,将大批殷贵族迁移至成周东郊,以便加强对他们的监督、管理和利用。据李亚农先生研究,克殷前,周族的人口尚未超过六七万。[①] 虽说牧野之役打垮了纣军,以小邦周战胜大邦殷,但广大的殷族人民还存在,殷都及殷王畿一带,仍是反周的民族意识最强烈的"殷顽民"的中心,这是西周王朝所面临的极其严峻的问题。为了安抚殷人,稳定局势,于是武王封纣子武庚继续为殷君,并设置"三监"加以就地监督。然而武王逝世后不久就发生了武庚、三监的大叛乱。周公东征平叛胜利之后,对历史和现实进行了深刻反思,一方面从殷人的叛乱引发东方的大叛乱,深深认识到治理好殷人对巩固西周王朝政权的极端重要性,可说殷人安定,天下就安定;殷人作乱,天下就会大乱。于是便把殷贵族集中到成周

---

① 李亚农:《西周与东周》,上海人民出版社,1956。

的东郊,并对殷贵族予以怀柔和利用。自此之后,不但未再见殷人有集体反叛的事件发生,而且化敌对势力为助力,使之成为了建设东都成周的一支力量,这说明周公所采取的这一措施是成功的。

第三,西周王朝以成周为军事中心,扩展疆土,巩固统一。自成周建成后,在这里建有成周八师。成周八师的存在对还妄图反叛的殷顽民和东方夷族及方国本身就是一种巨大的威慑力量。成王及以下各王,皆以成周为根据地进行东伐、南伐。这有大量金文记载:

属西周中期偏早的竞卣:"隹白犀父以成即东,命伐南夷。……"

属于厉王时期的禹鼎:"亦唯噩(鄂)侯御方率南淮尸(夷)、东尸(夷)广伐南或(国)、东或(国),至于历内。王乃会西六、殷八,曰:'伐噩(鄂)侯御方'……。"

这些说明,成周成了王朝的军事大本营,王朝对南方、东方的用兵,一般皆从这里出发,战争结束后又回到这里,它对于扩展疆土,巩固统一,发挥着特殊的作用。

第四,成周逐步成为西周王朝的经济中心。首先,这里是征收四方贡赋之地。《洛诰》云:"今朕作大邑于兹洛,予惟四方罔攸宾……""攸宾"指进贡。就是说,由于四方不好进贡才建洛邑。换句话说,修建洛邑是为了便于四方进贡。这一点《史记·周本纪》讲得更明白,"此天下之中,四方入贡道里均"。的确,营建成周的目的之一,是为了便于向四方征收贡赋。贡赋的对象是侯、甸、男各级诸侯。同时,王廷还要对征服的夷狄部族或方国征收贡赋。

由于成周既是西周王朝征收四方的贡赋中心,又是政治中心和军事中心及诸侯活动的中心,往来人员多,从而成周的工商业也随之发展起来,《颂鼎》:"王在周康邵宫。……王曰:颂,令女(汝)官司成周贾廿家,监司新造贾,用宫御。"此成周贾二十家及新到的贾,均为颂所管理的王室官贾,主要职能为官府购买所需物品。由此不难窥见这里的民间商业也是很发达的。考古工作者曾在洛阳老城北窑瀍河西岸,发现了西周青铜器铸造作坊遗址,面积达二十多万平方米,主要青铜器产品有鼎、簋、卣、尊、爵、觚等各种礼器,同时也制造了少量的车马器和兵器,并表现出相当高的青铜铸造工艺和冶炼水平①。"到目前为止,在所发现的西周青铜器作坊遗址中,此铸铜遗址规模最大,品种也最丰富齐全,这表明成周是西周王室青铜器手工业的重要基地"。②

(二)制礼作乐

周初的统治很不稳固,为巩固统治,周公为周王朝制定了一套典章制度,就是"制礼作乐"。"礼,谓制度品节也",是当时的社会规范,是天子、诸侯、卿、大夫、士等必须遵循的等级制度。主要内容包括建侯卫、宗法制、封诸侯、五服制;爵位、谥法、官制、刑法和吉(祭祀)、凶(丧葬)、军(检阅、出征)、宾(朝觐、述职)、嘉(婚礼)五礼等。乐,是为配合上述典礼仪式而举行的乐舞。《吕览·孟夏纪》说:"礼所以经国家、定社稷、利人民;乐所以移风易俗,荡人之邪,存人之正性。"周公通过礼乐来治理国家,建立社会秩序,促进社会历史发展。周公的礼乐思想是后世儒学之源,影响中国数千年,是中国传统文化的重要组成部分,也是河洛文化的一通丰碑。

礼乐制度是儒家之源。春秋时孔子"入周问礼",故而传播了儒家思想。所以说周公被儒家称为"元圣"、"儒宗"。洛阳是周公制礼作乐的地方,因此又称为儒教祖庭。

1. 制礼

周公制的礼制,是指其制定的社会的典章制度和行为规范,几乎囊括了所有社会领域。既包括各种礼典,又涉及其社会的各项政治制度。其具体内容,大致如下。

其一是"礼义"。礼义是指抽象的礼的道德原则。周人总结说:"先王之立礼也,有本有文。忠信,礼之本也;义理,礼之文也。"所以,如果治理国家不按照礼的规定,就好像没有耕田的工具而进行耕种;如果行礼而不本着"礼义"的原则,就好像耕种土地而不撒播种子。

其二是礼仪或礼节。这是关于礼的具体的制度规定,是礼的物质方面。周代的礼乐制度可大体分为吉、凶、军、宾、嘉五大方面,细分之,有所谓"经礼三

---

① 洛阳市文物工作队:《1975—1979 年洛阳北窑西周铸铜遗址的发掘》《考古》,1983,(5)。
② 杜勇:《〈尚书〉周初八诰研究》,中国社会科学出版社,1998。

百,曲礼三千"之说,莫可谓"繁文缛礼"。大而至于政治、军事,小而至于衣冠、陈设。

其三是礼俗。这是周礼内容的第三个层面。礼起于俗,但礼并不能等同于俗,礼俗本身也有两个层面:一是对于前代旧礼的因循,二是周人本身的社会风俗与道德习惯。

礼的三个层面是相互联系,不可分割的。礼义与礼俗本身就没有严格的界分,许多的礼俗就成为礼义的组成部分;礼义是礼的根本,是礼产生的原始动因。丧失礼义的礼仪或礼俗,就只有礼的表面形式而失去了礼的本质意义。

礼的内容非常广泛,它可有广义和狭义之分。就广义来说,凡政教刑法,朝章国典,一概可以称之为礼。就狭义来说,则专指当时各级贵族经常举行的祀享、丧葬、朝觐、军旅、冠婚诸方面的典礼。周礼是周代宗法的基础,在宗法制度下,"尊尊"和"亲亲"是两条根本的原则,然而,周礼更重亲亲,尔后才及于尊尊,先父慈、子孝,尔后及于君仁、臣忠。由孝推论及忠、由人伦推及君臣,周礼的这种特质应该说是由周公奠基而成的。

周公特别强调"明德",而"同心则同德","同姓则同德"。"德"既为周公政治理论的核心,因此"德"在周公制礼作乐的过程中也被格外强调,"德"不仅包含着人们主观方面的修养,也包含有客观方面的行为规范。这就丰富了礼的内容,将礼纳入道德范畴。

(1)周公制礼的背景条件。

周公姬旦能成为中国历史上第一位全面系统制礼的圣人,有其历史的机遇。

首先是已有了全面制礼的基础,这就是自伏羲制嫁娶之礼以来,历代先王逐渐初步创设了五礼。《礼记·礼器》有"三代之礼一也"。《论语·为政》载孔子的话:"殷因于夏礼,所益可知也;周因于殷礼,所损益可知也。"说明三代之礼互有损益。《礼记·表记》有孔子关于三代礼异同的总结:"夏道尊命,事鬼敬神而远之,近人而忠焉,先禄而后威,先赏而后罚,亲而不尊……殷人尊神,率民以事神,先鬼而后礼,先罚而后赏,尊而不亲……周人尊礼尚施,事鬼敬神而远之,近人而忠焉,其赏罚用爵列,亲而不尊。"这段话说明夏朝的人仅仅强调人的内在性,把人的内在性作为制定礼的立足点和出发点;商朝的人仅仅强调人的外在性,把人的外在性作为制定礼的立足点和出发点。这两种礼都是片面的,而周朝的礼既强调人的内在性,又强调人的外在性。这是一种完善。

其次,周公有制礼改政的条件。周公是灭殷兴周改朝换代的当事人。在伐纣的战争中,他手持大钺,成为武王第一辅臣。"(太子)成王少,在强褓之中,周公恐天下闻武王崩而畔,周公乃践阼,代成王,摄行政当国。"①其实是周公自己为王,南面当权,有了制礼改政的条件。

再次,殷灭亡的教训提醒周公治理王朝需要改弦更张。在君主专制制度尚未确立的先秦,实际上实行的是天子与诸侯共主分治的政治。天子无道,诸侯可以废之杀之。如殷纣王帝辛,无论怎样自诩为上帝元子,但拒谏饰非,厚赋税,敛钱粟,"以酒为池,县(悬)肉为林,使男女裸,相逐其间,为长夜之饮,百姓怨望而诸侯有畔者"②。又嬖爱妲己,"惟妇言是用……殷之三仁,微子出逃,箕子佯狂,比干王叔被剖心"③。终于 800 诸侯起兵反叛,17 万军队临阵倒戈,牧野一仗,"小邦国"周便杀纣王灭殷,取而代之。

悠悠 600 年的殷王朝毁于一旦,提醒新王朝必须改弦更张,周公要对周王朝的治理重新作出规划,他选择了影响深远的以礼治国的路子,为中国特色的传统政治——兼有人治、法治之利的礼治奠了基。王国维说:"夏、殷间政治与文化之变革,不似殷、周间之剧烈。"他甚至认为:"中国政治与文化之变革,莫剧于殷、周之际。"④

最后,先辈的熏陶,促使周公以礼行天下。有德行的先辈不在少数,这里撷取一少部分。

其一是古公亶父。古公亶父做国君的时候,就知道礼贤下士,搜罗人才。并经常告诫儿孙们:"只有把才能出众的人都请到周国来,我们才能变得强盛!"

其二是国师姜尚。关于武王灭纣的史实,第一次诸侯汇集,但没有起兵攻打殷纣。《说苑·指武》记载了在这次伐商预演前,周武王与姜尚关于选择决战时机的一番谈话:

---

① 《史记·鲁周公世家》。
② 《史记·殷本记》。
③ 《尚书·牧誓》。
④ 王国维:《观堂集林》(卷一〇),中华书局,1959 年。

武王将伐纣。召太公望而问之曰:"吾欲不战而知胜,不卜而知吉,使非其人,为之有道乎?"太公对曰:"有道。王得众人之心,以图不道,则不战而知胜矣;以贤伐不肖,则不卜而知吉矣。彼害之,我利之。虽非吾民,可得而使也。"武王曰:"善。"

身边有这样的高人辅佐,收益是肯定的。

(2)周公制礼的观念活动。

1)分封诸侯。东征平叛胜利后,周王朝实际控制的疆域空前扩大。但是,作为"小邦"起家的周王室,要实现"以小控大",对新征服的广大地区实行有效的统治,达到长治久安,周公选择了分封制。所谓分封,就是由周王朝最高统治者派遣自己的同宗兄弟、子弟、异姓功臣、古代先王圣贤后裔以及臣服的异族首领,让他们带着武装家臣和俘虏,到指定地点去建立西周的属国,并把那里的土地和人民授予他们继续统治。这些受封者接受赐予后,就成为诸侯。他们对周天子要承担镇守疆土、出兵勤王、缴纳贡赋、朝觐述职、随王祭祀等义务,以起到"以藩屏周"的作用。因此,历史上又将分封制称为"封藩建卫"。通过分封,全国境内大大小小近百个封国就像军事据点一样牢牢地拱卫着周王室。

综观整个西周王朝,分封贯穿其始终,估计前后分封达百余国之多,直到西周末的宣王时期尚有分封,但最有实质内涵的分封还是发生在周公时期。一方面,周公此次分封发生于平叛之后,此时正是周王朝实力最强盛之时,各封国都得到了较多的土地和人民,总规模为西周历次分封之最。另一方面,此次分封把具有重要战略意义的地区都赐给了可靠的人选。后来,这些封国大都成为拱卫周王室的重要支柱,这也在事实上证明了周公的选择是正确的。分封制的推行,使周成为一个疆域辽阔的大国。西周王朝后来的辉煌和荣耀,正是由周公所苦心经营的"封藩建卫"所奠定的。

实行分封制,取得明显的效果:①稳定当时的政治秩序。通过分封制,周的文化形式因此覆盖了整个黄河中下游地区。②加强了周天子对地方的控制。周朝开发边远地区,扩大统治范围,并逐步构织出全国的交通网络。

2)威慑不顺。武王克商后二年去世,周公以"咸王"名义当国,"一沐三握发,一饭三吐哺"①,极力维持其"小邦周"治理"大国殷"旧域的政局。但管叔、蔡叔不满其兄弟周公掌权,竟与武庚勾结作乱,东方的淮夷徐奄也起兵反周。周公终于发布《大诰》,毅然"兴师东伐……诛管叔,杀武庚,放蔡叔",平定了殷王畿的三监之乱。尔后继续"东伐淮夷残奄,迁其君薄姑"②,终于天下大定,"诸侯咸服宗周"③,承认宗周的共主地位,稳住了周朝的统治。

3)明堂朝觐。古代建都城,在国之阳位,要设一取象天地而上圆下方、四周圜水的建筑。为布政之宫,四户八牖,以便声教四达,称明堂。《考工记·匠人》周人明堂条郑氏注:"明堂者,明政教之堂。"蔡邕《明堂月令章句》记其多种功能:"明堂者,天子大庙,所以祭祀。夏后氏世室,殷人重屋,周人明堂,飨功、养老、教学、选士皆在其中。故言取正室之貌则曰大庙,取其正室则曰大室,取其堂则曰明堂,取其四时之学则曰大学,取其圆水则曰辟雍,虽名别而实同。"

明堂在周初,最重朝诸侯之用。《礼记·明堂位》记诸侯朝周公于明堂所排列之位,称:"昔者,周公朝诸侯于明堂之位,天子负斧依南乡而立。三公,中阶之前,北面东上;诸侯之位,阼阶之东,西面北上;诸伯之国,西阶之西,东面北上;诸子之国,门东,北面东上;诸男之国,门西,北面东上;九夷之国,东门之外,西面北上;八蛮之国,南门之外,北面东上;六戎之国,西门之外,东面南上;五狄之国,北门之外,南面东上;九采之国,应门之外,北面东上。四塞,世告至。此周公明堂之位也。明堂也者,明诸侯之尊卑也。"当诸侯方国朝见周公时,周公以天子身份,背负斧纹屏风,面朝南而立,诸侯贵族按其公、侯、伯、子、男五等爵位高低,依次站在周公对面的中阶之上、东西阶和门东西,夷、蛮、戎、狄分站在东、南、西、北四门之外,较远的九采站在南面的应门之外,极远的四塞每世来朝,告新君即位而已,不安排固定的站位。

这般一丝不苟精心安排的诸侯朝觐天子的礼义,无疑能十分明确天子诸侯之间尊卑上下的等级,使各安其位以维护统治秩序,这就是周公制礼的目标所在了。

4)敬天保民。周公制礼,着眼点不限于诸侯,他较多关注下层庶民。在平

---

① 《史记·鲁周公世家》。
② 《史记·周本纪》。
③ 《史记·鲁周公世家》。

三监之乱后,周公封胞弟康叔于商都朝歌,作《康诰》、《酒诰》、《梓材》三篇文告,给与嘱咐。《康诰》称:"天畏棐忱,民情大可见。小人难保,往,尽乃心,无康好逸豫,乃其乂民……汝惟小子,乃服惟弘王,应保殷民,亦惟助王宅天命,作新民。"意为天德可畏,从民情上大概可见。小人安之既难,当尽汝心去治理,毋自安好逸宽纵,则其民可治。汝当弘大王道,上以应天,下安殷民,便是襄助王室居顺天命,为民日新之教。

2. 作乐

周公制礼作乐,"乐"也是礼的一个重要方面。"夫乐者,乐也,人情之所必不免也。……故制《雅》《颂》之声以道之,使其声足以乐而不流,使其文足以辨而不諰,使其曲直繁省廉肉节奏,足以感动人之善心,使夫邪污之气无由得接焉。是先王立乐之方也。……故乐在宗庙之中,君臣上下同听之,则莫不和敬;闺门之内,父子兄弟同听之,则莫不和亲;乡里族长之中,长少同听之,则莫不和顺。故乐者,审一以定和也,比物以饰节也,合奏以成文者也,足以率一道,足以治万变。是先王立乐之术也。"①周公在执政实践中,深感"乐"之魅力,于是就借助"乐"来实现"经国安邦、垂范后世、为万代开太平"的目的。

礼乐文明是周代伟大的创新,礼乐文明是华夏族第一次有明确特征的文化积淀,它对中华民族的发展产生了巨大的影响。而周公在这一文化创造过程中的作用不可低估。

周公所制作的周乐,是在前代基础上完成的。周公作乐,继承了前代《万》舞兼有武舞和文舞的特征。作为古代一种大型的乐舞,《万》舞主要用于宗庙的祭祀。

根据学者研究,周公于成王六年先主持制作了歌颂武王武功的武舞《象》和表现周公、召公分职而治的文舞《酌》,合称《大武》;以后,为了祭祀文王,周公又主持为传统的《象》舞配以新的诗歌,制作了表现文王武功的《象》舞。这三套乐舞都是根据具体的历史事实制作的,旨在表现周王朝的文治武功,实际就是《吕氏春秋·古乐》所说的《三象》。周公所作三套乐舞在行礼用乐的实践中或分用或合用,形成了三种固定的程式。其中合用的程式完全可以代表西周初期艺术

_____

① 荀子《乐论》。

创作的最高水平,根据古代文献的记载将这一程式展现出来,就是一个分场次的歌舞剧。①

"礼"强调的是"别",即所谓"尊尊";"乐"的作用是"和",即所谓"亲亲"。有别有和,是维护周人内部团结的两方面。周公制礼作乐具有重要的意义,它标志着周朝统治彻底走向了正轨,对西周社会的稳定和繁荣也起了重要的促进作用。

周公制礼作乐,在继承夏、商的基础上超越了夏、商二代,创造了一种新的文明模式,这便是周代的礼乐文明。在我国古老文化传统中,礼乐传统占有极重要地位,一般地说,中国在跨进文明门槛的时候,礼乐文化已趋发轫和形成。但从人文理念的角度来考察,礼乐具有规范人的行为和调整人际关系的功能应始于周初,或者说,礼乐成为人们社会生活中的行为规章,是自周公"制礼作乐"开始的。在现在的洛阳瀍河区,立有"孔子入周问礼处"石碑一通。当年孔子到洛阳来,学习周礼,有了后来的"克己复礼"的号召;听韶乐,有了"三月不知肉味"的典故。可以说,周公创始的礼乐文明,奠定了中国礼乐文明的基础,对华夏文化的影响可谓至深至巨。

二、周公的宗法等级观念

宗法制是中国古代社会的一种重要制度,它是随着周代嫡长子继承制和分封制的确立而发展、完善起来的,开创者为周公。

（一）宗法制的内涵

对于这个问题,学术界已见仁见智地进行了一些探讨,取得了可喜成果。这里在前人研究的基础上再作扼要论述。

什么是宗法制度?专家或曰宗法制度,这是一种以父权和族权为特征的、包含有阶级对抗内容的宗族家族制度②,或曰宗法是"对于存在于父系家族内部的宗子法的命名,其内涵包括确立、行使、维护宗子权力的各种规定"③,或曰"宗法

---

① 贾海生:《周公所制乐舞通考》《文艺研究》,2002,(3)。
② 钱宗范:《周代宗法制度研究》,广西师范大学出版社,1989。
③ 钱杭:《周代宗法制度史研究》,学林出版社,1991。

就是宗族之法,没有宗族便没有宗法,也就谈不上关于宗法的各种制度"①。这些说法都有相当的道理。但我们认为对宗法制概括最中肯的莫过如沈长云先生,他说:"所谓宗法制,是周人创造的将宗族结构中的血缘统属关系与政权结构中尊卑上下关系相结合的一种制度。"②它的实质是以嫡庶、长幼区分尊卑上下,确立大宗对小宗的支配权。天子之于诸侯,诸侯之于大夫,大夫之于士,士于隶子弟,所以具有支配权,就是因为前者是大宗,后者是小宗。"王者,天下之大宗",王处于宗法制度所规定的大宗对小宗支配权力的顶峰,自然就是周族的最高宗主。这就是"宗统"。与此相对应的政权结构,王位由嫡长子继承,为天下的共主,握有统治天下的权力。王的余子(庶子)则封为诸侯,君位由嫡长子继承,为封国内的共主,握有统治封国的权力。诸侯的余子则封以采邑,爵位由嫡长子继承,握有统治封邑的权力。卿大夫余子则分以土为士。形成"王臣公,公臣大夫,大夫臣士"③的统治秩序。这就是"君统"。宗统反映了宗族血缘中的统属关系,君统则反映了政权结构中的上下、尊卑关系,宗统和君统是二位一体的。

至于周人为何要建立宗法制度?《吕氏春秋·慎势》对此作了高度概括:

故先王之法:立天子,不使诸侯疑("拟",比也,下同)焉;立诸侯,不使大夫疑焉;立嫡子,不使庶孽疑焉。疑生争,争生乱。是故诸侯失位则天下乱;大夫无等则朝廷乱;妻妾不分则家室乱;嫡孽无别则宗族乱。

这段话非常扼要地道出了周代建立宗法制度就在于防止各级贵族之间对于权位、财产的争夺,因为一争夺,就会使贵族阶级的统治秩序遭到破坏,引发天下大乱。这对统治者是十分不利的,故必须建立完整的宗法制,严格区分嫡庶,区分天子、诸侯、大夫、士的等级,使上下不可逾越,以防贵族之间发生争夺,确保周天子的统治地位。

对此,王国维先生更作了深入一层的精辟阐发。他说:"由传子之制而嫡庶之制生焉。夫舍弟而传子者,所以息争也。兄弟之亲本不如父子,而兄之尊又不

① 晁福林:《试论宗法制的几个问题》《学习与探索》,1999,(4)。
② 沈长云:《上古史探研》,中华书局,2002。
③ 《左传》昭公四年。

如父,故兄弟间常不免有争位之事,特如传弟既尽之后,则嗣位者当为兄之子欤? 弟之子欤? 以理论言之,自当立兄之子,以事实言之,则所立者往往为弟之子,此商人所以有中丁以后九世之乱,而周人传子之制正为救此弊而设也。然使于诸子之中可以任择一人而立之,而此子又可任立其欲立者,则其争益甚。……故有传子之法,而嫡庶之法亦与之俱生。……所谓'立子以贵以不长,立嫡以长不以贤'者,乃传子法之精髓,当时虽未必有此语,固已用此意矣。盖天下之大利莫如定,其大害莫如争。任天者定,任人者争;定之以天,争乃不生。故天子诸侯之传世也,继统法之立子与立嫡也。周人嫡庶之制,本为天子诸侯继统法而设。复以此制通之大夫以下,则不为君统而为宗统,于是宗法生焉。"王国维先生站在历史的、现实的高度,以宽广的视野,深刻地揭示了立宗法制的本意:就在于在传位问题上规定王位由嫡长子继承,这就是所谓"定之以天",以便"息争"、止乱,以安定天下,这是王廷的"大利"所在。

总之,宗法制度由嫡长子继承制和分封制的需要而产生,反过来又严格地规范了嫡长子继承制和分封制。

（二）严格意义上的宗法制为周公所确立

宗法制萌芽于父系氏族社会,后历经夏、商两代,特别是商代后期自康丁以下,建立了稳定的王位传子制,应该说这种萌芽有了进一步发展,但始终未能形成维系贵族间关系的完整体系。严格说来,宗法制作为一种维系贵族间各种复杂关系的完整制度而言,应是始于周公。

商代无严格意义上的宗法制。对此,王国维先生曾有过精辟的论断。他说:"商人无嫡庶之制,故不能有宗法。"因为嫡庶制度是宗法制度的关键形态。只有妻分嫡妾,才能子分嫡庶;有子分嫡庶,才有嫡长子继承制和分封制的基本原则,并才能由此演出一整套宗法制度,故王国维的论断是可以成立的。然而,近年来有学者对王国维先生的论断不断进行驳难,认定商代已有宗法制,其主要理由有三:一是他们从商王祀典中先王配偶没有完全入祀证明商王配偶中已有嫡妾之分,进入祀典者为嫡妻,反之则为妾。既然有嫡妾之别,他们所生的儿子便有嫡庶之分,因而说明商代存在着宗法制。二是甲骨文中的"大示"、"小示","大宗"、"小宗",这与周代的"大宗"、"小宗"的性质是相同的,以此证明商代已有宗法制。三是从商王世系,证明商代王位继承的实质是父死子继,而且实行的

是嫡长子继承制。既然如此,商代当然有完整的宗法制。这三条理由能否成立,下面让我们略加分析:

首先看其第一条理由,商代先王配偶是否列入祀谱受祭者为"嫡妻",反之为"妾"呢? 对此,郑慧生先生《从商代无嫡妾制度说到它的生母入祀法》作了详尽论述,并列了入祀配偶与登位儿王数目比较表,说明"自示壬至于康丁①,十五代二十九王,凡是有儿子继承王位的,就一定有妻子列入祀谱;凡是没有儿子继承王位的,就一定没有妻子列入祀谱"。论证翔实,无可辩驳,故对此无须再多加论述。由此看来,商王配偶是否人祀,不在于她们是嫡妻或庶妾,而在于其子是否为王。凡人祀配偶,均系登位儿王的生母,故第一条理由难以成立。

再看其第二条理由:殷代卜辞中的大示、小示,大宗、小宗是否同于周代的大宗、小宗呢? 其实,它们只是名词相同而已,而内容是不同的。关于商代的大、小示及大、小宗,晁福林先生在《关于殷墟卜辞中的"示"和"宗"的探讨》一文中有精辟的论述,指出:卜辞中大示是指殷代一部分先王的集合称谓,中示则是时代居中的先王的集合称谓,小示是晚近先王的集合称谓;大宗、中宗、小宗既是宗庙建筑,又是先王称谓,大示者入大宗,中示者人中宗,小示者入小宗。这是至确之论。那些认为商代有宗法制的学者则把"大示"视为"直系"先王的称谓,"小示"为旁系先王的集合称谓(一般所理解的直系是有直接血缘关系的亲属)。按着这种理解,从帝辛上溯至大乙共有直系先王十几人,上溯至上甲则有近二十人。然而,卜辞所载"大示",最多者仅有"六大示",从数量上看与直系先王相去甚远。可见"大示"指所有"直系"先王就遇到了不可逾越的障碍。请看下面一条卜辞:大示三牢,六示二牢,小(示)……牢。(《合集》14898)

这里是"大示"、"六示"、"小示"并列的,且"六示"居于"大示"与"小示"之间。如果"大示"指所有的"直系先王","小示"指"旁系"先王,那么"六示"的范围就无法确定。

此外,"大示"曾和"多后"并列为一词,"大示至于多后"(《合集》14851)。"多后"指多位先王,学术界对此不会有异议,若"大示"指所有直系先王,那么,

_____

① 自上甲至于亡丁,由于年代久远,殆无信史,他们的配偶名号,未能传之后王,所以无法列入祀谱。而帝乙至帝辛,距离商代亡国之年甚近,他们的配偶或在亡国之前未去世,或尚不及列入祀谱。

"大示至于多后"则不词矣！

由上可见,"大示"不是指所有"直系先王",而是指一部分先王。卜辞中的大示最多者称"六大示",是指大乙至大戊五位冠以"大"字的先王而言,而从"自上甲六大示"(《屯南》1138)来看,显然大示应包括"上甲"在内。所谓"六大示"即上甲、大乙、大丁、大甲、大庚、大戊。故其第二条理由不能成立。

再看其第三条理由:说商代王位其实质是传子制,并且实行的是嫡长子继承制,而嫡长子制是以划分嫡庶为前提条件的,既然已是嫡长子继承制,当然也就有宗法制。然而,殷代并没有建立嫡长子继承制,因为商代的从成汤至祖甲的24王中父死子继者为6位,兄死弟及者为11位,另传兄之子者(包括堂兄弟)6位,要说这也是传子制或曰嫡长子继承制,是难以置信的。将之归结于"兄终弟及"倒接近客观事实。当然,自康丁以后,已是传子制,这是无可怀疑的。但这是不是嫡长子继承制呢? 不一定。因为《左传》哀公九年说:"微子启,帝乙之元子也。"微子才是长子。由此看来,帝辛也可能是少子继位。无嫡长子继承制,也就没有嫡庶之分,也就没有严格意义上的宗法制。故第三条理由也不能成立。

以上说明,殷代并没有建立严格意义上的宗法制,王国维先生的"商人无嫡庶之制,故不能有宗法"的结论,是正确的。

宗法制的建立,始创于周公。西周王朝是在殷的废墟上建立起来的,为避免重蹈殷人的覆辙,以周公为代表的统治者认真总结了殷的教训,认为殷未能建立起确定的继统法,从而削弱了其统治力量;同时也吸收了管、蔡利用本朝传位未能形成定制而引发内乱的教训,从而周公认定王位传承嫡长子才能防止兄弟争立,确保王朝的长治久安,于是建立了嫡长子继承制。另外,周公在平定武庚、三监叛乱并将东方广大地区置于周王朝管辖之后,面对着这样一个严重问题:周人以较少的人口,如何控制东方百万之众,在空前广大的地区牢固地确立自己的统治? 从而认定在统治方法上确有进行变革的迫切需要,于是决定实行分封制,在打破被征服方国、族邦国土界线的基础上,通过"授土授民"给王室子弟及异姓功臣,在全国各要冲地带建立诸侯国,作为统治全国的据点,从而实现了对天下的有效统治。关于周公、成王所实行的是嫡长子继承制和分封制,这在学术界是无异议的。周公为了调整贵族的内部利益关系,解决天子诸侯的继统问题,又反过来从制度上确保嫡长子继承制和分封制的实行,于是在嫡长子继承制、分封制及吸收前人的宗法思想的基础上,逐步建立了一套严格的宗法制度。故我们说宗法制为周公所创,这是合乎客观历史实际的。

三、周公的民本主义思想

"民本"思想是古代中国最重要的政治思想之一,它滥觞于夏商,发展于西周,澎湃于诸子之学,它对古代中国社会产生了巨大的影响。周初的民本思想是诸子民本思潮的直接导源,在民本思想史上具有重要的意义。民本思想在西周能得到发展,周公功不可没。

（一）"敬天保民"思想的提出

《尚书·五子之歌》记载了夏朝的民本思想。其一曰:"皇祖有训,民可近,不可下。民惟邦本,本固邦宁。予视天下,愚夫愚妇,一能胜予。一人三失,怨岂在明,不见是图。予临兆民,懔乎若朽索驭六马。为人上者,奈如不敬!"这是要求国君要重视百姓的作用,孔子说"使民如承大祭"①。这种对人民的重视,是民本的基点。其二曰:"训有之:内作色荒,外作禽荒。甘酒嗜音,峻宇雕墙。有一于此,未或不亡。"这是告诫统治者,纵情声色犬马,贪于享乐安逸,就会使国家灭亡。要求统治者勤政节俭,构成了后来民本思想的重要内容。

然而,此时的民本并未形成明确的意识,夏桀终于在"时日曷丧,予及汝皆亡"②的咒怨中结束了夏朝。代夏而起的商汤,总结这一历史,提出了"人视水见形,视民知治不"③的政治主张。他的"民本"作风,终于使他成为后代歌颂的圣人贤君。盘庚迁殷,更是把商朝的历史推向了顶峰。然而随着王权的扩张,残暴的纣王抛弃了民本重民的祖训,把他富有创造性的思维用在虐待人民、镇压起义的事情上,人民也毅然地抛弃他。牧野一战,把历史推进了周民族的天下。

武王领导的牧野之战一举克商,但是商朝的统治并没有彻底结束,商故地仍由纣王之子武庚统治。虽然武庚已经向周称臣,但武庚人在曹营心在汉。三监之乱以及成王年幼的事实,周公不得不对历史进行了深入的反思:三代兴替的经验教训是什么？原来是小邦的周,如何来统治这样一个大国？如何巩固"赫赫

---

① 《论语·颜渊》。
② 《尚书·汤誓》。
③ 《史记·殷本纪》。

宗周"的统治呢? 周公汲取了前人的经验教训,发挥自己的智慧,在一系列的诰命中"保民思想"做出了很有见地的回答。如《康诰》的目的是安定殷民,核心内容是"明德慎罚";《梓材》提倡"明德",反对"后王杀人"。周公在《康诰》中特别提出"天畏棐忱,民情大可见"。棐,辅助之义。民情犹如一面镜子,它可以反射出上天的喜怒哀乐和对人间帝王的评判。上天同时利用民情的反映,决定惩罚与褒奖:"惟我下民秉为,惟天明畏。"①这就是说下界民众的所作所为是上天惩恶扬善的依据,天随民愿,它将按照民众的行为行使它的权威。但如果统治阶级能勤政爱民,上天同时也会给他们以肯定的回答。周公还考查了殷中宗、高宗、祖甲能够统治长久,无一不是"治民抵惧,不敢荒宁"的结果。而周文王获取天命,同样是由于能"怀保小民"。小民在自己的生活得到关注时,也就变成了顺民、安民。民安国安,上天的奖励就随从而至。由此可见,在古代思想史上周公有着特殊的地位,他提出了系统的政治理论和主张,可以说是中国古代政治思想史上的开山祖。

(二)周民族的天道观及以德配天

"小邦周"取代了"大邑商",作为殷人祖先的上帝却抛弃了殷,转而惠顾周,周人必须对此做出合理的解释。这就迫使周公在天命观、宗教观上做出一定的改革,"周虽旧邦,其命维新"②说的就是这个道理。首先周公创造出了"天"这一观念,来代替殷民族的"帝",并赋予更为丰富的内容。

周公用"天"取代了"帝"至上神的地位,并且割断了殷人祖先神与至上神的血缘关系,完成了祖先神与至上神的二元化过程。这一过程的完成,为天命转移找到了合理的解释。既然这个主宰一切的至上神不是殷民族的祖先,那么他就不是一定要保佑殷商贵族了,他的恩赐同样可以降落在周人的身上。不仅如此,周人的"天"已经不同于殷商时代的"上帝",他不再喜怒无常,风雨无定,而是带有强烈的伦理色彩和理性原则,其好恶取舍有着明确的标准。他俯视着大地,以"德"作为评判的标准。"皇天无亲,惟德是辅。"③"德"是决定天命转移的主要依据。

---

① 《多士》。
② 《大雅·文王》。
③ 《尚书·蔡仲之命》。

就是说夏商的历史证明,《尚书·召诰》写道:"吾不可不监于有夏,亦不可不监于有殷。吾不敢知曰,有夏服天命,惟有历年;吾不敢知曰,不其延。惟不知厥德,乃早坠厥命。吾不敢知曰,有殷受天命,惟有历年;吾不敢知曰,不其延。惟不敬厥德,乃早坠厥命。"夏商统治者之所以能够维持他们的统治是因为他们能够按天命行事,而之所以会灭亡是因为他们不"敬德"。《尚书·祭仲之命》更是明确地提出:"皇天无亲,惟德是辅。民心无常,惟惠之怀。""天命"虽然在形式上是至高无上的,但实际上"敬德"却成了"天命"的依据和前提,"天命"终归又落在"民本"的身上。

依他们的想法,周人之所以能够代商而立,就是因为殷人失"德",周人有"德",因此天命才转移到周人的手中。《诗经·大明》说:"维此文王,小心翼翼,昭事上帝,聿怀多福。厥德不回,以受方国。"是说文王有美好的德行,能够诚心敬天,服侍上帝,所以老天爷就把国家交给了文王管理。文王不仅能够敬天,而且更加重要的是他能够保民,"惟乃丕显考文王,克明德慎罚,不敢侮鳏寡。庸庸、祗祗、威威、显民。用肇造我区夏"①。就是说,只有我们伟大英明的文王,能够明德慎罚,不敢欺侮那些无依无靠的老人。用可用的人,敬可敬的人,畏可畏的事,使人民都能明白事理。因此上天让我们"小邦周"开辟疆土,统治中国。"天命"已经转移我们周民族的身上,如果我们想要保有天命,就必须"聿修厥德,永言配命,自求多福"②。"肆王惟德用,和怿先后迷民,用怿先王受命。"③就是说今王只有施行德政,来和谐教导殷商那些执迷不悟的遗民,才能完成先王从上帝那里接受的大命啊!对于已获得天命的周王朝来说,我们只有夙夜不懈、畏人敬德、恪尽职守、无逸无怠,天命才可以长久保持。

周公不愧为一个伟大的政治家,他巧妙地转化了"天帝"的内涵,轻而易举地为周民族的夺权找到了合理的解释。在那样一个鬼神信仰浓烈的历史氛围中,完全地抛弃天命是不可能的,也是没有必要的,周公既保存了"上帝",争取人民特别是殷商遗民的情感认同,又解释了天命转移的历史现实,而更加具有现代意义的是,他把目光投向了现实世界,提升了人的理性精神,并且拓展了人格

① 《康诰》。
② 《诗经·大雅·文王》。
③ 《尚书·梓材》

修养的无限可能。

（三）"明德慎罚"的民本实践

"皇天无亲,惟德是辅。"①天既以"德"为依据,决定着天命的转移,那周王朝如何才能永葆天命呢? 周公通过对历史深入的分析,提出了"以德配天"、"敬天保民"、"明德慎罚"的重要观点。

"民之所欲,天必从之","天视自我民视,天听自我民听"。② 这就是说"天意"从"民情"中见得,民情是天意的晴雨表。这从夏商的兴亡可以见出。夏桀是一个有名的暴君,他"不务德,而武伤百姓,百姓弗堪"③,而且为了满足自己的奢欲,便大肆"做倾宫,饰瑶台,作琼室,立玉门"④,忍无可忍的奴隶们愤怒地高喊:"时日曷丧,予及汝偕亡!"夏朝在人民的反抗情绪下,终于被成汤取代了。商纣王又是一个淫暴之君,他不仅过着奢靡的生活,而且对外用兵,把国家的人力物力消耗殆尽,于是"小民方兴、相为敌仇"⑤。奴隶平民都起来反抗了,搞得民情鼎沸,殷王朝政权岌岌可危,最后终于在牧野之战,一溃千里,身死国亡。

前车可鉴,面对这样的历史教训,周公做了深刻的思考。他告诉成王:"欲至于万年,惟王子子孙孙永保民。"⑥"保民"——这是周公认为可以永葆基业的基本条件。在《尚书》中,反复讲到"永保乂民"、"用康保民"、"惠康小民"、"保殷民"、"裕民"、"恤民",由此可见周初统治者对民的重视。要做到"保民",就要求统治者能够谨慎勤政,不可荒荡安逸。周公还政于成王以后,害怕成王贪图享乐,荒废政事,所以告诫成王不可安逸享乐。周公劝告说:"君子所其无逸,先知稼墙之艰难,乃逸,则知小人之依(隐)。"(《尚书·无逸》)只有"知小人之隐",才能够深切地体察民情,才能"想群众之所想,急群众之所急",这样来制定政策就不会有所偏差了。

"保民"的另一个方面就是要"慎罚"。随着奴隶制国家的发展,王权专制的色彩逐渐加强,个人专断作风无限制膨胀,当国君的权力缺乏有效的监督机制,

---

① 《尚书·蔡仲之命》。
② 《尚书·泰誓》。
③ 《史记·夏本纪》。
④ 《竹书纪年》。
⑤ 《尚书·微子》。
⑥ 《尚书·梓材》。

而且缺乏对上帝的最基本敬畏的时候,暴君就出现了。据说商代有"刑三百",墨刑、劓刑、宫刑、刖刑、大辟(即砍头)、殉葬在商代都已出现。而更为残酷的是奴隶主可以随心所欲地以最野蛮残酷的手段来镇压人民,卜辞中的"唯王又作辟(法)",充分暴露了奴隶社会"朕即法律"的真实面目。《左传》也记载说"昔先王议事以制,不为刑辟"(昭公六年),统治者"临师制刑,不豫设法",并没有严格的刑法制度,遇事以统治者的意志而决定。炮烙之刑、醢刑、脯刑、烹刑等等都在商纣王的手中利用过,这些暴行加速了商王朝的灭亡。有鉴于此,周初的统治者提出了"慎罚"的政治主张。

所谓"慎罚",就是刑罚适中,不乱罚无罪,不乱杀无辜,在运用法律与实施刑罚时,保持克制与审慎。当年,卫康叔刚要走马上任去管理"河、淇间故商墟""殷余民"的时候,周公谆谆教诲,作《康诰》、《酒诰》、《梓材》诸篇,教导他如何管理封地。周公的话,概括起来就是"明德慎罚",他告诫康叔,不仅要向文王等先王学习,还要向殷商故老讨教。接着周公又费了大量的口舌讲述"敬明乃罚"的问题,要康叔尽量地宽恕罪人。他说,看待臣民犯罪,好像自己生了病一样,臣民就会抛弃罪恶;保护臣民,好像爱护自己的孩子一样,臣民就会康乐安定。

"慎罚"并不是"不罚"。周公告诫康叔:对于那些杀人越货、"寇攘奸宄"、"暋不畏死"而"自得罪"之人,你就要顺从人民群众的意愿去惩罚他们。而对于"不孝不友"的"元恶大憝"就要"刑兹无赦"。还有某些官员(庶子、训人、小臣、诸节),他们"不率大戛","乃别播敷造民,大誉弗念弗庸……时乃引恶",就是说他们不守国家大法,另外发布政令,告谕百姓,大肆称誉那些不考虑不执行国家法令的人,这是助长人们作恶啊,对于这些人,"汝乃其速由兹义率杀"!也会有这种情况,有些诸侯不能教育好自己的家人和官员,作威肆虐,违背王命,这些人不能用德去统治,也应当受到惩罚。① 这在"刑不上大夫"的时代,可以说是具有很大的进步意义。

"敬德保民"的政治理念,在提出之日就被很好地实行,并取得了非凡的成效。在周公的辅佐下,武、成时期,周王朝国势蒸蒸向上,东征殷顽,营建东都,分封诸侯,制礼作乐,建立起规模空前的奴隶制王朝。《竹书纪年》说:"成康之际,

_____

① 《康诰》。

天下安宁,刑措四十余年不用。"全国上下一派升平的景象!

（四）敬德保民的深远意义

"明德慎罚","敬天保民"的力量,决不是仅仅缔造一个强盛的王朝,他留给后世的启发是多向的,价值也是非常丰富的。

首先,周民族的统治者强烈地意识到"民"的重要性。人民群众以其推动历史发展的现实昭示了他们巨大的力量,使得统治者再也不能无视他们的存在与价值!虽然这时候对"民"的认识还处于质朴的阶段,"重民保民"也还是从维护阶级统治的立场出发;虽然,他还遮着"天命神学"的神秘面纱,但是他就像初升的太阳,必将冲破迷雾,放射出万丈的光芒,普照神州大地!春秋战国的历史机遇终于使这山涧的汩汩清泉,汇成了惊涛骇浪,奔向历史的前方!

其次,我们从西周文献中可以看出当时反复强调的"德"主要指的是贵族阶层特别是周王的政行。如《周书》中强调天子要"敬德"、"明德",否则天命难保。《召诰》:"肆惟天其疾敬德,王其德之用,祈天永命。"而有夏与有殷皆因"惟不敬厥德,乃早坠厥命"。周人在这个意义上应用的"德"主要涵盖王的行为。周人把周王的德视为导致政治得失的根源,在逻辑上使德与王融为一体,因此《召诰》有"其惟王位在德元"。意为居王位必须首先有德。在这方面刘泽华先生做过出色的研究。正如他所指出的:"周人把德看作君主个人品行,既含有对王的意志行为的某种规范意义,同时又认可了王对德的垄断特权。唯王可以'以德配天',使神权和王权在周天子身上得到了统一,恰恰表明,这一时期人们关于德的认识尚未能从天命的神秘权威中解脱出来。周王对德的垄断削弱了德的普遍社会规范性功能。周王可以据德用人和行政,如文王'以克俊有德';'先王既勤用明德';'弘于天,若德裕以身,不废在王命'。但这不过是周王配天之德的某种外化或政治实践,约束的对象并非普通人性和一般社会成员。"①

但是,君王终难一手遮天,随着王室的衰微,"德"终于挣脱了王权的垄断,走向平民大众,走向他更加辽远广阔的天空,从而获得了更具普遍意义生命之源。周宣王时,尹吉甫说:"天生烝民,有物有则。民之秉彝,好是懿德。"②众民

---

① 刘泽华:《中国传统政治思维》,吉林教育出版社,1991 年。

② 《诗经·大雅·烝民》。

都是天地所生,事物都有自己的法则。过去只有奴隶主贵族才有德行的修养,现在"民"也"好是懿德"了。"民"不仅有了理性,而且还在追求着美好的伦理价值观念、追求着"德"、追求着"善"。周初的"德"到了春秋时代,终于形成普遍的社会思潮,构成了广大民众特别是"士人"的精神基点。这预示着德从周王"私有"向着普遍社会政治规范的变化。并且这一思潮经由孔子、孟子等儒家圣人的手中发扬光大,熠熠生辉,为后世理想人格的修养开拓了无限可能的空间,开辟了中华民族精神的独特景象。

四、周公制礼的基本内容

礼义文化,在中国社会的政治生活中,历来就有着极其重要的地位。古人云:"夫礼,天之经也,地之义也,民之行也。"①礼,这种仪式的作用,主要是在神灵和众人面前明确当事人的身份,提醒当事人安分守己。中国古代人生重大事情都要严格按照礼仪办事。古老中国真正意义上比较完整、比较系统的礼义制度应该始于西周时期。由儒家学者整理成书的礼学"三礼"——《周礼》《义礼》《礼记》,比较详细地记录和保存了许多西周时期的礼义活动和礼义制度,全面反映了传统的"五礼",即吉、嘉、宾、军、凶等诸多门类礼义的基本内涵。据《礼记》记载:有"礼义三百,威义三千"、"经礼三百,典礼三千"。如此庞杂繁缛的礼义规定和礼义形式,虽然并非全都出自于周公一人之手,但整体来看,却比较圆满地体现了周公终身力行的"明德立政"、"以礼治国"的文化理念。

(一)冠礼

《礼记·冠义》:"凡人之所以为人者,礼义也。礼义之始,在于正容体,齐颜色,顺辞令。容体正,颜色齐,辞令顺,而后礼义备,以正君臣、亲父子、和长幼。君臣正,父子亲,长幼和,而后礼义立。故冠而后服,服备而后容体正、颜色齐、辞令顺。故曰:冠者礼之始也。是故古者圣王重冠。"

根据《义礼·士冠礼》和《礼记·冠义》等文献,完整的冠礼仪式应包括以下几部分:

---

① 《左传·昭公二十五年》。

1. 行礼前的准备工作

（1）筮日、戒宾。筮日，就是通过卜筮的办法，选择吉日作为行礼的日子。《士冠礼》说：主人和各位有司都要"玄冠朝服"，"筮于庙门"。对此，《礼记·冠义》解释说："古者冠礼，筮日，筮宾，所以敬冠事。"又说："古者重冠，重冠故行之于庙；行之于庙者，所以尊重事。尊重事而不敢擅重事；不敢擅重事，所以自卑而尊先祖也。"可见，古人对冠礼是极为重视的。如果所卜日子不吉，则需重新占筮选择吉日。戒宾，是指主人把举行冠礼的日期告诉宾，请他届时参加。

（2）筮宾、宿宾。《士冠礼》云："前期三日，筮宾，如求日之仪，乃宿宾。"所谓筮宾，就是挑选在冠礼仪式上为受冠者加冠的来宾。按照中国传统礼俗，冠礼由受冠者的父或兄主持，但真正为这个青年加冠的则是一位德高望重或者是有福气的来宾。筮宾在冠礼日的前三天举行，其仪式和筮日相同。然后，主人亲自去邀请被卜选出来的宾，这就是宿宾。宿，通速，约请、邀请的意思。

（3）为期。即冠礼前一日在祢庙确定行礼的时辰，由宰代主人说"质明行事"，也就是天亮时开始行礼。同时，"告兄弟及有司"。

2. 冠礼正礼

（1）陈服器。即准备加冠所需的各种用品，并在仪式开始前陈列出来。用品主要有三类：一是冠及衣服，有爵弁、熏裳、纯衣、缁带、皮弁、素积等；二是头饰，主要有栉、纚、笄等；三是与敬神及敬祖有关的东西，如醴或酒、勺、觯、柶、脯醢等。

（2）就位与挽髻。行礼之日，主人在祖庙阼阶（即东阶）偏北的位置设好受冠者的席位，这就是《礼记·郊特牲》所说的"嫡子冠于阼"。阼阶乃主人之阶，在阼阶上举行冠礼，就意味着他已成为可以代父行事的成年人了。只有嫡子才能享受在阼阶行冠礼的权利，若是庶子就只能在房外行冠礼。冠礼开始时，主人从所站的阼阶下出发到大门外迎宾，而受冠者则"采衣，紒，在房中，南面"。郑玄注云："采衣，未冠者所服。《玉藻》曰：童子之饰也。……紒，结发。"可见，中国的传统文化体系，是以衣服和修饰等外在特征作为标志来区分幼童和成年人的。受冠者从房中出来后，由赞冠者（帮助主宾加冠的人）用栉为他梳头、挽髻、加笄，再用纚把头发系好，以便加冠。

（3）加冠。是冠礼的中心环节，由主宾为受冠者加三次冠，受冠者须相应地改换三种服装。初加缁布冠,穿玄端、缁带、赤而微黑的蔽膝。再加皮弁,穿素积、缁带、素蔽膝。后加爵弁,穿熏裳、纯衣、缁带等。每次加冠后都有祝辞,如初加曰:"令月吉日,始加元服。弃尔幼志,顺尔成德。寿考惟祺,介尔景福。"

(4)宾礼冠者。即主宾以甜酒款待受冠者。筵席设于室门西边,受冠者坐在席西端,面朝南;宾从室门东边走上前将甜酒授给受冠者。受冠者在西边下拜,然后接受;与此同时,宾也要在东边答拜。

(5)拜见母亲。受冠者从席上下来,到席子南端面朝北坐下取些肉脯,然后自西边台阶走下,到东边的小门外拜见母亲。"母拜受,子拜送,母又拜。"

(6)命字。命字由宾主持。宾云:"礼仪既备,令月吉辰,昭告尔字。爰字孔嘉,髦士攸宜。宜之于假,永受保之,曰伯某甫。"①

3. 正礼后诸仪

(1)见兄弟、赞者及姑姊。取字后,主人将宾送出庙门,并提出宴请宾。宾许。之后,受冠者见兄弟、赞者,入内见姑、姊。

(2)拜见国君、卿大夫和乡先生等。受冠者改穿玄冠、玄端、赤而微黑的蔽膝,带着礼物去见君、卿大夫、乡先生。玄冠是当时通行的礼帽,在祭祀、上朝之类的正式场合使用。受冠者戴玄冠去见亲属及国君、卿大夫等,表明已正式"成人"。

(3)酬宾、送宾。主人用醴招待宾,又以一束帛、两张鹿皮酬谢宾,最后将宾送到大门外。另外,主人还要派人将招待宾用的牲肉送至宾家。

以上是一场完整冠礼的全部过程。当然,并不是所有的冠礼都要严格遵循此程序,甚至在《士冠礼》中便规定了诸多例外,如"冠者母不在,则使人受脯于西阶下","若孤子,则父兄戒、宿(再戒)……"等等。而且,由于社会地位、经济水平等差异,冠礼程序也可繁可简。据《大戴礼记》等书记载,诸侯的冠礼是"四加",即在三加之外又加一玄冕;天子则为"五加",是在诸侯"四加"的基础上,加衮冕。当然,普通百姓一加缁布冠也就足够了。

与男子冠礼相对应,女子的成年礼是笄礼。《礼记·丧服小记》云:"许嫁笄而字之,死则以成人之礼。"《公羊传·文公十二年》亦云:"妇人许嫁,字而笄之,

① 杨天宇:《仪礼译注·士冠礼》,上海古籍出版社,2004年。

死则以成人之丧治之。"可见,在中国传统社会中,笄礼的功能和冠礼一样,都是标志成年的。《礼记·内则》云:女子"十有五年而笄"。女子通常在 15 岁许嫁之时行笄礼,结发加笄,同时取"字"。行礼时,由主妇为笄者结发著笄,由女宾以酒醴礼之。然后,还要对此女进行妇德教育,使她能为人妻。女子到 20 岁,即使还未许嫁,也要行笄礼,表示今后要以成人相待。此礼至明代即废而不用,但民间女子婚嫁时将头发挽束成髻,用簪子固定,与婚前发式明显不同,尚有古笄礼之意。

杨宽先生曾对贵族男女在"冠礼"后拥有的权力进行了概括:"1)开始享有贵族成员参与各种政治活动和各种礼仪的权利。按礼,国君与卿大夫行'冠礼'后,才可亲理政务。2)开始享有贵族成员统治人民的特权。3)经过'结发'和加冠笄后,可以男婚女嫁,负起传宗接代的责任,但须遵守'同姓不婚'的古礼。成年妇女应服从夫权,并作夫家的成员,故其'字'应在许嫁时题取。4)取得宗法制度所规定的继承权。嫡长子与庶子所取得的继承权利不同,嫡长子在东序举行加冠仪式,即表示具备了继承'宗子'的资格。5)开始有服兵役的义务,负有保护本贵族特权的责任。6)取得了参加本族共同祭祀的权利。"简言之,"冠礼"的举行标志着贵族青年从此获得了其所处阶层的所有权力和责任。

冠(笄)之礼是我国汉民族传统的成人义礼,是汉民族重要的人文遗产,它在历史上,对于个体成员成长的激励和鼓舞作用非常之大。其实它对我们生命过程的影响力,远远超过当今流行的所谓"成人仪式"。华夏先祖对于冠礼非常重视,所谓"冠者礼之始也",《义礼》将其列为开篇第一礼,绝非偶然。

4. 冠礼的功能

清华大学历史系教授、著名学者彭林先生指出,先民为跨入成年的青年男女举行这一仪式,是要提示行冠(笄)礼者:从此将由家庭中毫无责任的"孺子"转变为正式跨入社会的成年人,只有能履践孝、悌、忠、顺的德行,才能成为合格的儿子(女儿)、合格的弟弟(妹妹)、合格的公民(对于过去,即合格的臣下)、合格的晚辈,成为各种合格的社会角色。惟其如此,才可以称得上是合格的社会成员人。① 因此,冠礼就是"以成人之礼来要求人的礼仪"。概括之,冠礼有如下功

---

① 彭林:《中国古代礼仪文明》,中华书局,2004 年。

能：

（1）冠礼的礼仪教育功能。

所谓礼仪教育，就是用一套清晰的象征方式，依靠有规律的重复，在人们心里产生暗示的教育活动。在这个活动中，它把一些共同的观念和规则，通过仪式进行合理化，并使这些观念和规则对仪式的参与者造成了教育和约束。总观冠礼，它也有这种礼仪教育的功能。

①占筮时的礼仪教育。首先占筮的地点是"庙门"，庙即称庙，筑于庙门表现的就是对祖先的尊敬和对冠礼的重视。其次，占筮是有一套规范动作的，所有这些都会让加冠者及观礼者对加冠这件事产生庄严肃穆的感觉，心中受到震动，从而在思想上受到教育，将加冠、成人与自身的责任联系起来。②站位中的礼仪教育。在冠礼过程中，不同的人在不同时间，其所站的位置是有严格规定的。通过严格的站位，使人们一方面加深对冠礼的重要意义的认识，另一方面也可以使人们受到秩序、规则等方面的教育。③服饰上的礼仪教育。在冠礼的过程中，所有参加者所穿的服饰都很有讲究。冠礼中通过对不同人、不同时间、不同场合的服饰规定，一次次重申了当时礼法中对于宗庙祭祀、等级尊卑、朝见与燕见等各方面的限制，令所有参与冠礼的人都一遍遍地体验了周代礼制的各种要求，并在潜移默化中将这种礼的要求融化在血液里，以后每当有类似的情况，便会自动认识到这些礼的规范，从而自觉地加以实行。④见君和见乡大夫、乡先生的礼仪教育。加冠后，冠者拜见君和乡大夫、乡先生也有严格的礼仪。规定见完国君，才能再执雉分别去拜见乡大夫和乡先生。顺序不能反过来。这体现了周代"天子、诸侯、卿大夫、士"的分封等级原则。

（2）冠礼的道德教育功能。

中国古代很重视通过礼乐制度从外部推动个人的道德修养，《周礼·地官·师氏》提到"教国子"的制度："以三德教国子：一曰至德，以为道本；二曰敏德，以为行本；三曰孝德，以知逆恶。"而且，古人认为德行是一个人成年的基本条件。《荀子·劝学》："德操然后能定，能定然后能应。能定能应，夫是之谓成人。"冠礼作为宣示加冠者成为成人的礼仪，道德教育理所当然是其中的重要内容。冠礼中的道德教育主要集中在祝辞和尊长对冠者的教诲中。在加冠的祝辞中，我们可以看到对冠者人格和品德的教育。通过祝辞提醒加冠者，只有遵循道德规范,不断提高道德修养,才能得到上天的保佑,获得长远的福寿。加冠后,冠者要拜见尊长,乡大夫、乡先生接见冠者时,要对冠者有所教诲。其内容从告诫加冠者要踏实务实、懂得戒惧、小心谨慎、不断向善、忠诚宽厚到教育他要注意识别良言与谗言、忠人与奸人,几乎所有事关品德的方面都有教诲,对于冠者来说是一次深刻的道德品质学习和认识过程。

同时,冠礼的宗法教育功能也很明显。

(二)婚礼

西周时期,个体家庭已是普遍的形式,家庭组织以"室"为单位,社会上普遍存在耕种百亩土地的"五口之家"。这个时期的婚姻形式以聘娶为主。《诗·齐风·南山》曰:"娶妻如之何,必告父母。……娶妻如之何,非媒不得。"说明当时的父母之命、媒妁之言是婚姻嫁娶的原则。

1. 结婚的程序

婚姻是人生的一件大事,在古代,婚姻礼节尤其受到重视,古人把举行隆重的婚礼作为向社会宣布婚姻关系的手段,其重要性,甚至重于法律的认可。而男女要确立婚姻关系,就得通过一定的程序,先秦文献中对婚礼的基本仪式就有比较清楚的记载。

(1)六礼。

所谓"六礼",即成婚的六个步骤:纳采、问名、纳吉、纳征、请期、亲迎。这六项内容构成了一套完整程序,它是中国古代历朝制定婚姻礼仪的基础,也对各个时代的民间婚姻习俗产生了重大影响。

①纳采。

"采",是采择之意,后世称为"提亲"或者"说媒"。即男方派媒人先到女家提亲,得到女家应允后再派使者送上雁做见面礼,以表示提亲的诚意。女家若考虑议婚,就收纳其礼物。《仪礼·士昏礼》开篇即曰:"婚礼下达,纳采用雁。"《礼记·昏义》孔疏亦曰:"纳采者,谓采择之礼,故婚礼云下达纳采用雁也。"

②问名。

问名是男方派遣的使者在纳采礼完成之后,并不回家,再次进入女家之门,询问与该女子有关的一些情况。既了解对方的血缘关系,避免同姓通婚,又用以占卜婚姻的吉凶。

③纳吉。

纳吉就是男方得知女子之名以及出生年月日等情况之后,在祖庙占卜祷告,预测婚姻是否吉顺,获得吉兆后,便派媒人以活雁为礼物再赴女家,通告获得吉兆的佳音,即郑玄注所谓"归卜于庙,得吉兆,复使使者往告"①。女家主人如果表示"不敢辞"②,那么双方的婚姻就有了进一步协商的可能,即"婚姻之事于是定"③。当然,如果男家在祖庙卜得凶兆,就无须再行纳吉之礼了。这其中固然有迷信因素,但也不失"尊祖敬宗"的意义,也体现了当时人们对婚姻的重视和谨慎。

④纳征。

纳征,后世也称之为"下财礼"。郑注曰:"征,成也,使使者纳币以成婚礼。"就是在纳吉礼毕,男方派使者将聘礼送往女家,相当于后世的订婚。这是进入成婚阶段的重要仪式。纳征又称为纳聘,《礼记·昏义》所谓:"纳征,纳聘财也。"因为聘礼实际上就是女子的身价钱,所以纳征也称纳币。在周代,经过纳征而娶来的女子称为妻,不经过纳聘即娶来的女子便算妾,所谓"聘则为妻,奔则为妾"④。

周礼极其重视等级,因此聘礼所用多寡,不同身份等级的人是有相当大的差别的。对于庶人,其娶妻下聘并无严格的制度,《周礼·地官·媒氏》仅一言"嫁子娶妻,入币纯帛无过五两"。但士大夫则要用玄纁束帛和俪皮,诸侯还要加以大璋,天子则加以穀圭。

⑤请期。

纳征之后,男家经过占卜,选择好完婚吉期,又派使者带着礼物,去女方家将所卜的吉期相告,以便确定下来,这个确定完婚时间的过程称为"请期"。就实际而言,娶亲的日期都是由男方决定的,所谓请期不过是男家向女家告期,但是为了表示谦逊,男家还要做出不敢自专、向女家商谈的姿态,好像婚期是出自女家,如《仪礼·士昏礼》贾疏所云:"今以男家执谦,故遣使者请女家。若云期由

---

① 《仪礼·士昏礼》郑玄注。
② 《仪礼·士昏礼》郑玄注。
③ 《仪礼·士昏礼》郑玄注。
④ 《礼记·内则》郑玄注。

女氏,故云请期。"

⑥亲迎。

亲迎,今称迎亲,指婿亲往女家迎新妇,这是六礼中最重要而又最繁琐的一项仪式。亲迎与六礼中的前五项有两点不同,其一,前五项都是在白天进行,唯有亲迎则是在黄昏进行;其二,新郎必须亲自去女家迎亲,而不是如前五项那样只派使者前去。

以上六礼程序是在完备的礼制之下的产物,可能并非完全成于周代,应当也有后世之补充,但其中基本的礼节在当时应当已经具备或部分实行。

2. 拜舅姑与庙见礼

(1)拜舅姑。

行过六礼,对于女方来说,只是完成了成妻之礼,但若想真正成为丈夫家族中的人,还必须完成成妇之礼。成妇之礼包括两个重要环节,即拜舅姑和庙见礼。《仪礼·士昏礼》:"妇沐浴,笄,宵衣以俟见。质明,赞见妇于舅姑。"也就是说,在亲迎的第二天早晨,新娘要早早起床沐浴更衣,然后到舅姑的寝室门外等候拜见。拜见时,新娘要献枣和栗子于公公,献干肉于婆婆,舅、姑各有答礼,表示对新娘的接受,这就是拜舅姑之礼。如果结婚时公婆已双双亡故,那么拜见舅姑的仪式就改为三个月后"奠祭",也就是到家庙中祭奠舅姑;而如果婚礼时公公去世,婆婆尚在,那么婚礼次日见姑的仪式照旧举行,同时在三个月后祭拜公公;反之,如果婆婆去世,公公健在,则婚礼之后按常规见舅即算完成仪式,三个月后无须专程祭祀婆婆。即如《仪礼·士昏礼》贾公彦疏所谓:"若舅没姑存,则当时见姑,三月亦庙见舅。若舅存姑没,妇人无庙可见,或更有继姑,自然如常礼。"

(2)庙见礼。

不论公婆健在与否,周代大夫以上男子的新妇都要于亲迎之后三月行"庙见"礼,也就是在女子嫁入夫家三个月后举行拜祭夫家祖庙的仪式,以向祖先报告"来妇"的信息。《礼记·曾子问》:"三月而庙见,称来妇也,择日而祭于祢,成妇之义也。"孔颖达疏曰:"大夫以上,无问舅姑在否,皆三月见祖庙后乃使成婚。"

3. 成婚时间及服饰

(1)成婚的时间。

嫁娶择日,自古已然。关于周代结婚时间的择定,我们将分两个方面来阐述,其一是迎娶的具体时辰,其二是迎娶的时令。

1)迎娶的时辰。

据《士昏礼》:"凡行事,必用昏昕。"郑玄注:"用昕,使也;用昏,婿也。""使"指使者,就是说男方派使者向女家纳采、问名、纳吉、纳征、请期五者,皆用昕时,"昕"为旭日东升之时。"婿"指女婿的亲迎,亲迎则必用昏时。古时把"婚"称作"昏",就是因为成婚是在黄昏时分。

2)迎娶的时令。

一般来说,周代完婚的时令,是选在秋末至初春进行。《诗经·卫风·氓》有云:"将子无怒,秋以为期。"《荀子·大略》亦载:"霜降逆女,冰泮杀止。"就是说从霜降也即深秋之时开始,可以迎娶新娘,到河冰融化时也即第二年初春停止。古籍中有不少记载也证实了《诗经》、《荀子》说法的正确。比如《诗经·周南·关雎》:"参差荇菜,左右芼之。窈窕淑女,钟鼓乐之。"诗中这对男女的结婚季节,正是荇菜成熟的秋天。

(2)婚姻服饰。

关于周代男女婚嫁时所穿的服饰,在《仪礼·士昏礼》中有详细的记载。

首先看男服的情况。关于新郎成婚之日亲迎之时的礼服,《士昏礼》这样记载:"爵弁,纁裳缁袘。"爵弁,是冠的一种,《士昏礼》郑玄注曰:"爵弁而纁裳,玄冕之次。大夫以上亲迎冕服。"纁裳,是一种浅绛色围裳。缁袘,是指裳的边缘为深黑色。纁裳缁袘就是说有深黑色镶边的浅绛色裳。

其次看女服的情况。新娘所穿的服饰,主要有"次、纯衣、纁袡、景"等。次,是古代妇女首饰的一种,由假发编制而成,作为假髻以装饰,使用时套在头上,以簪钗等首饰固定。纯衣,即黑色的丝衣。袡,指衣服的边缘,在纯衣的四周镶以浅绛色的边,就叫"纁袡",这是婚礼盛服,和平时所穿的服装有所不同。

此外,景,是新娘离开娘家前往夫家途中,身上另外加披的一件衣服。《士昏礼》载:"妇乘以几,姆加景。"景的作用是为了遮蔽途中风尘,避免盛装弄脏。如郑玄所注:"景之制盖如明衣,加之以为行道御尘,令衣鲜明也。"可以这么说,景就是用来遮尘的罩衣。

到达婆家的次日,在拜舅姑时新娘的服饰是"纚、笄、宵衣",纚,是一种质薄的黑缯,因古人不露发,就用纚来束发。笄,即今天所说的簪子。宵衣,即绡衣,就是用黑色生丝缯制成的衣,是主妇的日常之服。

值得注意的是,周代婚礼上的服饰有一种很特别的现象,就是按周时礼制,爵弁服本为卿大夫助祭时候穿的朝服,一般的士是没有资格穿着的,而此时属于士阶层的新郎在着装上采用的却是大夫的级别,对于这种"越级"行为,郑玄称之为"摄盛",意思是说在婚礼这种特殊的场合,可以允许稍有越位的行为,假借威势,以撑门面,这在当时是被允许的。夸大新郎身份的"摄盛"之风,在后来都一直很盛行,而后世新郎迎亲时装扮成状元或官员,应当也是其演变的一种形式。

4. 婚礼蕴涵的文化

纳采中,纳采以雁作礼物,那么,用雁来作礼物有何用意呢? 古人的看法是取其顺阴阳往来。《仪礼·士昏礼》贾公彦疏曰:"顺阴阳往来者,雁木落南翔,冰泮北徂,夫为阳、妇为阴,今用雁者,亦取妇人从夫之义,是以昏礼用焉。"谓用雁来寄寓"妇人从夫"的含义。

今人对于用雁有新的看法,比如晁福林先生认为,提亲时用雁有两方面的含义,"一是古人认为雁是候鸟,顺乎阴阳,往来有信,表明媒人是讲信用的;二是说明提亲的男子膘勇,可以信赖"[1]。李衡眉先生认为,婚礼中"执雁"习俗取义于大雁为候鸟,秋南飞而春北返,来去有时,不失信,顺应自然节律,用雁象征男女的婚姻结合也顺应自然生理。同时,雁行止有序,在迁徙飞行的时候,领头的是强壮的雁,而幼弱者追随其后,从不逾越,往来进退排列成行很有秩序。以雁也象征婚姻的渐进性、庄重性。[2] 应当说,李衡眉先生的说法是有道理的。

问名中,很重视对方的血统,不能容忍以没有血缘关系的子女冒充嫡亲,更不能以没有血缘关系父母冒充嫡父母。非婚生的子女与婚生子女不能享有平等地位。关于"问名",有一个众说不一的问题,即问名之"名"何指。《仪礼·士昏礼》贾疏云"言问名者,问女之姓氏",是指问女子的名字;但也有人认为问名问的是女子母亲的姓氏名字情况,意在明其所出,清人朱彬在《礼记训·昏义》中注即曰:"问名者,问其女之所生母之姓名。"[3]还有一种观点认为,问名应当不仅

---

① 晁福林:《先秦民俗史》,上海人民出版社,2001 年,第 144 页。
② 李衡眉:《古代婚礼执雁新解》《河南大学学报》,1990 年第 1 期。
③ 朱彬:《礼记训纂·昏义》,中华书局,1996。

仅只是问女子本身的姓名,还应包括其母亲的姓名,因为只有弄清其母亲的姓名,才能分辨该女子为嫡出还是庶出,而这些在注重等级名分的周代还是很重要的。另外,问名也应当包括问女子的年龄、容貌、健康等方面,毕竟这也是影响婚姻关系缔结的重要因素。

聘礼的意义在于向社会宣布婚姻的严肃性和长久性。周代婚姻的聘为何要以束帛和俪皮为主呢? 杜佑《通典》曾谓:"上古人食禽兽之肉,而衣其皮毛,周氏尚文去质,玄衣纁裳,犹用皮为鞸,所以制婚礼纳征,用玄纁俪皮,充当时之所服耳……"①认为这是与当时仍以农耕和狩猎为主的生产方式分不开的。但我们认为,以皮帛为聘礼,也与当时以皮帛为主要的通货手段有关,《诗经·卫风·氓》所说的"氓之蚩蚩,抱布贸丝",就说明当时经济制度仍以物物交换为主,而皮帛因其易得,往往充当了一般等价物的角色,以皮帛为聘礼,受聘之家自用亦可,用于交换其他商品亦可,利用起来比较方便。

还有一种说法,聘礼应当给一头牛合适。这种说法来源于《易经》。《易经》离卦中说:利贞,亨;畜牝牛,吉。牝牛,就是母牛,这句话的字面意思是:畜养一头母牛就会带来永恒的和顺、吉祥。远古时代,经济不发达,牛和人都是氏族的主要劳动力。将别的氏族的年轻女子娶过来为自己氏族的成员,要送给女方氏族一头母牛作为交换,这样才公平合理,达到各方的心理平衡。现代,在有些落后地区,还有"养个姑娘换头牛"的说法。这种聘礼应该是普通百姓使用的。

关于亲迎的程序,《礼记·昏义》有详细记载:"父亲醮子而命之迎,男先于女也。子承命以迎,主人筵几于庙,而拜迎于门外。婿执雁入,揖让升堂,再拜奠雁,盖亲受之于父母也。降出,御妇车,而婿授绥,御轮三周,先俟于门外。妇至,婿揖妇以入,共牢而食,合卺而醑。"也就是说,到了成婚之日,新郎受父之命亲往女家迎娶新娘,到达女家后,登堂行礼毕,新娘随新郎出,新郎为新娘驾车,以车轮转三周为度,叫做"御轮"。之后御者代婿驾车,新郎则乘上自己的车在前先行,妇车在后,婿到家后便在大门外等待妇车的到来。新娘到达后,新郎行揖礼请妇进家门,礼毕,夫妇共牲而食,合用一瓠解成的两瓢饮酒,以表示夫妇结合为一体,尊卑相同,并以此表示亲爱之情。

---

① 杜佑:《通典·卷五一一八·礼一卜八》

迎亲之后,众多的乡亲们要参加婚礼,这也是有原因的。周代时没有婚姻登记制度,男女是不是合法的夫妻,需要证人证明。这种证婚制度延续了几千年。张灯结彩也好,吹吹打打也好,宴请宾客也好,都是为了让更多的人来证明婚姻的成立。没有证婚人的婚姻不是合法婚姻,证婚人越多,婚姻就越牢固。

关于拜舅姑的说法。因为旧时科学不发达,只知道"同姓相婚,其生不蕃",禁止同性结婚,却提倡姑表亲结婚。新娘第一次见到男方的尊亲属也要改变称呼,过去叫舅舅变成了公公、过去的姑姑变成了婆婆。

关于行庙见礼,《礼记·曾子问》记载曾子就庙见礼求教于孔子的话:"女未庙见而死,则如之何?"孔子回答:"不迁于祖,不祔于皇姑,婿不杖,不菲,不次,归葬于女氏之党,示未成妇也。"①由此看来,新妇若未及庙见即夭亡,其只能归葬"女氏之党",而没有资格作为男家成员葬入家族墓地,甚至其丈夫不必为其办正式的丧葬仪式。可见"庙见"这一仪式对女子的身份和地位的确立具有决定性的意义。

(三)丧礼

丧葬是整个社会文化基因之一,人类学和考古学资料表明,丧葬礼义决不是人类一诞生就具有的,而是到了一定阶段才出现的。早期人类死后,并不埋葬。而是就地抛弃尸体,置之不顾。

随着社会的发展,人类从"其亲死则举而委之于壑",逐步过渡到有意识地安葬死者。文藻先生认为:

殆后农业渐兴,家庭制立,亲子感情,日渐亲密,生有敬爱之心,死有葬埋之礼。稽诸古史,尧时已知行考妣之丧,舜时有瓦罐之制,迄于成周,丧礼始备。②

由此可见,到了周朝,丧礼的发展达到了较为完备的阶段,有"丧葬之礼节,皆整顿于周"③的说法。张亮采先生根据《仪礼》、《礼记》等文献记载,勾画出了当时丧礼的概貌,现择录如下,以见其大概④:

---

① 祖,这里指女子夫家的宗庙;祔,指新死者与已故先人一并受到祭祀;杖,是服丧期内用的棒;菲,指服丧期间穿的草鞋;次,指办理丧事时供吊唁者用的休息处。
② 文藻:《历代的丧礼》,陈其泰:《二十世纪中国礼学研究论集》,学苑出版社,1998年,第331页。
③ 张亮采:《中国风俗史》,上海三联书店,1988年,第45页。
④ 张亮采:《中国风俗史》,上海三联书店,1988年,第45页。

　　丧葬之礼节,皆整顿于周。由贵贱亲疏,而有种种差别。其用情之厚,世界所未见也。周公立志,节目详备,哭泣僻踊皆有法。人死则必先复。复者,招魂之礼也。又有沐浴饭含小敛大敛之礼。凡居父母君师之丧,上自天子,下至庶人,无贵贱上下之别,皆以三年为定例。父母之丧为制丧,君之丧曰方丧,师之丧曰心丧。今由亲疏论其差异。父母之丧,着斩衰之服二十五月,谓之三年之丧。其次祖父母伯叔父母兄弟之丧,着齐衰之服十三月,为之期丧。又次为从父昆弟之丧,着大功之服九月。又次为再从父昆弟外祖父母之丧,着小功之服五月。又次为三从父昆弟之丧,着缌丧之服三月。王崩,群臣诸侯皆居丧三年,嗣王不亲政,为之谅。百官皆听于冢宰。诸侯亦如之,葬式之差别,天子七日而殡,七月而葬,诸侯五日殡,五月葬。大夫士三日殡,三月或逾月葬。而天子葬同轨毕至,诸侯葬同盟至,大夫士葬同位至,庶人葬族党相会。棺梓衣衾,自天子至于庶人,务尽其美。棺厚五寸椁称之。而其作法,天子四重,诸侯三重,皆用松。大夫二重用柏,庶人一重用杂木。葬之时有挽歌,见于《檀弓》《春秋》《庄子》《列子》等书。

　　可见,在周代的礼仪系统当中,丧礼所处的位置是非常重要的。很早就形成了一套严格的丧礼制度。周代的丧礼制度经战国学者的整理,有较详细的资料保存在儒家经典之中。

　　静心研读这些著作,发现周代丧礼所反映的主要思想如下。

　　1. 孝道思想明显

　　"孝,礼之始也。"[①]上自天子,下至庶民,莫不如此。儒家第一经典《论语》中多处论述了"孝"对于修养人格、治理国家的重要意义,所谓"慎终追远,民德归厚","君子务本,本立而道生","孝者,德之本欤"。这一整套思想被历代国家所继承,构成了独具中国特色的功利主义的"孝道丧葬文化"。倡导孝道,以孝道敦厚人心,强化代际联系,进而促进社会治理,这就是中国传统的丧礼文化的核心。而孝道理论的始发轫者,应该是周公。

　　《仪礼丧服第十一》释曰:《丧服》所陈,其理深大,今之所释,且以七章明之。

_____

　　① 《左传·文公三年》。

第一,明黄帝之时朴略尚质,行心丧之礼终身不变。第二,明唐虞之日,淳朴渐亏,虽行心丧,更以三年为限。第三,明三王以降,浇伪渐起,故制《丧服》以表哀情……守丧,需要"三年",制丧服"以表哀情",关于守丧三年的阐释,《礼记·三年问》云:"将由夫愚邪淫之人与? 则彼朝死而夕忘之,然而从之,则是曾鸟兽之不若也,夫焉能相与群居而不乱乎? 将由夫修饰之君子与? 则三年之丧,二十五月而毕,若驷之过隙,然而遂之,则是无穷也。"孔子云:"子生三年,然后免(娩)于父母之怀。"是以子为之三年,报之三年。《问》又云:"三年之丧,人道之至大者也"。这些表现的核心均为孝道。表现孝道的记录还可以从《诗经》中找到依据。《小雅·蓼莪》就是其中的一篇。诗云:"蓼蓼者莪,匪莪伊蒿。哀哀父母,生我劬劳。蓼蓼者莪,匪莪伊蔚。哀哀父母,生我劳瘁……"表现的是儿子哭悼父母的事情。父母含辛茹苦地养育了他,而他却不能为父母养老送终,对此,他痛惜万分,诗中他哭诉了自己不能报父母恩德于万一的哀痛,抒发了自己对父母的深厚感情。方玉润评此诗为"孝子痛不得终养也","千古孝思绝作",并分析说:"中间二章,一写无亲之苦,一写育子之艰,备极沉痛,几于一字一泪,可抵一部《孝经》读。"①

《礼记·王制篇》规定,"父母之丧,三年不从政"。这是说,父母去世后,可以三年免服兵役和徭役,以便让其在家静心完成丧葬之礼,尽其孝心。

《礼记·问丧》曰:"夫悲哀在中,故形变于外也;痛疾在心,故口不甘味、身不安美也。"叙述孝子在亡者跟前要悲哀到"形变于外、痛疾在心"的程度,达到"口不甘味、身不安美"的效果。又曰:"成圹而归,不敢入处室,居于倚庐,哀亲之在外也;寝苦枕块,哀亲之在土也。故哭泣无时,服勤三年,思慕之心,孝子之志也,人情之实也。"这种行为是孝子思念父母的心愿,是感情的真实流露。因为哀痛父母还在外面,所以孝子不愿住在寝处,而住在倚庐里;因为哀痛父母躺在地下,所以孝子枕着土块睡在草苫上。并且经常哭泣,服丧三年。这些都是孝道的具体表现。

但真情实感的流露又有"节"和"度"的规定,"节"和"度"的规定就是礼,故《礼记》云"丧礼……节哀顺变也","品节斯,斯之谓礼"。表现于丧礼中的哀伤

---

① 方玉润:《诗经原始》,中华书局,1986年,第P417~418页。

情感的自然流露,尤其要不以毁伤自己身体为前提,否则就违背了父母生己之本意,是不孝的行为。丧礼中一系列礼仪规范都应该是根据人的道德情感作出的普遍性的规定。每个人天生具有孝悌道德本性,但有差异。不孝的人早晨死了父母,晚上就忘了,而孝子则有无限的哀痛,因此必须"立中制节"。丧服制度的制定就是遵循这样的原则,《礼记》在回答斩衰三年丧期的制定根据时说:"称情而立文,因以饰群,则亲疏贵贱之节,而弗可损益也。"关系密切,则亲情自然更加浓厚,这种情感是真诚发自内心的。服丧三年,就是根据内心哀伤的程度制定的礼仪,表示悲哀到了极致。

2. 丧礼的核心是对死亡的尊重

生命是偶然的现象,而死亡作为一种永恒而存在着。每个人的生命只有一次,都有其内在的独立的生命价值,对死亡的悼念,其实是对生命价值的肯定与尊重。悼亡主题与丧悼文化,在中国礼乐文化中占有不可替代的重要地位。人类学家认为,丧礼,同生育礼、男女成年礼(冠礼、笄礼)、婚礼一样,都是全世界重要的生命关节礼①。丧礼的核心是对死亡的尊重,重视死者就是尊重生命,这是人类文明的重要标志。

周公"承认了天命下的人的道德作用,实际上是承认了人是有条件地掌握自己的命运,这在认识论上是一个巨大的进步"②。这样的思想,影响了后人。

首先表现的是对死者的尊重。《周礼·仪礼·士虞礼》"死三日而殡",《礼记》曰"三日而殓……故曰:辟踊哭泣,哀以送之,送形而往,迎精而反也"。周礼中讲,之所以三天以后再入殓,是为了等待死者复活。三天还不复活也就不会再复活了,孝子的信心也就丧失了。因此圣人决定把三日后入殓作为礼制。并且在这三天里,孝子要捶胸顿足,痛哭流涕,用悲哀的心情送走死者。把身体送走,把魂魄迎回来。

亲人挚友的死亡,从否定的方面激发了生者对于生命价值的尊重,从而更加珍惜有限人生中的各种美好的事物,生命价值由此更倾向于情感和伦理价值的实现。《吕氏春秋·精通》形容道:"父母之于子也,子之于父母也,一体而两分,

---

① ［美］马文·哈里斯:《文化人类学》,东方出版社,1988 年,第 321 页。
② 傅道彬:《春秋·城邦社会与城邦气象》《北方论丛》,2001,(3),第 11 页。

同气而异息,若草莽之有华实也,若树木之有根心也。虽异处而相通,隐志相及,忧思相感,生则相欢,死则相哀,此之谓骨肉之亲。"其实不止父母与子女之间,兄弟姐妹夫妻乃至良朋挚友,对悼亡主体而言,都体现出一种生乐死哀、忧思相感的深厚情怀。费尔巴哈说过:"我们越是感到死是一种否定,人们就越是深深地哀悼死人之不再能够享受生命之光,我们就越是看到死人的功绩和德行发出更耀眼的光辉。"①对此,古今人、东西方可谓人同此心,心同此理。罗洛·梅也曾精辟地分析说:"爱总是提醒我们不要忘记自己终有一死,当一位朋友或一个家庭成员死后,我们总是深深地感到生命的短暂和不可挽回。……有些人(也许是大多数人)直到通过某人的死,体验到友谊、奉献和忠诚的可贵后,才懂得什么是深挚的爱。……不免一死的爱,不仅丰富了爱,而且建构了爱。"②其次,表现的是对生者的尊重。丧礼中,孝子手拄丧杖,其目的就是给孝子疲惫的身体假以支撑。

在孝行天下的周代,也考虑到了的确因故无法回家奔丧的情况:

闻丧不得奔丧,哭尽哀;问故,又哭尽哀。乃为位,括发袒,成踊;袭,绖绞带,即位;拜宾,反位成踊。宾出,主人拜送于门外,反位。若有宾后至者,拜之成踊,送宾如初,于又哭,括发袒,成踊,于三哭,犹括发袒,成踊,三日成服。于五哭,拜宾、送宾如初。

上面的论述透出了这样的内容,一是的确无法回家奔丧,是允许的,只要设老人灵位遥哭、祭拜即可;二是三天之后就不用披麻戴孝,可以换平时的装束了;三是在灵位前哭五天就行了。用现在的话说,这些制度充分考虑了行孝之人的工作性质,体现了以人为本的理念。

"然则秃者不免,伛者不袒,跛者不踊,非下悲也,身有锢疾,不可以备礼也。故曰:丧礼唯哀为主矣。"强调秃头不脱帽,驼背不赤膊,拐子不顿足。不是说他们可以不悲哀,是因为他们本身有无法治愈的残疾,不能完全实行这种礼仪。提出了丧礼的主旨是以悲哀为主,不可无人性地硬套规矩。"日行百里,不以夜行。唯父母之丧,见星而行,见星而舍。"规定听到丧讯,回家奔丧的情形,对一

---

① 费尔巴哈:《费尔巴哈哲学著作选集(上卷)》,三联书店,1959 年,第 287 页。
② 罗洛·梅:《爱与意志》,国际文化出版公司,1987 年,第 104~105 页。

般的亲戚,可以不行夜路;对待父母的丧事,可以多赶点路,早上披星而走,晚上星星出来了才可以住店。也就是说,可以披星戴月,但不要日夜兼程。

同时,周朝以"礼"规范殡葬制度,然而荒年时无法执行厚礼,便减省改良称为"杀礼"。"礼"是规范生者的行为,鬼神观念在国家政治中已退居次要地位,所以不再提倡厚葬,《周礼·大司徒》中有十二项荒年之政,其中第八项是"杀哀",就是简化丧礼的仪节。

3. 体现宗法制度

通过丧礼,使人明白自己所属的宗法关系,以及个人在其中的权利和义务。丧葬活动基本上是在宗族范围内进行的,丧礼的规定也因人们之间血缘关系的远近而各有不同。比如,《仪礼·丧服》所规定的丧服,由重至轻,有斩衰(cui)、齐(zi)衰、大功、小功、缌麻五个等级,称为五服。这是人们在吊唁、守孝活动中根据自己与死者亲疏关系的不同而分别穿用的五种服饰。根据《丧服》,"斩衰"是用最粗的麻布制成,儿子、未嫁女为父,诸侯为天子,父为嫡长子,妻为夫都要服斩衰。这里面包含了几层关系,父亲是父权宗法的基础,母亲被排除在外。还有,无论是子、女为父,还是诸侯为天子,妻为夫都是以卑事尊,唯有父为嫡长子是以尊事卑,这如何理解呢? 因为在周代嫡长子是整个家族正统所系,同被称为庶子的其他儿子相比具有特殊的地位。父为嫡长子,容易想到父亲也一定为嫡长子,是上继父、祖、曾祖、高祖的正嫡,他的长子将来要继承正嫡的地位,是先祖正体的延续,也就是中国人意识中最为深层次的东西。一旦这种价值体系当中的某一个环节缺失,就是中国人延伸了的生命链条的断裂,作为宗法的基础会产生动摇,所以作为嫡长子的父亲会为作为嫡长子的儿子服最重的斩衰之丧服。[1]

另外,同家族中有人去世,同家族、姻亲若知道而又不去悼丧,会被认为是极大的无礼,要受到族内的指责,丧家一般会因此与之绝交,说明了血缘关系的重要。这样,人们既是在显示(或提醒)他们之间的血缘亲疏关系,同时也是在促进宗族内部的团结(所谓收族)。这一关系模式推及师生、朋友、同僚、上下级等等方面,被赋予越来越多的社会内容。

1) 父系、母系有别。一个男子的亲属包括父亲方面的父党,母亲方面的母

---

① 冯盛国:《周代礼仪与等级社会》《陕西师范大学学报》,2007 年。

党和妻子方面的妻党。父党为宗族、宗亲,母党为外亲,妻党为内亲。在父权社会中,只重宗族、宗亲,不重外亲、内亲,血统更是只论父系,如清代学者崔适所说,"由父之父递推之,百世皆吾祖也。由母之母而递推之,三世之外有不知谁何者矣"。体现在丧服制度中,就是对父系亲属的服丧范围十分宽泛,直系亲属上自高祖父母下至玄孙,旁系包括高祖父所传全体宗族成员,无不有服。母系却只对外祖父母、舅父、姨母及姨表、舅表兄弟有服,而且服制比父系对等的亲属轻得多,如为祖父、伯叔父都是齐衰不杖期,而为外祖父仅是小功,对舅父仅是缌麻。

2)亲疏有别。丧服制度偏重父系,五服的轻重也主要体现父系宗亲之间亲疏不等的血缘关系。血缘愈亲的服制愈重,血缘愈疏的服制愈轻。

3)男女有别。丧服制度中男女的不平等是十分明显的。如夫妻之间,妻为夫服最重之丧斩衰三年,夫为妻则只服齐衰杖期。同样,妻为夫之父母所服之丧要大大重于夫为妻之父母。又如父母都是生身之亲,但《丧服》规定为父斩衰三年,为母是齐衰三年,如果父亲还在世,只能服齐衰杖期。另外,对本族中已经出嫁的女性成员,服制都较其兄弟为轻。

4)嫡庶有别。古代允许多妻,但正妻只能有一个,余者为妾。妻、妾的地位尊卑不同,有严格的区别。《丧服》规定妾为妻服齐衰不杖期,妻为妾则无服。妾之子以父之正妻为嫡母,要服三年重丧,而正妻所生的嫡子则不用为被称作庶母的父之妾服丧(后世改为服齐衰不杖期)。作为祖先继体的长子、嫡孙具有特殊的地位,这在丧服制度中也有反映,父为长子、祖父为嫡孙所服之丧都较被称作庶子、庶孙的其他子孙要重。为宗子、宗妇服丧要重于同等之亲,是为了表示对先祖正嫡的特殊尊重,这也是嫡庶之别的一种体现。

父系、母系有别,亲疏有别,男女有别,嫡庶有别,凡此完全符合宗法制度的原则。丧服制度既是宗法制度的表现形式,又反过来使宗法制度更加严密,二者之间有着不可分割的关系。战国秦汉以后,西周时的宗族组织渐次被破坏,宗子之法不行,但无论是封建社会前期的强宗大族门阀制度,还是封建社会后期以祠堂族权为特征的家族制度,都仍然带有浓厚的宗法色彩。被儒家经典规范化、理想化的西周丧服制度,在新的历史条件下,仍得以长期维持,只在小范围内有细节上的变动,其影响在一些农村至今尚未完全消失。

4.显示等级

《礼记·曲礼下》记载:"天子死曰崩,诸侯曰薨,大夫曰卒,士曰不禄,庶人曰死。"这种称谓上的差异说明了丧礼的等级性特征。

《礼记·王制》云:"天子七日而殡,七月而葬。诸侯五日而殡,五月而葬。大夫士庶人,三日而殡,三月而葬,三年之丧。自天子达。庶人县封,葬不为雨止。不封不树,丧不贰事。自天子达于庶人,丧从死者。祭从生者,支子不祭。"可见丧礼仪式的举行与死者生前身份关系密切,只是从殡礼和葬礼施行时间的长短就可以看出差别来。

在丧礼中有一个环节叫做饭含,即把珠、玉、米、贝等物放在死者口中。《白虎通·崩薨》:"所以有饭含何? 缘生食,今死,不欲虚其口,故含。用珠宝物何也? 有益死者形体,故天子饭以玉,诸侯饭以珠,大夫以米,士以贝也。"把粮食放在口中叫饭,把珠玉器物放在口中叫含。《礼记·杂记》中也有"天子饭九贝,诸候七,大夫五,士三"。虞祭也是重要的礼节,虞的意思是安,死者形体已经入葬,但其鬼魂无所凭依,一时彷徨不已,故要设祭安之。贾公彦在《仪礼·既夕礼》的疏中解释虞祭祀的意义时说:"主人孝子,葬之时,送形而往,迎魂而返,恐魂神不安,故设三虞以安之。"[1]士设三虞,大夫五虞,诸侯七虞。初虞在葬后的第一个柔日(天干逢乙、丁、己、辛、癸为柔日)的中午举行,逢柔日再虞。三虞则在刚日(甲、丙、戊、庚、壬为刚日)。这些礼仪过程我们可以清楚地看到,祭祀繁复的程度与被祭人的身份呈正向关系。虞后又有卒哭之祭,意为止哭之意,丧主在祭后即"止无时之哭"。《礼记·杂记下》:"士三月而葬,是月也卒哭。大夫三月而葬,五月而卒哭。诸侯五月而葬,七月而卒哭。"周代的三虞卒哭之礼后来被做七所代替。

丧礼显示死者的社会等级。所谓"生享富贵,死极哀荣",这是中国人传统的也是最高的生死追求;同时也在显示死者的家族亲属的社会等级。丧礼中的等级,政治上的,如什么地位者死后用什么称呼(如天子死曰崩,诸侯死曰薨),用什么礼仪出殡,墓制等规定;精神上的,如国家向有优良德行或特殊贡献者赐以谥号,以此表彰死者并激励生者。再有坟墓埋葬制度上的,如坟高、墓区的大

① (清)阮元:《十三经注疏》,上海古籍出版社,1997,1153。

小等。总而言之,中国死亡文化中的等级制度,全面地体现于关于死亡称谓等观念形态、丧事、祭祀等操作形态和墓葬等实物形态之中。

由于丧事是综合显示生者社会地位的一种方式,而中国社会的环境又允许、放任这类消费,因而,历代都有隆丧厚葬之习俗,久之遂演成传统。这种传统,给等级制度提供了更加适宜膨胀的土壤。儒家"重生",重生则重教化;"送死"也是为了重生,因而对丧礼历来极为重视,丧礼繁多,为同时代世界各国所不及。但它和隆丧厚葬没有必然联系。中国古代的丧礼是包含着最复杂的社会含义并最具条理化的一整套系统规则,现存最早的见于西周三礼,后世各朝虽各有损益,民间亦有变通,但基本精神未曾改变。

(四)射礼

从传世文献来看,西周时期有四种射礼。一是大射礼,是天子在重大祭祀之前,为了挑选助祭者而举行的射礼,大射礼的礼法,见于《仪礼》的《大射仪》;二是乡射礼,是每年春秋各州为教民礼让、敦化成俗而举行的射礼,参加者有卿、大夫、士等,乡饮酒礼的礼法,见于《仪礼乡射礼》;三是燕射,是国君与大臣在燕饮之后举行的射礼,旨在明君臣之义,燕射的礼法文献失载;四是宾射,此说仅见于《周礼》,据载,是与故旧朋友的射礼。《礼记》有《射义》一篇,综论射礼的礼义。

1. 射礼的性质

周朝提倡的射礼,实际上是逐步诱导射手学习礼乐、使心志与形体都合于"德"的教化过程。

据《周礼·地官·乡大夫》记载,行乡射礼时,乡大夫要向围观的众庶征询对射手表现的评价。评价的项目有五条:"一曰和,二曰容,三曰主皮,四曰和容,五曰兴舞。"其中的第一项是"和",第二项是"容",第四项是"和容",三者有重复之处,彼此关系究竟如何,历来不得其解。清人凌廷堪在总结前人成说的基础上,认为,这是指乡射礼的三番射。第一番射,不计成绩,只要求容体合于礼,所以说是"容"。第二番射,属于正式的比射,射中箭靶才能计算成绩,所以说是"主皮"。第三番射,射手不仅要容体合于礼,而且要按照乐节发射,所以说是"和容";由于射姿与乐节相配合,所以又说是"兴舞"。[①] 由此可见,在乡射礼的

---

① 《礼经释例》卷七,《周官乡射五物考》。

评价体系中,所注重的是"和"与"容"。汉儒马融将"和"解释为"志体和",就是心志与体态相和,很是有理。"和容"是射礼所要求的最高境界,是射手深层修养的外现。

孔子曰:"射不主皮,为力不同科,古之道也。"[1]孔子认为,能否射中"皮",主要取决于射手的体能,不值得看重;所当注重的,应该是射手的德行和修养。因此,儒家的射礼与军队的射击训练有着本质的区别,它是一种"饰之以礼乐"[2]的、寓教于射的活动。

儒家认为,要想射中目标,必须"内志正,外体直","持弓矢审固"。这是因为儒家礼乐思想的主旨,正是强调用乐来引导心志的中正,用礼来规范形体的正直。因而,儒家巧妙地抓住了射与礼乐的结合点,在保留比射形式的同时,重塑了射礼的灵魂。由射礼的礼法可知,射手一招一式都必须体现礼乐之道,"进退周还必中礼"。四肢发达、勇力无比而不知礼义者,在射礼中将会手足无措。

2. 射礼的内涵

儒家将往昔的田猎之射,提升为富有哲理的普遍之道,其内涵十分丰富,其中之一,就是把射礼作为正心修身、反躬自省的一种方式。

《射义》说:"射之为言者绎也,或曰舍也。绎者,各绎己之志也。故心平体正,持弓矢审固;持弓矢审固,则射中矣。故曰:为人父者,以为父鹄;为人子者,以为子鹄;为人君者,以为君鹄;为人臣者,以为臣鹄。故射者各射己之鹄。"意思是说,所谓射,是寻绎的意思。射者身份各不相同,都应该在射礼的过程中寻绎自己的志向。只有心气平和,体态正直,紧握弓箭,瞄准目标,才可能射中。所以,做父亲的射箭时,要把箭靶当做为父的标准来射;做儿子的要把箭靶当做子的标准来射;做人君的要把箭靶当做为人君的标准来射;做人臣的要把箭靶当做为臣子的标准来射。都要把箭靶作为自己的道德标准来射。所以,虽然是同一个箭靶,但各人所要射的"鹄",也就是所要达到的具体道德目标却是不同的。射鹄的过程,就是反复内省、存养、进取的过程。因此,孔子说:"发而不失正鹄者,其唯贤者乎!"[3]

---

[1] 《论语·八佾》。
[2] 《礼仪正义》卷第六二《射义》第四十六,阮校《十三经注疏》(下),中华书局,1980 年。
[3] 《礼仪正义》卷第六二《射义》第四十六,阮校《十三经注疏》(下),中华书局,1980 年。

儒家提倡修身、齐家、治国、平天下,其中,修身是第一位的。人生不会一帆风顺,如何对待失败,培养起百折不回的毅力,从失败走向成功等等,都可以从射礼中得到体悟。《射义》说:"射求正诸己,己正然后发,发而不中,则不怨胜己者,反求诸己而已矣。"①射箭的成败,关键在于能否调整好自己的体态和心志。发而不中,根本原因在于自身,因此,不要怨天尤人,尤其不要埋怨射中者,而是要"反而求诸己",反躬自问。

中国古代的射礼传入朝鲜半岛后,对当地的儒家化产生了重要影响。这种影响,至今仍能强烈地感觉到。韩国人把射箭称为"弓道",认为它不是一种简单的体育运动,它含有深刻哲理,在健身的同时,可以涵养心性和道德。目前,韩国弓道协会有二十多万会员。在首尔参观弓道俱乐部时,看见墙上贴的"练功八发"中,就有"发而不中,反求诸己"等《射义》中的文句,可见射礼的发扬和光大。

人在社会中生存,就必然会与他人之间出现竞争,甚至发生利益冲突,如果没有健康的竞争心态,就很容易引发争斗、影响社会安定。如何处理这类问题,关系到国家长治久安。

孔子认为,只要人们都注重提升精神境界,自然就会淡泊名利,就会平心静气地对待竞争。他说:"君子无所争,必也射乎!揖让而升,下而饮,其争也君子。"②意思是说,君子以修身进德为本,所以不妄与别人争高低,如果一定要说有的话,那就是比射了。比射是要分胜负的,输了要当众饮罚酒,这是很不体面的事,所以君子在比赛中要力争胜利,但在争胜时,却是揖让而升,下来后一起饮酒,是所谓君子之争。

所谓"揖让而升",包括两个方面:

一是指与合耦的射手上堂比射时的一连串礼节。例如,第一番射开始时,上耦的两位射手拱手谦让后,从庭西并排往东走,上射在左侧,下射在右侧;走到正对着西阶的地方,两人拱手谦让,然后北行;到西阶下,彼此再次拱手谦让。于是上射先登阶,走到第三级台阶上时,下射才走上第一级台阶,两人之间要空一级

---

① 《孟子·公孙丑上》有类似的说法。
② 《论语·八佾》。

台阶。上射走到堂上后,要略向左侧站立,以便为下射让出登堂的地方,并在此等待;下射登堂后,上射面朝东向他拱手行礼,然后并排向东走去。当两人都走到正对着射位符号的地方时,面朝北行拱手礼,然后北行;走到射位符号前时,再次面朝北行拱手礼。司射在合耦时,充分考虑到了他们的水平,每一耦的上射与下射,水平都比较接近,竞争必然比较激烈,二者之间必有胜负。但是,竞争者有较高的修养,所以,在每一个仪节都彼此敬让。每一番射都是如此。

二是指耦与耦相遇时的礼节。比赛的胜负,是以三耦的上射为一组、下射为另一组来计算的,因此,除了自己的一耦中有自己的对手外,其他两耦中也有自己的对手。在射礼中,耦与耦相遇,也有详密的礼仪,以示尊敬。例如上耦射毕,并排下堂,上射在左侧。此时,中耦已开始上堂,在西阶前与耦交错,对方都在各自的左侧,时彼此拱手致意。又如,饮罚酒时,负方射手下堂时,在西阶之前与接着上堂饮酒的下一耦射手交错而过,对方都在各自的左侧,此时彼此拱手行礼。可见,尽管射礼是一种计算胜负的礼仪,竞争激烈,但颇有些"友谊第一"的意思。

清代任熊绘《投壶图》。投壶即把箭杆投到壶中去,也是古代宴会上的一种具有礼制意味的娱乐活动,由射礼发展而来,春秋时已在上层社会流行。

内涵之二就是天子选拔人才。《射义》说,天子在举行重大祭祀之前,"必先习射于泽。泽者,所以择士也"。"泽"是天子的射宫名,之所以取名为泽,是因为这里是择助祭的诸侯的地方。《射义》还说,古代圣明之时,诸侯每年都要向天子述职,天子则要借此机会在射宫"试射",以测验诸侯的射艺。只有容体合于礼,动作合于乐,而且屡屡射中者,才准许他们参与祭典。不仅如此,凡被选中者,得"进爵纳地",参与祭典越多,就越会受到奖赏,甚至要增加其领地,把更多的人民、土地交给他来领导。反之,射礼中的表现不佳,一定是德行不佳,德行不佳者,怎能有资格参与国家的祭典? 作为责罚,对他们要"让",就是责让、训斥,并且要"削以地",收回部分统治权。

《射义》说:"射者,所以观盛德也。是故古者天子以射选诸侯、卿、大夫、士。"可见,不仅天子用射礼选诸侯,而且用射礼选卿、大夫、士。射礼中的表现,是被作为治政资质的重要内容来对待的。

内涵之三就是人的德行高尚。《礼记·射义》记载的一件事,有相当的代表性。孔子与弟子在矍相之地的园圃中举行射礼,围观者层层密密如同墙一样。乡饮酒礼结束,立司马,孔子派子路手执弓矢,延请围观者入内参加即将开始的射礼,说:"除了败军之将,对国家灭亡负有责任的大夫,以及为了贪财而成为别人后嗣的人不得入场,其余的人都可以入内。"于是,大约有一半的人惭愧地自动离去,另外一半人留下了。比赛结束,即将举行旅酬的仪式,孔子又让公罔裘和序点两人,举着酒觯对大家说话。公罔裘举起酒觯说:"从少年到壮年都有孝悌之行,到了六七十岁依然好礼,不从流俗,修身以尽天年,有这样的人吗? 请到宾位就座。"于是又走了一半人,留下了一半人。接着,序点举起酒觯说:"好学不倦,好礼不变,到了八九十岁甚至一百岁依然言行合于道,有这样的人吗? 请到宾位就座。"于是,刚才留下的人几乎走光了。可见,孔子赋予了射礼太多的内涵,只有有德行者,才配参加射礼;那些在国难当头贪生怕死,或者为了贪图财产而舍弃家庭的人,没有资格与乡人序齿,参与射礼。射礼中的宾,更是作为道德形象要求人们取法的,只有德行超群者,才有资格担任。这对于提倡正气,形成公众舆论,警世导民,具有重要意义。

抗日战争期间,北平沦陷,当时的辅仁大学校长、著名史学家陈垣先生在一次集会中,引用并发挥了孔子在矍相之圃的典故含义,他说:"古代的运动会,有三种人不能参加:'贲军之将,亡国之大夫,与为人后者不入。'"陈垣先生把不能保卫国家、不能抵御敌人入侵的将军,国亡后在敌伪政权任职的官员,以及为了个人目的而认贼作父的人,都排斥在人民生活之外①,大大激励了全校师生抗日的意气。于此,也正可以看到射礼所蕴涵的另一层深意。

（五）聘礼

在古代,天子与诸侯、诸侯与诸侯之间,一般要在盟会等场合才有机会见面。如果长期没有盟会,为了联络感情,要派卿大夫相互聘问,此即聘礼。聘礼是贵族之间的高级会见礼。天子与诸侯相聘问的礼节文献缺失。诸侯之间的聘礼,有大聘、小聘之分,两者的仪节基本相同,只是使者的身份、礼物的多少等有所不同。《仪礼·聘礼》记载了大聘的仪节,《礼记·聘义》则阐述了聘礼的礼义。

1. 聘礼梗概

组团告庙出发出聘的国家和使者,由国君和诸卿商定,并选择一位卿担任正使,称为宾;一位大夫担任副使,称为上介;随行的其他正式成员由士担任,称为众介,由司马任命。

出行前一天,有国君在场,逐一核验礼品,确认齐备无误后装车,礼单交给使者。出行之日,使者要先在自家的祢庙进行告庙仪式,把行将出聘的事向庙主报告。出行之初,使者及随行者要以物祭祀道路神。卿大夫在土堆旁用酒和干肉致祭,接着饮酒,为使者饯行。

洛阳西汉古墓壁画"车马出行图"原发掘于洛阳老城西北,为西汉中期遗物。

入境郊劳设馆致飨到达聘问国国境前,使团要演习聘问的仪式。先堆土为坛,再画上台阶,模拟宫殿的殿堂;北面设置帷围,象征国君所在的方位;演习是郑重的表示。入境时,所有人员起誓,决不违反聘问国的礼法。接着,谒见关人,说明来意。经国君同意后,使团入境。

使者到达近郊后,国君派卿带着束帛前往慰劳,代国君致慰问之辞。使者用

---

① 陈垣:《励耘书屋问学记》,三联书店,2006 年。

皮和束锦酬谢卿。接着，国君夫人派下大夫带着枣和栗前往慰劳，使者用皮和束锦酬谢下大夫。

使者来到聘往国的外朝，大夫为使团安排馆舍，上卿在此致国君之命，请使者在此下榻，使者再拜叩首致谢。宰夫在堂上陈设馈赠给使者的食品，门外有米、干草等物，对副使和随行人员也分别馈赠食品。正式的食礼，应该包括腥（宰杀后尚未煮的牲）、饪（宰杀后煮熟的牲）、饩（未经宰杀的活牲）三类，而此时提供给使团的食品只有腥和饪，属于非正式的礼仪，称为飧。

聘享。聘享是聘礼中最核心的部分，分为聘国君、享国君、聘国君夫人、享国君夫人等四个仪节。聘享之日，国君派下大夫到宾馆迎接使者。使者将币帛等礼品在庙门外展陈。国君任命卿为上摈，大夫为承摈，士为绍摈，自己在大门内迎请使者。国君与使者上堂。使者面朝东代表自己的国君致词，并将圭呈给国君。国君面朝西向使者行再拜之礼，亲手接过圭。

聘毕，使者下堂出门，然后再次入门行享礼。使者奉束帛加璧，上堂面朝东代表自己的国君致词，并向国君赠送币帛。国君面朝西向使者行再拜之礼，亲手接过币帛。向国君夫人行聘礼时，玉器用璋；行享礼时则用琮，仪节与聘享国君时一样。但夫人不亲自接受，而由国君代为接受。

私觌。聘享之礼是代表自己的国家而进行的，此后，使者等还要以个人的名义拜谒国君，这一礼仪称为私觌。私觌之前，先要由国君礼宾。国君出庙门迎宾入内，双方上堂后，国君亲自将漆几授于使者，并用醴酒款待他。有司在庭中陈设作为礼物的四匹马。接着，国君向使者赠送束帛，使者再拜接受。

使者私下见国君，一手捧束锦，一手总揽四匹马的辔绳而入。国君与使者相互揖让后上堂。使者向国君呈献币帛，国君亲手接受。副使、随行人员私见国君的仪式与此类似。

归饔饩国君出庙门送使者。即将到大门口时，国君询问对方国君的起居情况。使者回答后，国君行再拜礼，祝他平安无恙。国君又问及对方卿大夫的情况，并对使者辛劳而来表示慰问，又慰问随行人员。

国君向使团馈赠驻在期间的食物，称为归饔饩。馈赠的食物为饪一牢、腥二牢、饩二牢，总共五牢；醴酒和肉酱共一百瓮，米一百筥；此外还有米三十车，禾草三十车，柴薪和草料六十车。国君的夫人、卿大夫等也有馈赠。副使、随行人员也分别受赠有相应的食物。

其间,国君邀请使团观国之光,参观宗庙和宫殿等。国君还以飨礼、食礼、燕礼等形式款待使者和副使;卿也以飨礼、食礼款待之。

问卿大夫使者以国君的名义问候诸卿,随后又以私人的名义拜见诸卿。副使等只以私人的名义拜见诸卿。

另外,还有还玉、贿、礼,送宾,复命、告庙等礼节。

2. 表现的文化内涵

(1)养成强大的德力。

"'德'就是'得',就是做事做得适宜,于人于己都过得去,无愧于心,这就是'德',也就是'得'。同时,从这里,我们还可知道,殷人从建国的过程中就已倡导'德治'和'礼治',就以'德'和'礼'作为他维护统治权力的中心骨干。这意思很明显,就是要达到这作为规范的'礼'的目的,就必得要有很好的'德'的修养为前提;反之,如果要完成'德'修养,也必得有'礼'来作为规范,二者在作用上虽有所不同,但其实是相反相成的。因之,人们可以这样说:殷人之所谓'德治'是为了走向'礼',而殷人之所谓'礼'也就是为了要完成'德治'。换句话说,这'德'就是'礼治',而这'礼治'也就是'德治'。"①

在儒家的礼仪中,行礼时间的长短有很大差别。礼越重,则礼节越复杂、行礼的时间越长。聘礼属于至大之礼,主要的礼节从天刚亮开始,差不多要到正午时才能结束。如此冗长的礼仪,一般的人来说,无法想象,如果不是强有德力者,没有超群的精神力量,就不可能坚持到底。

行礼的过程中,"酒清人渴而不敢饮也,肉乾人饥而不敢食也。日莫人倦,齐庄、正齐,而不敢解惰,以成礼节,以正君臣,以亲父子,以和长幼。此众人之所难,而君子行之,故谓之有行"②这段话大致意思是:彼此敬酒,都只是象征性地喝一口,即使是口渴难当,也不会喝个痛快;席上的肉都快晾干了,即使饥肠辘辘,也不会去吃个满腹;到日暮时分,别人都因疲倦而懈怠了,而行礼者依然庄敬、整肃,认真地履行着每一个仪节,因为他知道,君臣、父子、长幼之义就蕴藏在

①　杨荣国:《中国古代思想史》,人民出版社,1954年,第9页。
②　《礼记正义》卷六三《聘义》第四十八,阮校《十三经注疏》(下),中华书局,1980年。

其中。后来考证,渴而不饮,饥而不食,也是射礼上的礼节。因射礼、觐礼都属于同类之礼,所以互用了。

只有能自始至终地完成全部礼仪的人,才是德行强劲者。《聘义》说:"此众人之所难,而君子行之,故谓之有行。有行之谓有义,有义之谓勇敢。"君子就是有德行之士,有德行的士行事必然处处得宜(此处的"义"是"宜"的意思),能把握分寸,临事必然果决勇敢。

《聘义》说有两种强有力的勇敢者,一种是将勇力用于私斗的勇敢者,实际上是危害社会的人,无足称道;另一种勇敢者,"天下无事,则用之于礼义;天下有事,则用之于战胜"。《聘义》说,后者才是古昔圣王所推崇的勇敢者。这样的勇敢者在战争年代能够为公义而战,而且有决战决胜的能力,在和平年代能奉行天子制定的重要礼仪,达到天下之大顺;"外无敌,内顺治,此之谓盛德。故圣王之贵勇敢强有力如此也"。《礼仪正义》说"故勇敢强有力"者,勇敢,明射之所须;强有力,明聘之所须。

可见,聘礼具有磨砺人的意志、激励人的精神的作用。儒家制礼,并要求人们时时习行,正是要使礼义潜移默化,造就君子。

(2)用圭璋教化君子之德。

聘礼中最重要的礼物是玉器,如聘国君的圭、享国君的璧;聘国君夫人的璋、享国君夫人的琮等,其中又以圭最为重要。

据《聘义》记载,子贡对这样的现象非常不解,与孔子有一段对话。子贡问于孔子曰:"敢问君子贵玉而贱玟者何也?为玉之寡而玟之多欤?"(玟是与玉非常相似的石头)孔子曰:"非为玟之多故贱之也、玉之寡故贵之也。夫昔者君子比德于玉焉:温润而泽,仁也;缜密以栗,知也;廉而不刿,义也;垂之如队,礼也;叩之其声清越以长,其终诎然,乐也;瑕不掩瑜、瑜不掩瑕,忠也;孚尹旁达,信也;气如白虹,天也;精神见于山川,地也;圭璋特达,德也。天下莫不贵者,道也。《诗》云:'言念君子,温其如玉。'故君子贵之也。"玉具有的仁、义、礼、智、乐、忠、信、天、地、德、道等十一种美好的品质,正是君子修身所要追求的目标,所以孔子曰:"故君子贵之也。"

《礼仪正义》曰:以聘用玉,因论玉有诸德,而结成《聘义》之篇也。以赋予美好寓意之物来教化民众古已有之,且为数众多。这种做法在统治者阶层也无法例外。

（3）重礼轻财,崇尚谦让之风。

聘礼的隆重主要是透过对圭璋的敬意来体现的。这种体现表现在"还玉"的仪式上。

国君受玉完毕,使者的主要任务似乎已经完成。但是,在使者即将归国之时,聘问国的国君派卿到使者的馆舍举行"还玉"的仪式,就是将先前接受的圭、璋原物奉还使者。使者"袭"而受圭,极其郑重。接着还璋,仪式与还圭一样。

古代有"裼袭礼",古人平时穿葛布衣或裘皮衣,外面要加一件称为"裼"的漂亮罩衣,正式的礼服则穿在裼衣之外。在一般的礼仪中,行礼者的前襟不扣,并脱去左袖,意在露出里面的裼衣。在特别隆重的场合,则要扣好前襟,套上左袖,将裼衣遮掩住,这就是所谓的"袭"。使者此时即将向聘问国国君行聘享礼,所以要"袭"而执圭。由于礼仪的隆重,聘问国一方先要"辞玉",以示谦虚、不敢当,然后才同意使者上堂行聘享之礼。国君受玉时也要"袭",以示对圭的敬重。

人们不禁要问,国君既然已经收下圭璋,为什么又要送还呢? 这一看似奇怪的现象,其实藏有很深的含义。试想,如果使者带去的玉器非常精美、数量十分之多,而作为主人的一方照单全收,则行礼双方的兴奋点就落在了礼品上,不仅有贪财之嫌,而且有违聘礼的本义。"故天子制诸侯,比年小聘,三年大聘,相厉以礼。……诸侯相厉以礼,则外不相侵,内不相陵。此天子之所以养诸侯,兵不用,而诸侯自为正之具也。"意思是说,天子为了亲和诸侯,规定比年一小聘（"比年小聘",所谓"岁相问"也）,三年一大聘,使彼此以礼来相互勉励。诸侯能以礼相交,就会外不相侵,内不相陵。这就是天子引导诸侯的高妙之处。孔颖达疏:"'敬让,则不相侵陵'者,以主人致敬,宾致让,同心以礼相接,故'不相侵陵'。"因此,聘礼的目的在于联络感情,而不在于礼物的厚薄。用圭璋行聘,正是希望彼此以德行相砥砺。如果带去的玉器太多,聘礼就成了以财物为主,礼的本意就会被淹没,势必有伤于德行。《聘礼》说:"以圭璋聘,重礼也;已聘而还圭璋,此轻财而重礼之义也。诸侯相厉以轻财重礼,则民作让矣。"一方面要用辞玉、受玉以及袭等的礼仪来突出礼的规格和庄重,另一方面又要用还玉的方式来突出礼的人文趋向,防止礼因规格很高而变质。

这些都说明,诸侯相聘问能重礼轻财,就是为天下作表率,人民就会崇尚礼让之风。这就是聘礼的本义之一。

(4)介摈传承,表示敬意。

"聘礼:上公七介,侯伯五介,子男三介,所以明贵贱也。"①《小行人职》曰:"凡四方之使者,大客则摈,小客则受其币,听其辞。"在以上引文中,有"介"和"摈"二词,那么它们在文中的意思是什么呢?

古代公侯伯子男五等诸侯朝见天子或者诸侯相聘问,相见伊始,彼此之间有相当的距离,主、宾不能直接对话,而要通过站立在彼此之间的人来传话,客人一方传话者称为"介",主人一方的传话者称为"摈"。主、宾之间的距离长短,依双方的地位而定,地位越尊,距离越远,中间的介也就越多。上面引文中"上公七介、侯伯五介、子男三介"就是因职位不同而所需用传话人的不同数量。传话中,几位介都有专门的名称,居首者一人称"上介";居中者或一人、或三人、或五人,均称为"承介",承是承接的意思;居尾者称"末介"。摈也是如此,有上摈、承摈、末摈之别,只是人数比介要少些。摈、介的身份有尊卑之别,一般来说上摈为卿,承摈为大夫,绍摈为士;介也是如此。双方相见之初,各陈摈、介。宾要对主人说的话,先告知上介,上介传于承介,承介传于末介;末介再传于对方的上摈,上摈传于承摈,承摈传于末摈,末摈传于主人。主人的回话,则按照与此相反的顺序传达于来宾。这就是《聘义》所说的"介绍而传命","绍"是继续、承接的意思。

为什么双方说话要由介来绍而传之呢? 这是古人表示敬意的一种方式。古人相接,不能直指对方姓名,那样是失礼的表现,而要称对方的表字,这样就能在谦远之中显示出尊敬;称对方为阁下、称天子为陛下等,都是同样的意思。《聘义》说:"介绍而传命,君子于其所尊弗敢质,敬之至也。"意思是说,君子对于尊者,不敢直面对话,因而用通过摈介传命的方式来表达备极敬重的心意。现代汉语中的"介绍"一词正是来源于此。

3. 提供了国际礼仪的最早范本

《聘礼》是我国现存最早的外交礼仪规范的文本,也是世界上较早的外交礼仪规范的文本。它确立了一系列外交礼仪的原则,展现了我国古代发达的礼仪

---

① 《礼记正义·聘义》。

文化的一个侧画,下面略举几例。

互利互惠出访途中往往要经由其他国家,在到达其边境时不得随意闯入,而应该向边防管理者提出借道的申请,先征得对方同意,这是对他国领土和主权的尊重。过往国国君一般应该准予通行,并提供方便,向过境人员馈赠牛、羊、豕等食物以及牲口用的草料等必需的物品,然后派人带路,直到走出国境为止。类似规定提供了外交活动中彼此尊重、互利互惠的关系的可供操作的范式。

外交礼遇使团是国家的代表,在出访时理应受到东道国的特别关照。例如,使团入境后,国君要派人到边境迎接,接着要派大夫前往行郊劳之礼,慰问风尘仆仆的客人;下榻以后,主人要提供客人三天洗一次头,五天洗一次澡的条件;要提供驻在期间所需的各种食物;邀请他们参观宗庙、宫殿等地,即所谓"观国之光";回国前要为之准备旅途所需的各种食物。类似的规定,《聘礼》中触目皆是。

礼仪规范外交是国与国的交往,处处涉及国家的形象。在繁复的礼仪中先后出面的人物,其身份、举止、语言都要合于礼,《聘礼》中都给出了规范,使出访者有所遵循。

例如,聘享之礼,国君要亲自到庙门之内迎接使者,接受圭璋的仪式要在宗庙举行,北面拜贶,拜君命之辱,所以致敬也。为了表示自谦,出聘者不能在与自己身份相当的人的宗庙中下榻,而应该降一等,卿住在大夫的宗庙,大夫住在士的宗庙,士则住在工商之人的舍中。①

(六)觐礼

《周礼》:"春见曰朝,夏见曰宗,秋见曰觐,冬见曰遇。"春朝是图谋天下事,秋觐是比邦国之功,夏宗是陈天下之谟,冬遇是协诸侯之虑。春、夏、冬三礼已亡。《觐礼》记述秋天诸侯晋见天子的礼仪。觐礼在五礼中属宾礼。

1. 觐礼的仪式

《仪礼·觐礼》的记载,觐礼有下列一些重要仪式:(1)郊劳。无论是邦国诸侯、藩国首领或其使臣到达王畿(jī,我国古代称靠近国都的地方)的边境时,周王都要派官员前去迎接,互赠礼品(玉帛),表示尊重和友好。(2)赐舍。就是派

---

① 彭林:《中国古代礼仪文明》,中华书局,2004 年。

人将来宾迎入城内的宾馆下榻,这时,由一些有关官员出面设宴款待来宾,了解来客的希望和要求。(3)朝觐。先由周王确定接见日期,是日,来宾先乘车至周王室祖庙门外等待,经通报于周王后,周王说:"我很高兴,我将接见来宾。"于是来宾进入门右,向周王献上圭(古代帝王、诸侯在举行典礼时拿的一种玉器,上圆下方)玉,同时行跪拜拱手低头礼。(4)享献。行觐礼后,来宾以玉帛和马匹献给周王。(5)请罪。这是在诸侯或藩主觐见时的一个礼节,即诸侯或藩主享献后,要露出右臂,表示"有罪",而周王安抚道:"你没事,回去好好治国吧!"(6)赐车服等礼品。觐见后,周王派人向来宾赠送车马、服装和食品等。另外继续由官员出面宴请来宾,直至送至境外。

2. 觐礼的文化内涵

综观觐礼,表现的都是天子之国的威严和高高在上,诸侯之国的卑微和臣服。

(1)天子至尊。

《礼记·曲礼下》曰:"天子当依而立,诸侯北面而见天子曰觐。"沈文倬先生说:"觐礼行于文王庙之堂,天子南面,侯氏率其众介北面而见。觐礼则以侯氏初以臣礼待罪,其卒也,以宾礼受飨、燕、食而去。"[1]这些规定表现了我国古代天子面南而臣诸侯的等级制度。《易经》曰:"圣人南面而听天下,向明而治。"[2]古代把南视为明、至尊,而把北象征为阴、失败、臣服。宫殿和庙宇都面朝向正南,帝王的座位都是坐北朝南,当上皇帝称"南面称尊";打了败仗、臣服他人称"败北"、"北面称臣"。

(2)诸侯臣服。

在觐见的每个仪式中,诸侯国的使者行多次跪拜之礼,处处表现出低人一等。尤其"请罪"仪式,更是表现了诸侯的臣服。《觐礼》:"乃右肉袒于庙门之东。乃入门右,北面立,告听事。摈者谒诸天子。天子辞于侯氏曰:'伯父无事,归宁乃邦。'侯氏再拜稽首,出。自屏南适门西,遂入门左,北面立。王劳之。再拜稽首。"在"袒右臂"、"北面立"之后,还要告诉上摈转告天子:"自己要报告自

①　沈文倬:《宗周礼乐文明考论》,杭州大学出版社,1999 年。
②　《周易·说卦传》。

己所做之事并听从天子处理。"言外之意,自己的国家做错了事情,愿意听从天子的惩罚和处置。这个仪式,很容易使我们想到小孩做错了事情,怯生生地立于堂前,听候长辈的责罚。由此可见,周公制定的觐见之礼,经过经年的驯顺,使诸侯之国在思想深处甘愿称臣,泯灭造反之心。

礼典的举行都是为了明确周王与诸侯之间的臣属之义,所以《礼记·祭义》中说:"觐,所以教诸侯之臣也。"觐见之礼是周王控制和笼络诸侯、臣属的重要手段,通过一定礼典的举行,使他们理解和牢记自身与周王的臣属关系,并履行辅佐王室、缴纳贡赋等义务。

(七)周公制礼对后世的影响

中华民族的文明是礼乐文明,钟鼓玉帛、札簪冠缨、列鼎而食,代表着那一辉煌的时代。在世界很多民族还处于茹毛饮血、尚未开化的程度时,我们的祖先却早就筑起古朴凝重的方圆祭坛,礼拜天地;在雄伟庄严的太庙里缅怀祖先,他们分封、授田、设官长、建学校……有着高度发达的物质、精神、制度文化。

周公制周礼,奠定了儒家学说的根基,影响着我国3000年的文化建设,为中华民族立于世界之林培植了基础,为民族复兴立下了汗马功劳。

商人重鬼神,而周人却是一个注重宗法的血缘的民族,因此周公将血缘亲情注入于"礼"中,而这时的"礼"就不仅只是一种僵硬的强制规定了,它已从一种外在的约束力转化为人的内在要求,它更人性化了,更具有文化的意义,故而后世的孔子对"周礼"发出由衷的赞叹:"郁郁乎文哉!吾从周。"

《礼记》是对"周礼"的解释,它从"礼"的角度出发,融汇了各家思想,成为包容诸多内容的典籍。《礼记》不但总结了先秦的思想文化,而且对后世文化产生了深远的影响,在儒家经典中,以《礼记》对传统文化的影响最为广泛,因为《周易》的影响主要是思想哲学领域,《尚书》的影响主要是政治领域,《诗经》主要是文学,《春秋》主要是史学(当然,它们也兼有其他内容),它们对传统文化的其他领域的影响都是间接的,而《礼记》的内容宏杂,包容性大,所以它对传统文化的各个领域都产生了巨大的影响。

例如,在政治领城中,《周礼》和《礼记》规定了大量关于宗庙、分封、职官、行政机构、学校等制度,后世的形式和名称虽然多次有所改变,然而在实质上都是一致的,如唐代定形的、明清也一直沿用的三省六部制,与《礼记》中所提到的司徒、司寇、司空等官员的职责都有相近之处;后世的太学、国子监等也与《礼记》中的大学基本相同……

《礼记》的思想内容集中反映了儒家的政治主张和社会理想,在这种礼治的社会中,国君仁慈,抚爱百姓万民;臣子尽忠,各守其职。国家的一切制度和措施都井井有条,从上到下等级森严而又相互和谐融洽,河清海晏,天下太平。

《礼记》在传统学术思想领域中的影响更为重大,它虽为晚出的一部儒家经典,在郑玄之前没有人重视它,然而随着历史的发展,《礼记》在学术上的地位却呈现出越来越重要的趋向,因为《礼记》代表了儒家礼治主义的政治主张和社会理想,这种思想必然随着中国封建制度的强化而越来越受到重视。东汉郑玄为《礼记》作注,开注释《礼记》之先河,此后历代学者对《礼记》的注释、考订、解说著作便不断涌现。

尤为值得一提的是,宋明理学家对《礼记》中的《大学》、《中庸》两篇极为重视,对其中的思想内涵大加阐发宣扬,在中国哲学史和思想史上写下了重要的一页。《中庸》的思想核心是"诚",即所谓"诚者,天之道;诚之者,人之道",理学家用这种"诚"的思想,作为自己修养功夫的理论依据,认为只要达到"诚"的境界,就能成为无所不通的先知者,也就是儒家的圣贤。《大学》论述了格物致知、正心诚意、修身、齐家、治国平天下的纲目,理学家视其为最完整而又循序渐进的儒家治学程序。将《大学》、《中庸》与《论语》、《孟子》并列为"四书",是由"二程"首先提倡的,《宋史·程颐传》上说,程颐的学问是"以《大学》、《论语》、《孟子》、《中庸》为标指,而达于六经"。南宋时朱熹又作《四书章句集注》、《四书或问》,此后《四书》类的著作汗牛充栋。明初,永乐帝敕撰《四书大全》,使之与《五经大全》相并立,《四书》从此确立了其儒家经典的地位。

《礼记》对中国文化的广泛影响,还在于它所规定的很多"礼",已深入到家庭日常生活之中,这一点更为其他儒家经典所不能比拟,例如《礼记》中记述了大量关于容貌、言语、饮食、洒扫、应对、进退、丧葬、嫁娶、孝敬、妻子与丈夫、公婆与媳妇的礼节规则,后世的儒家普及读物《三字经》、《女儿经》等,都反映了这些内容。直到今天,我们从民间的婚丧礼仪、孝敬尊长、婆媳关系等中,仍然可见《礼记》精神的影子。

五、周公作《大武》乐章

周公的伟大之处,不仅在于营建洛邑而便于统治中原,更在于想方设法占领臣民的意识形态,让臣民自觉地按照一定的规范去生活,去心甘情愿地接受统治。为了实现这样的构想,首先是制定礼制,然后是通过喜闻乐见的形式把这些礼制表现出来,深入老百姓的内心,进而变为自觉行为。这种喜闻乐见的形式,就是乐舞。

周武王克商是中国历史上一件大事,周初《大武》舞就是为纪念这一事件而创作的一部舞蹈,《诗经·周颂》中所保存的《大武》组诗,就是与《大武》舞蹈相配合的一组诗篇。

所谓《大武》,既包括《周颂》中的大武组诗,又包括与之相配合的《大武》音乐以及《大武》舞蹈表演。从朱熹开始,历代学者对《大武》进行了很多讨论,这些讨论在有些问题(如时代、作者)上形成了共识,但在最核心的问题,即《大武》组诗的篇目编排上,是纯表现战争场面的武舞,还是文武兼有,仍然存在分歧。通过查阅、甄别,我们比较赞同贾海生博士的观点:《大武》兼有武舞和文舞。

《尚书大传》云:"周公将作礼乐,优游之三年不能作。君子耻其言而不见从,耻其行而不见随。将大作,恐天下莫我知;将小作,恐不得扬父祖功业德泽。然后营洛以观天下之心。于是四方诸侯帅其群党,各攻位于其庭。周公曰:'示之以力役且犹至,况导之以礼乐乎。'然后敢作礼乐。"[①]于此可见周公制礼作乐的决心。于是,周公摄政期间,就在继承殷人《万》舞的基础上,于六年先主持制作了歌颂武王武功的武舞《象》和表现周公、召公分职而治的文舞《酌》,合称《大武》。这一历史事实,由于古代文献言之不详,难为人知。关于《大武》的结构,《白虎通·礼乐》引《礼记》是这样说的:"周乐曰《大武》,武王之乐曰《象》,周公之乐曰《酌》,合曰《大武》。"此说揭示了《大武》乐舞的真相:《大武》兼有武舞和文舞,并不是单纯的武舞。

周公制礼作乐,于摄政六年先制作了《大武》,到了摄政七年洛邑告成,又为传统的武舞《象》配制了《清庙》、《维清》、《维天之命》三首新歌,制作了表现文

---

① 《尚书大传》丛书集成本。

王武功的《象》舞,用以祭祀文王。由于《大武》和表现文王武功的《象》舞制作时间不同,周公以乐舞行礼时当是分用而不是合用《大武》和表现文王武功的《象》舞。"礼制于周公而行于成王"①,乐舞当亦如此。由于周公所制乐舞只有《大武》和颂文王的《象》舞,本用于祭祀,而各种典礼活动皆当以乐助礼,再加上文、武之功不可磨灭,值得永远怀念,因此为了适应各种典礼活动的需要,扩大周公所制乐舞的应用范围并对其作一番改造,势在必然。于是成王之后就将《大武》与表现文王武功的《象》舞合在一起,形成了先升歌,次下管,配以舞的用乐程式。

综合《礼记》与《毛序》所言,周代以乐舞行礼共有三种情况:

(1)升歌《清庙》,下管《象》,舞《大武》。此为分用歌颂武王、周公、召公文治武功的《大武》行礼,则下管之《象》当即《周颂·武》。

(2)升歌《清庙》,下管《象》,舞《象》。此为分用歌颂文王的《象》舞行礼,则《象》当指《毛序》所谓"奏(象)舞"之"《象》",即《维清》。

(3)升歌《清庙》,下管《象》、《武》。《象》、《武》并举,明《象》为表现文王事迹的《象》,《武》即《大武》。此为合用二舞行礼,则《维清》与《武》皆为下管之乐。

用乐视礼而定,故有分用、合用之别。升歌主声,下管取义,舞以象事。因此无论是分用,还是合用,都有"升歌《清庙》"的节目,真正表示意义的节目则是下管和与之相配的舞蹈。而表示意义的下管之《象》既可以是用《维清》之《象》,也可以是用《武》之《象》,还可以是二者同时为用。

周公主持制作的《大武》和表现文王武功的《象》舞,本是各自独立的乐舞,后被合用在一起成为一种行礼时用乐的固定程式,反映了西周初期文学创作和艺术创作的最高水平。如果根据文献的记载将这种固定的程式展现出来,可以看到是一个分场次的大型歌舞剧。

保存于《诗经》当中属于这一时期的乐歌,大都是为配合各种祀典使用的郊庙祭祀乐歌。郊庙祭祀乐歌成为这一时期乐歌创作的主体。而且,在这一时期产生和写定的纪颂祖先功德的颂赞之歌,也均与配合相应祀典使用的仪式目的

---

① 魏源:《诗古微·周颂问答》,何慎怡点校道光初修吉堂刻本,岳麓书社,1989 年,第 705 页。

紧密相关。因此,可以这样说,周公成王时代,是祭祖祀神之歌大盛的时代。除在重修大型歌舞《大武舞》时所作《武》、《桓》之外,还创作了一大批祭祀乐歌或与祭祀相关的仪式乐歌。可考订为这一时期创作的仪式乐歌共有十三首:《大雅·文王》、《大明》、《思齐》、《周颂·清庙》、《维天之命》、《维清》、《武》、《桓》、《思文》、《丰年》、《烈文》、《振鹭》、《有瞽》。

可以说,周公的制礼作乐从根本上确立了周礼"尊尊亲亲"的精神原则,奠定了中国文化礼乐相须为用的基本特点,开创了中国文明史的新时代。就本文的讨论而言,周公制礼作乐,直接提供了西周初年仪式乐歌产生的文化土壤,使这一阶段出现了周代文化史上第一个仪式乐歌创作的高潮。

尽管"礼乐"是当时统治阶级统治人民的政治工具,是为统治阶级服务的,但从客观分析,在当时的历史条件下,无疑起到了巩固社会秩序的作用,同时对手工业,如制玉工艺、制铜工艺、纺织工艺等的发展也起到了一定的促进作用,近年来出土的大量的考古实物已说明了这点。大批编钟的问世,为研究当时的音乐文化提供了丰富的实物证据,充分说明我国西周时期的乐舞文化已发展到了一个新的阶段,取得了相当的成就。可以说西周的"礼乐"制度,为今后中国的封建礼乐文化的发展奠定了坚实的基础,提供了千年不变的模式。

第三章　老子与道家哲学

一、老子其人与《道德经》

(一)老子其人

老子在中国古代思想文化史上影响巨大。关于老子其人其书问题,历来争论较大,归纳起来有以下几种观点:

一说认为,《老子》一书是老聃遗说的发挥。老聃确在孔子之先。主此说者最早为马叙伦、张煦、唐兰、郭沫若、吕振羽、高亨等。[①]

一说认为,老子是战国时代的人,《老子》一书也是战国时代的书。主此说者较早有清代汪中,近现代的梁启超、冯友兰、范文澜、罗根泽、侯外庐、杨荣国等。[②]

一说认为《老子》成书时间更晚,当在秦汉之际。主此说者有顾颉刚、刘节等。[③]

以上诸说,各有道理;孰是孰非,笔者未敢妄加评论。今从个人读书心得,兹就老子其人问题,略述鄙见如下:

老子即老聃,生卒时间难以详考,约生于公元前 580 年(周简王六年),约死于公元前 500 年(周敬王二十年)。最早为老子作传的是司马迁,《史记·老庄申韩列传》中有老子传四百多字:"老子者,楚苦县厉乡曲仁里人也,姓李氏,名耳,字聃,周守藏室之史也。"

---

① 任继愈主编:《中国哲学发展史》(先秦),人民出版社,1983 年。
② 同上。
③ 同上。

关于老子的生平,司马迁说"老子,隐君子也","其学以自隐无名为务"。所以,关于老子的活动,也如"神龙不见首尾",不为世人所了解。司马迁对老子的身世事迹语焉不详,先秦典籍有关老子的记载也比较零散,综合各种资料,对老子其人我们可以有以下的大致了解。

关于老子的生年,目前学术界较为普遍的说法是,老子年长于孔子,从《礼记》《史记》等书的记载老子、孔子交往的情况可以明显地看出,孔子对老子的态度比较谦恭,而老子的态度则俨然是长辈。《礼记·曲礼上》载:"年长以倍,则父事之;十年以长,则兄事之;五年以长,则肩随之。"这些典籍中,有一个共同点就是把老子看成是与孔子同时代的知礼守礼的长者。

在《孔子家语》中曾记载孔子与南宫敬叔到周拜见老子,这一年是鲁昭公二十年(公元前 522 年),孔子生于公元前 551 年,这一年 29 岁,从此推算,老子比孔子约大 20 岁,当约生于公元前 571 年。至于月日,道教以二月十五日为"老君诞辰",可算是一说。

老子卒于何时? 司马迁说"盖老子百有六十余岁,或言二百余岁"。语气不太肯定。老子由于"修道而养寿"活到一百多岁是完全有可能的,但能达到二百余岁,可信度不是很大。

《史记》言老子"姓李氏,名耳,字聃",但秦以前的典籍只有"老子"、"老聃"的记载,没有出现过"李耳"这个名字。先秦诸子都以"子"上冠以姓氏,如孔子、孟子、庄子等,而老子不称"李子",况且春秋时期无李姓而有老姓,可知老子不姓李而姓老,至于老聃称"李耳",则是应为"老"、"李"二字古音相近而相转,"聃"字的意思是"耳曼",意即耳朵又大又长,与"耳"意近而相通。

《史记》上记载老子的官职为"周守藏室之史",司马贞《索隐》:"按藏史,周藏书室之史也。又《张苍传》:'老子为柱下史',盖即藏室之主下,因以为官名。"刘向《列仙传》亦云"老子为柱下史",此外,还有"周之大史"、"征藏史"等,大都说的是同一官职,掌管周朝的图籍文件、四方之书,相当于现在的国家图书馆或档案馆的馆长。

关于老子以后的去向,司马迁讲"居周之久,见周之衰,乃遂去"。《庄子·天道》也记载有此事:"周之征藏史有老聃者,免而归居。"意思很清楚,老子在东周当了一段时间的图书馆馆长,看到东周日渐衰微,便离开了。老子离开东周的时间大约在公元前 516 年前后。《左传》载：鲁昭公二十二年（前 520 年）四月，周景王因心脏病突发而卒，国人拥立长子猛；六月，景王生前宠爱的庶长子朝率部分王族及旧官、百工起事，与猛争夺王位，洛邑大乱；十月，晋国出兵援助猛；十一月，王子朝攻杀猛，猛之同母弟即位，是为敬王；晋军班师回去，王子朝即入据王城，敬王避居城外的狄泉；二王并立，互争雄长，内乱不息。直到昭公二十六年（前 516 年），晋人再次勤王，出兵击败王子朝，王子朝乃席卷周室典册，逃奔楚国，这样一来，藏室空空如也，藏室史自然无须做下去，老子也就返回家乡陈国，回老家苦县归隐，从此步入"隐君子"生涯。

老子归隐后的游踪及活动，由于资料零散不全，已无从详考，只知他的一生多半时间都住在陈国，此外还在鲁（今山东曲阜）、沛（今江苏沛县）等地居留过，后西游入秦国。

关于老子出关著书的事情，《史记》载：老子西游，"至关。关令尹喜曰：'子将隐矣，强为我著书。'于是老子乃著书上下篇，言道德之意五千言而去，莫知其所终"。《史记》上所说的"关"，一般认为是函谷关。高亨在《老子列传笺证》中说："盖秦末汉初，关字为专名，通指函谷关。"汪中在《述学》中说"秦函谷关在灵宝县，正当周通秦之道"。"关令尹喜"，先秦诸子称"关尹"或"关尹子"，"关尹"为守关之官职名。其人姓名已隐，遂从官职称之，后世称"尹喜"。关尹求老子著书，老子乃著书上下篇，言道德之意五千言而去。关尹对老子成书起着重要的作用。但从老子"自隐无名"的人格和当时"述而不作"的风尚来看，老子在这里执笔著书的可能性不大，而应该是老子在这里将自己大半生的人生经验、社会阅历、哲学见解总结后口述给关尹。这从《老子》的韵文形式中也得到证实。老子出关后关尹将其笔录下来。《太平广记》对此事记载较为可信，卷一载："尹喜执弟子之礼，（老子）具以长生之事授之。喜又请教训，老子言之五千言。喜退而书之，名曰《道德经》焉。"《老子》又称《道德经》，为"上下篇"，一篇言"道"，一篇言"德"。关于《老子》其书问题，笔者将在"考古发现"一节中再证。

老子死于秦地。《庄子·养生主》有"老聃死，秦佚吊之"的记载。唐僧道宣在《广弘明集》的《辨惑篇序》中说："李叟生于厉乡，死于槐里。庄生可为实录，秦失诚非妄论。"《水经注》卷一九云，"渭水除南山就谷，北经大陵西，世谓之老子陵"。可知老子陵在槐里县故城南，槐里县在今陕西省兴平县境内。

(二)《道德经》的编撰与内容

老子传流下来的著作仅有《五千言》,即《道德经》,也叫《老子》。它是老子口授,函谷关关令尹喜用韵文写成的一部哲理诗,又是道家的主要经典著作,同时也是研究老子哲学思想的最直接、最重要的材料。

老子思想的核心是"道"。认为"道"是宇宙的本源,也是宇宙中一切运动的法则。《道德经》最大的特点,是把"道"置于至高无上的地位,著名的道家学派名称即由此而来。他在《道德经》一书中,曾 74 次对"道"作了重要的表述,集中明确地表述了道生万物的观点,回答了世界的本源问题。

老子以道为天地万物之本,故曰:"有物混成,先天地生。寂兮寥兮,独立而不改,周行而不殆,可以为天地母。吾不知其名,强字之曰'道'。"[①]又曰:"道生一,一生二,二生三,三生万物。万物负阴而抱阳,冲气以为和。"然道不可见,可见者非道;道不可名,可名者非道。故曰:"道之出口,淡乎其无味。视之不足见,听之不足闻。"又曰:"道可道,非常道。名可名,非常名。"老子认为道是有规律地不停地在运动着,"独立而不改,周行而不殆"。他还认为道的规律既是自然规律,也是社会规律,分为"天之道"与"人之道",世界上的一切都是道派生的,否定了神对万物的创造与主宰。

《道德经》的另一主要内容是提出了"无为"的思想。道之何以言无为,曰:有为者用也。而所以用夫有为者,则无为也。故无为者,有无之本也。能有为而不能无为者,盖有之矣,未有能无为而不能有为者也。故曰"为无为"。又曰:"道长无为而无不为。"又曰:"损之又损之,以至于无为。无为而无不为。"

春秋时期,奴隶制向封建制度过渡,奴隶主阶级内部,发生了分化,战乱频繁,礼崩乐坏,旧局面无法维持。老子离开周王朝后,背离了他原来的阶级,不再循循守礼,反过来激烈抨击当时周礼的虚伪,提出了"小国寡民"的社会思想。他说:"夫礼者,忠信之薄,而乱之首。"他认为人民生活中的灾难是由于统治者的过分剥削造成的。他说:"民之饥,以其上食税之多,是以饥。民之难治,以其上之有为,是以难治。民之轻死,以其上求生之厚,是以轻死。"他认为,生产上的灾荒是由于统治者吞食赋税过多的结果,人民是不怕死的,因此残暴的杀戮并

---

① 饶尚宽译注:《老子》,中华书局,2006 年,以下皆出自此书。

不能使人民屈服。①

老子对于当时统治者不顾人民的死活过着越来越奢侈的生活,提出批判,他说:"朝甚除,田甚芜,仓甚虚,服文彩,带利剑,厌饮食,财货有余,是谓盗夸。非道也哉。"其意思是,贵族们宫廷很整洁,但是农田很荒芜;仓库已经空虚了,贵族们穿着文彩的衣服,佩戴着锋利的宝剑,饱食精美的佳肴,占有多余的财富,他们这些贵族是真正的强盗头子。正是由于贵族们的贪得无厌,才使人民生活困苦,社会秩序混乱。

老子从小私有者的立场出发,反对战争,他说:"夫兵者,不祥之器"。因为军队驻扎过的地方,到处长满了荆棘;打过大仗之后,必有荒年。他反对商品经济,"不贵难得之货",对于商业所带来的经济上的剥削,以及由此引起的抢夺持抵触态度。从农民小私有者的利益出发,提出了反对剥削的平均主义思想。他认为"天之道"本来是"损有余而补不足"的,但是当时的"人之道"相反,是"损不足以奉有余",这是极不合理的。他认为人应该向"天之道"学习。老子所描绘的理想社会是:"小国寡民,使有什伯之器而不用,使民重死而不远徙。虽有舟舆,无所乘之。虽有兵甲,无所陈之。使人复结绳而用之。甘其食,美其服,安其居,乐其俗。邻国相望,鸡犬之声相闻,民至老死,不相往来。"这个社会的特点是,国家小,人民少,人民吃得很香,穿得很漂亮,住得很安逸,大家都过得很习惯,人民不用冒着生命危险,迁移到别的地方。虽然住得很近,鸡鸣犬吠的声音都可以互相听见,可是人们老死也不相往来。在这个社会里,虽然有各式各样的器物,但不使用它。大家不必远徙,虽有舟车,也没有使用的必要。那里没有战争,虽有兵戈,也没有地方去用。生活也简单朴素,没有使用文字的必要,用古代结绳记事的办法就够了。② "老子乌托邦的思想,对氏族公产社会景慕,不但描摹出小国寡民的氏族公社,而且在理论上发挥过一篇历史的大道理"③。

老子反对厚生之利,他说"祸莫大于不知足,咎莫大于欲利",他的理想在于"两不相伤"的古代社会,他的历史观是从无而有,然而他的理想是复归于朴。

老子也和古代的农民小私有者一样,幻想有"圣人"出来为自己谋福利,但

---

① 任继愈主编:《中国哲学史》第1卷,人民出版社,2000年。
② 任继愈主编:《中国哲学史》第1卷,人民出版社,2000年。
③ 侯外庐:《中国古代思想学说史》,辽宁教育出版社,1998年。

在理论上、实际上都行不通,因此他的理想只能是幻想。老子反对剥削者的文化,有它进步的一面,但不加区别地反对一切文化,主张"绝圣弃智"才能够"民利百倍",认为"圣人"治国,"非以明民,将以愚之",在今天看来是具有空想性和消极性的。但老子的这些思想,对后来的进步思想家、空想的社会改革家,有着深远的影响。老子的哲学思想两千多年来,在中国封建社会里成为唯一可以与孔子哲学相抗衡的最大思想流派。老子的哲学也和孔子的哲学一样,曾被统治者所利用,向唯心主义方面解释,也被进步的思想家所汲取,向唯物主义方面发展。

(三)《道德经》的流传和考古发现

老子的《道德经》问世以来,流传的版本比较多,不同的版本有比较大的差异。当代历史学家、哲学家、东方学家朱谦之在《老子校注·序文》中指出,《老子》本,"流传最广者,有河上公、王弼二种,文句简古";"王本属文人系统,文笔晓畅"。后世注本大多依此两大系统。

关于河上公,古代文献记载比较含糊,东晋葛玄认为河上公是汉文帝(前179~前157年)时的人。他在《道德经序诀》中说:"河上公者,莫知其姓名也。汉孝文帝时,结草为庵于河之滨,常读老子《道德经》。文帝好老子之言……闻侍郎说河上公诵《老子》,乃遣诏使赍所不了义问之,……河上公即授素书《老子道德经章句》二卷。"但据现代学者王明先生考证,河上公本成书于东汉。河上公本二卷,上卷为道经,分三十七章;下卷为德经,分四十四章,共八十一章。并于每章之首加标题名。如"体道"第一,"养身"第二,"安民"第三……直至"显质"第八十一。河上公本承接黄老道家,言养生之理,受到道家重视,得以广泛流行。晋代著名哲学家、玄学大师王弼注《老子》,其本随着玄学思潮的扩展而流传,成为后世最有影响的《老子》版本。王弼本排列次序同于河上公本,但无章题,文句亦常有出入。

老子的《道德经》是中国文化宝藏中的关于中国哲学本体论的第一名著,其内容博大精深,涉及哲学、文学、兵学、美学、医学、社会学、伦理学、天文学、养生学等,被称为"东方圣学"和百科全书。他的学说已经成为一种文化基因,2500多年来,一直影响着中国人的世界观、人生观、价值观、审美观、生死观等各种文化观念,渗透到人们的生存方式、生活方式和思维方式中。它的流传,不仅在国内,而且也在国外,被世界越来越多的国家和学者所推崇,已成为世界性的重要的哲学著作之一。从古至今,《道德经》注释者3000多家,先后多次被翻译成世界主要国家的文字出版,出版发行量居世界第二,仅次于《圣经》,形成了全球性的"老子"热,甚至形成了一门学科——老学。目前,老学研究空前高涨,近十多年来,中国的一些地方如鹿邑、西安、北京、河南等及其他一些国家,如德国等连续召开国际性的老子学术研讨会,这标志着老学的研究跃上了一个新的阶段,达到了一个新的水平。

老子的著作、思想已成为世界历史文化遗产中的宝贵财富。欧洲19世纪初就开始对《道德经》的研究,到20世纪的四五十年代,欧洲共有60多种《道德经》的译文。德国哲学家黑格尔、尼采,俄罗斯大文豪托尔斯泰等世界著名学者对《道德经》都有比较深入的研究,并有许多论著问世。黑格尔曾说:中国哲学中另有一个特异的宗派……是以思辨作为它的特性。这派的主要概念是"道",这就是理性。这派哲学及与哲学密切联系的生活方式的发挥者是老子。尼采也这样说:老子《道德经》像一个永不枯竭的井泉,满载宝藏,放下汲桶,唾手可得。

英国科学家李约瑟一生研究中国,对中国文化情有独钟,著有多卷本《中国科技史》。他说,中国文化就像一棵参天大树,而这棵参天大树的根在道家。李约瑟越研究中国,越认识老子、道家在中国文化中的重要地位,越发相信老子学说的正确,越来越按照老子的学说去做,他晚年干脆自称是"名誉道家"、"十宿道人"。李约瑟对中国文化的研究取得了比较大的成就,是国际上知名的汉学家,而他的最大贡献之一就是发现了道家思想的现代意义,从而为20世纪后半叶世界形成的"老子热"作出了历史性的贡献。

目前,在发达的资本主义国家如美国、英国、德国、法国等相继出现了研究老子的热潮,《道德经》在这些国家被多次出版和再版。有的国家,在已有多种版本的情况下,还在不断出版新的版本。比如美国,一种新的《道德经》版本就曾被8家出版商争夺,最后一家名为哈泼公司的出版公司,以13万美元的价格买下出版权。20世纪末,据联合国教科文组织统计,在世界文化名著中,译成外国文字出版发行量最大的《圣经》,排名第二的就是《道德经》。美国的一些杂志,按照在世界上影响的大小,将《道德经》列为世界十大名著之首。

1973年12月,长沙马王堆汉墓帛书出土,内有《老子》两种写本,这是老子研究史上划时代的大事,引起海内外学界的震动。帛书《老子》的两种写本,一种用隶书、篆书抄写的称为甲本,一种用隶书抄写的称为乙本。据考证,甲本不避"邦"字,应是汉高祖刘邦称帝前的抄本;乙本避讳"邦"字,而不讳"盈"和"恒"字,应是刘邦称帝后,汉惠帝刘盈和汉文帝刘恒称帝前的抄本。帛书《老子》是目前最古的本子,并且独立于河上公本与王弼本两大系统之外,未经后世学者的过分修饰,于《老子》原貌保存较多,故可有分析地用来校正通行本的错误,澄清许多校勘家长期争论的疑点,因而为学界所珍重。

继马王堆帛书《老子》之后的是郭店楚简《老子》的发现。1993 年 10 月,在湖北省荆门市郭店一号墓发现和发掘了 3804 枚竹简,有文字的竹简共有 730 枚。这些资料大都是道家和儒家两派的文献。其中《老子》一书的被发现可谓弥足珍贵。全书分为甲组、乙组和丙组三部分。专家从墓葬形制和器物特征判断,具有战国中期偏晚的特点。下葬年代当在公元前 4 世纪中叶至前 3 世纪初期,其墓主人的身份为有田禄上的上士。①

今观郭店楚简《老子》的发现,其在学术史和思想史上有哪些重大意义呢?概括来讲有:

第一,从简本成书的时代来考察,它是迄今为止所发现的最早的《老子》手抄本(早于马王堆帛书《老子》100 余年)。

第二,从简本一书的内容来考察,其中甲组应为"经文",可断为春秋时代的老聃(或为门徒)之作;乙组和丙组为传、注,即解说文,其作者可与关尹和太史儋有关。②

第三,从简本"经文"及所引经文等处来考察,老子生活的时代应与孔子同时代或稍早于孔子,孔子问礼于老子之事应当成立。

二、道家的自然哲学

(一)本体论思想

在中国古代哲学史上,老子是第一个提出本体论的哲学家,老子的所谓本

①　廖明春:《楚简老子校释(二)》,载《简帛研究》第 3 辑,广西教育出版社,1998 年。
②　高华平:《对郭店楚简〈老子〉及老子其书其人的再认识》,载《楚地简帛思想研究》(三),湖北教育出版社,2007 年。

体,指的就是"道"。《道德经》全书五千字,"道"出现了 74 次。何谓"道"? 老子非但没有给出一个明确的定义,反而开宗明义告诉人们:道这个东西是说不清的,在第一章中说:"道可道,非常道;名可名,非常名。"我们只能从"混沌"的角度去把握,去意会。他指出"道之为物,惟恍惟惚。恍兮惚兮,其中有象,恍兮惚兮,其中有物"。这就是说,世界的本原是"道",而"道"则是"惟恍惟惚"的"无"。就其存在状态来说,它是"无",而就其功能来说,它又是"有物"、"有象"的"有"。所以,在这个意义上来讲,它可以说是"无"和"有"的统一。

道是宇宙万物的本原。《道德经》四十二章云:"道生一,一生二,二生三,三生万物。"第四章说:"道冲,而用之或不盈。渊兮,似万物之宗。"此意就是万物都是由道一层一层地生出来的。作为万物的本原,"道"确实是存在的,正是由于"道"的存在,而且"道"是最广大的,因此,老子说"天下皆谓我道大"。

老子同时又认为:"道"又处于不断发展变化之中,是变动不居的。人们的认识只有符合"道",天、地、人才能统一起来。这种将人与自然界相统一的观点,包含着朴素的唯物主义思想。老子建立的自然无为的"天道观",在本体论范围,他把唯物主义、无神论思想推向了很高的阶段。

在中国哲学史上,"天人合一"与"天人相分"形成了不同的哲学流派。一般说来,孔子以至于两汉的董仲舒等人,都主张"天人合一"论,把"天"视为有意志的人格神,即上帝,结果陷入了哲学上的唯心主义。相反,老子等主张"天人相分",把"天"视为自然的"天",将"天"与"道"等同,在哲学体系上趋向朴素的唯物主义。这一点对后世影响巨大,如荀子及东汉的张衡等人,继承这一思想遗产。荀子说:"凡性者,天之就也,不可学,不可事;礼仪者,圣人之所生也,人之所学而能,所事而成者也。不可学,不可事而在人者谓之性,可学而能、可事而成之在人者谓之伪。是性伪之分也。"①荀子从人性论出发,提出了性、伪之分的思想,他说的人性,指的是自然属性,"性、伪之分,"就是"天人之分"。荀子由于强调"天人之分",在认识论上走向了朴素唯物主义。

东汉时期的科学家、哲学家张衡更是直接吸收了老子的"天道观"而提出了宇宙形成的理论。他《灵宪》中说"道根既建,自无生有","道干既有,万物成

---

① 安小兰译注:《荀子》,中华书局,2007 年。

体""始为天元,盖乃道之实也"。张衡把宇宙的形成分为三个阶段,即道根、道干、道实。在道根阶段,自无生有;在道干阶段,万物成体;到了最后的道实阶段,天地开始分化,宇宙最后形成。老子的"天道观",把"道"作为世界的本原,不仅具有开创性,而且这个理论非常系统。根据老子的"天道观",必然导致"天人相分"的学说。而"天人相分"与"天人合一"相比,前者在本体论上往往走向朴素唯物主义,而后者往往走向唯心主义。

道还是万物生存的主宰和条件。《道德经》五十一章:"道生之,德畜之,物形之,势成之,是以万物莫不尊道而贵德。"从这里看,道与万物不仅是父子关系,又是同体关系,是万物生长的内在动力和原因。

道是万物的规律、必然性。在各式各样的规律中,讲得最充分的是矛盾规律和以弱胜强理论。事物的矛盾性在老子之前已有认识,老子的贡献是把这一认识推到新的阶段。他提出,一切事物都是相反相成,在《道德经》第二章说:"有无相生,难易相成,长短相形,高下相倾,声音相合,前后相随,恒也。"相反即矛盾的斗争性,相成即矛盾的统一性。相反的一面包含着向对立面转化的内因,"反者道之动","祸兮,福之所倚;福兮,祸之所伏"。他一再指出"物极必反",于是提出一个很有影响的原则,为了制伏和达到一个目的,最有效的办法是让它走向极端,《道德经》三十六章讲:"将欲歙之,必固张之;将欲弱之,必固强之;将欲废之,必固举之;将欲取之,必固与之。是谓'微明'。"老子的特殊之处,更加强调了柔弱在矛盾中的作用,提出了"弱者道之用"的新见解。在老子看来,弱是道的最根本属性,而刚强、进取等是违背道的。在五十五章中又说:"物壮则老,谓之不道,不道早已。"表面上强大的东西,如强、刚、壮等在发展中会破坏道的稳定性,柔弱则是保持事物符合道的最好手段。

老子从唯物主义观点给世界的形成、变化寻找共同的物质总根源,他提出了"道"作为哲学的最高范畴。老子高于过去一切唯物主义流派的地方在于他否认了上帝的最高地位,提出了世界构成的普遍的物质性的总根源。他特别强调了物质性的道不同于任何具体的事物,它有更广泛、更概括、更具有普遍规律的意义。[①]

---

① 任继愈主编:《中国哲学史》第 1 卷,人民出版社,2000 年。

从以上的论述可以看出,老子提出的世界的本源——"道",具有以下一些特点:第一,道是混沌未分的原始物质,它是"混成"的,其中有"精"有"象"。由这种混沌状态的原始物质剖判为万物,于是才出现"道生一,一生二,二生三,三生万物"。第二,道是最原始的、永恒运动着的物质实体,它"先天地而生","独立而不改,周行而不殆"。第三,道不同于任何具体事物那样的性质,因而老子也叫它"无名"。他说:"道常无名,朴。虽小,天下莫能臣。"又说:道的特点是"其上不皦,其下不昧,绳绳兮不可名,复归于无物。是谓无状之状,无物之象,是谓惚恍"。一切具象的东西,光线照射到的上部,就明亮一些,光线照不到的下面,就黑暗一些。但是对于宇宙万物的本源——道来说,无所谓上面下面,所以不能说它上面明亮,下面黑暗。它没有相状,没有具体的形象,它的形象不固定,所以叫它"惚恍"。由于它不同于一般物体的形象,所以叫做"大象",是谓"大象无形"。第四,道不是肉眼或身体直接所能感触得到的。对于道,"视之不见,名曰'夷',听之不闻,名曰'希',搏之不得,名曰'微'。此三者不可致诘,故混而为一"。看不见,听不到,摸不着,但三者指的是一个东西。老子说"有生于无",不是从空无中产生万物,而是说从道产生万物。第五,道是物质,又是物质运动的规律,如"天之道"、"人之道","谓之不道",等等。

老子提出了道这一哲学最高范畴,开始避免了以前唯物主义者用具体的某一元素,如水、火、木、金、土等来说明世界的困难。但同时也应该看到,老子过分强调了道不同于日常生活中的具体事物的特点,割裂了"道"和具体事物的关系,把"道"和具体事物对立起来,把原本正确的思想引向它的反面。中国哲学史上,老子第一次建立了"道"这一最高范畴,建立了精气论的朴素唯物主义。它表明当时人类在认识世界漫长的过程中,对精神性的上帝观念的反对,超出了低级阶段的元素论的朴素唯物主义。[①]

(二)宇宙论思想

自然哲学及宇宙论思想在老子哲学中占十分重要的地位。老子把自然状态作为自己崇尚的最高社会理想,维护人类生命是老子哲学的根本宗旨。老子认为,道作为宇宙的终极本体,其存在自然而然。同时,道对自己的一切产物采取

[①]　任继愈主编:《中国哲学史》第 1 卷,人民出版社,2000 年。

任其自然的态度。正因为如此,老子宇宙论中的宇宙在总体上呈现着自然而然的状态。

老子的宇宙论思想,其重要一点就是——道自然而然。《道德经》第二十五章云:"道大,天大、地大,人亦大。域中有四大,而人居一焉。人法地,地法天,天法道,道法自然。"老子在此不仅把道、天、地、人同列为宇宙之大物,尤其是揭示了这四者之间的依次效法关系。有一种看法认为,"道法自然"之"自然",指的是"自然界"之"自然",其实不然。既然老子认为道是宇宙的终极本体,包括自然界在内的各个领域及其一切事物、现象归根到底都是道的产物,由此决定了道与自然界之间的效法关系只能是自然界效法道,而不可能相反。天和地都属于自然界。既然老子在前面已经规定了天地自然效法于道,那么他在后面就不可能反过来又规定道效法自然界。否则,就会出现道与自然界互相效法的循环,而这于理不通。在老子看来,道作为终极本体在宇宙中居于至高无上的地位,具有无限巨大的权威。如果逆转自然界效法道的关系,那就无异否定了道在宇宙中的至高无上的地位和无限权威,这对老子哲学显然是不相符合的。另外,从层次及性质上看,道存在于形上层面,属于超验之物,而自然界存在于形下层面,属于经验之物,如果把"道法自然"诠释为道法自然界,那就倒置了形上本体与形下产物之间的本末关系,这同样有违老子思想。对此,南怀瑾先生说:"老子所说的'自然',是指道的本身就是绝对性的,道是'自然',如此'自然'便是道,它根本不需要效法谁,道本来如是,原来如是,所以谓之'自然'。"①

老子认为,道是先于其他一切存在物的原始实在。《老子》二十五章说:"有物混成,先天地生。"第四章云:"道冲,……似万物之宗,……象帝之先。"既然道先于天地而存在,甚至在上帝之前就存在,由此表明道是最原始的存在物,这就排除了道体境状是由其他存在物产生的可能,表明道体境状是道自身之所然,即自然。另一点,道是独立自在的实存之物。《老子》二十五章讲:道"独立而不改"。其意思是,道独立存在,不动不变,始终如一。宇宙中的一切事物、现象皆藏隐于道之中,即便作为证悟道体者的老子本人也完全出于无我的状态之中,即主客合一、道我玄同状态。由此表明,道不是在其他事物的作用下产生的,而是

———————————

① 南怀瑾:《老子他说》,国际文化出版公司,1991年。

道在绝对独立状态中的呈现,从而是自我呈现,自然而然。

道的原始性、独立性、自在性,昭示着道之所是乃道自所是,道之所然乃道自所然。在老子关于道的各种称谓中,"朴"是其中之一。他在三十七章把道称为"无名之朴",在二十八章中把复归于道说成是"复归于朴"。《说文解字》:"朴,木素也。"段玉裁注:"素犹质也,以木为质,未雕饰;如瓦器之坏然。""朴"就是未经加工雕饰的处于自然状态的木头。老子以"朴"喻道,意在说明道乃自然之物。老子眼中的道是一种形上超验的实在,永远保持着自然而然的状态。

"道法自然"实际上是道效法自己本来所是的样子,也即道效法道。那么,老子为何说道效法自己,这是由于在他看来,既然人效法于地,地效法于天,天效法于道,那么依此上推,似乎道也应效法什么,然而道是先于一切的、独立自在的存在物,没有其他存在物供它效法;更重要的是,道是至高无上的宇宙终极本体,它绝不可能委身效法自己的产物。因此,如果说道也要效法什么的话,那么道所效法的便只能是它自己。①

《老子》二十一章云:"孔德之容,唯道是从。"此语便包含道自我效法之义。"孔"即大。"孔德"即大德。"道"在此指道之体。老子告诉人们,道之德的容状遵从着道之体。道之德作为道的功能、作用,无所不在,力量无限。然而,由于道是以绝对无为方式发挥、实现其功能作用的,所以万物直接感觉不到道之德(即道的力量、作用)。从这个角度看,道之德的容状与道之体的境状一样,无形无象,无声无息,从而不可见,不可听。正是由此着眼,老子说道之德遵从着道之体。道之德是道的功用层面,也属于道。因此,道之德效法道之体意味着效法道,即"道法自然"。

道作为一种存在物,是自然而然的存在物。因此自然而然是道存在的基本特征。在此意义上,我们可以把老子之道称为自然之道。正是依据自然之道,老子提出了人类社会的自然主义理想。在他看来,人类应该像道那样自然而然地生存。所谓"人法地,地法天,天法道,道法自然",其实质在于强调人效法自然之道或道的自然状态。

老子的宇宙观的第二个方面是宇宙自然而然。

---

① 赵庙祥:《悟到明人》,陕西人民出版社,2004 年。

　　宇宙及其一切事物、现象归根到底都是道的产物。无道即无宇宙。这是老子关于宇宙与道的基本看法。作为宇宙本体的道自然而然地存在着,那么作为道的产物的宇宙万物是否也自然而然地存在着? 关键在于弄清道对自己的产物抱什么态度。如果道以有为方式对万物施加力量、作用,以宇宙主宰的身份把万物占为己有,对万物时时处处严加管制、束缚,那么万物就不可能自由自在、自然而然地存在;与此相反,如果不以有为方式对万物发挥作用,不以宇宙主宰的姿态占有万物,不对万物严加管制、横加干涉,而对万物抱任其自然的态度,那么天地万物便能自然而然地存在。《老子》三十七章云:"道常无为而无不为。"这清楚表明,道是以无为方式对天地万物发挥作用的。其无为方式意味着道没有直接主宰、管制、干扰天地万物,而对其持的是任其自然的态度,这就为天地万物自然而然提供了具有决定意义的本体条件。老子有关思想表明,道对万事万物始终坚持的是最后一种态度,"道常无为而无不为",这清楚表明道是以无为方式对天地万物发挥作用的。其无为方式意味着道没有直接主宰、管制、干扰天地万物,而对其持的是任其自然的态度,这就为天地万物自然而然提供了具有决定意义的本体条件。

　　与道对天地万物无作无为,任其自然的方式、态度相一致,老子在五十一章指出:"道生之,德畜之,物形之,势成之。是以万物莫不尊道而贵德。道之尊,德之贵,夫莫之命而常自然。故道生之,德畜之,长之育之,亭之毒之,养之覆之。生而不有,为而不恃,长而不宰,是谓玄德。""物"指质料,"势"指环境态势。"亭",结果实;"毒",成熟;"覆",覆盖、保护。老子在此时把道对万物的态度和功绩进行对照,主要解答了两个问题:一是道尊德贵的原因,二是道之德的性质。关于前一个问题,老子指出,道尊德贵不是由谁封爵的结果,而是由于其永恒保持自然而然的状态。就是说,道本身始终自然而然地存在着,道之体自然而然地产生了万物,道之德自然而然地养育着万物。正如此,万物无不自然而然地尊重道之体和珍贵道之德。可见,道尊德贵完全是自然的,毫无强为因素。至于后一个问题,老子具体说明了道对万物的养育之功:道之体产生万物,道之德养育万物,使万物成长发育,使万物结果成熟,使万物得到抚养保护。接着,老子通过道对万物的态度说明道之德的性质:道生万物而不占有,帮助万物而不自恃,引导万物而不主宰,这就是深邃幽隐之德即道之德。既然道对万物不占有、不主宰、不自恃,这就表明道对万物采取的是顺其自然的态度,从而使天地万物自然而然地存在获得了终极本体的支持。

道任物自然的实质是任性自然。唯有抓住这一实质,才能正确理解老子的宇宙观,正确理解老子关于道与万物关系的思想。一方面,老子认为,道是天地万物的终极本原、本质和归宿,对天地万物发挥着"无不为"的力量和作用。从这个方面看,天地万物的产生、发展和变化始终受着道的统驭,道在任何情况下都没有对万物不加理会,任其自流。如果道对天地万物不施加任何力量、作用,任其自流,那么老子把道判认为宇宙终极本体就没有意义。老子的这种判认,目的在于说明整个宇宙不仅是道的产物,而且受其统制,否则,有道存在与无道存在对天地万物便没有什么区别。那种认为道任物自然就是任其自流,不加理会的观点,显然是不符合老子关于道与万物的宇宙观的基本思想,不能解释道对宇宙"无不为"的作用。①

另一方面,老子认为,道虽对天地万物有"无不为"的力量和作用,但道始终是以无不为的方式发挥着作用。如此,万物就感觉不到道对自己的强制、主宰和干预,从而得以自然而然地存在。万物按性存在,是指万物按照自己的性质自然而然地存在,既显示着道对万物的决定性作用,又显示着道对万物任其自然的态度。这是道在创生万物时,规定了万物的性质,使每一个事物都成为具有特定性质的事物。事物的性质是事物赖以存在的基础,规定着事物发展的基本方向和过程。由此表明,道对万物发挥着根本性的决定作用。但是,道规定万物的性质以后,只有通过自己给万物规定的性质统制万物,而不用有为方式直接管制万物,这又显示出道任物自然的态度。任物自然作为任性自然,意味着万物在没有道的直接干涉的条件下,各依其性自然而然地显示着自己的特征、形式、过程和功能等等。

总之,在老子看来,既然道只从根本上统制万物,而不直接主宰、管制万物,那就表明天地万物在总体上自然而然地存在着。自然而然是宇宙存在的基本状态。需要强调的是,万物各依其性而存在,并不意味着万物之间不相互作用。宇宙中的事物、现象千差万别,多种多样,任何事物都不可能孤立存在,都要与其他

———————
① 赵庙祥:《悟到明人》,陕西人民出版社,2004 年。

事物进行各种各样的交互作用,但这种作用不是事物性质之外的任何意志、目的驱使的,而是各事物依其性质进行的,是由宇宙的自然法则决定的,因而也是自然而然的。把宇宙视为自然宇宙,是老子宇宙观最重要的思想。

三、道家的辩证哲学

(一)道家哲学的基本内涵

老子有成熟的政治思想和政治主张,在此基础上形成了完整的哲学体系,形成了朴素的辩证法思想。

老子认为世界上有一个超越一切的虚无本体,叫做"道",又曰"大"。他说:"有物混成,先天地生,寂兮寥兮,独立而不改,周行而不殆,可以为天下母。吾不知其名,强字之曰'道',强为之名曰'大'。"这个道,就是老子哲学思想的核心和内涵。

"道"本来是道路的意思,引申为法则。如前所述,老子认为"道"是创造世界万物的源泉,是万物之源。如果把老子的抽象出来的"道"再与现实世界结合起来,那么老子讲的"道"是什么呢?"天之道,利而不害","天之道,损有余而补不足……孰能有余以奉天下?唯有道者"。老子希望在冥冥之中有一种支配万物的力量,这种力量就是"道"。它是一个不变的法则,任何力量不能改变,从而使他理想中的社会不因任何外在的力量的干扰而被动摇和破坏。道是世界的总根源,无所不在的道就是"独立而不改,周行而不殆"的。从道产生的天地万物也是在变化着。他又说:"天地尚不能久,而况于人乎?"

老子思想中最光辉的部分是朴素的辩证法思想,老子比较系统地揭示了事物的存在是相互依存的,而不是孤立的。如美丑、损益等等,都是对立的统一。一方不存在,另一方也不存在。从此可以看出,在老子的思想中,矛盾统一观念进一步明确,也是当时人类认识世界深化的表现。

老子概括了当时的自然现象和社会现象,他总结出事物都向着它的相反的方向发展。他说:"祸兮,福之所倚,福兮,祸之所伏。"由于老子看到事物无不向着它的对立面转化这一基本规律,他说:"反者,道之动。"老子从这一原则出发,决定了他认识世界,对待生活的态度。他主张贵柔守雌,反对刚强和进取。[①]

老子通过对自然界的观察,看到植物幼苗虽然柔弱,但它能从柔弱中壮大;相反,等到壮大了反而接近死亡。他说:"草木之生也柔脆,其死也枯槁。"以此类推,他认为对待生活也应当这样,他又说:"物壮则老,是谓不道,不道早已。"这是说,事物强大了,就会引起衰老,有意造成事物的强大,是违反道的原则的,因为这会促进它早日结束它的生命。他还认为最好经常处在柔弱的地位,就不会转为坚强,就可以避免走向死亡的结局。他说:"兵强则灭,木强则折",因而他主张"曲则全,枉则直,洼则盈,敝则新,少则得,多则惑"。这里的意思很清楚,就是委曲反能保全,屈枉反能伸直,卑下反能充盈,敝旧反能新奇,少去反能多得,多取反而迷惑。他还教人向柔弱的水的品质学习。水看来是柔弱的,但它可以冲决一切比它坚强的东西,所以老子说:"上善若水,水善利万物而不争。"这是老子的"柔弱胜刚强"的原则在生活中的运用。

仔细分析,老子贵柔守雌的态度和春秋末期个体小私有者的社会地位、经济地位有密切的联系。个体小私有者经济力量微弱,无权无势,他们没有奴隶主那样的特权,因而老子的辩证法带有保持自己的利益,以柔胜刚,以退为进的特点。

用唯物辩证的观点看,老子的辩证法还有一定的局限。老子发现了事物转化的规律,并以此来反对有意志的上帝,这是它的积极意义。但他把对立面的转化看做无条件的、绝对的,不但破坏他自己的唯物主义原则,也影响了他的辩证法思想的正常发展。此外,老子脱离了条件去看柔弱战胜刚强的原理,因而把刚强抽象化、绝对化。腐朽的事物的衰弱,与新生事物的衰弱是有实质的差别的,事实表明,只有新生的事物才可以由柔弱转化为强大,垂死的事物的柔弱,不但不能转化为强大,其前途只有死亡。老子没有认识到这一差别,他把强与弱、胜与败,看做循环往复的无尽过程。老子的辩证法还不可能认识量和质的关系,仅只模糊地初步接触到事物的量的积累可以引起性质的变化的这一观点。他说:"合抱之木,生于毫末;九层之台,起于累土。"他还说:"图难于其易,为大于其细"。难和易,大和细,是质的不同。但从一点一滴的细小努力做起,即可克服困难,完成巨大的工作。这都是老子对于一定的量的积累可以引起性质变化的

---

①　任继愈主编:《中国哲学史》第 1 卷,人民出版社,2000 年。

初步认识。……这些思想虽然还说不上已经认识到质量互变的规律，但他已经初步接触到了这一方面的问题，并提出了一些粗浅的在当时却是深刻的看法。①

老子的辩证法也没有由低级到高级的发展观念，但也初步接触到了这一方面的问题。他指出经过发展阶段的事物与前一阶段的事物表面相似，但实质上是提高了。他说："大成若缺，其用不弊；大盈若冲，其用不穷。大直若屈，大巧若拙，大辩若讷。"老子指出了好似拙的大巧并不是真正的拙，好似空虚的充实并不是真正的空虚。它们都是原来的质的进一步提高后的新质。老子还说："明道若昧，进道若退，夷道若颣，上德若谷，广德若不足，建德若偷，质真若渝。"这一连几个"若"字，都是指比原来阶段的质有所提高的新的质。

老子的辩证法思想继承了《易经》和春秋以前丰富的朴素的辩证法思想的内核，并在前人的基础上有所发展。它的不足在于注重柔弱，反对进取，不敢迎接新事物；脱离了条件讲变化，没有摆脱循环论的影响。老子的辩证法还过分强调矛盾对立面的统一性而忽视矛盾对立面的斗争性的一面，因而包含走向相对主义的可能。庄子的相对主义哲学体系就是沿着这条道路发展的。这些消极因素，在一定程度上妨碍了老子的朴素的辩证法的正常发展。

（二）道家哲学的最基本特征

道家的哲学思想主要是老子的思想。老子认为世界上有一个超越一切的虚无本体，叫做"道"，又叫做"大"。这个"道"就是老子哲学的核心，也是道家哲学的最基本特征。

如果把老子的这个抽象出来的"道"再与现实世界结合起来，那么老子讲的"道"是什么呢？《道德经》七十七章云："天之道，损有余而补不足。……孰能有余以奉天下，唯有道者。"六十章亦云："以道莅天下，其鬼不神。非其鬼不神，其神不伤人。非其神不伤人，圣人亦不伤人。夫两不相伤，故德交归焉。"也就是说，以道临天下，那么鬼、神、圣人和人则皆互不相伤，故德交合在一起，一切都顺乎自然。说到底，老子以道为核心的哲学体系仍然是为他那平等的农村公社的社会理想服务的。②

---

① 任继愈主编：《中国哲学史》第 1 卷，人民出版社，2000 年。
② 李玉洁：《先秦诸子思想研究》，中州古籍出版社，2000 年。

老子及道家哲学思想中最光辉的部分是朴素的辩证法思想,它揭示了世界上任何事物都包含有矛盾对立的两个方面。这两个方面互相依存,相辅相成。如有与无、美与丑、长与短、高与下、先与后、福与祸、刚与柔等都是对立统一的。如果一方面不存在,那么另一方面也不存在,即"有无相生,难易相成,长短相形,高下相倾,音声相和,前后相随"。老子还体会到对立面的转化。他说:"祸兮,福所倚,福兮,祸所伏。"他认为世界上没有永恒不变的事物。在第二十三章中讲:"希言自然,故飘风不终朝,骤雨不终日,孰为此者?天地。天地尚不能久,而况人乎。"

老子辩证思想的产生是他深刻观察自然界万物变化的结果,更重要的是他所处的时代存在着激烈的斗争,从而使他认识到任何事物都存在着互相矛盾的两个方面及其互相依存、互相转化的规律。晋国史官史墨曾提出"物生有两"的命题,并得出"高岸为谷,深谷为陵","社稷无长奉,君臣无常位"的结论。① 这与老子辩证法思想是一脉相承的,是社会上现实斗争在哲学家头脑中的反映。

老子还主张"致虚极,守静笃,万物并作,吾以观复"。这种力图在自我的内心世界中保持平静来消除现实的矛盾,表现了小国贵族无可奈何、甘心失败的软弱心理。老子不能以斗争去促进矛盾的转化,改变自己的处境,只主张以贵柔守雌的办法去防止事物的转化,以不变应万变,这样老子的辩证法又被其唯心主义所扼杀,最终导向了形而上学。老子是一位有着朴素辩证法思想,而又导向了形而上学的哲学家。

老子思想是在春秋争霸战争特定的历史条件下,产生于小国贵族的思想,表现了小国贵族的苦闷心理。他的小国寡民的社会理想也是当时小农经济的反映。老子反对战争、反对侵略、主张平等的思想在小国贵族中有广泛的影响,以至后来形成道家学派。

四、道家的政治哲学

(一)"无为而治"观念

"无为而治"是老子思想中的一个重要理念。在《道德经》中"无为"一词的

---

① 周·左丘明撰,唐孔颖达疏:《春秋左转正义》,阮校《十三经注疏》(下册),中华书局,1980年。

"无",不是表示不存在,不是表示什么都没有的意思,而是指无具体形象的物质和状态,这种物质和状态只是看不见、摸不着、听不清,它是既表示无具体形状的物质,又表示抽象思维的属性概念。

《道德经》第十一章:"三十辐共一毂,当其无,有车之用。埏埴以为器,当其无,有器之用。凿户牖以为室,当其无,有室之用。故有之以为利,无之以为用。"①这一章中的几个"无"字的含义指的是一种空间,它没肉眼可见的物体,但是它是客观存在的,可以容纳有形的物体。如果没有这个无形的空间,有形的物体就不能发挥作用。"针对此言,宋徽宗曾评说'有则实,无则虚,实故具貌象声色而有质,虚故能运量酬酢而不穷。天地之间,道以器显,故无不废有,器以道妙,故有必归于无'。王弼亦批注云'以其无能受物之故,故能以寡统众也'。"②

《道德经》第二十五章:"有物混成,先天地生。寂兮寥兮,独立而不改,周行而不殆,可以为天地母。吾不知其名,强字之曰'道',强为之名曰'大'。"③本章中讲述的先于天地而存在的无形无像的"物",虽然没有具体的形象,但它可以产生天地万物。在老子眼里,"道"是先于天地而生,并且是高于一切的,是"周行不殆"的,是天地之母,所以老子称其为"大道"。

"无为"在老子看来不是不作为,而是不妄为,不违反自然规律而为。对于该做的事,老子不仅是主张要做,而且要做好,要推己及人,见微知著。《道德经》五十四章说:"修之于身,其德乃真;修之于家,其德乃余;修之于乡,其德乃长;修之于邦,其德乃丰;修之于天下,其德乃普。"要建设道德社会,道德精神的普及是基础,如果没有这个基础,再好的理论也难以实施。为此,就要从自身做起,从个人到家庭,从家庭到亲友,然后到社会。

"无为而治"是老子的政治主张,老子通过自己对社会现象的观察和思考,描绘了他的"治国方略"。在老子看来,社会上出现混乱局面的根本原因是统治者过多运用手段干扰了原本应该正常的社会秩序,所以老子提出了"以无事取天下"的观点。

老子的"无为而治"分析起来有三层意思:其一,只管符合不符合"道",不问

① 饶尚宽译注:《老子》,中华书局 2006 年 9 月北京第 1 版。
② 李择非整理:《道德经》,万卷出版公司 2001 年版。
③ 饶尚宽译注:《老子》,中华书局 2006 年 9 月北京第 1 版。

具体之事,在具体事物上是"无为"的。其二,在上"无为",在下"有为"。圣人"无为",是同臣下"有为"相对而言的。其三,在一些事情上"无为"之做法,能够达到许多方面"有为"之目的,实质上是"无为而无不为"。

老子说:"道常无为而无不为。侯王若能守之,万物将自化。化而欲作,吾将镇之以无名之朴。镇之以无名之朴,夫将不欲。不欲以静,天下将自正。"①这即是说,"大道"经常是无为的,结果却无所不为。侯王若能够把握大道,万物就会自然来归。如果有人产生了贪求的欲望,必有大道镇住他保持持久稳定。根绝了欲望,人心不乱,天下将自然而然地归于安定,一派升平气象。老子告诫人们相信"道",推崇"道",凡事都要顺应自然,反对自作主张,违抗自然,这就是"无为"。"无为"是要求不要离开"道"而勉强人为,不要悖道而行,在"道"的原则下奋勇直前,就会达到"无不为"的目的。"侯王"这些有国者、统治者,若能顺守"大道",顺应人的本性而求自然的太平,万事将一帆风顺,万物将一派生机,万民将自然而然,潜移默化。如果物质文明进一步发展到很强的程度,老百姓被物质利益引动私欲,"化而欲作"就会有不合天道的行为,那么统治者就要引导百姓养成淳朴的社会风气,使人们不慕虚荣,那私心自然不能扩张膨胀,即使扩张,也会被"无名之朴"把它压下去。人们能够去掉私欲,才能明白大道,静守自然,适应环境。这里关键是一个"朴"字。人们固守"大道",没有私欲,没有纷争,朴实无华,没有追求,天下太平,这就是老子的政治理想。②

老子的"无为而治"的思想在中国历史上曾被统治者用于治理社会,并取得了辉煌的成就。比如汉代的"文景之治"和唐代的"贞观之治"。汉文帝在位二十三年,宫室、园囿、车马、服饰等,在刘邦为帝的基础上一点没有增加,凡是对百姓不便的事情就予以废止。每当有天灾人祸、边境不宁的时候,文帝就反思自己的道德心性,进行忏悔祈祷。他废止了肉刑和诽谤朝廷的罪名,招贤纳士,从谏如流。汉文帝十分重视农业生产,他继位后多次下诏劝课农桑,按户口比例设置三老、孝悌、力田若干员,经常给予他们赏赐,以鼓励发展生产。同时还注意轻徭薄赋,曾两次"除田租税之半",即租率减为三十税一。此后,三十税一成为汉代

① 饶尚宽译注:《老子》,中华书局2006年9月北京第1版。
② 杨丙安、吴士英、宋育文、王崇献主编:《老学新探——老子与华夏文明》,中州古籍出版社1994年3月郑州第1版。

定制。文帝还下诏开放原来属于国家所有的山林川泽,从而促进了农民的副业生产和与国计民生有重大关系的盐铁事业的发展。文帝之子景帝即位后,依然持守黄老学说规范心身而治国。当时人心淳朴,天下丰裕,到景帝末年和武帝初年时社会和国家已经比较富庶。司马迁在《史记·平准书》中,记载说:"非遇水旱之灾,民则人给家足,都鄙廪庾皆满,而府库余货财。京师之钱累巨万,贯朽不可校;太仓之粟陈陈相因,充溢露积于外,至腐败不可食。"①由此可见,文景时期政治清明,经济发展,人民生活稳定,是中国历史上的太平盛世。

唐太宗李世民尊崇老子的"无为"思想治理国家,创造了"大唐盛世"。唐太宗居安思危,远离奢侈,以简朴为本,体察黎民疾苦,兴利除弊,出现了为后人所称道的"贞观之治"。唐代大诗人杜甫有诗赞曰:"至君尧舜上,再使风俗醇。"

老子的"无为而治"实际上是要高度重视万事万物自身所具有的客观规律,即顺其自然,不凭主观意愿强行做违反规律的事,建立自然和谐的社会,崇尚节俭,爱惜民财,合理有效地利用资源,谦和不争,贤人受重用。老子的这些思想对于今天构建和谐社会,实现经济的可持续发展有巨大的借鉴意义。

(二)"至德之世"观念

至德之世是道家学说中一个重要的观点,庄子将其作了深刻的阐述。按照道家的学说,圣人与天同德,圣人治理的社会,就叫作"至德之世"。

庄子《胠箧》:"子独不知至德之世乎? 昔者容成氏、大庭氏、伯皇氏、中央氏、栗陆氏、骊畜氏、轩辕氏、赫胥氏、尊卢氏、祝融氏、伏羲氏、神农氏,当是时也,民结绳而用之,甘其食,美其服,乐其俗,安其居,邻国相望,鸡狗之音相闻,民至老死而不相往来。若此之时,则至治已。"②

庄子认为,在尧舜禹以前就有容成氏、大庭氏、伯皇氏、中央氏、栗陆氏、骊畜氏、轩辕氏、赫胥氏、尊卢氏、祝融氏、伏牺氏、神农氏,这十二个上古帝王的时代是圣人治下的"至治",是"至德之世"。在至德之世的社会中,"其行填填,其视颠颠,山无蹊遂,泽无舟梁,万物群生,连属其乡,禽兽成群,草木遂长"③。当时社会中的人"立于宇宙之中,冬日衣皮毛,夏日衣葛絺。春耕种,形足以劳动;秋

---

① 汉·司马迁:《史记》,中华书局 2006 年 6 月北京第 1 版。
② 杨柳桥撰:《庄子译注》,上海古籍出版社 2006 年 11 月上海第 1 版。
③ 孙海通译注:《庄子》,中华书局 2007 年 3 月北京第 1 版。

收敛,身足以休食。日出而作,日入而息,逍遥于天地之间,而心意自得"①。"同与禽兽居,族与万物并","含哺而熙,鼓腹而游","上如标枝,民如野鹿"。在至德之世,生活自然而任情,天亮以后劳作,天黑以后休息。春天耕种,秋天收获,冬天休息。要想生活就必须劳动,但劳动所得足以温饱;耕作虽然辛苦,但辛苦正可以活动筋骨,增强健康。冬天穿皮毛,夏天穿麻葛,周围与万物同生,与野兽同处。有山但并不开出道路,有河但并不架出桥梁。立身天地之间,没有欲望,没有争执,没有责任,没有任何的心理压力。和树枝一样自然舒放,和婴孩一样纯朴自得。

"圣人"和"至德之世"的概念,是庄子社会观中历史观的两个概念,是庄子在历史的名义下加以肯定的人道概念之一。实际上,庄子所说的上古十二帝王的"至德之世"虽然有历史的影子,其中仍然有很大程度的理想因素。所以,庄子的至德之世的概念,实际上是有历史与理想的双重因素的。《外物》篇说:"夫尊古而卑今,学者之流也。且以稀韦氏之流,观今之世,夫孰能不波?唯至人乃能游于世而不僻,顺人而不失己。"对于一般所公认的、有比较明确的史实的历史,比如唐虞尧舜以后的历史,庄子实际上是持否定态度的。

"圣人"和"至德之世"概念的核心内容是自然无为,与道合一。这明显的是出于庄子本体论思想的推演。反过来说,圣人和至德之世概念作为庄子哲学社会观中的概念,而具有历史和理想的双重因素,正可以成为庄子哲学以本体论为重心的一个佐证。同时,圣人和至德之世的描述作为历史现象,还可以成为庄子对现实予以评价的背景和比较。除道家之外,先秦诸子中还有儒、法二家也都重视历史体系的构建,也都是在以往历史中建立起各自的理想模式。对于先秦诸子来说,历史观同时也就是理想观。历史观成为上以佐证哲学理论,下以进行社会现实取舍的一个重要的中间环节。在先秦诸子之中,比如孔子的理想模式依托于三代,主要是西周;孟子法先王;荀子法后王,论秦政;韩非子对于历史,取其变异而舍其典章定制,实际上是将历史与现实重合为一。在先秦诸子之中,将自己的理想模式远托于上古十二帝王,而对其后的历史予以全面的否定,这是庄子的特色。

---

① 杨柳桥撰:《庄子译注》,上海古籍出版社 2006 年 11 月上海第 1 版。

庄子认为至德之世,人们都顺应大道,无为而治,是理想的社会。《庄子》之重生:庄子主张人应当注重保全身命、养生颐志,而不应为外在事物所驱动,鼓噪欲望,终为其所毁灭。有关庄子的一个故事是说,当楚国国君派两个大夫到河边去邀请庄子作宰相时,庄子头也不回地继续钓鱼,他问那两个大夫:我听说楚国国君的大庙里供奉着一只大龟,此龟死时已三千岁。请问二位:你们说是做那大龟被杀死然后被供奉在高堂好呢,还是曳着尾巴在泥巴里面爬的好?两位大夫立刻回答说:曳着尾巴在泥巴里爬的好。于是庄子笑道:对,我宁愿做那曳尾于泥中的龟。

五、道家的人生哲学

（一）善恶观念

道家的善恶观随着道教的形成也逐步出现。早期道教形成的重要标志之一就是道教经书的出现。最早的道教经书是汉成帝(公元前 32～前 7 年在位)时,齐人甘忠可诈造的 12 卷名为《天官历包元太平经》的经书。此部经书已经亡佚,不能详知其内容。但据《汉书·李寻传》说,这部经书言:"汉家逢天地之大终,当更受命于天,天帝使真人赤精子,下教我此道。"[1]值得注意的是这部经书有了两个新的内容:一是构造出了天帝—真人—方士的道教传授系统,被君权神授的传统观念与真人奉天帝之命传达"天意"给经书制造者的神话结合起来;二是神仙被赋予了新的职能,他们不再是游戏于世外超现实的神人,而是直接参与并影响社会生活的活生生的人。[2]

在随后出现的道教早期重要的经书《太平清领书》,又称《太平经》中,有关善恶和因果报应的内容就比较系统了。《太平经》分为甲葵十部,每部 17 卷,共170 卷。它没有署名作者和成书时间。书中自称是天师代天传言,授予真人的"天书"。这当然是一种不足为凭信的神话。在正史中,最早出现关于《太平经》记载的是范晔修的《后汉书》。总的来说,《太平经》是以道家哲学、阴阳五行学说、传统的宗教思想、巫术以及儒家的伦理观念,吸收了当时的天文学、医药学、

---

① 汉·班固撰:《汉书》,中华书局 2007 年 8 月北京第 1 版。
② 卿希泰、唐大潮:《道教史》,中国社会科学出版社 1994 年 12 月北京第 1 版。

养生学等自然科学成就,来建立的宗教神学的理论体系,运用神道设教的方式,宣扬天人合一和善恶报应的思想,以及帝王统治术和封建道德观念,以实现"太平世道"为理想目标。其内容非常庞杂,除了在宇宙观、政治目标方面之外,在善恶方面有了比较系统的阐述。

《太平经》中发展了天人感应的善恶报应观念,提出了"承负"说,认为善恶报应,不仅应在自身,而且要影响到后世子孙,而且自身也要承负祖宗善恶的报应,其范围是:承负前五代,流及后五代。但是如果自身能行大功,就可避免祖先的余殃,并为后代子孙造福。这种思想,在以血缘关系为纽带的中国封建社会里,有着特殊意义。

此外,《太平经》还提出了"乐生"、"好善"的观念。《太平经》认为人人都有成仙的可能性。精、气、神俱足是生命存在的条件,所以,欲想长生不死,就必须固精、爱气、养神、行持"守一"、"食气"、"胎息"等。为了达到理想境界,还要服从神灵系统。《太平经》认为,人们生活的现实世界,存在着无数的神灵。神是"皇天之吏",为"无形象,变化无穷之物"。神根据人的行为,赏善罚恶,毫厘不爽。最高神灵为天君,又称天公,其辖有众多官署,各司其职,不仅统治着人的世界,且管辖神的世界。《太平经》里所表明的宗教神学观念,已奠定了中国土生土长的道教的基调。

到魏晋时期,葛洪对道教神仙方术思想进行了系统总结,提出以神仙养生为内,儒术应世为外的主张,将道教的神仙方术与儒家的纲常名教相结合,建立了一套长生成仙的理论体系,使道教的神仙信仰理论化,丰富了道教的思想内容,为上层士族道教奠定了基础,对后世道教的发展有比较大的影响。葛洪本人也在中国道教史上占有重要位置,是道教史上一个承前启后的划时代人物。葛洪是上层士族道教理论的奠基人,在修炼问题上,他强调要想长生不老,不能只靠内修外养等方术,还须积善立功,以忠孝和顺仁信为本,"若德行不修,而但务方术,皆不得长生也"①。为了使封建秩序神圣不可侵犯,他还假鬼神的力量,来对人们实现严格的监督。宣称天地有司过之神,随人所犯轻重以夺其算,算减则人贫耗疾病,屡逢忧患,算尽则人死。以此来约束教徒的行为,让教徒多做善事,不

①　葛洪:《抱朴子·内篇》。

做恶事。并把"不忠不孝"、"横夺人财物"等认为是重大的"罪过"和"恶事",不仅被"夺纪",还要被"夺算"。由此可见,葛洪的理论,反映的是封建统治阶级的利益和愿望。

南宋的时候,关于道教的善恶问题有了进一步的发展。有影响的是道教编辑出了一本通俗的劝善书——《太上感应篇》,此书大概编成于北宋末年,南宋初已在社会上广泛宣传,其以"太上"规诫的方式,宣扬善恶报应,它提出了数十条善恶标准。所谓恶性,主要是指违背三纲五常的行为,诸如"暗侮君亲,慢其先生,判其所事","违父母训"、"非礼而动,背礼而行"等。其所说的善行主要是指符合三纲五常的行为,诸如"不履邪径,不欺暗室,积德累功,慈心于物,忠孝友悌,正己化人"等等。如果犯有恶行,人皆恶之,刑祸随之。如果善行,人皆敬之,天道佑之,,神仙可翼。《太上感应篇》利用神道说教的方式来贯彻它所宣扬的伦理道德法则,尤其是以行恶遭祸减算,损害现实利益的说教来劝善止恶,这对注重现实利益,希求福寿的中国人来说,具有很大的吸引力。再者它文字浅显,通俗易懂,便于在民间传播。这样,在南宋那种社会动荡的情况下,是非常符合当时人们心态的,而宋理宗也正是看到了《太上感应篇》的社会功用,故大力推崇,利用其为他的对内收拾人心,以巩固封建社会制度服务。于是,绍定六年(1233年)理宗亲自书写"诸恶莫作,众善奉行"八字列于卷首,并有名儒真德秀代作序和跋,宰相郑清之作赞文,广为传播。后来道教劝善书的兴起,当与此有直接的关系。

此外,道教在善恶问题上,还有一个重要的方法,即用清规戒律的形式来规定。

"戒"的本意是解、界、止,意思是"能解众恶之缚,能分善恶之界,又能防止诸恶也"。"律"为率、直、慄,意思为"率计罪愆,直而不枉,使惧慄也"。戒律,乃是道教用以约束道士思想言行,防非止恶的条文,是道士修道必须遵守的法规,具有强制性。道教戒律的种类很多,最基本的为五戒、八戒、十戒,从这些基本戒条中又演变出元始天尊二十七戒、六十戒、一百二十九戒、三百戒以至多达一千二百戒。现存道教戒律主要收录在《正统道藏》三洞中的戒律类,在《云芨七签》和《道藏辑要》中也有部分戒律。重要的有《太上经律》、《洞玄灵宝天尊说十戒经》、《太上老君经律》、《天仙大戒》、《初真戒》、《中极戒》等等。

　　至于道教的清规,则是在元明之际才出现的,清规与戒律一样,都是用来约束道士言行的条规。不过,两者之间略有区别,这个区别在于:戒律是警戒于事前的行为准则,清规是对犯律道士事后进行处罚的准则。一般说来,清规是由各道观自行订立,对犯律道士的处罚不外是:跪香、催单(劝离)、革出(逐出)、杖革(杖责逐出),最重的处罚是处以火化,亦即处死,等等。例如,白云观于清咸丰六年(1856年)所公布的《清规榜》其中就有:开静贪睡不起者,跪香;早晚功课不随班者,跪香;上殿诵经礼斗,不恭敬者,跪香;三五成群,交头结党,迁单;公报私仇,假传命令,重责迁单;毁谤大众,怨骂斗殴,杖责逐出;茹荤饮酒,不顾道体者,逐出;违反国法,奸盗邪淫,坏教败宗,顶撞教规,火化示众。①

　　(二)处世哲学

　　在为人处世方面,老子讲的比较多。《道德经》第十六章里,老子告诫人们:"不知常,妄作,凶。"意思是生活在现实中的人们应当懂得天地万物的流动变化、相反相成的常理,为人处世要合乎自然的常理。合乎自然常理是老子处世方面的最高准则。即是老子所说的"知常曰明"。在生活中如何实践呢?老子认为,一个人想成就某件事,他就要把自己放在成就事情的对面;如果他想保持任何事情,就要承认在事情之中已经有了它自身的对立面。如果一个人要强大,他就首先要看到自己处于一个软弱的地位。

　　在《道德经》第七章里,老子向人们讲:"圣人后其身而身先,外其身而身存。以其无私?故能成其私。"②在第二十二章里,他又说:"不自见,故明;不自是,故彰;不自伐,故有功;不自矜,故长。夫唯不争,故天下莫能与之争。"不自见、不自是、不自夸、不自恃是老子强调的处世大要。

　　在《道德经》第四十五章里,老子还说:"大成若缺,其用不弊。大盈若冲,其用不穷。大直若屈,大巧若拙,大辩若讷。"又说:"曲则全,枉则直,洼则盈,蔽则新,少则得,多则惑。"这是老子处世哲学中的第二点。

　　道家最关心的问题是:人生在世怎样才能全生?怎样才能避祸?老子认为:一个谨慎的人应当温和、谦虚、知足。温和就能保持自己的力量强大。谦虚就能

---

①　卿希泰、唐大潮:《道教史》,中国社会科学出版社1994年12月北京第1版。

②　饶尚宽译注:《老子》,中华书局2006年9月北京第1版。

使人不断进步。凡事知足，使人处理任何事情，不致过分。在第三十二章告诫人们："知止可以不殆"，第二十章说："是以圣人去甚，去奢，去泰。"

以上所述都可以从"反者道之动"的原理中引申出来。道家的"无为"并不是什么也不做，叫人完全不动，其用意是不要以多取胜，少就是抓住要害，同时也意味着行事为人不要矫揉造作，不要恣意妄为。

人的活动也如其他东西一样，过多就反而有害。人做一桩事，是想完成那桩事。如果做得过分，结果可能比不做更糟。老子在《道德经》第四十八章里说："取天下常以无事；及其有事，不足以取天下。"意思也是说行事不要过分，并不是叫人不要做事。

矫揉造作和轻率放肆是违反顺其自然原则的。老子认为，道就是万物之所由来，万物在生长过程中，都有"道"在其中。万物之中的"道"就是"德"，"德"的含义是"能力"或"品德"，它可以解释为万物本有的品质，也可以解释为人伦关系中的德行。因此"德"就是事物的本性。这就是《道德经》第五十一章说的"万物莫不尊道而贵德"①，由此看来，"道"是万物的由来，"德"则是万物本性的依据，人的行为要符合道德。

按照"无为"的理论，人的活动应限于"必要和顺乎自然"的范围。"必要"是达到某个具体有限的目标；"顺乎自然"，是按照时势和事物的本性，不强行要求，人行事为人，要力求平易朴实。"朴"是老子和道家的另一个重要思想。"道"就是"朴"之最，人要循德求道，道和德就要求人们要简朴。

老子在《道德经》第二章中说："天下皆知美之为美，斯恶已。皆知善之为善，斯不善已。"因此，老子蔑视儒家道德所主张的仁义，认为那是由于对万物的由来和万物的本性疏离而产生的。在《道德经》第三十八章说："失道而后德，失德而后仁，失仁而后义，失义而后礼。夫礼者，忠信之薄而乱之首。"

按照道家的看法，人失去了原有的德，乃是因为欲望太多，人竭力满足欲望，以求快乐，但是欲壑难填，当人们力求满足无穷的欲望时，所达到的适得其反。老子在《道德经》第十二章中说："五色令人目盲，五音令人耳聋，五味令人口爽，驰骋畋猎令人心发狂，难得之货令人行妨。"因此，《道德经》第四十六章又讲：

① 饶尚宽译注：《老子》，中华书局 2006 年 9 月北京第 1 版。

"祸莫大于不知足,咎莫大于欲得。"意思很明确,老子强调,在为人处世上,一定要清心寡欲。和清心寡欲相连,老子还强调要弃智。老子看到,知识本身就是欲望的一个对象,它往往引起人的更多欲望,成为人满足欲望,达到目的的帮手。知识既是欲望的主人,又是欲望的仆人,人的知识越多,就越不知足,不知止。故而在《道德经》第十八章上说:"智慧出,有大伪。"

(三)名利思想

道教受道家思想的影响比较大,奉行"出世"思想,一向把名利看得比较淡。首先,从老子说起,司马迁说"老子,隐君子也",又说:"老子修道德,其学以自隐无名为务。居周久之,见周之衰,乃遂去。"①从此,老子步入"隐君子"生涯。从这一点可以看出,老子是弃官归隐的,对功名利禄视若敝屣。老子本身的行为及自己的学说,充分说明,在道家的源头上是鄙视功名的,这一点对后世,对道家、对道教的影响是非常深远的。

另外,从老子的思想来看,"清静""无为""无欲""不争"是其思想的重要基石。道法自然是老子哲学的理论基础,这一理论运用到社会政治方面,老子提出了"无为而治"的原则。他在《道德经》第三十七章中说,"道常无为而无不为。侯王若能守之,万物将自化。化而欲作,吾将镇之以无名之朴。镇之以无名之朴,夫将不欲。不欲以静,天下将自正"。这里的中心意思是国家的统治者,应谨守自然之"道",这样百姓就可以自省自化,安宁质朴地生活。与此同时,"无为"还应"无欲",不能以个人私欲骚扰百姓。如果产生了不合于"道"的私欲,就应该用"无名之朴"即"道"的真朴镇住它。这样,才能达到"无欲"的境界,"无欲"的境界就是"静"的境界。老子说:"清静为天下正。"这里的"静"、"朴"、"无欲"都是"无为"的内涵。统治者如果能做到清静、真朴,对人民不骚扰、不侈靡、不扩张私人意欲,社会才会和谐安定。所以,老子说:"故圣人云:'我无为,而民自化;我好静,而民自正;我无事,而民自富;我无欲,而民自朴。'"②在要求统治者这样做的同时,"无为"、"无欲"、"清静"、"自朴"也是对社会上每个人的要求,这是老子的一贯思想。"此外,老子还主张清静无为,抱朴守雌,专气致柔,

---

① 汉·司马迁:《史记》,中华书局 2006 年 6 月北京第 1 版。
② 饶尚宽译注:《老子》,中华书局 2006 年 9 月北京第 1 版。

静观玄览。这些思想也都被道教所吸收,作为其应世思想和修炼方法。"①

　　先秦诸子中有许多学者的思想对道教的名利观也有不同程度的影响。关尹子贵"清",主张无知无欲,神与道合。杨朱贵"己",强调全性保真,不以物累形。列子贵"虚",主张受虚去誉,生死忧乐,无萦我心;成败荣辱,任其自然。庚桑楚则提倡全形保生,不为外物而思虑营营。稷下道家包括宋钘、尹文、田骈、慎到等人,宋钘、尹文主张不累于俗,不饰以物,见侮不辱,情欲寡浅。田骈、慎到提出齐万物以为道,顺乎自然,不顾于虑,不谋于智,于物无择,与之俱往。另外出于稷下道家之手的《管子》书中也有类似的思想。

　　此外,道教的渊源之一,黄老道中的一些东西对道教名利观的形成亦有比较大的影响。黄老道是太平道前身。"黄"指的是黄帝,"老"即老子。黄老并称始自战国稷下道家,至西汉初,逐渐形成一种政治、哲学流派。其主要思想是提倡清静无为、与民休息、垂拱而治。至东汉时,开始立祠祭黄帝、老子,黄老学派遂演化为宗教。任何宗教的形成,都有一定的承继关系,道教也不例外,不可否认地受到前期的影响。黄老道中的清静无为观念,对以后道教思想观念的形成有着潜移默化的作用。

　　从道教发展的历史来看,不重名利,注重修炼,坐忘修心始终是一个主题。魏晋时期,道教传播于世胄高门,大批高级士族加入道教,成为它的信徒,出现了一些所谓的天师世家。如丹阳的葛氏、陶氏,以葛洪、陶宏景为著,他们拥进道教以后,自然也把他们的思想带到道教中来,引起道教思想和组织上的变化。葛洪对战国以来的神仙方术思想进行了总结,在《抱朴子·内篇》中荟萃了众多的修炼方法,为道教构造了以金丹之道为中心的种种修炼方术,提出了以神仙养生为内,儒术应世为外的主张,将道教的神仙方术与儒家的纲常名教结合,建立了一套长生成仙的理论体系,使道家的神仙信仰理论化。他强调要想长生成仙,不能只靠内修外养等方术,还须积善立功,以忠孝和顺仁为本,若德行不修,而但务方术,皆不得长生也。为使封建秩序不可侵犯,他还借助鬼神的威力,来对人们实行严格的监督。② 当时的上清派也强调:"修炼之道在于存思存神,着重个人精、

　　①　卿希泰、王志忠、唐大潮:《道教问答》,江苏古籍出版社1996年8月第1版。
　　②　卿希泰:《简明道教通史》,四川人民出版社,2001年7月,第1版。

气、神的修炼,通过炼神达到炼形。这种着重个人精神修炼的方法,与庄子的思想有些类似,且简便易行,适合士大夫的胃口,容易为士大夫所接受。"①在《元始无量度人上品妙经》里强调:"言无华绮,口无恶声,齐同慈爱,异骨成亲,国安民丰,欣乐太平"。道教上清派的著名理论家陶弘景一贯主张"存思"、"养神",强调"少思寡欲"、"饮食有节,起居有度"。② 唐代著名的道教学者司马承祯,著有《坐忘论》,该书是讲道教修道方法的,但涉及许多理论问题,反映了当时道教的理论水平。在此书中,他以《老》《庄》和其他道教经典为依据,并吸收儒家正心诚意和佛教止观、禅定等思想,提出"安心坐忘"的修炼方法,其中心思想为"守静去欲"、"坐忘收心"。全书分为"敬信"、"断缘"、"收心"、"简事"、"真观"、"泰定"、"得道"等七个部分,这既是修道的七个步骤,也是修道的七个层次。他认为"得道"就是"神与道合";要"得道",就必须按这七个步骤一步一步地去进行修炼,达到"得道"这个层次,就能"形随道通,与神合一,谓之神人"③。元代的玄教也提出"以清静无为为本,慈俭不敢为天下先",这样才能成为长生久视,无所不能的神仙。

总之,在名利问题上,道教强调要尊道贵德,惟道是求。为了求道,必须保持恬淡无欲,清静素朴的思想,教人"抑情养性","贵生贵养",不追求外在的功名利禄和荣华富贵,不为个人的私欲而心神不安,始终保持一种"安时而处顺"、"知足常乐"的高尚情操,养成一种开朗旷达的胸怀。"遇人无忤,与物无争",以崇尚节俭为荣,以攀比奢侈豪华为耻,明确主张"见素抱朴,少思寡欲"④和"去甚、去奢、去泰",做到"是道则进,非道则退"。

(四)养生观念

修道成仙思想是道教的核心,道教的各种修炼方法都是围绕这个核心而展开的。这个核心的形成,同样与道家哲学中的一些神秘主义思想相关。道家历来比较注重养生,在道家的学说中包含着长生的思想胚芽。在《道德经》中就有"长生久视之道","谷神不死","善摄生者,陆行不遇兕虎,入军不被甲兵","不

---

① 卿希泰:《简明道教通史》,四川人民出版社,2001年,第1版。
② 卿希泰:《简明道教通史》,四川人民出版社,2001年7月,第1版。
③ 司马承祯:《坐忘论》,《道藏》第22册,第896页。
④ 饶尚宽译注:《老子》,中华书局2006年9月北京第1版。

失其所者久,死而不亡者寿"之类的言论。此外,老子还主张清静无为、抱朴守慈、专气致柔、静观玄览等,这些思想中蕴含着能为道教利用的内容。庄子对老子的思想进行了比较大的发挥,养生的思想在庄子中占有很大的比重,他说:"为善无近名,为恶无近刑,缘督以为经,可以保身,可以全生,可以养亲,可以尽年。"他认为,通过修道可以使人返老还童,延年益寿。在《大宗师》里,借南伯子葵问乎女偊的对话来表达他的思想:"子之年长矣,而色若孺子,何也?"曰:"吾闻道矣。"庄子还提出了"断绝欲望"和"心斋坐忘"等修道方法,其大致内容有三项:一曰导引;二曰守一;三曰坐忘。

庄子提出的这些修道之术,都被道教继承和发扬,在道书中屡屡论及。庄子还认为,采取这些修道方法,大道得道的境界就可成为具有无限神通的"真人"、"至人"、"神人"。《庄子·大宗师》说:"古之真人,其寝不梦,其觉无忧,其食不甘,其息深深。真人之息以踵,众人之息以喉。"总之,老子、庄子的这些思想,为道教的神仙理论和养生观念提供了丰富的资料,被道教所吸收和发展。

关于道家的养生观,据李申先生考证:"黄巾起义失败,张鲁投降曹操,使道教的政治理想受到极大打击。魏晋以后,道教徒虽然领导过多次农民起义,但都是强弩之末,规模不大,而且很快被镇压下去。现实迫使道教徒把主要精力用来追求得道成仙。"[①]追求长生,大致有两种办法,其一是服药,服黄精、灵芝、茯苓、云母、石英、黄金、丹砂、水银等,由此发展出使用铅汞炼丹,这种方法在《老子》、《庄子》等经典中没有找到根据,尽管在民间传说中有老子炼丹这种说法,但不足为凭。其二是自我锻炼,有动功静功之说。《庄子》书里说,有人学狗熊和鸟儿的动作来锻炼身体。东汉末年华佗的"五禽戏"和马王堆汉墓出土的导引图等,这些属于动功,这一派的理论是"流水不腐,户枢不蠹",认为生命在于运动,经常锻炼,坚持锻炼,有益健康。静功这一派其基本理论是:劳累伤身,思虑伤神,所以主张安静,安静到呼吸细微,细到难以察觉,就像婴儿在娘胎里的呼吸,所以又叫"胎息"。这样就和老子哲学有了联系。西汉末,有人说老子活了几百岁,就是由于他"恬淡养性"。"恬淡"不仅是不追求物质享受,也包括心灵宁静,身体少动。在河上公《老子注》中,把老子的道分为两种:常道,是自然长生之

---

① 李申:《老子与道家》,商务印书馆 1996 年 12 月北京第 1 版。

道;可道,是治国之道。两种道之中,自然长生之道才是根本。要求长生,就要不思虑,也不管政事,使精神不离开身体,还要节制情欲,总之是安静、养身,这样就可长生不死。

在道家的养生理论发展过程中,魏晋时期的葛洪有比较大的建树。葛洪生平见于《晋书》卷七二《葛洪传》和《抱朴子·外篇自序》。葛洪 16 岁起,广览经、史、百家,以儒学知名,并从方士郑隐学道。西晋太安二年(303 年),张昌、石冰在扬州起义,葛洪因破石冰有功,迁伏波将军。后又赐爵关内侯。他本想成为一个儒者,但因种种原因未成。据他自述"余少好方术,负步请问,不惮险远"①。《晋书·鲍靓传》谓他"尤好神仙导养之法"。后去广州罗浮山炼丹,"在山积年,优游闲养,著述不辍"②,遂殁于此。在长生成仙思想方面,他强调要想长生成仙,不能只靠内修外养等方术,还须积善立功,以"忠孝和顺仁信为本。若德行不修,而但务方术,皆不得长生也"③。他在《抱朴子内篇》中荟萃了众多的修炼方法术,为道教构造了以金丹之道为中心的种种修炼方法,提出以神仙养生为内,儒术应世为外的主张,将道教的神仙方术与儒家的纲常名教相结合,建立了一套长生成仙的理论体系。④

初、盛唐时期,涌现出不少道教学者,如孙思邈、成玄英、司马承祯等,他们从各个方面发展了道教理论,从而成为道教思想史和发展史上有影响的人物。在养生方面贡献比较大的当属孙思邈。孙思邈是唐代道士和著名道教学者,著名医药学家。他大体活动于隋代至唐高宗时期。史称他少年时期就喜欢老庄学说,同时又喜欢佛教经典,又自谓"吾幼遭风冷,屡造医门,汤药之资,罄尽家产"⑤。为此,他很早便从事于医学方面的研究。隋朝灭亡,隐于终南山,与名僧道宣相友善。唐武德年间(618～626 年),以修炼、行医闻名于世。唐太宗时,颇受重视,皇帝欲授以爵位,坚辞不受。他的一生,山居著书,为人治病,学识广博,著有《存神炼气铭》、《合三教论》等,其中大都亡佚。他在道教史和科技史上占有重要地位,不仅是唐代医药养生方面的代表人物,而且对中国医学的发展有着

---

① 葛洪:《抱朴子·内篇·金丹》。
② 房玄龄、褚遂良、许敬宗:《晋书·葛洪传》。
③ 王明:《抱朴子内篇校释》,中华书局 1980 年版。
④ 卿希泰:《简明道教通史》,四川人民出版社 2001 年 7 月成都第 1 版。
⑤ 孙思邈:《千金药方·序》。

不可磨灭的贡献。他的著作中,给后人影响最大的是《千金药方》,全书30卷,计232门,合方、论5300首。书中总结了古代医学研究的成果,收集了东汉以来至唐代的许多医论、药方、用药、针灸等方面的成果,兼及服饵、食疗、导引、按摩等养生方法,还记载了他的临床经验和采集的民间单方,对于后来医药学特别是方剂学的发展,有着显著的影响和贡献。他在养生实践上,颇有成效,唐太宗招其至京师,见他容貌甚少,说:"故知有道者诚可尊重,羡门、广成,岂戏言哉!"①

孙思邈的思想体系,是道与儒、释的成分兼而有之。其中道儒杂糅,寓忠、孝、仁、义、善、恶的思想于医疗活动之中。在医学方面提出"人命至重"的医德思想,认为:"人命至重,有贵千金,一方济之,德逾与此。"②作为医生,首先必须"博极医源,精勤不倦,不得道听途说,而言医道已了"③。其次,医家应当"志存救济","若有疾厄来求救着,不得问其贵贱贫富、长幼妍蚩,怨亲善友,华夷愚智,普同一等,皆如至亲之想;亦不得瞻前顾后,自虑凶吉,护惜性命"。对病人应一视同仁,全力救护。孙思邈在医学上的成就很高,不但精于内科,而且长于妇产科、小儿科和外科,并有相当高的针灸技术和渊博的药物学知识。在疗病的过程中,往往把同人们生活的主客观条件,患者的生理、病理现象联系起来考察。认为治病处方,应当因人、因地、因时制宜,不可一概而论。孙思邈的医学成就是多方面的,尤其在养生方面,发挥道教"我命在我不在天"的思想,强调养生可以延年益寿,说:"神仙之道难致,养性之术易崇。故善摄生者,常须慎于忌讳,勤于服食,则百年之内不惧于伤。"④并特别强调养性的重要,认为养性的关键在于精神道德的修养,这比饵药服食更为重要,说:"德行不克,纵服玉液金丹,不能延寿。"在养性的方法上,提出了居住法、按摩法、调气法、服食法、黄帝杂忌和房中补益等。还首创老年医学体系,提出老年养生之道。孙思邈的医学和养生学方面的成就颇大,不仅发展了道教的养生理论,从科学角度看,也有不少符合现代科学的内容。唐代服食外丹药石以求长生成仙的风气极盛,孙思邈还是著名的炼丹家,对炼丹非常喜爱。同时,还应该看到他的理论体系中也有宗教神秘主

① 刘昫《旧唐书·孙思邈传》。
② 孙思邈:《千金药方·序》。
③ 孙思邈:《千金药方·卷一》。
④ 孙思邈:《千金药方·养性》。

义的东西,要注意加以鉴别。

　　道教养生方面还有著名的内丹理论。这方面宋代的陈抟和张伯端有较大的贡献。陈抟是一位充满神奇色彩的传奇性隐逸道士,他的学术思想主要有易学、老学和内丹三个方面,其思想特征在于继承汉代以来的《易》学传统,把黄老清静无为观念、道教修炼方术和儒家修养、佛教禅理融为一体。在内丹方面,著有《指玄篇》和《人室还丹诗》,现存《阴真君还丹歌注》,就是他讲解内丹修炼的著作。他根据天地方位、五行所属、阴阳交感、四时运转的道理,说明人身脏器部位、修炼的时机、方法和功效,认为"以身口为炉","以宫室为灶",默心修炼,就可达到成为"真仙"的最高境界。在修内丹的实践上,他本人以睡功闻名于世。他对外丹术进行批判:"世人多取五金八石,诸般草木烧之,要觅大还丹,岂不妄也。"①

　　张伯端是北宋著名的道士,著有《悟真篇》。该书是道教内丹丹法的主要经典,以诗词形式总结了北宋以前的内丹方术,在道教史上是一部承先启后的重要著作。他在《悟真篇》中强调用道教修炼性命之说来撮合三教,先以神仙命脉诱其修炼,次以诸佛妙用广其神通,终以真如觉性遣其妄幻,已达到"归于究竟空寂至本源"。总之,《悟真篇》继承钟离权、吕洞宾"道佛双融"、"性命双修"之说,而又以"先命后性"为其特点,并对陈抟"炼精化神"、"炼神还虚"、"复归无极"的思想作了进一步的发挥。

　　从道教修炼术方面来看,在唐代后发展到极盛的外丹术,到北宋后便逐渐衰落。外丹是指用炉鼎烧炼铅、汞等药物以制成一种长生不老的丹药,起源比较早,始称金丹,后与内丹相别,遂称外丹。炼制外丹的人认为,丹砂可以反复变化,黄金不怕火烧,埋之永久不朽。据此,认为服了丹砂和黄金炼成的丹药,即可长生不死。烧炼外丹常用的药物有金、银、铜、铅、锡、汞、石灰、矾石、朱砂、雄黄、雌黄、云母、硝石等,此外还有许多草木药。金丹的种类很多,如九鼎丹、太清神丹、九先丹等。烧炼方法有炼(加热)、锻(高温加热)、养(低温加热)、炙(局部加热)、抽(蒸馏)、飞升(升华)、淋(过滤)、浇(冷却)、煮(加水加热)等。炼制外丹不仅需要很多药物,还要炉鼎和其他工具,既要有钱,又要有闲,一般人无法涉

① 卿希泰、唐大潮:《道教史》,中国社会科学出版社1994年12月北京第1版。

足。故外丹术在统治者的提倡下在唐代发展到极盛,唐代许多皇帝都热衷此道。然而,丹药毒性很大,唐朝六个皇帝据说都因服丹中毒致死。唐末五代十国之时,外丹术始呈衰微之状。以炼制丹药求长生的外丹术,固然荒谬,但不可否认的是它却是我国古代化学的主体,是我国现代化学的先驱,在医药、火药发明等方面,都作出了巨大的贡献。

在外丹术衰落之时,内丹术却悄然兴起。内丹是与外丹相对应的一种内修方法,源于行气、导引、胎息等术。以人的身体为鼎炉,以体内精、气、神为药物,通过一定的方法,使之于体内结丹,从而使人长生不老。内丹之名,始于隋朝道士苏元朗。唐末五代,内丹术有了一定的发展,实现了道教修炼由重烧炼五金八石的外丹术向重心性修炼的内丹术的大转变。

内丹学说中,把精、气、神当做生命的要素,把爱气、尊神、重精作为长寿之要,视精、气、神为"三宝"。精是指人身水液中的精华,是一种具有生命活力的元始物质;气是指具有推动运转作用的生命能量;神是指精神。神主宰制,气主作用,精主化生,各专其能。内丹家还提出"性命双修"的理论。性是指人的心性等精神方面的因素,命是指物质方面的气、元气等,"性者是元神,命者是元气","气脉静而内蕴元神,则曰真性;神思静而中长元气,则曰真命"。内丹诸家皆强调性命二者不可分离,认为"性无命不立,命无性不存",因而主张"性命双休"。

六、关于本章的结论

(一)老子及道教的形成与发展

道教不同于佛教、伊斯兰教和基督教,是唯一根植于中国、发源于中国传统文化的民族宗教,因此对中华民族的历史文化、民族性格所产生的影响是非常大的。鲁迅先生曾说:"中国的根柢全在道教,……以此读史,有许多问题可迎刃而解。"

道教作为一种宗教体系从东汉末年出现以后,容纳了巫术、迷信、神仙之术,道家学说,儒家伦理等各种学说,各种相互矛盾而相互补充的思想内容都被它吸纳和改造,从而使它本身成为一种无所不包的文化综合体,它不是某一种文化学说的继承和开创,也不是某个先知者冥思苦想的精神产物,而是中华民族若干族团文化的宗教实践和历史文化积淀的结果。

在道教的形成过程中,老子被奉为教主,老子的学说、老子的形象是道家形成的重要因素,起了举足轻重的作用。道家的主要理论体系源于老子的思想,老子其人其学是道教形成的基石。

老子是站在中国哲学史起点上的一位伟大的哲学家,而不是隐居山林、造神立教的宗教家,其与古印度释迦牟尼一开始就是宗教家并创立佛教的情况完全不同,老子著《道德经》五千言,文约义丰,是学术性的,不是宗教性的。《道德经》与佛教经典也完全不同,老子从真人到传说之人,终被捧上道教教主地位,成为脱离尘世的神仙教祖——"太上老君",经历了道教史上一个漫长的造神过程。

老子的情况司马迁在《史记》中记载得很清楚。到西汉时期,由于老子所著的《道德经》流传得很广,老子的地位也日渐显荣,于是关于老聃其人也有了种种传说,使后人对老子产生了浓厚的神秘感。老子是如何被道教推上教祖的地位,现在还无法作出准确的说明,但其被神化的过程,在史料的记载中亦有大致的梗概。

春秋战国时期,学术空气异常活跃。道家、儒家、墨家、法家、名家、阴阳诸家,著书立说,百家争鸣。众说之中,道、儒、法三家尤为突出。长沮、桀溺、荷蓧丈人、老莱子、关尹等都是道家学派的人物,黄帝只是传说中道家的鼻祖。老子因著《道德经》成为道家中颇具影响的代表人物。当时社会的大背景是奴隶制渐趋解体,封建制逐渐建立起来,社会的大动荡使人们厌倦了尔虞我诈,相互争斗的社会现实,因此,为逃避弱肉强食的现实斗争,主张清静自正,顺应自然,从而"无为而治"的社会思潮就成为时尚,道家学派宣传的这种消极的处世哲学,颇受青睐。当时,作为法家人物的韩非,不仅在思想上受老子的熏陶,而且写有《解老》、《喻老》两篇著名论著,阐释老子旨意。吕不韦的《吕氏春秋》也大量倡导道家思想。

经春秋战国时代连横合纵,相互攻讦的混战局面,国力消耗殆尽,民众疲惫不堪,举国上下,期盼天下太平,休养生息。因此医治战国以来频繁战争以及秦朝法刑之治给社会带来的创伤,至汉代初年,主张以黄老清静无为之学治理天下的思想主张得到重视。司马迁曾指出:"孝惠皇帝、高后之时,黎民得离战国之苦,君臣俱欲休息乎无为,故惠帝垂拱,高后女主称制,政不出房户,天下晏然。刑法罕用,罪人是稀,民务稼穑,衣食滋殖。"①在此期间,曹参继萧何之后,做了三年相国,"举事无所变更,一遵萧何约束……清静极言合道……参与休息无为,故天下俱称其美矣"。

汉武帝刘彻初年,"窦太后好黄帝、老子言,帝及太子诸窦不得不读黄帝、老子,尊其术"。汉武帝本人对道家之术用于治国也颇为赞赏。如汲黯做东海太守时,"学黄、老之言,治官理民,好清静","其治,责大指、不苟小","务在无为";岁余,东海被治理得井井有条,各得其所。因此,汉武帝给汲黯加官晋级,任用他为主爵都尉,列于九卿。从春秋战国至西汉初年,道家虽然备受青睐与称道,但老子并未被神话。黄老之说成为时尚仅在于治世安民,休养生息。人们尊崇黄帝、老子,但还未将他们奉为神仙。

到建元六年(公元前 135 年),汉武帝重用大儒董仲舒后,情况为之一变。"罢黜百家,独尊儒术"即为治国方略,因此,在相当长时间里,万马齐喑,儒家独兴,道家学说遭遇冷落,旁搁远疏。直到东汉初年,汉明帝刘庄时,黄老之术才又重新抬头。此时,由于长时间的独尊儒术,儒家已出现宗教化的倾向,谶纬神学兴起,神仙家们受儒家尊崇尧舜,神话孔子的启迪,也便仿效儒家"祖述尧舜,宗师仲尼"的方式,攀附于在当时有很大影响的黄老之学,推尊黄帝、老子,以自文其教。另外一点,对道教的形成也有影响,斯时,佛教自西域传入中国,这种形式,对神仙家们有一定的启发,对神话老子也起到催生作用。由于方方面面因素的结合,加之神仙方术之士的渲染,哲学家老子便逐渐脱离凡尘,而演化成神仙。

东汉初年以后,黄老之术与外来至佛教已并驾齐名,黄老之学已开始与求仙奉神的神仙之术杂糅在一起。此时的黄老已不是西汉初的黄老之学,它已是被神仙家所托附而趋于宗教化的"黄老道",其中老子的地位更显得日益尊崇。后汉王阜的《老子圣母碑》记载:老子者,道也,乃生于无形之先,起于太初之前,行于太素之元,浮游六虚,出入幽冥,观混合之未别,窥清浊之未分。从这里看,已将老子说成是"道"的化身,从此,以宣扬修道养身的黄老道,替代了神仙方术,为道教的创立奠定了基础。

---

①　汉·司马迁:《史记》,中华书局 2006 年 6 月北京第 1 版。

南朝刘勰在所著的《灭惑论》中说："案道家立法,厥有三品,上标老子;次述神仙;下袭张陵。"道教的创立,与这三方面紧密相连。老子由人到神,如前所述。同时,与战国以来的神仙方术家的袭用有关,但真正把老子推上道教教祖地位的是东汉晚期的三张(张陵、张衡、张鲁)的宗教活动。

张道陵在创立天师道的过程中,极为尊托黄老,在行清静治世修道的思想基础上,把老子奉为道教之尊。奉太上为降授大道的教祖。由此可见,这里老子已成为五斗米道的最高天神。东汉末年,张角所创立的太平道,与张道陵所创立的天师道,同是黄老道两支组织形态各异的流派,太平道几乎在同一时期尊老子为最高天神,太平道因黄巢起义而化解,天师道因得张鲁的推行和发展,遂成为中国道教的开端。

从天师道创立以后,道教均奉老子为教主。"太上老君"之徽号普遍为传道者口碑。晋葛洪进而编造了老子的神像真形,经葛洪绘声绘色的描述,一个超凡脱俗的神仙老子形象,威风凛凛地屹立人前。在道教以后的发展中,道士们为扩大道教的影响,提高自己的地位,常假托"太上老君"之名,编织扑朔迷离的神仙故事,以获取人们的尊崇。

魏晋南北朝时期,是我国思想文化发展的一个重要时期。魏晋玄学的兴起,佛教的发展,葛洪金丹道的影响,儒家理论的复兴,都对道教的发展起了启迪与促进作用。在教理教义、斋醮科范、修炼方法等方面,都得以充实和升华。这一时期,道教徒大多称天神降授新经典或整理传世经典,创立新的教义。南方的道教徒杨羲、许谧、陆静修等人都是这样。北方嵩山道士寇谦之在改革天师道的过程中,曾两次托神降授神书,修机改教。从寇谦之遇大神——"太上老君"降世的故事可以看到,老子在道教教理中的神仙地位相当稳固,想借教施威显灵,不借托"太上老君"恐难以使人置信。

南朝陶弘景又把当时门阀世族严分贵贱的封建等级制度引入道教,虚构了《真灵位业图》,排列了道教诸仙谱系,成为"三清"神仙谱系雏形。

到了唐代,道教极盛一时。唐朝王室原来出身于北朝陇西鲜卑军户,并非名门望族。当李渊、李世民父子在隋末起兵争夺天下时,为了抬高其门第,争取上层贵族的支持,便巧妙利用道教祖师老子姓李的巧合,尊老子为唐王室的祖先,宣称自己是神仙之苗裔,借机制造"君权神授"的舆论。这时,一些道教的上层人士为了争取统治者对道教的支持,也到处制造所谓"老君显灵"降授"符命"的宗教神话和谶语,以迎合唐王室的需要。

在唐朝统治者的崇道政策盛行中,乾封元年(公元 666 年),唐高宗幸亳州老君庙,下诏追封老君"太上玄元皇帝"尊号,又下诏《道德经》为上经,后又规定王公贵族都要学习《道德经》,《道德经》定为国家科举考试的正式科目,列于《论语》等儒家经典之前,贡举人皆需兼诵。唐玄宗对老子的尊崇陡然升级,追尊玄元皇帝为"太圣祖玄元皇帝",老子之父号曰"先天太上皇",母益寿氏号曰"先天太后"。后又册封老子为"圣祖大道玄元皇帝"、"太圣祖高上大道金阙玄元天皇大帝"等,可以说,唐代对老子的尊崇,达到了无以复加的程度。李唐皇帝为借老子的李姓抬高门第,所以,唐代神话和崇奉老子的特点是不仅把老子作为"神仙",而且又使他回到人间,把他作为李姓远祖的圣人,加以信仰,这样就获得了统治者抬高门楣和借机"君权神授"的双重效应。在崇奉老子的同时,《道德经》畅行天下。天宝十三年,颁布御注《老子》,并义疏于天下,从而使《道德经》常委圣典,成为道教经典中首列其位的《道德真经》。总之,在唐朝,道教得到了广泛的传播与发展,老子与《道德经》的地位达到了登峰造极的高度,道教思想文化也随着唐王朝的兴盛向世界传播。《续文献通考》卷二三九记载,"外国亦有好道教者,贞观末,东天竺王尝献异物并地图,请老子像"。

在中国历史上,北宋是继唐朝之后又一个道教兴盛时期。在开国之初,太祖、太宗即注意扶植道教,召见道士,搜访道书,敕建道宫,使遭受唐末五代战乱破坏的道教有所恢复。还将《道德经》列为各州县学校必读之书,宋徽宗还亲自注解《道德经》、《冲虚至德真经》等,使道教经典更加完备。

宋代以降,道教虽然由盛转衰,但关于老君的宗教性传说仍层出不穷,老子的教祖和神仙地位仍很巩固。《道德经》长盛不衰,始终是道教信徒的祈福消灾的"圣经"。

老子从学派始祖到道家祖师的神话过程,也是道教形成、发展的过程。老子从实到虚,再从虚到实,从人到神,再从神到人的地位变化,正是道教发展的曲折缩影。

(二)道教"贵己重生"的神仙思想

道教以"道"名教,"道"就是其信仰的核心,道教的一切教理、教义和修炼方法,无不发端于此。道家的"道",源于先秦道家,作为教理枢要、最高信仰的"道",被称为"大道"、"常道",这个"道"无时不在,无处不有,是造化天地万物的本始、本根,是天地万物存在的最终依据。这个"道",虽然看不见、摸不着,但却可以"因修而得",只要人们肯认真修炼,就能"使道与生相守,生与道相保,二者不相离","神与道合,谓之得道","得道"以后,便会"与道同久",长生久视,成为神仙。

"贵己重生",修行成仙是道教追求的终极目标,为了实现这一目标,他们按照众生均可修道成仙的思想,提出了一系列所谓的道功、道书,或者叫作修炼方术,如服食、行气、房中术、守一、外丹、内丹,以及斋醮、符箓、禁咒、守庚申等等。在涉及这些内容的著作当中,除塞进大量迷信的糟粕之外,也保存了许多化学、医学、药物学、养生学等方面有价值的材料,成为研究我国古代科技史的重要材料。道教的修炼方法,贯穿了一个"我命在我不由天"(西升经)的思想,认为人的生命的寿夭存亡,完全取决于自身是否修道养生,这跟儒家"生死有命"的宿命论思想是不同的,它包含着积极的人生意义,这也是道教信仰的一个重要特点。

道教信仰的最终目标是长生成仙,并进而升入神仙世界。那么,它是通过什么途径来进行这种论证呢? 总的来说,道教的这种神学论证大致有下述几个方面:

其一,从道的神秘性和永恒性来推出人能长生不老、修炼成仙的结论。道教认为,道是有意志的,不可思议的,具有永恒的生命力,它化生万物,又寓于万物,人只要修道、得道,便可以从中获取这种神秘的生命力,从而像道一样永恒地存在。《形神可固论》云:"身者,道之器也,知之修炼,谓之圣人。"

其二,以道教的形神理论证明神仙可致。道教认为,人的生命分两部分,一是物质性的"形",一是精神性的"神"。长生成仙,就是肉体不老,精神长存。人之老死,皆因形体衰朽,神去其形。葛洪《抱朴子内篇·至理》说:"夫有因无而生焉,形需神而立焉。有者,无之宫也,形者,神之宅也。故譬之于堤,堤坏则水不留矣;方之于烛,烛糜则火不居焉。身劳则神散,气竭则命终。"因此,修性可以固命,养性可以全神,形神永固,则长生可致。

其三,以道教的变化思想论证人能长生不死,成为神仙。葛洪说,大变化者,乃天地之自然,变化之术,无所不能,雉可变为蜃,雀可变为蛤,死而更生,男女易形。故物类受气不定,可以互变。人也可以"化形为飞禽走兽,及金木玉石,兴云致雨方百里,雪亦如之。渡大水不用舟梁,分形为千人,因风高飞,出入无间,能吐气七色,坐见八极"①。因此,人可以化为神仙。

其四,以精、气、神理论解释人能长生成仙。在道教看来,精、气、神是生命的三大要素,人之所以夭亡,是因为精耗、气竭、神衰,故若知宝精、爱气、全神,即可长生不老。葛洪说:"人在气中,气在人中,自天地至于万物,无不须气以生者也。"②道家认为,修炼精、气、神就可以长生成仙,以物质存在的永恒性克服生命个体的短暂性。

其五,通过夸大医药的作用来论证人能长生成仙。葛洪云:"若夫仙人,以药物养身,以术数延命,使内疾不生,虽久视不死,而旧身不改,苟有其道,无以为难也。"③可见道教认为药物不但能够治病养生,如果制作得法,炼成金丹大药,服了还可以使人长生不老,成为神仙。

贵己重生,对神仙的追求是道教的特色之一,这既不同于佛教,也不同于基督教或伊斯兰教。所谓神仙就是道教理想中的修真得道,神通广大的长生不死者,所以又称神人或仙人。事实上,在早期道教中,神与仙稍有区别。神一般是指天界地位较高,权力较大的神灵;仙是指由人修炼而成的长生不死之人。当然有时也不加区别,统称为神仙。

道教所崇奉的最高尊神是"三清",即元始天尊、灵宝天尊、道德天尊。据《道教三洞宗元》等称:由混洞太无元玄之青气化生为天宝君,又称元始天尊,居清微天之玉清境,故称"玉清";由赤混太无元玄之黄气化生为灵宝君,又称灵宝天尊,居禹余天之上清境,故称"上清";由冥寂玄通元玄之白气化生为神宝君,又称道德天尊,即太上老君,居大赤天之太清境,故称"太清"。三者合称"三清"。此三君各为教主,即三洞之尊神,统驭诸天神灵,为神王之宗,飞仙之主,厥迹无常,历任三皇五帝之师。《隋书·经籍志》又谓,元始天尊生于太元之先,禀自然之气,冲虚凝远,莫知其极,故称元始。天尊之体,长存不灭。

①　葛洪:《抱朴子内篇·遐览》。
②　葛洪:《抱朴子内篇·至理》。
③　葛洪:《抱朴子内篇·论仙》。

　　三清之说,初见于六朝,唐宋已臻极盛,道教奉为最高之尊神,并谓老子一气化三清,或谓三清皆为元始天尊之化身。

　　道教是一种多神教,其所信奉神灵除"三清"之外,还有各种天神、地祇、人鬼及众多的仙真,构成一个庞杂的系统,各个神仙之间,又有品位高低之分,等级极为森严。

　　总而言之,道教崇奉神仙,既是其基本信仰的外在表现,又是从中国原始宗教、古代宗教、古代神话、战国以来的神仙及民间信仰、佛教等方面,对原有的神、仙、神话人物,具体地继承、吸收、修饰、改造而构成的祭天帝、敬仙真、祀百神的崇拜奉献体系。这个体系经历800多年至宋代才最后定型,成为后世通行的道教神系的基础。而道教神仙世界森严的等级,其实质恰恰正是人间世界封建等级制度的一种反映。

第四章　东汉的经学思想

英国著名史学家汤因比在 20 世纪 70 年代就提出："挽救 21 世纪的社会问题唯有中国的孔孟学说和大乘佛法。"近年来美国许多著名大学纷纷开办汉学系,组织学者专门研究中国传统文化。美国出版的《名人年鉴手册》所列出的世界十大思想家中,孔子被排在第一位。

谈到孔子,必然要提到一个人物——董仲舒。是他提出了"罢黜百家,独尊儒术",儒家的经典:《诗》《书》《易》《礼》《春秋》,成了官学——太学博士生员的基本教材,成了社会、政治、人伦、道德与天人关系的根本指导思想。经学、经书的概念由此产生。东汉初年,最高统治者就将经学确立为"国宪"而大力提倡。首先作为最高统治者的君主身体力行,竭力倡导,并大力发展经学教育,使经学文化在继西汉之后,得到了广泛、深入的传播,儒家文化空前繁荣,儒家的伦理纲常成为东汉时代的主旋律。对于维护东汉皇权,稳定社会秩序,缓和社会矛盾起到了积极作用。在大力发展经学教育的同时,东汉前期统治者又大力奉行"柔道",以经治国,凡事皆以经为断,一切政令皆以经学为依据,使封建社会各个领域无不打上经学的烙印。可以说,经学思想影响了中国几千年,并且这种影响还向世界蔓延着。

一、孔子"入周问礼"与经学形成的基础

据史书记载,孔子曾西入周室,问礼于老聃,学乐于苌弘,观先王之遗制。这对孔子思想的形成,有着重大意义。

（一）孔子问礼于老聃

《大戴礼》云："孔子适周，访礼于老聃。"这点，史籍多有记载。

在公元前526年，此时的孔子已经小有名气。鲁国不少少年拜他为师。孔子认为自己对周礼的知识所知还不够系统，尤其是关于周礼的理论原则，自己知道得还很浅，就决定和南宫敬叔（孔府门人）一起到周朝都城洛邑（今洛阳）去学习周礼。据《孔子家语·观周》记载：孔子谓南宫敬叔曰："吾闻老聃博古通今，通礼乐之源，明道德之归，则吾师也，今将往矣。"于是，孔子和南宫敬叔来到洛邑向老子求教。这一次，孔子提出的问题仍集中在丧礼方面。

在周王朝图书管理工作达30年之久的老子，仿佛看到周礼成了某些人谋取名声和官爵利禄的手段。眼前这位近20岁的孔子如饥似渴地来学习关于周礼的知识，从他的眼神、举止动作和气质上，都隐约可以看出一种骄矜之意和急于从政的念头。当孔子满意地向他告辞时，老子一边送孔子出门，一边诚恳地对孔子说："吾闻富贵者送人以财，仁人者送人以言。吾不能富贵，窃仁人之号，送子以言，曰：'聪明深察而近于死者，好议人者也；博辩广大危其身者，发人之恶者也。为人子者毋以有己，为人臣者毋以有己。'"孔子自周返于鲁，弟子稍益进焉。①

《史记·老子韩非子传》："孔子适周，将问礼于老子。老子曰：'子所言者，其人与骨皆已朽矣，独其言在耳。且君子得其时则驾，不得其时则蓬累而行。吾闻之，良贾深藏若虚，君子盛德容貌若愚。去子之骄气与多欲，态色与淫志，是皆无益于子之身。吾所以告子，若是而已。'"

尤其是孔子听到的几句忠言：一个人自以为聪明，好议论别人的长短，以为自己的认识深刻，这种人也就接近于死亡了。真正聪明的人是不多言不善辩的，因为他懂得多言多败的道理。一个人自以为知识渊博、懂得一切，总是喜爱揭露别人的隐私或错事，这种人已经身处危境了。真正聪明的人无知无识得好像愚笨无比，因为他懂得多事多患的道理。真正有钱财的商人总是把财富深藏起来而给人以穷困的表象。真正有道德的君子也总是看起来像是傻瓜。希望你去掉身上的骄气与过多的功名欲以及爱自我表现的毛病。使自己的灵魂受到震撼，

---

① 《史记·孔子世家》。

所以回到鲁国以后,连自己的学生都受益匪浅。

洛邑为周之王都,周室的图书典籍、庙堂文物,尽荟于此。《说苑·敬慎篇》载:"孔子之周,观于太庙右陛之前,有金人焉,三缄其口,而铭其背曰:'古之慎言人也。戒之哉,戒之哉!'……孔子顾谓弟子曰:'记之,此言虽鄙而中事情。'《诗》曰:'战战兢兢,如临深渊,如履薄冰。'行身如此,岂以口遇祸哉!"这是说孔子入周问礼时,在周室太庙里看到"金人"的事。《孔子家语·观周篇》说:"……孔子至周,问礼于老聃。访乐于苌弘,历郊社之所,考明堂之侧,察庙朝之度。……孔子观乎明堂,睹四门,墉有尧舜之容,桀纣之像与兴废之诫焉。……又周公相成王,抱之负斧,南面以诸侯之图焉。孔子徘徊望之,谓从者曰:"吾今乃知周公之圣,与周所以王也。"今本《孔子家语·观周篇》虽属晚出,但其与《说苑·敬慎篇》相互参证,说明孔子适周,曾"观先王之遗制",是非常可能的。

由上所述,我们认为,孔子适周,曾问礼于老聃,学乐于苌弘,观先王之遗制,目的是要广泛地学习礼乐知识,这对孔子思想的形成,是有重大意义的。

(二)经学形成的基础

《论语·述而》中记孔子自称"述而不作,信而好古,窃比于我老彭"。"述"是阐述、传授的意思,"作"是指出于己意的新制作。孔子又说:"盖有不知而作之者,我无是也。多闻,择其善者而从之;多见而识之;知之次也。"可见,孔子反对那种"不知而作之者",他通过"入周问礼",通过对既有文献的搜集、鉴别、取舍、编订、作序、说解,以表达他的思想认识,这实际上也是一种"作"。他删《诗》《书》,定《礼》《乐》,修《春秋》,论《易》理,以"六艺"教学①,可以说奠定了经学的思想基础。

孔子"删《诗》《书》"之事,据《史记·孔子世家》说,"古者《诗》三千余篇,及至孔子,去其重,取可施于礼义……三百五篇,孔子皆弦歌之,以求合《韶》《武》《雅》《颂》之音"。王充《论衡·正说》云:"《诗经》旧时亦数千篇,孔子删去重复,正而存三百篇。"司马迁说的"取可施于礼义",王充说的"正而存"云云,与孔子本人所说的"《诗》三百,一言一蔽之曰:思无邪"的精神是一致的。《尚书》为

――――――――――

① 《史记·孔子世家》载,"孔子以《诗》《书》《礼》《乐》教弟子,盖三千焉,身通六艺者七十有二人"。这里所言的"六艺"当指"六经"。

上古的历史文献，《尚书纬·璇玑铃》说孔子曾搜集了三千篇，《史记·孔子世家》说孔子"追迹三代之礼，序《书》传，上纪唐虞之际，下至秦穆，编次其事"。

孔子定《礼》《乐》，也当是可信的。先秦典籍多有孔子观览礼器、考定礼制和实施礼教的记载，现存《仪礼》十七篇以及大、小戴《礼记》，都与孔子正定《礼》经有关系。《乐》本无经文，寓乎《诗》《礼》之中，估计孔子正乐，主要是审定乐谱。当然，其关于乐的评论，对后世的《乐记》有一定的影响。

孟子云："世道衰微，邪说暴行有作。臣弑其君者有之，子弑其父者有之。孔子惧，作《春秋》。""孔子成《春秋》而乱臣贼子惧。"[1]《史记·孔子世家》也载："子曰：'弗乎，弗乎，君子疾没世而名不称焉。吾道不行矣，吾何以自见于后世哉？'乃因史记作《春秋》。上至隐公，下讫哀公十四年，十二公。据鲁，亲周，故殷，运之三代。约其文辞而指博。故吴楚之君自称王，而春秋贬之曰子；践土之会实召周天子，而春秋讳之曰天王狩于河阳：推此类以绳当世。贬损之义，后有王者举而开之。《春秋》之义行，则天下乱臣贼子惧焉。"又说："孔子在位听讼，文辞有可与人共者，弗独有也。至于为《春秋》，笔则笔，削则削，子夏之徒不能赞一辞。弟子受《春秋》，孔子曰：'后世知丘者以《春秋》，而罪丘者亦以《春秋》。'"孔子晚年修订《春秋》，寓正逆是非于史实，遗微言大义于后世。孔子以《春秋》教授弟子，自然要宣扬其政治思想与社会理想。

孔子对《易》[2]有不少解说、评论，这些解说、评论，直接影响了后世的《易》学。如《论语·子路》载："子曰：南人有言曰：人而无恒，不可以作巫医。善夫！""不恒其德，或承之羞。子曰：不占而已矣。"从孔子顺口引用《易》经《恒》卦九三的爻辞来看，他对《易》不仅精熟，而且十分注重其义理，尤其是孔子"不占而已"的认识，对于后世经学注重《易》义理的探讨，有开启方向的作用。

孔子重视"六经"，决不是偶然的，应当说他是把"六经"当做周代礼乐文化的重要载体来看的。

首先，从巩固社会秩序的角度而言，《诗》《书》《礼》《易》《春秋》等本身

---

① 《孟子·滕文公下》。
② 《史记·孔子世家》记载："孔子晚而喜易，序《彖》《系》《象》《说卦》《文言》。读《易》，韦编三绝，曰：加我数年，若是，我于《易》则彬彬矣。""序"字可理解为"条理"、"整理"，也可理解为"为十翼作序说"。今人研究一般认为，今传《易传》是战国时的学者从诸多解说《易经》的文字中逐步集结而成，某些篇章可能与孔子有联系。

就包含着丰富的"礼"教的内容,这些内容都可以为维护封建统治服务的。如在《诗经》中,我们可以读到大量反映和宣传周人礼法思想的篇章,如:

　　溥天之下,莫非王土;率土之滨,莫非王臣。①
　　大邦维屏,大宗维翰。怀德维宁,宗子维城。无俾城坏,无独斯畏。②

可见,从天子,到诸侯、公卿以至于庶民,相应的礼的内容都在《诗》中有所体现,从某种意义上说,习《诗》即是习礼。孔子明确地讲"兴于《诗》,立于礼"③,"立于礼"才是目的。

其次,"六经"中的有关于周代典章制度、文献诰命的记载,以及政治成败的经验教训,可以为当时的政治提供借鉴。正如翼奉讲的:"圣人见道,然后知王治之象,故画州土,建君臣,立律历,陈成败,以视贤者,名之曰经。贤者见经,然后知人道之务,则《诗》《书》《易》《春秋》《礼》《乐》是也。"④

再次,"六经"虽各有术,但在基本的伦理道德观念方面,有其相贯通的共同内涵,对于社会的"德教"有着重要的意义,正如后来《汉书·艺文志》中所总结的:"六艺之文:《乐》以和神,仁之表也;《诗》以正言,义之用也;《礼》以明体,明者著见,故无训也;《书》以广听,知之术也;《春秋》以断事,信之符也。"可见,学习"六经"是进行道德意识培养的重要手段,使人们读圣贤之书,习圣贤之行。

孔子通过对"六经"的搜集、鉴别、取舍、编订、作序、说解——删《诗》《书》,定《礼》《乐》,修《春秋》等,把学术与政治密切联系起来,突显了经典的政治上的功用,正如《史记·滑稽列传》引孔子之语所说:"六艺之于治,一也。"相比较而言,道家倡"绝圣弃智"⑤,其学重体悟而少有所凭;墨家以为"吾言足用"⑥而不注意对典献的运用;法家主张无书简之文而以法为教;而孔子整理的"六经"为人们提供了可以了解先王之道的具有可操作性的依据与媒介,从而产生了广

---

① 《诗经·小雅·北山》。
② 《诗经·大雅·板》。
③ 《论语·泰伯》。
④ 《汉书·眭两夏侯京翼李传》。
⑤ 《老子》第十九章。
⑥ 《墨子·贵义》。

泛的社会影响。"孔子以《诗》、《书》、《礼》、《乐》教,弟子盖三千焉,身通六艺者七十有二人"①孔子去世后,他的学生子夏在经籍研究和传授方面作出了很大成就。"孔子卒后,子夏居西河……如田子方、段干木、吴起、禽滑厘之属,皆受业于子夏之伦。"②

总之,"六经"构成了孔子学说的完整系统,我们必须把"六经"作为一个整体来研究,才能从整体上去理解和把握孔子的学说体系,才有可能描绘出一个立体的孔子形象;在"六经"之中,各经都有其偏重之处,《周易》是其哲学总纲,《礼》《乐》《尚书》《春秋》是礼乐刑政的原则表述,《诗经》则是各个方面的综合体现。

二、东汉初年的谶纬神学

东汉初年,统治者为了巩固君权的需要,有意识地对谶纬加以改造,使其逐渐失去了原有的特质,失去了对政治的干预作用,而成为解说封建伦常的某种工具。

(一)"谶纬"的涵义及其本质特征

《说文解字》云:"谶,验也。"吕思勉先生说:"谶纬相附,始于西京之末。若徒论谶,则其所由来者久矣。《说文·言部》:'谶,验也。有征验之书。《竹部》:'籤(签),验也。'二字音义皆同,即今所谓豫言也。……今俗所谓求签,实即求谶,乃古之遗言也。特世莫知籤(签)谶同字,遂昧其本义尔。""谶"的含义是"验",引申为能够灵验的预言预兆,通常指预言吉凶祸福的隐语、符、图、物等。吕思勉先生认为谶与签音义皆同,谓今俗所谓求签实即求谶,颇有道理。用语言形式表达的称为谶语、谶言、谶谣或省称为谶;用符号、图画的形式来表达的叫图谶。

① 《史记·孔子世家》。
② 《史记·儒林列传》。另外,南宋洪迈有更加具体的说明:孔子弟子,惟子夏于诸经独有书。虽传记杂言未可尽信然要为与他人不同矣。于《易》则有传。于《诗》则有序。而《毛诗》之学,一云子夏授高行子,四传而至小毛公;一云子夏传曾申,五传而至大毛公。于《礼》则有(仪礼丧服)一篇,马融、王肃诸儒多为之训训。于《春秋》所云不能赞一辞,盖亦尝从事于斯矣。公羊高实受之于子夏。谷梁赤者,《风俗通》亦云子夏门人。于《论语》,则郑康威以为仲弓、子夏等所撰定也。后汉徐防上疏曰:《诗》、《书》、《礼》、《乐》,定自孔子;发明章句始于子夏。斯其证云。《容斋续笔》卷一四。

"谶书",是指附会《河图》、《洛书》一类的书。桓谭说:"谶书出《河图》、《洛书》,但有兆朕,而不可知,后人妄复加增依托……"①《后汉书·光武帝纪》记宛人李通等以图谶说光武帝,颜师古注云:"图,《河图》也。谶,符命之书。"《文选·思玄赋》李善注:"《仓颉》篇:谶书,河洛书也。"所谓《河图》、《洛书》,实可视为一种"符瑞",是古圣王新受命的象征,是"天意"的表露。谶书附会《河图》、《洛书》,以言符命妖详、王朝兴替等。

"纬书"是与"经书"相对而言的。《说文解字》云:"纬,织衡丝也。""衡丝"即横丝。段玉裁注:"引申为凡交会之称。汉人左右六经之书,谓之秘纬。"苏舆《释名疏证补》说:"'纬,之为书,比傅于,经,'辗转牵合,以成其谊,今所传《易纬》、《诗纬》诸书,可得其大概。"纬书一般托为孔子所作,常把经义的解释与阴阳五行、天人感应之论及各种方术迷信相掺合,以言吉凶祸福、治乱废兴。纬书中杂有相当多的谶语。如《春秋纬·演孔图》记录了一则孔子感黑帝而生的神话,接下来便是一连串的谶语:"孔子之胸有文曰:'制作定,世符运。'""得麟之后,天下血书鲁端门,曰:"趋作法,孔圣没;周姬亡,慧东出;秦政起,胡术破;书纪散,孔不绝。""孔子奉以告天,赤爵书上,化为黄玉。刻曰:'孔提命作,应法为制,赤雀集。'"纬书中多谶语,与其以天人感应言吉凶祸福的创作意图是有直接关系的。

"谶纬"是"谶书"和"纬书"的合称或总称。关于"谶书"与"纬书"比合连称为"谶纬"的原因及过程,《四库全书总目提要》卷六《易类》末附案语有一段概括性的话:"儒者多称谶纬,其实谶自谶,纬自纬,非一类也。谶者诡为隐语,预决吉凶;纬者经之支流,衍及旁义。盖秦汉以来,夫圣日远,儒者推阐论说,各自成书,与经原不相比附。如伏生《尚书大传》、董仲舒《春秋阴阳》,核其文体,即是纬书,特以显有生名,故不能托诸孔子。其他私相撰述,渐杂以术数之言,既不知作者为谁,因附会以神其说,迨弥传弥失,又益以妖妄之词,遂与谶合而为一。"《四库全书总目提要》不仅指出了经与纬的源流关系,而且更重要的是,它指出纬是对儒家经义的某种引申、演绎与诠释,但是这种诠释是以阴阳灾异说为主干的,这对于我们把握谶纬的本质很有启发意义。可以说,谶纬的成立,应是

① 桓谭:《新论·启寤》。

以天人感应的学术观念成为一种社会意识形态为其先行条件的。

由此我们认为,就谶纬的本质而言,它基本上是西汉经学吸纳邹衍阴阳五行说之后开始形成的、以天人感应之说为核心、与经学相联系的宗教化学说,它比附经传或依托孔子,是渗透着阴阳五行的经学与谶语等神学迷信合流的结果,是汉代经学宗教化的产物。

(二)光武帝刘秀助推谶纬及其发展

应当说,谶纬是社会动乱时期的产物,改朝换代的普遍要求促使谶纬的不断出现。西汉末,由于持续不断的社会政治危机,一种看不到出路的迷惘、失望、恐慌不安的情绪在社会上弥漫开来,于是一些阶层与团体便利用宗教迷信来表达自己的情绪和愿望。河洛受命说是普遍被人接受的谶语。刘歆的阐释较有代表性。《汉书·五行志上》:"刘歆以为虙羲氏继天而王,受《河图》,则而画之,八卦是也。禹治洪水,赐《洛书》,法而陈之,《洪范》是也。"即认为《河图》乃伏羲八卦,《洛书》为禹治水所赐洪范九畴,《五行志》并指《尚书·洪范》所述九畴六十五字为洛书本文。以刘歆为代表的汉儒根据自己的这种理解,构筑起以其所谓河图洛书为核心的今文经学思想体系,从今文经学自身的发展轨迹看,经生们神化孔子与六经,造作谶纬,以便重新获得对最高统治集团的监控力。随着社会危机的不断加深,今文经学所包含的以天命信仰为工具干预现实的功能更被激活,不过有所变化的是,今文家鉴于不少"前贤"都为了他们的政治理想而付出了沉重的代价,便不得不再创造了一个"天"的替代物——神化了的通天教主孔子及其"为汉制法"的圣经《春秋》,以重新获得思想上对于统治者的监控力。正如任继愈主编的《中国哲学发展史》所指出的,灾异论"是以经学家个人的名义作出的,并不直接体现孔子或神的意旨,容易被当权者罗织罪名,在斗争中处于不利地位。……于是进行造神活动把预言附会到孔子或神的名下,这就可以提高预言的神圣性质,增加被当权者采纳的机会。即令预言不被采纳,达不到政治目的,也可以减少无端获罪的可能"①。

正是由于这样的背景,据考证,汉成帝时已出现了被称作"六纬"的谶纬书,在成帝时诸纬书已大备。王莽执政之时,利用了谶纬,并使谶纬得到官方的认

---

① 任继愈:《中国哲学发展史》(秦汉),人民出版社,1985年,第420页。

可。富于戏剧性的是谶纬也成为反对王莽、推翻王莽政权的一种工具。到了东汉初年,光武帝刘秀对谶纬的发展更起到了推波助澜的作用。

《后汉书·张衡传》载:"初,光武善谶,及显宗、肃宗,因祖述焉。自中兴之后,儒者争学图纬,兼附以妖言。"

《后汉书·方术传》曰:"后王莽矫用符命,及光武尤信谶言,士之赴趣时宜者,皆骋驰穿凿,争谈之也……自是习为内学。"《后汉书·苏竟传》曰:"孔丘秘经,为汉赤制。"

东汉制礼作乐,以谶纬为依据。《后汉书·桓谭传》载:"有诏会议灵台所处,帝(光武)谓谭曰:'吾欲(以)谶决之,何如?'"

光武帝信谶,是使得谶纬由一股民间思潮转变为国家宪章的政治力量。光武帝建武初年即命薛汉校定图谶;二年又命尹敏校定图谶,使"去崔发所为王莽著录次比";中元元年,"宣布图谶于天下"[1],将无常的天命转变为永恒的天道。

刘秀本是在谶纬兴盛的社会氛围中长大的,他从王莽身上,是很容易看到谶纬所起的政治作用的。他在初起兵时便开始利用谶纬,《后汉书·光武帝纪》谓"地皇三年,南阳饥荒,诸家宾客多为小盗。光武避吏新野,因卖谷于宛。宛人李通等以图谶说光武云:刘氏复起,李氏为辅。……天下方乱,遂与定谋,于是乃市兵弩"。又谓"光武先在长安时同舍生强华自关中奉《赤伏符》,曰,刘秀发兵捕不道,四夷云集龙斗野,四七之际火为主"。《赤伏符》预言了刘秀乃为"真命天子",具有相当大的宣传鼓动作用。刘秀在和公孙述争天下时还在谶纬上打起了笔墨官司,《后汉书》公孙述本传载:"述亦好为符命鬼神瑞应之事,妄引谶记。以为孔子作《春秋》,为赤制而断十二公,明汉至平帝十二代,历数尽也,一姓不得再受命。"又引《录运法》曰:"废昌帝,立公孙。《括地象》曰:'帝轩辕受命,公孙氏握。'《援神契》曰:'西太守,乙卯金。'谓西方太守而乙绝卯金也。五德之运,黄承赤而白继黄,金据西方为白德,而代王氏,得其正序。又自言手文有奇,及得尤兴之瑞。数移书中国,冀以感动众心。"当公孙述据有益州并不断利用图谶制造舆论向中原传播时,刘秀非常紧张,亲自给他写信,对公孙之说加以驳难:"图谶言,公孙,即宣帝也。代汉者当涂高,君岂高之身邪?乃复以掌文为

---

① 《后汉书·光武帝纪》。

瑞,王莽何足效乎!"并且发出警告说:"君非吾贼臣乱子,仓卒时人皆欲为君事耳,何足数也。君日月已逝,妻子弱小,当早为定计,可以无忧。天下神器,不可力争,宜留三思。"

刘秀登上帝位后,命尹敏、薛汉等校定图谶,于中元元年(公元56年)"宣布图谶于天下",他还诏令虎贲中郎将梁松搜集谶纬中有关"九世受命"①的话,并在封禅泰山时刻石勒铭,其中有《河图赤伏符》之"刘秀发兵捕不道,四夷云集龙斗野,四七之际火为主",有《河图会昌符》之"赤帝九世,巡省得中,治平则封,……帝刘之九,会命岱宗,诚善用之,奸伪不萌",有《河图合古篇》之"帝刘之秀,九名之世,帝行德,封刻政"②等等,并用"河洛命后,经谶所传","受命中兴","以承灵瑞"的话,为东汉朝廷涂上神秘光环,为巩固政权服务。

刘秀在确定重要官员的人选时,常常依据谶纬。如议选大司空,以《赤伏符》曰"王梁生卫作玄武"而以野王令王梁为大司空。又欲以谶文用平狄将军孙咸行大司马,以至于搞得功臣们都不悦。③ 刘秀还积极鼓励群臣讲解图谶。洛阳设立太学后,他不仅让太学生接受一般经义,而且还使他们接受谶纬,因而在太学中,讲授谶纬的风气很盛。在传授谶纬者中,不仅有博士官,还有一般官员。《后汉书》朱浮本传载朱浮上疏言:"臣幸得与讲图谶,故敢越职。"刘秀还征召全国通晓谶纬的经生校订谶纬。如薛汉"世习《韩诗》,父子以章句著名。汉少传父业,尤善说灾异谶纬,教授常数百人。建武初为博士,受诏校定图谶"④。对于非议谶纬的臣下,刘秀一般都予以严厉惩处,或不予重用。桓谭曾上疏言信谶之非,谓"今诸巧慧小才伎数之人,增益图书,矫称谶记,以欺惑贪邪佳误人主,焉可不抑远之哉! 臣谭伏闻陛下穷折方士黄白之术,甚为明矣;而乃欲听纳谶记,又何误也! 其事虽有时合,譬犹卜数只偶之类。陛下宜垂明听,发圣意,屏群小之曲说,述五经之正义,略雷同之俗语,详通人之雅谋"。他的恳切规劝惹得刘秀很是反感。后来有一次刘秀诏臣下议灵台所处,谓桓谭曰:"吾欲以谶决之,何如?"谭默然良久,曰:"臣不读谶。"刘秀问其故,谭复极言谶之非经。刘秀大

---

① 九世指从刘邦至刘秀共九代。
② 《续汉志·祭礼上》。
③ 《后汉书·朱景王杜马刘傅坚马列传》。
④ 《后汉书·儒林列传》。

怒曰："桓谭非圣无法,将下斩之。"谭叩头流血,良久乃得解。① 还有一个尹敏,因为在谶书里戏加了"君无口,为汉辅"一条谶语,结果被刘秀发现,尹敏说:"臣见前人增损图书,敢不自量,窃幸万一。"尽管尹敏当时未因此获罪,但竟"以此沉滞"。②

刘秀建武元年于鄗即位告天,建武三十二年封禅分别根据谶纬文献中《河图赤伏符》、《河图会昌符》以及河洛谶文中,言九世封禅事。其封禅刻石上冗长的文字中,一口气引述了《河图赤伏符》、《河图会昌符》、《河图合古篇》、《河图提刘予》、《洛书甄曜度》、《经经钩命决》六篇中有关受命的谶语③。

刘秀在谶纬问题上的态度与举措,使得谶纬在经学中居于重要地位,后明帝、章帝继续属意谶纬,"言五经者,皆凭谶为说"。④ 谶纬在东汉初不仅被定为官学,而且被视为"内学"(传统意义上的经学被视为"外学"),臻于极盛,士大夫与学界中形成了普遍讲习、崇尚徽纬的风气。沛献王刘辅,在诸子里面是最好经术的,而本传说他"善说图谶"。景鸾"能理《齐诗》、《施氏易》,兼受《河》、《洛》图纬。作《易说》及《诗解》,文句兼取《河》、《洛》,以类相从,名为《交集》。又选《礼内外记》,号《礼略》,又抄风角杂书,列其占验,作《义道》一篇,及作《月令章句》。凡所著述五十余万言,数上书陈救灾变之术"⑤。其他如黄香兼明图谶,翟酺注《孝经援神契》、《孝经钩命决》,何英学通经、纬,王辅学《援神契》,郭凤好图谶、善说灾异,赵典学《七纬》、《河图》、《洛书》,受业者七百余人等等,不胜枚举。范晔总结说:"……王莽矫用符命,及光武尤信谶言,士之赴趣时宜者,皆骋驰穿凿,争谈之也。故王梁、孙咸名应图越登槐鼎之任,郑兴、贾逵以附同称显,桓谭、尹敏以乖忤沦败,自是习为,内学,尚奇文,贵异数,不乏于时矣。"⑥

(三)《河图》《洛书》谶书的内容

谶纬在两汉之际流传的过程中,不断地被整理、编订,成帝时李寻提到"五经六纬",只是对"六纬"篇目未加具体说明。到东汉时已有了"八十一篇"的习

① 《后汉书·桓谭列传》。
② 《后汉书·儒林列传》。
③ 《续汉书·祭祀志上》。
④ 《隋书·经籍志》。
⑤ 《后汉书·景鸾列传》。
⑥ 《后汉书·方术列传》。

惯说法。东汉张衡奏事中提到"河洛五九,六艺四九"的话,《后汉书》张衡本传李贤注云:"河洛五九,六艺四九,谓八十一篇也。"张衡在奏事中还有"王莽篡位,汉世大祸,八十篇为何不戒"的话,"八十篇"概取其成数而言。荀悦《申鉴》谈到谶纬也有"八十一首"的话。这"八十一篇",包括《河图》《洛书》类谶书四十五篇和纬书三十六篇。这里重点对河洛类谶书内容加以叙述。

　　关于《河图》《洛书》类谶书,《隋书·经籍志》云:"其书出于前汉,有《河图》九篇,《洛书》六篇,云自黄帝至周文王所受本文。又别有三十篇,云自初起至于孔子,九圣之所增演,以广其意。"这就是说《河图》纬《洛书》纬加起来共 45 篇,合于"河洛五九"之数。所谓"九圣"是指伏羲、神农、黄帝、尧、舜、禹、文王、周公、孔子。今传《河图》《洛书》类谶书有:《河图括地象》、《河图开始图》("图"一作"篇")、《河图挺佐辅》、《河图稽耀钩》、《河图帝览嬉》("嬉"一作"禧")、《洛书洛罪级》、《洛书说征示》、《洛书说禾》、《孔子河洛谶》等①。

　　桓谭曾说:"谶书出《河图》《洛书》,但有兆朕,而不可知,后人妄复加增依托,称是孔丘,误之甚也。"②在汉代,人们普遍将《河图》《洛书》视为王者受命之征和天人交通的媒介,如说"《河图》,命纪也,图天地帝王始终存亡之期,录代之矩"③;"洛水地理,阴精之宫,帝王明圣,龟书出文,天以与命,地以授瑞"④。也就是说,《河图》《洛书》无论其图其书具体为何,但其在作为象征圣人将出、天下太平的"符瑞"这个意义上,被汉人所普遍认可。于是,附会《河图》《洛书》以作谶书,就能很方便讲王朝兴替、新德受命的内容。《河图》《洛书》类谶纬虽有多种,但其所要表达的思想内容的核心,大体上并不出天降符瑞的范围。例如:"黄帝修德立义,天下大治,乃召天老而问焉:余梦见两龙,挺日图,即帝以授余于河之都,觉昧素喜,不知其理,敢问于子。天老曰:河出龙图,洛出龟……⑤"

　　黄龙从洛水出,谓虞舜:鳞甲成字。舜令写之。写竟,去。⑥

　　在《河图》《洛书》类谶书中,圣人观于河洛,受《河图》《洛书》的记录凡数十

---

①　钟肇鹏:《谶纬论略》,辽宁教育出版社,1991 年,第 70～71 页。

②　《新论·启寤》。

③　《尚书纬·璇玑铃》。

④　《洛书·灵准听》。

⑤　《河图·挺佐辅》。

⑥　《龙鱼河图》。

见。《河图》《洛书》类谶书还大力宣扬天人感应论,尤其是天与君主之间的感
应,如说:"侮天地者凶,顺天时者吉,春夏乐山高处,秋冬居卑深藏,吉利多福,
寿者无穷。"①"天地有司过之神,随人所犯轻重,以夺其算纪。恶事大者,夺纪;
过小者,夺算。"②显然,作者的目的在于引导君主在政治上弃恶从善。

由于"河洛"类谶书占的篇目较多,又都与河、洛地域有关,就又演化出河洛
受命神话。龙马负《图》出于河、玄龟背《书》出于洛,是谶纬文献中出现得最多
的帝王受命的神话和祀典。

（四）河洛说谶纬的文化意义③

河图、洛书乃是汉代谶纬之学兴盛的思想传说根源。谶语有消极的,也有积
极性的预言,积极性的谶语,能满足人们对未来希望的那种预言,希望能有圣人
王者出而收拾残局,还天下以太平、安宁与繁荣。因此,就谶语本身的内容而言,
它可能是荒谬的,但由于它担负着满足人们某种心理预期的社会现实功能,因而
它是必须的。

河图洛书本是圣人受命的天降瑞应,它同时必然包含天下太平、世道清明的
内涵。经刘歆的推阐,不仅使河图洛书具有了明确的意义内涵,更重要的是它为
谶纬之中的圣王受命提供了模式化的基本依据。此外孔子也顺理成章地跻身河
洛圣王受命的行列,这是今文经学与谶纬结合的最大成果。可以说,河洛受命说
既是春秋战国以来广为传播的一则神话,又是期盼受命圣王与太平盛世降临的
一则原始预言。同时,它也为丰富汉代的经学思想内容,提供了可资取用的材
料。

谶纬发挥儒家尊孔之义,侪孔子于古今帝王受命之列,并视孔子为古今圣王
受命之集大成性代表。近年含山凌家滩玉龟、玉版的出土,为人们认识河图、洛
书的古老传说提供了考古实物上的可能性参照。④ 出土时玉版夹在玉龟的腹甲
与背甲之间,它为纬书中"元龟衔符"、"元龟负书"之说,提供了可供理解的参
证。玉版上刻有图,从而使纬书中"河图玉版"之说似有端倪可寻。玉版边缘上

① 《河图·帝视萌》。
② 《河图·纪命符》,纪:指一年;算:指一日。
③ 葛志毅:《河洛谶纬与刘歆》《文史哲》,2008,(3)。
④ 安徽省文物考古研究所《安徽含山凌家滩新石器时代墓地发掘简报》《文物》,1989,(4)。

刻有不同数目的圆孔,其数的排列顺序依次为4、5、9、5,研究者认为数的排列顺序合于"太一下行八卦九宫,每四乃还于中央"的说法,并推测含山所出玉龟和玉片有可能是远古洛书和八卦①。虽然此观点也有学者不认同,或者对这一出土文物另有新解,但至少可以对我们理解河图、洛书的古老传说有某种启发,儒家利用了"河出图,洛出书"的传说,又相继加以推阐、引导,使长期以来有关圣王、太平的理想与崇儒尊孔之义结合起来,并在谶纬体系中发挥完成,亦从而为河洛传说作出最终总结。这就是河洛受命圣王的谶纬主题,如从谶纬体系的性质结构而言,加上汉武尊儒的原因,又以孔子的圣人受命传说最为重要。儒家推尊孔子,如果从记载上追溯,记载列国大事的《左传》一书中,于昭公七年、哀公十四年及十六年,分别记载了孔子为圣人之后、西狩获麟及孔子卒三事,这是在史传经典上儒家开始对孔子尊奉有加。孔子圣人之后说在《论语》、《孟子》中发展为直称孔子本身为圣人。《公羊传·哀公十四年》明谓获麟乃孔子圣人的瑞应,孔子亦由此作《春秋》。《史记·孔子世家》顺着《公羊传》的理路,进一步肯定获麟乃孔子圣瑞,并把"河不出图,洛不出书,吾已矣夫"说成孔子获麟之叹,孔子为此作《春秋》自见于后世。谶纬以这些记载为根据,再加以推衍,于是使孔子跻身河洛受命圣王之列,并且成为谶纬的制作者、阐释者及为汉帝制法的玄圣素王。圣人不仅可以"平四海"、"一风俗"、"纪物定世",而且还可以占图纬星历,知阴阳变化,"推演万事之类",故如此圣人不仅是春秋战国以来久已期盼的受命圣人,而且又接近于谶纬中被神化的受命圣人形象。这些认识都被谶纬所吸纳,并进一步作出自己的发展,即谶纬发挥儒家尊孔之义,侪孔子于古今帝王受命之列,并视孔子为古今圣王受命之集大成性代表,这是谶纬为推尊儒学而神化孔子所作出的最大贡献。②

可以说,谶纬河洛思想体系的目的,主要是在文化上拨乱反正,扫除秦人影响,为汉代立法,并重续因秦受到阻断的三代文化正统。纬书以河洛为受命神坛所在,排列起以伏羲为首下及秦汉的帝王受命统绪,从而表明上古以来的文化传承是一贯的。这在古代不是前无其例,如《管子·封禅书》有谓"古者封泰山禅

① 陈久金:《陈久金集》,黑龙江教育出版社,1993年,第104页。
② 葛志毅:《河洛谶纬与刘歆》《文史哲》,2008,(3)。

梁父者七十二家",《管子·治国》:"昔者七十九代之君,法制不一,号令不同,然俱王天下者"。《荀子·礼论》:"郊者,并百王于上天而祭祀之者也。"《汉旧仪》:"祭三皇(王)、五帝、九皇、六十四民(氏),皆古帝王,凡八十一姓也。"皆并举古今帝王为一系而代数之。中国古代重宗法族系,因此一切都要排成一贯的统系以成秩序,作为法统示人。河洛说亦本此观念设计河洛受命帝王统系。河洛说的特殊之处在于,一是它选择河洛为受命神坛中心所在,这表明它继承宏扬三代文化传统的意识。二是它把孔子以玄圣素王的身份列入河洛受命帝王之列,并且又特将孔子与伏羲、文王并称。如:

《易纬辨终备》:"至哉易,三圣谋专密,恶必孰思。"郑玄注:"三圣,伏羲、文王、孔子。"

《易纬坤灵图》:"苍牙通灵,昌之成运,孔演命,明道经。"郑玄注:"苍牙则伏羲也,昌则文王也,孔则孔子也。"

《易纬乾凿度》:"垂皇策者,羲。卦道演德者,文。成命者,孔。"

《春秋说题辞》:"伏羲作八卦,丘合而演其文,渍而出其神,作《春秋》,以改乱制。"

《春秋说题辞》:"经文备三圣之度。"宋均注:"三圣,疑谓虑牺画卦,文王定义,孔氏系辞。"①

其中伏羲画卦,乃中国文化始启的象征;文王,《论语》中孔子曾以文王之文自命。以三人并称为三圣,不能仅仅理解为三人与《易》的共同关系。实则三人乃是河洛圣王中足以为中国古代文化代表的三位文化英雄。或者说,孔子乃以文化英雄的身份与伏羲、文王并列为三圣,他们是中国文化形成过程中三个阶段性历史代表。因为河洛既为上古三代受命帝王正统所系,故三圣对上古文化的开创性贡献亦使之成为中国文化的正统性代表。河洛说的文化意义还在于,它既突出了三代在中国文化中的正统性历史地位,又因孔子进入河洛圣王系统而使三代文化传统理想化。由于孔子以文化英雄的身份与古来政治帝王并列,从而凸显了儒学文化传统的巨大价值及其在中国历史上的主导性核心地位,而儒学体系基本是对三代文化的总结。可以说,谶纬河洛说又是对汉武帝尊儒之举

---

①　安居香山《中村璋八·纬书集成》(中册),河北人民出版社,1994年。

在文化思想上的总结与推毂,它为武帝尊儒之后的中国文化定位从思想理论上提供了论证和阐释。由于河洛地区的中心地位得到肯定,于是使三代文化成为正统的历史象征,伏羲为首的河洛受命圣王被认同为古史正统,以伏羲为首的三皇五帝史统由此大体确立。文化圣人伏羲取代了战功显赫的黄帝被推崇上人文始祖地位,推崇圣人文治也作为传统被确认为中国历史文化的基本性格。这样,为圣王文治提供思想理论根据的儒学六经被无限神圣化。总之可以说,中国古代文化的历史定位,基本上经由河洛受命说的思想体系被确认下来。这给人们的启发是,纬书的价值必须重予认识和论定。如果将刘歆《世经》所列史统与纬书圣王系统相较,可见刘歆思想与纬书内容间的联系影响之深。因为纬书河洛受命说的极大目的之一是建立古代帝王正统,但以之与《世经》帝王史统相较,可见二者间的相近似。从而可以说,郑玄接续刘歆而崇信谶纬是必然的;谶纬之于汉代经学内容之丰富发展,是不可或缺的。①

三、白虎观会议与古文经学的兴起

(一)章帝建初四年(公元79年)的白虎观会议

东汉建初四年(公元79年),章帝在洛阳城北宫的白虎观主持召开了一次规模宏大的经学讨论会,即著名的白虎观会议。此次会议的目的及任务,是为了讨论"五经同异","使诸儒共正经义"。参加会议的有五官中郎将魏应、侍中淳于恭、广平王刘羡及名儒丁鸿、楼望、成封、植郁、班固、贾逵等。章帝称制临决,命班固将讨论结果编成了《白虎议奏》,从而以官方的名义确立了今文经学的正统地位。至此,始于西汉中后期、延续东汉前期的今古文经学之争逐渐平息。

1. 会议缘由

自西汉初年叔孙通制礼作乐以来,儒家思想渐渐开始得到重视,汉武帝时期,采纳经学大师董仲舒之议,罢黜百家,独崇儒术,经义为汉治法,攻读儒经成了经师们荣显的专门行道。但汉武帝采取兼容并蓄的态度,对当时有名的儒家学派,皆为其在大学设一讲座,谓之学官。充学官者,并不只是《诗》、《书》、《易》、《礼》、《春秋》五经者。然而,自此以后,儒家学说经政府的倡导,获得了

---

① 葛志毅《汉代谶纬河洛说的历史文化意义》《邯郸学院学报》,2007,(1)。

广泛的传播,越传越多,越传越繁琐。《汉书·儒林传》称:"自武帝立五经博士,开弟子员,设科射策,劝以官禄。迄于元始,百有余年,传业者浸盛,支叶蕃滋,一经说至百余万言,大师众至千余人,盖利禄之路然也。"①

汉宣帝甘露三年(公元前51年),鉴于当时诸经分派分支太多,对经义的解释也各有差异的状况,宣帝乃"诏诸儒讲五经同异,太子太傅萧望之等平奏其议上亲称制临决"②,史称石渠阁奏议。

其会议内容,一是讨论"五经同异",包括文字同异及经义同异;二是评论公羊、谷梁二家得失。会议结果乃立梁丘《易》、大小夏侯《尚书》、谷梁《春秋》博士。石渠阁在未央殿北,藏皇家典籍。会议在此举行,当有翻检书籍的方便。根据史料,这次讲论五经同异的会议,有议论(议),有争辩(同异),有裁决(平),按照经的门类问题,分条上奏(条奏),然后由皇帝亲临会议以制诏的形式宣布决定(上亲称制临决)。议奏的篇数,有记载的有155篇,失载的还不算在内。

西汉末年,刘向的儿子刘歆,继续刘向的工作,典校中秘书,看到许多古文经典,就要将《左氏春秋》,及《毛诗》、《逸礼》、《古文尚书》皆列于学官。汉哀帝令歆与五经博士讲论其义。诸博士都是今文家,不赞成刘歆立古文经的建议,有人甚至不愿讨论这个问题。歆乃移书太常博士,责诸儒顽固。书中提出今文经简编错乱,多有残缺。《春秋左传》、《毛诗》、《逸礼》、《古文尚书》等古文经是秘府旧藏,得于孔子宅坏壁,真实可信。刘歆的移书激怒了诸今文博士,遭到诸儒的围攻,指责刘歆改乱旧章。于是,今古文经学之争愈演愈烈。

东汉光武帝中元元年(公元56年)宣布图谶于天下,进一步把儒家经义与谶纬图书等迷信东西结合起来,完成了东汉国教的形式。所谓谶是当做神灵启示人们的一种预言,而用以解释一般性质的儒家经典,使那些预言与儒家经典相交织,使圣人的教条与神灵的启示合二为一。这样,圣经变成了天书,孔子就变成了神人。到了汉章帝建初四年(公元79年),把西汉宣帝、东汉光武的法典和国教更加系统化,这就是所谓的"白虎观会议"。

章帝建初四年诏引光武中元元年诏书云:五经章句繁多,议欲省减。至永平

---

①　《汉书》卷八八《儒林传》。
②　《汉书·宣帝纪》。

元年,长水校尉倏樊奏议,先帝大业当以施行。于是,章帝将大夫、博士、议郎、郎官及诸生、诸儒集会白虎观,讲义五经同异。使五官中郎将魏应承制问,侍中淳于恭奏,章帝亲临现场,裁定对错,决定取舍。这样一连数月,问题才得以解决,这就是白虎观奏议。钦定的奏议,赋予了光武以来儒家经典与谶纬迷信相结合的神学性与国教化性质。

2. 会议目的

关于召开白虎观会议的动机,学界有不同的认识,一些研究者是从经学内部的思想争论来分析"白虎观会议"的召开的,如金春峰先生《汉代思想史》认为白虎观会议的召开为了"统一今文、古文经学"①,这一说法有一定的代表性。边家珍先生在《汉代经学发展史》中,不同意这种观点,并且做了分析。② 分析说,之所以一些学者认为白虎观会议召开的动机是平经学内部之争,大约是受了《后汉书·章帝纪》的章帝诏书、《后汉书》杨终本传杨终之言以及范晔行文的误导,而把现象当成了本质。章帝诏书中说:"孝宣皇帝以为去圣久远,学不厌博……欲使诸儒共正经义……"③《后汉书》杨终本传载:"……终又言:'宣帝博徵群儒,论定五经于石渠阁。方今天下少事,学者得成其业,而章句之徒,破坏大体。宜如石渠故事,永为后世则。'于是诏诸儒于白虎观论考同异焉。"④这里章帝讲"正经义",杨终讲"章句之徒,破坏大体",范晔行文谓"论考同异",确实很容易让人得出白虎观会议召开的动机是平经学内部之争的结论。实际上,章帝讲"孝宣甘露石渠故事"及杨终"宜如石渠故事,永为后世则"云云,都是在为这次会议的召开造舆论,寻找历史依据。杨终所说的"章句之徒,破坏大体",所谓"大体"就是"大义",这里着重是指经学的重要内容——君臣纲常之道。再说,即使宣帝石渠阁会议,也没有去对不同师法的章句进行具体的"正定"。我们还不能仅从字面上就得出"白虎观会议"就是为了"正经义"、"考同异"的结论。再细览《白虎通义》全书,我们看到作者并没有停留在分析参加会议的主要人物的学术倾向上,今、古文学者在会上虽有争辩,然而他们都相信谶纬并加以曲解

---

① 金春峰《汉代思想史》中国社会科学出版社,2006 年,第 410 页。
② 边家珍《汉代经学发展史》,中国文史出版社,2003 年,第 254～255 页。
③ 《后汉书》卷三,肃宗孝章帝纪第三。
④ 《后汉书》卷四八,列传第三十八。

引申。实际上,与会者如果纠缠于这些今、古文经的辨析也意义不大,因为这个会议并不实行凭派别人数表决的民主制,而是实行由皇帝"称制临诀"的集中制。

自武帝时独尊儒术、表章六经,吸纳了阴阳五行说的今文经学得到快速发展并有逐渐宗教化的趋势以来,到白虎观会议召开,《白虎通义》的作者们发挥《易传》"神道设教"的意思说:"王者设三教者何?承衰救弊,欲民反正道也。"杨向奎先生指出:"《白虎通义》的全部内容是使儒家更进一步宗教化,他们把已经宗教化的儒家理论结集起来,凝固起来,更把这些结集起来的条文公布于天下,成为天下共同遵守的条文,在本质上这也是一种宗教教义。"①侯外庐先生等《中国思想通史》也指出:"(《白虎通义》)这种经义国教的意义,和恩格斯所指出的基督教是一种神学和庸俗派哲学的混合物同样……从西汉的石渠阁的经义钦定到东汉白虎观的经义钦定,就是这种形态。所谓'称制临决'的钦定的法典形式,企图使皇帝成为国家的本质,使上帝成为宗教的本质,并使二者的关系固定化起来。"又说,"他们('白虎观会议'的参加者)不是在讲哲学,而是为统治阶级安排宗教",是在"利用经义为汉制法","为皇帝制出……国家法来"。② 董仲舒曾以君臣、父子、夫妇为"王道之三纲",这种认识由今文经学学者们继承下来,由谶纬加以更神秘的发挥,到《白虎通义》中遂以总结的方式固定下来。经过以上的阐述,边家珍先生得出结论:白虎观会议召开的目的,是要从总体上、从根本上重新建构统治思想,利用董仲舒以来的今文经学、谶纬以及古文经学,重构封建统治思想,牢固树立天人合一宇宙体系中的封建秩序永恒合理观念,以更好地为巩固君权服务。

仔细分析二位学者的论述,发现他们的观点并不矛盾,金春峰先生提出的应该是会议上做的具体事情,边家珍先生谈的是这次会议想要达到的最终目的,是一个事物的两个方面:现象和本质。

作为这次历史性会议结果的集中体现者的《白虎通义》,又称《白虎通德论》、《白虎通》等。《白虎通义》实际就是这次会议的记录。全书共分4卷,书中

---

① 杨向奎《绎史斋学术文集》,上海人民出版社,1983 年,第155 页。
② 侯外庐等《中国思想通史(第2 卷)》,人民出版社,1957 年,第225、229 页。

除征引六经传记外,杂以谶纬,将今文经学与谶纬糅合一起,体现出东汉统治思想的特点。

(二)《白虎通》的哲学思想

《白虎通义》的成书,其实质也是以君权直接干预学术的结果。《白虎通义》概括了各家经学尤其是今文经学的成果,杂论经传,傅以谶记,把董仲舒的思想中宣扬君臣父子之纲纪、固化君权、加强专制方面,向前大大推进了,而且在这方面的论证上,其宗教神学色彩比董仲舒更为浓厚。它是统治者意志的最集中、最突出、最直接的反映,是东汉前期统治者力图使儒家经学宗教化的一个重要体现,是皇家主编的经学教科书。

《白虎通》四十三条名词解释,基本上是关于社会和国家的礼仪、制度,但也有一些名词有哲学意义。其中重要的有"天地"、"五行"、"人"、"性情"。

1. 天地

先秦以来,关于天,基本上有三种含义:神灵之天、道德之天和自然之天(天空、气象或自然)。董仲舒思想的特点是突出道德之天,而以神灵之天为最高的主宰。《白虎通》基本上继承了董仲舒和谶纬的思想。它说:

天者何也? 天之为言镇也,居高理下,为人镇也。

这是说,天高高在上,目的是居高理下,为人镇(镇即正)。这里"天"就是人们头上所见的星象悬布、日月著明的天空,并不是人格神,但它的形体、它的存在,包含着一种道德和政治的目的与意义。

《白虎通》接着说:"地者,元气之所生,万物之祖也。"

《太平御览》引《礼统》说:"地者,元气之所生,万物之所自也。"陈立《白虎通疏证》案说:"此地者十三字,当脱一天字,宜移至天者何也之上。"这里涉及天地与元气的关系。

周桂钿先生《王充新探》说"天地者,元气之所生",是说元气是天地生的,"天地是元气的父母"。他举《诗·小雅·小宛》:"无忝尔所生","所生"指父母为证。其实"所生"与"之所生"有别。《诗·小雅》的这句话可改写为:"无忝所生尔者。""之所生"则不同。《淮南子·修务训》说:"阴阳之所生,血气之精,含牙戴角,……喜而合,怒而斗……其情一也。"

《春秋繁露循天之道》说:"春之所生不得过秋,秋之所生不得过夏,天之数也。"又同书《五行对》："父之所生,其子长之。父之所养,其子成之。""之所生"都是指阴阳、天地、春、秋、父等所生者。所以《白虎通》这句话,恰恰是说地或天地是元气所生的。地的作用、功能或目的是"怀袵万物",使之"交易变化"。《春秋·元命包》说："地者易也,言万物怀袵,交易变化,含吐应节。故其立字,土力于乙者为地。"《白虎通》继承了纬书的这种说法。

因为天地是由元气所生的,所以有其演化形成的历史。《白虎通》说:

> 天始起,先有太初,后有太始,形兆既成,名曰太素。混沌相连,视之不见,听之不闻,然后剖判。清浊既分,精出曜布,度物施生。精者为三光,号者为五行。行生情,情生汁中,汁中生神明,神明生道德,道德生文章。故《乾凿度》曰："太初者气之始也,太始者,形兆之始也,太素者,质之始也。"①

就是说,气开始时无形无象,视之不见,听之不闻。经过太初、太始、太素三个阶段,才剖判为天和地。天由清气构成,地由浊气构成。天地施气,产生万物。清气又称精气,构成天上的三光。浊气构成地下的五行。五行产生情、神明、道德、文章。从局部看,《白虎通》在这里坚持了物质在先,精神在后,精神是物质发展的一个阶段的思想。这里讲的天是物质之天,自然之天。地是五行的总称,也是物质的实体。但从全局看,这种自然物质之天地又是从属于道德之天的。所以《白虎通》接着又说:

> 天道所以左旋,地道右周何? 以为天地动而不别,行而不离,所以左旋右周者,犹君臣阴阳相对之义。②

就是说,天地运行的规律,体现了一种尊卑等级的伦理秩序,而这种秩序是由道德目的所决定的。故说,"阳不动无以静、无以成其化"。教化的目的,决定

---

① 《白虎通·天地》。
② 《白虎通·天地》。

了天地运行的规律及性质。

在《日月》条中,它又说:

> 天左旋,日月五星左行何? 日月五星比天为阴,故右行。右行者犹臣对君也。
>
> 日行迟,月行疾何? 君舒臣劳也。日月所以悬昼夜者何? 助天行化,照明下地。
>
> 日之为言实也,常满有节。月之为言阙也,有满有阙也,所以有缺何? 归功于日也。

就是说,日月运行的速度,出没的时间以及圆缺,都不是由日月自身运行的规律决定,而是由一种伦理道德关系和目的决定的,是伦理道德关系的体现。

这种道德之天,本质上是神秘主义的,是神灵之天的变相或较为精致的形式,它归根结底是从属或依附于神灵之天的。

2. 五行

《白虎通》说:

> 五行者何谓也? 谓金木水火土也,言行者,欲言为天行气之义也。地之承天,犹妻之事夫,臣之事君也。谓其位卑,卑者亲事,故自周于一行,尊于天也。
>
> 五行之性或上或下何? 火者阳也,尊,故上,水者阴也,卑,故下。水(应为木)者少阳,金者少阴,有中和之性,故可曲可直,从革。
>
> 木味所以酸者何? 东方。东方万物之生也。酸者以达生也。
>
> 火味所以苦何? 南方主长养,苦者,所以长养也。
>
> 金味所以辛何? 西方煞伤成物,辛所以煞伤之也。
>
> 土味所以甘何? 中央者中和也,故甘,犹五味以甘为行其教,阴不主也。[①]

---

① 《白虎通·五行》。

“五行”原是五种物质元素。但《白虎通》对它的探讨,不是从实际出发,得出对其客观性质的认识,相反,它从人类已经积累的五行客观性质和规律的知识出发,进行附会和歪曲,以论证宇宙是一合目的的存在,五行之间的关系是道德的伦理的关系。

《白虎通》把五行之间的生克关系,归纳为五行相王公式:“木王、火相、土死、金囚、水休。”“王所胜者死。”对五行相胜,它从物理性质上解释说:“大地之性,众胜寡,故水胜火也。精胜坚,故火胜金。刚胜柔,故金胜木。专胜散,故木胜土。实胜虚,故土胜水也。”但主要是从道德关系方面进行解释。它说:“木王火相金成,其火、金,金生水,水灭火,报其理。”“五行各自有阴阳,木生火,所以还烧其母何? 曰:金胜木,火欲为木害金,金者坚强难消,故母以逊体,助火烧金,此自欲成子之义。”这种解释显然是牵强附会和十分荒谬的。

五行在董仲舒的著作中,早已被道德伦理化了。《白虎通》基本上继承了董仲舒以来今文经学关于五行的思想,但由于谶纬的影响,它企图用五行普遍地解释一切具体现象,走到了更加荒谬荒唐的境地。

3. 人体

《白虎通》关于人的基本观点,是沿袭董仲舒“天人合一”、“天人同类”的思想。它说,人与禽兽有别,是因为“人含五常而生,生而有恩爱,亲亲之道”。人是天之子,“经天地之数五,十月而备,乃大成也”。因此人是天的特殊的宠儿。人的本质是在于它的“人道”,即生而具有仁义道德。它说:

> 姓,生也,人所禀天气所以生者也。①
> 人含五常而生,声有五音。②
> 人所以有姓者何? 所以崇恩爱,厚亲亲,远禽兽,别婚姻也。③

《白虎通》认为,人的寿命是由气禀决定的。它说:“命者何谓也? 人之寿

---

① 《白虎通·姓名》。
② 《白虎通·姓名》。
③ 《白虎通·姓名》。

也,天命已使生者也。"①

《白虎通》说:"命有三科以记验。有寿命以保度;有遭命以遇暴;有随命以应行习。""随命"指祸福报应,所谓"随行为命",这是神学思想。"遭命"指"逢世残贱,若上逢乱君,下必灾变暴至,夭绝人命"。这是王充提出的国命胜禄命的观点,虽不同于神学的报应,但也是面对客观异己力量,个人无可奈何的一种迷惘和绝望的情绪,实质是神秘主义的。

《白虎通》认为人有形体和精神两方面,形体是气构成的,精神也是气的作用。它说:"精者静也,太阳(四部丛刊本为阴,应为阳)施化之气也,像火之化任生也。神者恍惚,太阴之气也。"②人的生命是精神和形体相合而成的,故人的死亡是形和神的分离,也是自然现象。它说:

> 尸之为言失也,陈也,失气亡神,形体独陈。
>
> 人(生)时于阴含阳光,死始入地,归所与也。
>
> 庶人曰死,魂去亡。死之为言溯,精气穷也。③

它对魂魄的解释是:"魂魄者何? 谓魂犹伝伝也,行不休于外也,主于情。魄者迫然著人,主于性也。魂者芸也,情以除秽。魄者白也,性以治内。"④

这些讲法和《礼记》一脉相承,是一种泛神论观点。

4. 性情

《白虎通》关于性情的观点,源于董仲舒和谶纬,它说:

> 情性者,何谓也? 性者阳之施,情者阴之化也。人禀阴阳气而生,故内怀五性、六情。情者静也,性者生也。此人所禀六气以生者也。故《钩命决》曰,情生于阴,欲以时念也。性生于阳,以理也。
>
> 阳气者仁,阴气者贪。故情有利欲,性有仁也。

---

① 《白虎通·寿命》。

② 《白虎通·情性》。

③ 《白虎通·崩薨》。

④ 《白虎通·情性》。

这里有几点值得注意的思想：①性和情的区别。"情者静也,性者生也。"认为情是消极的被动的方面,性是积极的能动的主导方面,是生之所以为生,即物之为物的内在的根据。②性是理。理的概念虽不明确,但联系下面讲的仁、五常来看,它指的就是封建道德范畴。③情和性是对立的。情是随意念而不断变化的,而性作为理,是克制情欲的,属于理智的方面。这也为以后宋明理学所继承和发挥。④阴贪阳仁,所以人禀阴阳而生,也分别具有贪的情和仁的性。和董仲舒一样,肯定了人的本质内在有恶的方面,因此需要后天的教育和强制,以实行改造。

《易纬·乾凿度》说："人生而应八卦之体,得五气以为常,仁义礼智信也。"《白虎通》照搬了《易纬》的这一说法。在这种说法中,"八卦之体"和"五气"是至善的,是五常的本原,排除了阴和情的地位。这与前面的说法是相矛盾的。但它又说："人本含六律五行气而生,故内有五脏六腑,此情性之所由出入也。"认为五脏是成就五性的基础,六腑是造成六情的基础,故对"情"的地位及作用又做了肯定。这些矛盾说法反映出《白虎通》的"杂论"的性质。

在秦汉之际的中国,知识分子中经由先秦的理论准备,已经存在一种出现一个唯一的,包括人伦观念、宇宙观念、社会组织观念等诸多方面内容的哲学思想体系的倾向,哲学中合流的趋势已经显露出来。到了后汉,就是《白虎通》以书面的确定形式将其集中反映了出来,是当时学术界"讲议五经同异"后达成一致意见的结果。这部书是对秦汉哲学发展的一个总结,代表着当时中国哲学的权威论断。汉代哲学对后世的影响十分巨大,所谓中国哲学传统中无论治学的风格还是治学的内容从汉代起就被大致规定了下来,汉以后中国哲学的根源就反映在《白虎通》这部书中。

(三)许慎《说文解字》与经学

《后汉书·儒林传》记载:许慎,字叔重,汝南召陵人也。性淳笃。少博学经籍,马融常推敬之,时人为之语曰:"五经无双许叔重。"为郡功曹,举孝廉,再迁,除洨长。卒于家。初,慎以五经传说臧否不同,于是撰为《五经异义》,又作《说文解字》十四篇,皆传于世。

这段文字大概记述了许慎的生平。年少时即博学经籍,后来举孝廉,之后被辟为太尉南阁祭酒。进入京都做官。这时,许慎接触到更多博士、儒生,为他后来在著述中博采众家打下了基础。

建初四年(公元 79 年),章帝采纳校书郎杨终的建议,召开白虎观会议,试图通过讲论五经异同,统一儒家学说。参加会议的有丁鸿、成封、李育、鲁恭、贾逵、班固等今、古文经学两派的名儒,而班固奉旨撰集的《白虎通》中,既有今文学的观点、有谶纬学的思想,又有《毛诗》、《古文尚书》、《周礼》等古文经学的一些说法,并以贾逵所概括的《左氏》体现出来的君父之义作为指导思想,它是今古文经学及谶纬走向统一和合流的产物。白虎观会议后,古文经学影响有所增强,同时,也让古文经学家们看到了今古经融合的前景,为今古文学合流铺平了道路。许慎作为贾逵的学生,正是在这样一种经学环境中开始他的学术活动,他的主要著作《五经异义》、《说文解字》既有这个时代的特点,也推动了经学融合的进一步发展。

1.许慎作《说文解字》的背景与目的

首先,对汉字的系统说明。许慎之前,中国历史上已经产生了不少字书。据记载,最早的字书是《史籀篇》,《汉书·艺文志》谓"周时史官校学童书也"。据《汉书·艺文志》记载,较早的字书还有《苍颉篇》①、西汉武帝时司马相如所作《凡将篇》、元帝时史游所作《急就篇》、成帝时李长所作《元尚篇》、平帝时扬雄所作《训纂篇》等。这些字书,虽然都是为儿童识字而编,但也是一种对汉字的整理、研究,无疑为《说文解字》的成书提供了文字资料和研究的基础。徐铉《校订许慎〈说文〉序》说:"及和帝时,申命贾逵修理旧文,于是许慎采史籀、李斯、扬雄之书,博访通人,考之于逵,作《说文解字》。"所以,我们可以肯定地说,《说文解字》之前丰富的字书资料,是许慎得以完成《说文解字》这部不朽著作的学术背景基础。许慎作《说文解字》不仅在于识字,而且更加注重文字的系统说明。

其次,以经学大师的修养"昭炳五经之道"。许慎学术活动的时期,正是今古经学纷争激化、古文学派逐渐取得优势的阶段,而许慎则是作为古文经学大师的身份出现的。今文、古文经学他们所依据的材料和研究的观点方法上都有很

---

① 《汉书·艺文志》载:"《苍颉》七章者,秦丞相李斯所作也;《爰历》六章者,车府令赵高所作也;《博学》七章者,太史令胡母敬所作也;文字多取《史籀篇》,而篆体复颇异,所谓秦篆者也。是时始造隶书矣,起于官狱多事,苟趋省易,施之于徒隶也。汉兴,闾里书师合《苍颉》、《爰历》、《博学》三篇,断六十字以为一章,凡五十五章,并为《苍颉篇》。"

大的分歧。今文经学注重经文义理的阐释,重在寻求经文中的"微言大义",不注重史实考证和名物训诂,而古文经学注重文字分析和训诂考证。许慎在这种学术背景下,以其"五经无双"的学术修养和坚实的学术造诣,写出了《说文解字》一书。

许慎编撰《说文解字》,其主要目的并不在于说解文字本身。许冲《上〈说文解字〉表》云:"臣父故太尉南阁祭酒慎本从逵受古学。盖圣人不空作,皆有依据。今五经之道昭炳光明,而文字者,其本所由生。自《周礼》《汉律》皆当学六书,贯通其意。恐布说邪辞使学者疑,慎博问通人,考之于逵,作《说文解字》。"许慎《说文叙》中说:"文字者,经义之本,王政之始。"许慎作《说文解字》为的是"昭炳五经之道",是根据古文学派的观点来解释"六艺群书之诂",发扬"五经之道",让文字更好地起到替王者宣教明化的作用。而且,由于古文经学派所依经本,大多是当时的"出土"文字,今文经学家攻击古文经是"诡更正文,向壁造不可知之书,变乱常行,以绝于世",所以,许慎作《说文解字》一书,探究文字本源,为古文字寻本,也是为了打破今文经学家的恶意攻击。

总之,《说文解字》一书,是许慎在前人所作字书的基础之上,顺应时代的需求、经学斗争的需要,维护古文经学地位,倾毕生精力所作。在中国字书的历史上、在古文经学战胜今文经学的过程中,都具有里程碑的意义。

2.《说文解字》中体现的许慎的经学成就和经学思想

《说文解字》不仅仅是文字学的重要著作,也是一部经学著述。《后汉书》称赞许慎是"五经无双",在当时,他是作为一个经学大师的身份来开展他的学术活动。关于《说文解字》中所体现出来的许慎的经学成就、思想可以从以下几方面探讨。

(1)许慎经学观念的体现。

许慎在释字形、音、义时对经文大量的征引,这些对经文的征引无疑是我们研究许慎经学思想和成就的重要材料。

许慎在《说文解字》中保存了大量的经学资料。有一些我们比较显而易见,即,许慎在《说文解字》中大量征引经文以释字。如《说文解字》中有大量"《诗》曰"、"《易》曰"、"《书》曰"等标识引文的字眼。但是也有时候,许慎虽然没有明显征引某经,但是在文字的释义中,直接引用了经义或经文。即在《说文解字》

中,许慎依经解字。如《水部》:"沱,江别流也。出岷山,东别为沱。从水它声。"《尚书·禹贡》:"岷山导江,东别为沱。"《说文解字》直接以《禹贡》经文解释"沱"义。《水部》:"洫,十里为成。成间广八尺深八尺谓之洫。从水血声。"又如《周礼》中对"沟"、"洫"和"浍"的释义为"成间广八尺深八尺谓之洫","九夫为井,井间广四尺,深四尺,谓之沟。方十里为成,成间广八尺,深八尺,谓之洫。方百里为同,同间广二寻,深二仞,谓之浍"。①

由此我们可见,《说文解字》对经义及典籍的引用,已经不仅仅是表面直接的引用,而是把对经文、经典的引用渗透到了《说文解字》编撰中对字义解释的过程中。许慎对字义说解的过程,其实也是他对经义的诠释的过程。他这样编撰而成的《说文解字》已经不仅仅限于是一部字典那样简单,它同时也是体现许慎经学思想的一部经学著作。而这也正符合许慎编撰《说文解字》的目的。

(2)许慎在《说文解字》中的这些征引恰是他经学思想的体现。

许慎作为一位博学经籍、学风严谨的经学大师,他治学并不是拘泥于古文经学的家法,而是有选择地吸收今文经学中的合理内容。这种情况,我们从《说文解字》引经释字的现象中可以略考一二。

例如,《说文解字》中的引诗情况,虽然许慎在《说文叙》中说"称诗毛氏",但是《说文解字》引诗却不囿于毛氏一家,而是遵从字义、字本形,大量引用了齐、鲁、韩三家《诗》文。这种今古经融合的思想,我们可以从以下几方面探讨。

第一,《说文解字》引诗,字、义皆从《毛诗》。

这是说《说文解字》引《诗》用字与《毛诗》用字无异。释义或完全相同,或相近相通。

字、义完全相同者,如,《说文·牛部》:"犉,黄牛黑唇也。从牛享声。《诗》曰:'九十其犉。'"《小雅·无羊》:"九十其犉。"《毛传》:"黄牛黑唇曰犉。"

字同,释义为本义、引申义之别者,如,《说文·足部》:"踽,疏行貌。《诗》曰:'独行踽踽。'"《唐风·杕杜》:"独行踽踽。"《毛传》:"踽踽无所亲也。"《说文解字》训为"疏行貌","疏"可引申为"亲疏"之"疏",无亲即疏。"疏行"尤可理解为独行,王筠曰:"独行则无相比者。"《说文解字》"疏行"可以引申为没有

---

①　《周礼·冬官·匠人》。

同行者之义,也就是没有亲近之人。即《毛传》所曰"无所亲也"。由于"踽"字从足,《说文解字》释为"疏行貌",为字本义;《毛传》释为"无所亲也",为其引申义。

字同,释义相近者,如,《说文·木部》:"梃,长木也。从木廷声。《诗》曰:'松桷有梃。'"《商颂·殷武》:"松桷有梃。"《毛传》:"梃,长貌。"许慎训"长木也",因为"梃"字字形从木,所以许慎依据字形训为长木。而从《毛诗》经文来看,此处"梃"字是用来形容松桷之长的,所以《毛传》训为"长貌"。这种情况一般来说,许慎释义本从《毛诗》义,但因为《毛诗》为经文而《说文解字》为字书,释义稍有差异,但总的说《说文解字》《毛传》释义是互通的。

第二,《说文解字》引诗,字从《毛诗》、义从三家。

如《鄘风·载驰》:"归唁卫侯。"《毛传》:"吊失国曰唁。"《说文·口部》:"唁,吊生也。从口言声。《诗》曰:归唁卫侯。"《众经音义》卷一三引《韩诗》"吊生曰唁",知《说文解字》字从《毛诗》而释义从《韩诗》。《小雅·南有嘉鱼》:"烝然汕汕。"《毛传》:"汕汕,樔也。"《说文·水部》:"汕,鱼游水貌。《诗》曰:'烝然汕汕。'"根据诗义理解,这里"汕汕"形容鱼游貌,而毛氏以捕鱼器具"樔"释"汕汕",显然是不确切的。《说文解字》释为"鱼游水貌",应该是从三家《诗》解的。

另外,还有《说文解字》引《诗》字从三家,义从《毛诗》;《说文解字》引诗,字、义皆从三家《诗》;《说文解字》同时保存《毛诗》和三家《诗》的用字与释义等几种情况。

综上可见,许慎作《说文解字》尊崇古学,但并不废今学,征引《诗经》,不仅限于古文经学的《毛诗》,在字形、释义等方面都兼采齐、鲁、韩三家。

从以上对《说文解字》引经的浅略分析,使我们可以看到,许慎作为一位东汉时期著名的古文经学家,在对经典的征引中主要面向古文经学,为古文经学的经本寻文字之依据。但是,另一方面,许慎虽然坚定地站在古文经学阵营中,但是他并不像一些今文经学家那样偏执一端,而是打破了门户之见,博采众长,在一定程度上吸纳今文经学的学术成果。在《说文解字》征经文中,在征引古文经学的基础之上,也合理征引今文经学内容。其中既包括对今文经学文字的吸收,也有对今文经学释义的采纳。通过对许慎《说文解字》中的引经的研究,可以充分看到许慎这位经学大师在经学上取得的成就和促进今古经学走向融合的思想。

（3）字义的解释保存经学礼制。

我们不仅能够通过《说文解字》的征引看到许慎作《说文解字》在字形和释义上兼容今古经学，同时，《说文解字》中也通过对字义的解释保存了一些经学礼制，我们从他保存的这些礼制内容，也可以看出许慎以古为宗、兼容今古的经学思想和《说文解字》在经学方面所取得的巨大成就。

如，《见部》："觐，诸侯秋朝曰觐。勤劳王事也。从见堇声。"许慎《五经异义》曰："《公羊》说：诸侯四时见天子及相聘皆曰朝，以朝时行礼而相逢于路曰遇。《古周礼》说，春曰朝，夏曰宗，秋曰觐，冬曰遇。"《说文解字》谓"觐"为诸侯秋朝，从《周礼》古说。

可见，《说文解字》除了在用字释义方面以古为宗，兼采今文外，其所采礼制，也本着这个原则。和他的《五经异义》一样，许慎在《说文解字》中涉及礼制的时候并没有拘泥于古文一家，而是实事求是，本着客观实际的态度，对今、古异说或取或舍，体现了许慎的博通的经学修养与豁达的大师风范。

综上所述，许慎作为东汉时期著名的古文经学家，以其"五经无双"之学术编著的《说文解字》，其成就与影响远远超过一般的字书，许慎的经学思想与成就主要体现在他的《说文解字》之中。其中，成就最突出、贡献最卓越的就是他在《说文解字》中所表现出来了今古兼采、博通古今的经学思想，以及他在《说文解字》的征引中保留的宝贵的今、古经学的资料的经学成就。许慎对经学有自己独特的认识，并能够在这种认识的指导下编著《说文解字》，使我们能够在2000多年后的今天再来了解许慎的经学思想。虽然经学史上，人们一般都认为今古经学的合流主要归功于郑玄注经，但是，许慎在早于郑玄大约半个世纪就已经开始了对今、古经学融合的探索。

许慎能够具有这样卓远的见识和经学思想，是必然的。一方面，许慎生活的东汉中期，今文经学开始衰退，而古文经学渐占上风。在这种情况下，今古经学走向合流已经成为历史的趋势。这时的古文经学没有必要在像今、古之争初期那样，与今文经学进行泾渭分明的斗争。随着古文经学家的成长和古文经学的昌盛，有能力也有需求，要把今文经学融合进来为己所用，扩大自己的影响。我们翻阅许慎现存的《五经异义》辑本和《说文解字》，他并没有对今文经学的礼制或内容有什么特别的不满之处。这说明许慎本人在思想上并没有对今文经学特别地排斥，他也认识到今文经学有些内容是合理的，可以为古文经学家所用，可以借助它们来进一步扩大古文经学的影响，增强古文经学的竞争力、信服力。另外，许慎之所以能够在他的著作中这样博采众说，贯通今古，和他个人的学识也是密不可分的。许慎生活时期，本来就已经家法渐弱，"通学"兴起，很多经学家不仅通一经，多数能兼通数经乃至五经，不仅能通古文经，也能兼通今、古文经和谶纬、数术。受这种学风影响，许慎也能够兼通数经。当然许慎"少博学经籍"、"性淳笃"，后又师从贾逵，再加上他校书黄门，这些都造就了他广博而深厚的经学基础，使得他在《说文解字》中能够游刃有余地博引群经众说，以古为宗，兼容今古。他在《说文解字》中所体现的经学思想和取得的经学成就，不亚于《说文解字》在文字学方面的贡献与成就。

3.《说文解字》的经学地位

《说文解字》一书是许慎耗毕生之精力而完成的一部文字学和经学著作，在文字学史和经学史中都占有举足轻重的地位。

首先，小学历来被视为经学之附庸，四部分类，小学之属也是附在经部之下。"通经必先识字"，这是历来中国古代读书人的治学之路，"读书贵先识字，识字然后能通经，通经然后能致用"[1]。"凡学之根柢必在经史，读群书根柢在通经，读史之根柢亦在通经，通经根柢在小学。""天下人才出于学，不得不先求诸经；治经之方，不得不先求诸小学。"[2]前人学者对小学的重视不亚于对经典的重视。而自从《说文解字》问世以后，对小学的研究便着重以《说文解字》为对象，历代学者对《说文解字》的研究发展成为一门专门的学问，即《说文解字》学，或称"许学"，《说文解字》成为经学学习的入口必读之书，《说文解字》的学术价值是后来小学著作不可企及的，它不但总结发展了"六书"理论，为我国文字学的创建和发展奠定了基础，而且创造了符合汉字特点的部首编撰法，一直为后人沿用至今。同时《说文解字》还保存大量古文字资料，成为后来人们辨识研究先秦古文字的重要依据和纽带，保存了大量上古汉语词汇，为我们研究古代社会的政治制

---

① 朱骏声《说文通训定声》，中华书局，1998。
② 张之洞《创建尊经书院记》《张之洞》，《张文襄公全集》卷二一三，中国书店，1990。

度、经济文化、风俗习惯,提供了丰富的资料。

其次,《说文解字》作为古文经学阵营的一部力作,是古文经学战胜今文经学中的一座里程碑,它为古文经学的最终胜利奠定了文字训诂基础。《说文解字》的问世,证明了古文并非"向壁造不可知之书",从根本上维护了古文经学的地位,批驳了今文经学虚妄,推动了古文经学融合今文经学的进程。

再次,据前所述,《说文解字》中通过征引和释义、古文,保存了许多经学资料,比如《逸周书》、三家《诗》等等,这些都为后人研究今古经学和《说文解字》的经学成就提供了文献帮助。比如对《说文解字》引经的考释,就有很多专著,如:清人吴玉搢的《说文引经考》、邵瑛的《说文解字群经正字》、程际盛的《说文引经考》、吴云蒸的《说文引经异字》、承培元的《说文引经证例》、雷浚的《说文引经例辨》、陈寿棋的《说文经字考》、陈豫的《说文引经考证》《说文引经互异说》等数十种著述。还有近人马宗霍的《说文解字引经考》,集众家之长,条目清晰,是《说文解字》引经研究的一部力作。通过研究,前人也都注意到《说文解字》引经与现存经典字多不同,而且与许慎在《说文·叙》中所称经也有所不同,大多从文字学的角度对这些异字进行了详尽的研究和考证。当然也有学者看到许慎引经其实就是许慎的经学成就之体现。马宗霍说:"其书(《说文解字》)中称引经文之处,经义字义互相证发,以经证字,亦即因字存经,尤为许君经学之所寓。……许君经学即在《说文解字》引经之中。"①可见,《说文解字》在考证许慎经学和研究汉代经学概况时,也有着举足轻重的作用。

四、王充的哲学思想

王充大约生于公元 27 年,卒于公元 100 年②,会稽郡上虞县人。家庭以"贾贩为事",是破落小地主。王充家世有任侠传统,这对王充的思想可能发生了相当积极的影响。

王充在十五六岁时,赴洛阳入太学,从班彪学习。不守章句,"博通众流百家之言"③。大约三十二岁以后(即明帝元明二年后)回故乡,担任上虞县掾功

---

① 马宗霍《说文解字引经考·自序》,科学出版社,1958。
② 徐敏的《王充哲学思想探索》将卒年定为公元 97 年。
③ 《后汉书·王充王符仲长统列传》。

曹,不久升任会稽郡都尉府掾功曹,郡太守五官功曹从事(五官掾),由于政见不合,被"贬黜抑屈"。大约元和三年(公元 86 年)至章和二年(公元 88 年),又应扬州刺史董勤的征辟,到九江担任刺史府治中从事。不久回乡,一直以著述为事。

在天人感应、谶纬迷信泛滥,思想界一片黑暗、混乱,见不到人类理智的清醒的光辉的时候,王充及其杰出著作《论衡》的出现,高举起"疾虚妄"的旗帜,提倡实知、知实的科学精神,主张一切从事实出发,依靠自己理性的周密分析,以作出结论,而不盲从和迷信。如黑格尔所说,是一次"壮丽的日出"。

王充主要著作有《讥俗节义》、《政务》、《论衡》和《养性》。现存《论衡》八十一篇,其余已佚。王充的哲学思想主要表现在几个方面。

(一)元气自然论

王充哲学思想的核心或基本概念是元气自然论。[①] 分析王充的思想体系,首先应对他的元气自然论进行深入的剖析。

元气自然论是由元气和自然两个概念组成的。

气在中国思想史上是一个古老的范畴,在老子提出自然概念之前,气的范畴已经产生了。不过在先秦还没有元气之名,"元气"是汉代才提出的。西汉初,《春秋繁露》和《淮南子》中首先出现了元气思想。《春秋繁露·王道篇》说:"王正则元气和顺,风雨时,景星见,黄龙下。"《淮南子·天文训》说:"道始于虚霩,虚霩生宇宙,宇宙生元气(原无"元"字,依庄逵吉校补),元气(原无元字,依逵吉校补)有涯垠,清阳者薄靡而为天,重浊者凝滞而为地。"在这两部著作中,元气被认为是天地由以产生的原始的气。董仲舒和《淮南子》以后,元气概念得到了广泛运用,成为哲学、天文学、医学、音乐等各领域极为流行的思想。

王充认为,元气是世界的基元。天地间的一切,包括天上的日月星辰,地上的飞潜动植,都是由元气构成的。他说:

　　夫日者,火之精也。[②]

---

① 参阅任继愈主编《中国哲学史》第二册,人民出版社。
② 《论衡·感类篇》。下引只注篇名。

　　雷者,太阳之激气也。①

　　虫,风气所生。②

　　阴阳之气,凝而为人。③

　　凡天地之间,阴阳所生,蛟(蚑)蛲之类,蝇螭之属,含气而生。④

　　万物之生,皆禀元气。⑤

　　总之,日、月、水、火、雷、虫、蜫蠕等等都是由气构成的。"物随气变",各种物类之不同,也是由于构成的气的不同所致。人也是由气构成的。不过人具有精神和智慧。"人,物也,万物之中有智慧者也。其受命于天,禀气于元,与物无异"⑥。

　　王充认为人的精神智慧来源于精气,即一种精细的具有精神属性的气。王充说:"夫人所以生者,阴阳气也。阴气主为骨肉,阳气主为精神。人之生也,阴阳气具,故骨肉坚、精气盛。精气为知,骨肉为强。故精神言谈,形体固守。骨肉精神,合错相持,故能常见而不灭亡也。"⑦

　　不仅如此,在王充看来,鬼怪之类的虚幻不实之物也是由气构成的。《论死篇》说:"鬼神,阴阳之名也。"《订鬼篇》说:"鬼者,人所见得病之气也。……其气像人形而见。""天地之气为妖者,太阳之气也。""鬼者,老物精也。"《庄子》说:"通天下一气尔。"王充继承和发挥了庄子这一思想。

　　王充有时把气与天地并提,认为天和地是体(形体),不是"宣夜说"。当时天文学有三家学说:宣夜说、盖天说、浑天说。宣夜说认为天是气。"天了无质""无所根系"。盖天说、浑天说认为天是体。王充是主张盖天说的。参阅《晋书·天文志》所讲的气。但天地之体是否有产生和形成的历史呢? 如果追问这个问题,王充还是归因于气的。他说:"说《易》者曰:元气未分,混沌为一,儒书

---

　　① 《雷虚篇》。
　　② 《商虫篇》。
　　③ 《论死篇》。
　　④ 《商虫篇》。
　　⑤ 《言毒篇》。
　　⑥ 《辨祟篇》。
　　⑦ 《论死篇》。

又言:溟涬濛澒,气未分之类也。及其分离,清者为天,浊者为地。如说《易》之家、儒书之言,天地始分,形体尚小,相去近也……儒书之言,殆有所见。"又说,"含气之类,无有不长"。现在的天地那样高远广大,就是因为历年长久,聚气众多的缘故。天地之能成为"施气"的源泉,也是因为历年长久,聚气众多。

在王充思想中,生死是有机物的特征。天地、五行,虽然是由气分化而成的,但这种自然过程不能称为生死,故王充又说,"阴阳不生故不死","天地不生故不死"。

总之,王充肯定元气是构成天地万物的基元,他的元气一元论思想是明确的。

但是由于谶纬神学的影响,王充的元气概念也保留着一定的神秘主义的成分;同时由于元气是一种具体物质,无法阐明世界的多样性以及精神的起源与作用,因而在面对诸如道德、命运、万物的区别以及精神与物质的具体关系这些复杂问题时,他就不能不发生种种混乱,而使元气概念包含种种客观上背离唯物主义的属性,以至认为有"五常之气"、"善气"、"恶气"、"仁之气"等等,这些气还能直接决定人的命运。这就倒退了,倒向了神秘主义。这是一种悲剧。它说明,停留于朴素唯物主义的立场,要彻底坚持唯物主义路线是不可能的。这是王充元气思想的局限性。

自然概念最早是由《老子》提出的。"道法自然"。《老子》以自然概念坚持道的独立性,否定"人格神"的权威。这使自然概念具有反神学的意义。但老子的道又具有神秘性,因此与它结合并作为它的属性的自然概念也具有神秘主义的特征。在两汉,《淮南子》和严遵的《道德指归》对自然概念有较多的发挥。王充的自然概念是直接继承《老子》并发挥《淮南子》和《道德指归》的思想的。

王充自然概念的主要含义是:(1)自然、社会现象和过程的客观性(神是不存在的)。(2)自然、社会现象和过程的必然性。(3)元气运动和变化的自发性,即事物运动和变化的动力、泉源在元气自身,不在外部。这三种意义是相互联系的,凡神学活动的一切领域,王充都用这样的自然思想去进行批判,从而使自然思想在《老子》中具有的无神论意义得到了特别光辉的发展。

当时神学目的论宣传"天故生人","故生万物",王充以自然思想批判说:

　　天地合气,万物自生,犹夫妇合气,子自生矣。万物之生,含血之类,知饥知寒。见五谷可食,取而食之;见丝麻可衣,取而衣之。或说以为天生五谷以食人,生丝麻以衣人;此谓天为人作农夫桑女之徒也,不合自然,故其义未可从也。①

又如神学目的论说,天故生灾异,瑞祥以谴告人君,王充批判说:

　　故天瑞为故,自然焉生? 无为何居。
　　夫天无为,故不言灾变,时至,气自为之。②

　　王充曾批评"道家论自然,不知引物事以验其言行,故自然之说未见信也"。王充看出了老子自然观念脱离实际,脱离唯物主义基础以及由此产生的消极、抽象、神秘的根本弱点,所以在继承老子思想时,自觉地把自然概念与元气相结合,并用之于无神论的实践,从而克服了"道家论自然"的缺点,使自然观念富有战斗无神论的唯物主义特色,并获得了丰富的内容和强大的生命力,在中世纪,成为科学和理性的旗帜,成为反神学迷信的思想武器。这是王充自然概念的精华和伟大的贡献。

　　但是王充的自然概念还具有下列两种消极的含义。一种是,任何被认为产生或可能产生的现象(包括有神论所认为的某些神秘的现象),都是自然的。这种自然思想,表面上反对了神学和迷信,但事实上却在"自然"的名义下为神学留下了活动的地盘。另一种是,任何事物、现象、过程,它的产生发展及其终结都是自然而然的,不需要任何原因与条件,也是没有原因和条件的。这种否认事物相互联系与相互影响,否认因果存在,强调偶然、自生的观点,作为一种萌芽,就是以后郭象《庄子注》中所充分膨胀了的独化论思想,它同样可以导致神秘主义。

　　因此,综合来看,王充的元气自然论具有两方面的特征。一方面具有唯物主

①　《自然篇》。
②　《自然篇》。

义的反神学的战斗性格,这在中世纪是最可宝贵的性格;另一方面,由于上述的弱点和局限,又没有能摆脱弥漫于两汉的天人感应的神秘主义思想。只有同时看到这两个方面,才可能对王充元气自然论作出切合实际的评价。

(二)"实知"、"知实"的理性精神

王充在汉代哲学史上的杰出贡献,是在于力图摆脱神学经学的思维模式的束缚,以"实知"、"知实"的理性精神对一切世俗迷信及神学经学的荒谬结论进行系统的批判。

如《白虎通》说:"天之为言巅也,居高理下,为人镇也。"这种道德目的论的说法,予天以神秘的意义。王充分析说:"如实论之,天,体也,非气也。"①"夫天亦远,使其为气,则与日月同;使其为体,则与金石等。"②"天地,含气之自然也。"③因此,天不具有任何道德的意义与目的。

经学家以五行作为模式解释一切,得出种种荒唐的结论。王充指出,用这种模式去解释许多事物,是会自相矛盾的。他说,按五行家的说法,"午,马也;子,鼠也;酉,鸡也;卯,兔也"。王充说,如果如此,"水胜火,鼠何不逐马? 金胜木,鸡何不啄兔? 亥,豕也;未,羊也;丑,牛也;土胜水,牛羊何不杀豕? ……"④王充指出:"凡万物相刻贼,含血之虫则相服,至于相啖食者,自以齿牙顿利,筋力优劣,动作巧便,气势勇桀。"⑤与五行完全无关。

谶纬神学神化孔子,说"圣人前知千岁,后知万世",是"生而知之"的圣人。王充举出孔子言行的十六条材料,证明孔子不能生知。王充说,孔子"今耳目闻见与人无别,遭事睹物与人无异,差贤一等尔,何以谓神而卓绝?"⑥

谶纬神化《五经》,认为是天书,高出于诸子之上。对这种迷信说法,王充也给予有力的批判。王充还列举大量儒家经典和《论语》上的言论,指出它们并不都是正确的。

王充提出一个总的原则,说:"凡天下之事不可增益,考察前后,效验自列。

① 《谈天篇》。
② 《感虚篇》。
③ 《谈天篇》。
④ 《物势篇》。
⑤ 《物势篇》。
⑥ 《知实篇》。

自列,则是非之实,有所定矣。"①他希望人们都能用这样的原则,仔细审校历史和圣贤的言论,以得出自己的结论,而不要盲从。

对当时书本上的一切知识和结论,王充也都用事实和理性的逻辑审察检验一番,看看是否具有道理。如邹衍说:"方今天下,在地东南,名赤县神州。"王充说:"天极为天中,如方今天下在地东南,视极当在西北。今正在北方,今天下在极南也。以极言之,不在东南,邹衍之言非也。"②又邹衍说:"天地之间,有若天下者九。"王充推算说:

> 案周时九州,东西五千里,南北亦五千里;五五二十五,一州者二万五千里。天下若此九之,乘二万五千里,(得)二十二万五千里。而今天下至少东西十万,南北十万里,相承百万里。比邹衍所说要大得多了。王充说,"今从东海上察日,及从流沙之地视日,小大同也。相去万里,小大不变,方今天下得地之广少矣。"又说:洛阳,九州之中也,从洛阳北顾,极正在北。东海之上,去洛阳三千里,视极亦在北。推此以度,从流沙之地视极,亦必复在北焉。东海、流沙,九州东西之际也,相去万里,视极犹在北者,地小居狭,未能辟离极也。③

如此等等。这种推论显示出的科学精神和实事求是的态度,是十分宝贵的。在分析评论中王充许多见解并不正确,但值得注意的是,就是在一些错误看法中,王充用以作出结论的方法,仍然是从事实出发,进行逻辑思考和推理,所坚持的仍然是"实知"、"知实"的科学态度,仍然充满着理性的分析精神。

王充总结自己的分析与认识方法,在认识论上提出三个相互联系的环节:

(1)一切真知以感性经验和亲身见闻为基础,"须任耳目以定情实","如无闻见,则无所状"。反对离开感性经验去认识事物,坚持了认识论的唯物主义。

(2)在感性认识的基础上,对认识内容进行逻辑的分析、推理,"以心意议","以心原物",从而去伪存真,使认识成为真正可靠的认识。如何进行逻辑的分

---

① 《语增篇》。
② 《谈天篇》。
③ 《谈天篇》。

析和推论？王充提出了"揆端类推"、"方比类物"、"案兆察迹"、"原始见终"等方法。他说：

> 事莫明于有效，论莫定于有证。……唯圣心贤意，方比物类，为能实之。①
>
> 凡圣人见祸福也，亦揆端类推，原始见终，从闾巷论朝堂。由昭昭察冥冥。②
>
> 先知之见，方来之事，无达视洞听之聪明，皆案兆察迹，推原事类。③
>
> 夫论不留精澄意，苟以外效立事是非，信闻见于外，不诠订于内，是用耳目论，不以心意议也。夫以耳目论，则以虚象为言；虚象效，则以实事为非。是故是非者不徒耳目，必开心意。墨议不以心而原物，苟信闻见，则虽效验章明，犹为失实。④

这些方法，都是理性思维在感觉基础上的比较、分析、归纳、综合，以揭示规律和本质的作用，是认识在感性基础上向理性的推移运动。

3. 一切结论都要用事实和效果加以检验。王充说："凡论事者，违实不引效验，则虽甘义繁说，众不见信。事有证验，以效实然。"⑤

这些，在神学经学的思维方式统治人们思想的时代，真正是人类理性的辉煌的胜利。

（三）无神论的价值

王充对汉代以天人谴告为中心的所有各种神学迷信，一一进行了分析、批判。《论衡》全书八十四篇，大多数篇都是批判各种神学迷信的。如：

《物势篇》批判了"天地故生人"的神学目的论。王充指出天地故生人的说法是错误的。他说："此言妄也。夫天地合气，人偶自生也。犹夫妇合气，子则自生也。"

---

① 《薄葬篇》。
② 《知实篇》。
③ 《知实篇》。
④ 《薄葬篇》。
⑤ 《知实篇》。

《奇怪篇》批判了"圣人之生,不因人气,更禀精于天"的说法,指出"物生自类本种……牝牡之会,皆见同类之物,精感欲动,乃能授施。……今龙与人异类,何能感于人而施气?"

《变虚篇》、《福虚篇》、《祸虚篇》批判了各种天能赏善罚恶的迷信,指出:"斯言或时贤圣欲劝人为善,著必然之语,以明德报;或福时适遇者以为然。如实论之,安得福祐乎!"《感虚篇》、《异虚篇》、《龙虚篇》、《雷虚篇》,对各种怪异和"雷为天怒"、"龙乘雷以升天"以及天人感应之说的迷信进行批判。《道虚篇》批判了神仙方士、长生不死之说。《寒温篇》、《变动篇》、《明雩篇》、《顺鼓篇》、《感类篇》指出,大旱、洪水以及气候的变化与人君政治无关。《遭虎篇》、《商虫篇》批判虎、虫为害与人事政治有关的迷信。《订鬼篇》、《论死篇》、《死伪篇》、《纪妖篇》则对人死为鬼及各种鬼妖之说,进行了分析和批判。其他《四讳》、《讥日》、《卜筮》、《辨祟》等篇对种种卜筮择日和讳俗、禁忌,进行了批判和否定。总之,不论当时社会流行的或书本上所记载的神学迷信,都没有逃过王充批判的眼光。这种批判,犹如黑夜中的火炬,照亮着人们以理性追求真知的道路。在中国无神论思想上,树立了一座丰碑。

历史证明,从逻辑上揭露神学的自相矛盾,以否定神的存在,是无神论对有神论进行批判的行之有效的方法。虽然,这种方法只能从种种特殊具体的论断中证明神学的荒谬;而种种特殊具体的论断的荒谬,在有神论看来往往并不证明神本身不存在,而不过是证明这些具体论断制造者的荒谬和拙劣。但是由于每一时代有神论用以证明神存在的种种论断总是特殊的具体的。一般通过个别而存在。神的至高无上、普遍有效的神性,也是通过种种具体的神迹、显示和神学论断而表现的;因此揭露神学在每一时代证明神灵存在的种种具体论断的荒谬,也就是对于神的一般存在本身的批判。所以,这种方法一直是无神论使用的最有力的方法。伟大的生物学家达尔文在创立生物进化论而否定上帝目的论时,也采取了这种方法。面对自然界中生物保护自己的手段的无限巧妙时,他自问道:如果上帝需要创造那样丰富多样、无限神妙的保护色以免使弱小者被强敌蚕噬的话,那么为什么上帝不在开始创造它们时,就使它们相互亲爱呢?你看,这和王充否定神学目的论的论据不是完全一样的吗?所以王充的成功的思维经验,一直到今天,仍然保持着它的借鉴的意义。这是王充重视理性的先进的认识论的光辉胜利。

王充批判有神论的另一种方法,是把科学与迷信加以对立。例如,当时神学家散布说,雷是天怒,雷击人是天对于有罪者的惩罚。王充说,雷是火,不是天怒。"何以验之"？王充提出五大证据:

> 以人中雷而死,即询其身,中头则须发烧燋,中身则皮肤灼燌(同焚),临其尸上闻火气,一验也。道术之家,以为雷烧石色赤,投入井中,石燋井寒,激声大鸣,若雷之状,二验也。人伤于寒,寒气入腹,腹中素温,温寒分争,激气雷鸣,三验也。当雷之时,电光时见,大若火之耀,四验也。当雷之击时,或燔人室屋及地草木,五验也。夫论雷之为火有五验,言雷为天怒无一效。然则雷为天怒,虚妄之言。①

这里王充既运用了确切的事实和科学实验材料,又在这些基础上进行归纳、比较、分析,从而抽象出"雷为火"的结论,这结论是符合科学的,很能令人信服,这就给了迷信者的无稽之谈以有力的批判。

王充十分推崇知识,他把知识和道德并列,作为人贵于万物的标志。他说:"天地之性,人为贵,贵其知识也。"②而知识是什么？王充认为,就是理性对历史经验和自然现象进行的批判的考察与分析。这种态度在中世纪是十分难能可贵的。

王充依据历史在忠、敬、文循环中发展的理论,指出:"夏所承唐、虞之教薄,故教以忠;唐、虞以文教,则其所承有鬼失矣。"王充说:"上教用敬,君子敬,其失也,小人鬼。"③又说,"行尧、舜之德,天下太平,百灾消灭,虽不逐疫,疫鬼不往。行桀、纣之行,海内扰乱,百祸并起,虽百逐疫,疫鬼犹来。衰世好信鬼,愚人好求福"④。鬼神是社会政治败乱,人民痛苦多病,自己无力,虽好求助于鬼神保佑的结果。

---

① 《雷虚篇》。
② 《别通篇》。
③ 《齐世篇》。
④ 《解除篇》。

以上这些方法都是成功的。

由于它密切地和唯物主义自然观以及唯物主义认识论相结合;由于它推崇理性,推崇知识,推崇科学;肯定感性认识是认识的基础而又自觉地强调理性认识的指导作用;强调实验和事实对认识的检验作用。因此它的无神论在整个中世纪是达到了很高的水平的。在王充哲学思想和中世纪哲学思想中,他的无神论是最有价值的部分,是人类和我们民族的智慧和骄傲,在今天仍然焕发着夺目的光彩。

(四)命定论的逻辑推演

当时神学迷信认为,人的贫贱卑下,穷居废颓,疾病死亡或富贵尊荣,都是由于操行善恶引起的,是天对人的赏罚。王充否定这种神学的说教,认为这些与神无关,也与人的操行无关,而是由气所命定的。他说:

> 有死生寿夭之命,亦有贵贱贫富之命。①
>
> 自王公逮庶人,圣贤及下愚,凡有首目之类,含血之属,莫不有命。命当贫贱,虽富贵之,犹涉祸患矣。命当富贵,虽贫贱之,犹逢福善矣。故命贵,从贱地自达;命贱,从富位自危。故夫富贵若有神助,贫贱若有鬼祸。②

命定论与福善祸淫说的对立,实质是自由与必然的对立。福善祸淫说实际是以神学形式出现的意志自由思想。它肯定人对自己的命运负有一定的责任。神的赏罚是人的行为所必然引起的。因此人对自己的命运取得了形式上的自由。借助于"神"这种心灵上的幻想与安慰,人实现了"自由"与必然的统一。神成为人的行为必然引起某种效果并获得某种效果的条件与保证。但是这种极端原始、粗糙的神学说教与现实生活的矛盾是如此显著,以致很早就受到进步思想家的揭露和批判。司马迁就曾指出过这种矛盾,认为:"倘所谓天道,是耶,非耶?""余甚惑焉"。③ 王充也是看到了这个矛盾的。在《命义篇》中,他几乎逐字逐句地重复了司马迁的批判,说:"行恶者,祸随而至,而盗跖、庄骄横行天下,聚

---

① 《命禄篇》。
② 《命禄篇》。
③ 《史记·伯夷列传》。

党数千,攻夺人物,断斩人身,无道甚矣,宜遇其祸,乃以寿终。……颜渊、伯牛,行善者也,当得随命,福祐随至,何故遭凶?""屈平、伍员之徒,尽忠辅上,竭王臣之节,而楚放其身,吴烹其尸。行善当得随命之福,乃触遭命之祸,何哉?"①又说:"天下善人寡,恶人众。善人顺道,恶人违天。然夫恶人之命不短,善人之年不长。……何哉?"②面对这些矛盾,王充认为神学的祸善福淫说是不能成立的。

封建社会是等级特权社会。人的命运是由他所处的阶级和等级地位决定的。当时现实存在的社会情况是:"才高行厚,未必保其必富贵;智寡德薄,未可信其必贫贱。""怀银纡紫,未必稷、契之才;积金累玉,未必陶朱之智。"③"处尊居显,未必贤……位卑在下,未必愚。"④对这种不合理的社会现实,王充十分痛恨和愤慨。但是他不懂得产生这种情况的社会与阶级根源,找不到问题的答案与出路,因此,他把问题引向了"意志自由"的反面,得出了一切都是与人的行为无关的命定的结论。在王充那里,命定论被强调到如此绝对的程度,以致人的任何的"自由"和主观努力都被完全否定了。他说:

命贫以力勤致富,富致而死;命贱以才能取贵,贵至而免。才力而致富贵,命禄不能奉持,犹器之盈量,手之持重也。器受一升,以一升则平,受之如过一升,则满溢也;手举一钧,以一钧则平,举之过一钧,则蹶仆矣。前世明是非,归之于命也,命审然也。

天性,犹命也。越王翳逃山中,至诚不愿,自冀得代。越人熏其穴,遂不得免,强立为君。而天命当然,虽逃避之,终不得离。故夫不求自得之贵钦!

信命者,则可幽居俟时,不及劳精苦形求索之也。⑤

这就是说,人对自己的行为及其后果没有任何责任。人成为命运的傀儡。机械的绝对的必然性彻底地排斥和吞噬了人的"自由"。这种机械的必然性不具有人格神的形式,然而实质却仍然是一种超人间的力量。它和神处于同一的

① 《命义篇》。
② 《福虚篇》。
③ 《命禄篇》。
④ 《逢偶篇》。
⑤ 《命禄篇》。

地位,并具有同神一样的不为人所知所晓的神秘性。因此,它实质上也还是一种神。王充把这种力量的来源归之于元气和神秘的星象,说:"天有百官,有众星。天施气,而众星布精,天所施气,众星之气在其中矣。人禀气而生,食气而长,得贵则贵,得贱则贱;贵或秩有高下,富或资有多少,皆星位尊卑小大之所授也。"①这里,虽然他主观上还在坚持元气自然论,但在实际上已完全回到了神学。星象成为实质与神无别的神灵。由形而上学地强调机械的必然性而陷入宿命论,又由宿命论而陷入变相的有神论,这就是王充在解答自由与必然这样的社会问题时陷入的悲剧。用形而上学处理必然和自由的关系以反对有神论,是不可能真正反对有神论的。一个在现实中掌握不了自己命运的人,在思想中也不可能掌握自己的命运。这就是王充提供给我们的深刻的理论思维的经验教训。

然而命定论同样不能避免像司马迁所感叹的那种矛盾。王充说:

墨家之论,以为人死无命。儒家之议,以为人死有命。言有命者,见子夏言"死生有命,富贵在天"。言无命者,闻历阳之都一宿沉而为湖;秦将白起坑赵降卒于长平之下,四十万众同时皆死;春秋之时,败绩之军,死者蔽草,尸且万数;饥馑之岁,饿者满道,温气疫疠,千户灭门。如必有命,何其秦、齐同也?②

无数不同境遇和不同"命运"的人,同时遭受同样的灾祸与命运,这对命定论确实是难于解决的矛盾。由此,王充提出了偶然性范畴,试图用偶然性来限制和修正作为宿命论的绝对必然性。但在这里王充的思想方法上的形而上学更充分暴露了。一方面,他强调偶然性,说:

蝼蚁行于地,人举足而涉之。足所履,蝼蚁笮死;足所不蹈,全活不伤。火燔野草,车辙所致,火所不燔,俗或喜之,名目幸草。夫足所不蹈,火所不及,未必善也。(足)举火行,有适然也。

① 《命义篇》。
② 《命义篇》。

俱行道德,祸福不均;并为仁义,利害不同……有偶然也。①

就是说,一切都是偶然的,没有任何必然性。但另一方面,他又说"凡人遇偶及遭累害,皆由命也",又认为任何偶然性都是简单的直接的必然性,即没有任何偶然性。

正如他的命定论反对神学而终于不可避免地陷入神学一样,王充对必然和偶然的形而上学的割裂,也把他带到了另一种神秘主义的结局。

在王充生活的封建社会中,残酷的阶级剥削、压迫,经常发生的天灾人祸,都是人们无法抗御的异己力量。这种力量,正如"人足"之于"蝼蚁","大火"、"车轹"之于"野草","罗网"之于"禽兽","刀斧"之于"竹林",是人们无法了解和抗拒的。王充看到了在"幸偶"背后的这种神秘的可怖的异己力量。他曾感慨地说:"以圣人之才,犹不幸偶。庸人之中,被不幸偶,祸必众多矣!"所以他的偶然论是深深地渗透了神学的阴影的。

又是命,又是偶然性,又是不可知的神秘的力量。那么人的现实的"命运"究竟是如何决定呢? 王充最后提出了命、禄、幸偶等等几种因素的排列组合论,以图克服简单的命定论或幸偶论所不可避免的矛盾。他说:

> 人有命,有禄,有遭遇,有幸偶。命者,贫富贵贱也;禄者,盛衰兴废也。以命当富贵,遭当盛之禄,常安不危;以命当贫贱,遇当衰之禄,则祸殃乃至,常苦不乐。遭者,遭逢非常之变。……命善禄盛,遭逢之祸,不能害也。历阳之都,长平之坑,其中必有命善禄盛之人,一宿同填而死。遭逢之祸大,命善禄盛不能却也。譬犹水火相更也,水盛胜火,火胜盛水。

> 故夫遭遇幸偶,或与命禄并,或与命离。遭遇幸偶,遂以完成,遭遇不幸偶,遂以败伤,是与命并者也。中不遂成,善转为恶,若是与命禄离者也。故人之在世,有吉凶之性命,有盛衰之祸福,重以遭遇幸偶之逢,获从生死而卒其善恶之行,得其胸中之志,希矣。②

---

① 《幸偶篇》。
② 《命义篇》。

就是说:"命"只是决定人的"命运"的潜在的可能性,它的实现,还取决于某种偶然性(遭逢幸偶)。命大祸小,可以逢凶化吉;命小祸大,则由吉变凶,犹如水盛胜火,火盛胜水。现实的命运是由两种"力量"的对比决定的。王充用这种排列组合形式的多种可能性以解决宿命论或纯粹的幸偶论所不可避免的矛盾,应该说形式上是成功的。但实质上对于现实的"命运",人们还是只能困惑莫解,而无可奈何!

总之,由反对神学目的论开始,到实质上仍然是神秘主义的宿命告终。出发点——反对神学目的论,经过片面地强调必然性,否认人的自由;割裂必然性与偶然性;以及形式主义地排列组合必然性与偶然性而仍然在宿命论的泥潭中不能自拔。这就是王充命定论的逻辑结构与思维路径。

普列汉诺夫指出:"关于自由与必然的问题——这个旧的,然而永远是新的问题产生在十九世纪的唯心主义者面前,正如它产生在前一世纪的形而上学者面前一样,正如它产生在提出存在与思维之间的关系问题的所有一切哲学家面前一样。这个问题,像斯芬克斯一样向每个这样的思想家说:请你解开我这个谜,否则我便吃掉你的体系。"[1]历史证明,古代的思想家对于解答这个斯芬克斯之谜是无能为力的。从先秦以来,许多有名的思想家如老子、孔子、墨子、孟子、庄子,都企图解开这个斯芬克斯之谜,而没有取得成功。到了汉代,董仲舒又回到了墨子的有神论,一方面宣扬目的论,一方面又在灾异谴告的神学形式下,强调学问事功,以人参天,承认人的主观能动性的作用。王充反对董仲舒的有神论,然而却又回到了否认人的任何能动性的命定论。历史前进了,自然观上的唯物主义思想大踏步前进了,但在社会问题上,在自由与必然这样的斯芬克斯之谜上,人们的思想却总是在两个极端间徘徊、犹豫、矛盾、挣扎、反复。这里的深刻的原因就在于时代条件和生产规模的狭小以及剥削阶级的狭隘眼界,限制了人们的思想。他们不可能掌握和解决问题产生的社会与阶级根源。王充也不例外。

五、党锢之争与两汉经学的终结

(一)汉末社会的批判思潮

东汉末年,社会动荡,大多数知识分子尽管仕途堵塞,处于在野的地位,仍然

---

① 普列汉诺夫《论一元论历史观之发展》,三联书店,1965,87 页。

是关心政治的。汉儒放言高论,无所顾忌,对当时的社会政治危机进行大胆的揭露、激烈的抨击,掀起了社会批判思潮。以王符、仲长统、崔寔等人为主要代表,他们直接继承了王充的"疾虚妄"的批判精神,结合现实的社会政治问题,着重于批判揭露现实生活中的各种矛盾。除此,一些著名士大夫如李膺、陈蕃、范滂、贾彪、朱穆、张俭等纷纷抨击时政,针砭弊害,他们"危言深论,不隐豪强",赢得了朝野士人的支持和响应。东汉儒生对汉末时政的批评,体现了中国传统士人所具有的"修身齐家治国平天下"的忧患意识和"明知不可而为之"的进取心理,在此又得到了激发。

东汉末年神学经学的衰落,使传统儒家的经典原义得以再现,汉儒面对专制政权的淫威和压力,坚持儒家传统的道德规范和人生价值,"不为穷变节,不为贱易志。惟仁之处,惟义之行"①,表现出对名士气节的积极追求。

1. 王符的社会批判思想

王符字节信,安定临泾人。"少好学,有志操,与马融、窦章、张衡、崔瑗等友善。""自和、安之后,世务游宦,涂者更相荐引,而符独耿介不同于俗,以此遂不得升进。志意蕴愤,乃隐居著书三十余篇,以讥当时失得,不欲彰显其名,故号曰《潜夫论》。"②

《潜夫论》大约完成于桓帝时,反映了和安之世及汉末的社会矛盾与政治弊端。从《潜夫论》看,东汉社会在和安以后,确实是衰败腐烂,无可救药了,它的灭亡是必然的。

分析《潜夫论》提供的材料,可以看出,导致汉末社会矛盾激化、政治混乱的主要原因,是植根于奴隶制残余基础上的工商业急剧扩张,严重地瓦解和腐蚀了封建社会借以安定繁荣的根基——小生产的农民个体经济。由于大批农民弃农经商,浮游城市,农业生产受到严重破坏。《潜夫论·务本》篇说:

> 今民去农桑,赴游业,披采众利,聚之一门,虽于私家有富,然公计愈贫矣。

---

① 桓宽:《盐铁论·地广》。
② 《后汉书·王充王符仲长统列传》。

《潜夫论·浮侈》篇说：

> 今举世舍农桑，趋商贾，牛马车舆，填塞道路，游手为巧，充盈都邑。治本者少，浮食者众。商邑翼翼，四方是极。今察洛阳，浮末者什于农夫，虚伪游手者什于浮末。是则一夫耕，百人食之，一妇桑，百人衣之。以一奉百，孰能供之？天下百郡千县，市邑万数，类皆如此，本末何足相供？则民安得不饥寒？饥寒并至，则安能不为非？

《潜夫论》说，商业的发展，不仅使人们弃农经商，而且使社会风习侈靡。为了挥霍享受，满足贪欲，人们不择手段地弄钱发财，或"事口舌，而习调欺，以相诈给"；"或以谋奸合任为业"；"或以游敖博弈为事"；"或丁夫世不傅犁锄，怀丸夹弹，携手遨游。或取好土作丸卖之"；"或作泥车、瓦狗、马骑、倡俳，诸戏弄小儿之具以巧诈"；或"起学巫视，鼓舞事神，以欺诬细民，荧惑百姓"；"或栽好缯，作为疏头，令工采画，雇人书祝（事鬼神），虚饰巧言，欲邀多福"。①

总之，无论男女老幼，都在为钱而奔波、忙碌，只要能弄钱，不管是经商、演戏、求神、弄鬼、欺诈、赌博，什么都可以干。于是田地荒芜，生产凋敝，社会的贫富分化与对立也愈趋严重。

豪门贵族积累了大量财富，挥霍无度，"衣服、饮食、车舆、文饰、庐舍，皆过王制"。"从奴仆妾，皆服葛子升越，筩中女布，细致绮縠，冰纨锦绣。犀象珠玉，虎魄瑇瑁，石山隐饰，金银错缕，麖麂履舄，文组彩组，骄奢潜主，转相夸诧。"以婚丧嫁娶来说，"富贵嫁娶，车軿各十，骑奴侍童，夹毂节引。富者竞欲相过，贫者耻不逮及。是故一飨之所费，破终身之本业"。又厚葬久丧，"一棺之成，功将千万。夫既其终用，重且万斤，非大众不能举，非大车不能挽"。"或至刻金缕玉，襦梓楩楠，良田造茔，黄壤致藏，②《汉书·霍光传》、《后汉书·梁商传》、《周礼》方相氏郑玄注以及崔寔《政论》皆为黄肠。多埋珍宝偶人车马，造起大冢，广种松柏。庐舍祠堂，崇侈上僭。"宠臣贵戚，州郡世家，"每有丧葬，都官属县，各

---

① 《潜夫论·浮侈篇》。（以下只著篇名）
② 黄壤当为黄肠。

当遣吏赍奉,车马帷帐,贷假待客之具,竞为华观……作烦扰扰,伤害吏民"。王符感慨地说:"今天下浮侈离本,潜奢过上,亦已甚矣。"①

王符认为"国之所以为国者,以有民也;民之所以为民者,以有谷也;谷之所以丰殖者,以有人功也;功之所以能建者,以日力也"。国家安定的最重要的基础,是农业发展,而发展农业生产的重要条件是政治清明,能保证农民全部时间可以安心农耕。但是汉末的情况恰恰相反。"百官乱而奸宄兴,法令鬻而役赋繁","万官挠民,令长自衒",老百姓根本没有心思和财力去进行农耕,不仅如此,且往往为了讼冤狱,"辄连日月,举室释作,以相赡视"。"比事讫,竞亡一岁功"②。繁重的赋役、官司、应付差事,加之"酒徒无行之人,传空引满,嗫啾骂詈,昼夜鄂鄂……或殴击责主,入于死亡"③。社会秩序一片混乱,农业生产无法进行,所以国家的亡败是不可避免了。

对汉末其他种种弊端,如沽名钓誉,以阀阅取仕,朋党窃权,官场贪污腐败,贡举不实等等,《潜夫论》也有详尽揭露。

由这些揭露可知,汉代社会在和安以后,确实从根基上腐烂透了。

王符虽然是最早的社会批判思潮的代表,但王符并没有和经学分离,而仍然是今文经学的信奉者。王符相信天道、鬼神、灾异感应。

他说:"帝以天为制,天以民为心,民之所欲,天必从之。④ 天道赏善而刑淫。⑤ 凡人君之治,莫大于和阴阳。阴阳者,以天为本。天心顺则阴阳和,天心逆则阴阳乖。天以民为心,民安乐则天心顺,民愁苦则天心逆……君臣法令善则民安乐,民安乐则天心慰,天心慰则阴阳和。……是故天心阴阳,君臣、民氓、善恶相辅至而代相征也。⑥ 王者法天而建官,自公卿以下,至于小司,辄非天官也。⑦"

可以看出,无论关于自然、人事或历史观,王符都没有摆脱今文经学的传统

① 《浮侈》。
② 《爱日》。
③ 《断讼》。
④ 《遏利》。
⑤ 《述赦》。
⑥ 《本政》。
⑦ 《忠贵》。

观点。

对于鬼神卜筮,王符的思想近于折中调和,他说:

圣王之立卜筮也,不违民以为吉,不专任以断事。[①]

凡人吉凶,以行为主,以命为决。行者,己之质也;命者,天之制也。……巫觋祝请,亦其助也,然非德不行。[②]

圣人甚重卜筮,然不疑之事,亦不问也。甚敬祭祀,非礼之祈,亦不为也。[③]

王符所反对的是世俗对卜筮的过分的依赖和迷信,所谓"俗人筴(汪继培疑为狎)于卜筮,而祭非其鬼,岂不惑哉!"

对梦列、看相等,王符也采折中观点,虽有所批判,但并不从根本上否定。

基于天人感应,王符提出了"道德之用,莫大于气"的说法。认为"道者,气之根也,气者,道之使也。必有其根,其气乃生。必有其使,变化乃成"。这里所谓"生",是从感应的观点立论的,不是指道产生气。相反道德的作用是通过气表现的。所以说"变异吉凶,何非气然"。"气运感动,亦诚大矣。变化之为,何物不能"。

总之,一方面是传统的经学思想,一方面是对社会政治的批判,两者并居共处,这就是王符思想的特点。

2. 崔寔的社会批判思想

崔寔字子真,一名台,字元始。涿郡安平(今河北涿县)人,祖父崔骃、父崔瑗皆以文名。崔寔好典籍,桓帝初除为郎,后拜议郎,与边韶、延笃等著作齐观。以后出任五原太守,又征拜议郎,与诸儒博士杂定五经。以后又拜辽东太守。大约灵帝建守年间卒[④]。所著《政论》,大约开始于桓帝初年,陆续写作,完成于任辽东太守以后。

崔寔对当时社会政治的腐败与风俗的淫弊,有深刻的观察。他说当时存在三患。第一患是:奢僭。商人百工竞为"僭服"、"淫器";"婢妾皆代瑱揥之饰而被织文之衣","徐黄甘而厌文绣";"玩饰匿于怀袖,文绣弊于帏帏"。影响所及,

---

① 《卜列》。
② 《巫列》。
③ 《卜列》。
④ 参阅《后汉书·崔骃列传》。

普天之下,莫不奢僭。第二患是,弃农经商。无用之器贵,本务之业贱。"农桑勤而利薄,工商逸而入厚。故农夫辍末而雕镂,女工投杼而刺绣,躬耕者少,末作者众。"弄得仓廪空虚,"百姓穷困而为寇",或"饥馑流死,上下相匮",国家的根本受到腐蚀动摇。第三患是:厚葬。父母死了,为之"高坟大寝","响牛作倡","辅梓黄肠,多藏宝货"。人人以此为荣,以致为了厚葬,不惜倾家荡产,结果,"穷厄既迫,起为盗贼"①。这三患,崔寔认为是天下之患。它确实集中地反映了汉末风俗败坏和社会危机的严重情况。

崔寔指出,综观历史,每一朝代经历了开国的繁荣和中兴以后,一定是走下坡路。因为"世主承平日久,俗渐弊而不寤,政寝衰而不改,勿乱安危,逸不自睹。或荒耽嗜欲,不恤万机;或耳蔽箴诲,厌伪忽真……"因此,一味因循,不思振作,于是江河日下,终至不可收拾。对比汉代的情况,正是如此。崔寔说:"自汉兴以来,三百五十余岁矣,政令垢玩,上下怠懈,风俗凋敝,人庶巧伪,百姓嚣然,咸复思中兴之救矣。"②崔寔认为汉代的情况,已是到了非改不可的时候了。他把希望寄托在中兴,希望皇帝能起用贤哲,毅然改革。但他又清醒地看到,改革的阻力重重,没有什么希望。因此他选择了明哲保身的道路,"以世方阻乱,称疾不视事"③,由悲观而隐遁。

崔寔长时期出入官场,历任太守,对汉末官场的黑暗,看得十分清楚。从他的揭露,可以看到,汉代腐朽的封建国家机器,已经在自行瓦解离析了。崔寔说:"今典州郡者,自违诏书,纵意出入。每诏书所欲禁绝,虽重恳恻,骂詈极笔,由复废舍,终无悛意。故里语曰:州郡记,如霹雳;得诏书,但挂壁。"④

皇帝的诏书,等于废纸,各地州郡一切自行其是,官吏们无法无天,他们对老百姓的欺压榨取,也就更加肆无忌惮了。崔寔说:

今官之接民,甚多违理,苟解面前,不顾先哲。作使百工,及从民市,辄设计加以诱来之。器成之后,更不与直。老弱冻饿,痛号道路。守关告哀,

① (清)严可均《全后汉文》卷四十六。
② (清)严可均:《全后汉文》卷四六。
③ 《后汉书·崔骃传》。
④ (清)严可均:《全后汉文》卷四六。

终不见省。历年累岁,乃才给之。又云逋直,请十与三。此逋直岂物主之罪邪?不自咎责,反复灭之,冤抑酷痛,足感和气。……是以百姓创艾,成以官为忌讳,遁逃鼠窜,莫肯应募,因乃捕之,劫以威势。①

这种随意的诱骗、捕杀、"复灭"、掠夺,使老百姓视官府为寇仇,"亡命蓄积,群辈屯聚"②,除了铤而走险,已别无生路。

针对汉末的乱世情况,崔寔主张严刑深罚,以法治治国。作为一个"出入典籍"、"与诸儒杂定五经"的儒家经学之徒,崔寔这种思想变化,是有时代意义的。崔寔说:"呼吸吐纳,虽度纪之道,非续骨之膏。盖为国之道,有似理身,平则致养,疾则攻焉。夫刑罚者,治乱之药石也,德教者,兴平之梁肉也。夫以德教除残,是以梁肉理疾也;以刑罚理平,是以药石供养也。方今承百王之弊,值厄运之会,自数世以来,政多恩贷,驭委其辔,马骋其衔,四牡横奔,皇路险倾,方将钳勒鞚鞴以救之,岂暇鸣和銮清节奏从容平路哉。"③

崔寔认为孝宣帝严刑峻法,破奸雄之胆,海内肃清,天下熙熙,这种霸政是医治现在社会的良药。如果不是这样,而仍然死守儒家的老套,以德教为先,就是不识时务了。崔寔说:"圣人执权,遭时定制,步骤之差,各有云施。"④因此他的一些具体的政治主张,如"参以霸政","深其刑而重其罚",反对"大赦",主张"宜十岁以上,乃时一赦",以及严格尊卑等级,"明法度以闭民欲",等等,可以说都是建筑在"遭时定制"这一思想基础上的。

经济上,崔寔推崇井田制。他说:

　　昔者圣王立井田之制,分口耕耦地,各相副适,使人饥饱不偏,劳逸均齐,富者不足僭差,贫者无所企羡。⑤

崔寔认为,实行井田可以抑止兼并,防止贫富不均。但他没有明确提出应该

---

① 崔寔:《政论》。
② (清)严可均:《全后汉文》卷四六。
③ (清)严可均:《全后汉文》卷四六。
④ (清)严可均:《全后汉文》卷四六。
⑤ (清)严可均:《全后汉文》卷四六。

在当时实行,只是希望政府组织移民,把徐、兖、冀三州人稠土狭之民,转移到凉州宽阔之地,以赡贫困。

崔寔还写了《四月民令》。从形式上看,这只是一份一年十二个月的农事安排,但实际上有重要的思想意义。因为这份“月令”,与《吕氏春秋》或《礼记》的“月令”不同:(1)它的对象是民,不是君;(2)是人民生产与生活活动的安排,不是国家、君主的政治活动;(3)特别突出了耕读为本的思想,除了安排每一月份的生产活动,还特别提出了儿童的学习;(4)除了农业,还注意到畜牧业、林业、食品加工;(5)除了男耕,还重视女织;(6)强调了家族宗族的宗法情谊。如三月,“冬谷或尽,椹麦未熟,乃顺阳布德,振赡穷乏,务施九族,自亲者始。无或蕴财,忍人之穷;无或利名,罄家继富。度人为出,处厥中焉”。九月,“存问九族孤寡老病不能自存者,分厚彻重,以救其寒”。十月,“敕丧记,同宗有贫窭久丧不堪葬者,则纠合宗人,共与举之,以亲疏贫富为差,正心平敛,无相逾越”①。因此,这是一幅从生产到生活、从男耕到女织的全面的乡村自然经济的理想风俗画。从《四民月令》可以看到,汉末排斥商业,要求回复到淳朴的宗法情谊和自然经济生活的高涨的热情和呼声。

崔寔的《政论》对仲长统影响很大,故仲长统曾提出,《政论》之书,“凡为人主,宜写一通,置之坐侧”②。崔寔对汉末社会政治弊端的揭露,对改良政治的建议,以及关于井田、自然经济等思想,在仲长统著作中都得到了发挥。

3. 仲长统的社会批判思想

仲长统,字公理,山阳高平人。“少好学,博涉书记,赡于文辞。年二十余,游学青、徐、并、冀之间。”“敢直言,不矜小节,默语无常,时人或谓之狂生,每州郡命召,辄称疾不就。”“尚书令荀彧闻统名,奇之,举为尚书郎。后参丞相曹操军事。每论说古今及时俗行事,恒发愤叹息。因著论名曰《昌言》,凡三十四篇,十余万言。”③《昌言》全书多佚,《后汉书》本传存《理乱》、《损益》、《法诫》三篇,《全后汉文》收有一些残篇片断。

和《潜夫论》以及《政论》不同,《昌言》基本是在汉朝结束(名存实亡)后写

---

① (清)严可均:《全后汉文》卷四七。
② 《后汉书·崔骃列传》。
③ 《后汉书·王充王符仲长统列传》。

的,是对两汉四百年的历史经验教训的总结,因而哲理和概括性比《潜夫论》和《政论》更强。

仲长统不仅摆脱了经学的樊篱,且深受道家思想的影响,因而又代表着汉末经学衰落以后,知识分子由避害遁世而向老、庄及刑名思想的过渡。

在一篇赋中,仲长统表达自己的志趣说:

> 蹰躇畦苑,游戏平林。濯清水,追凉风,钓游鲤,弋高鸿。讽于舞雩之下,咏归高堂之上。安神闺房,思老氏之玄虚。呼吸精和,求至人之仿佛。与达者数子,论道讲书,俯仰二仪,错综人物。弹南风之雅操,发清商之妙曲。逍遥一世之上,睥睨天地之间。不受当时之责,永葆性命之期。①

就情趣和精神境界而言,可以说,这已超越汉世而进入魏晋了,不再是汉代名士之流而属于魏晋陶渊明羲皇上人之俦了。魏晋风度,已开先声。恰如一只春燕,仲长统毋宁是新时代新风尚即将来临的预兆和象征。在《明志诗》中,他说:

> 至人能变,达士拔俗。……人事可遗,何为局促?
>
> 大道虽夷,见几者寡。任意无非,适物无可。……百虑何为,至要在我。
>
> 叛散五经,灭弃风雅。百家杂碎,请用从火。抗志山栖,游心海左。元气为舟,微风为柁。遨翔太清,纵意容冶。②

"叛散五经,灭弃风雅",仲长统思想真正经历了离经叛道的洗礼,所以他能接受道家、法家的思想影响而对汉代兴亡的历史教训,作出经学所不能作出的更深刻的总结。

在《理乱》篇中,仲长统提出,朝代兴亡的规律,是如下的三部曲:开始是新朝代的建立。这时,胜者为王,败者为寇,王朝的开国人物经过角智斗力而取得

---

① 《后汉书·王充王符仲长统列传》。
② 《后汉书·王充王符仲长统列传》。

了胜利。他们认为"布德生民,建功立业,流名百世者,唯人事之尽耳,无天道之学焉"①。因此一切都奋发有为,兢兢业业,政治上一番清明景象。此后则继体守文之君,依靠祖宗留下的江山,"贵在常家,尊在一人"。由于敌对势力削平了,"天下晏然,归于一心",王朝度过一段平静时期。然后末世来临,"君臣宣淫,上下同恶,荒废庶政,弃亡人物,澶漫弥流,无所底极"。统治者"熬天下之脂膏,斫生人之骨髓",人民则被搜刮压榨,无以为生。于是"怨毒无聊,祸乱并起","土崩瓦解,一朝而去"。仲长统说"存亡以之迭代,政乱从此周复",这种循环往复的三部曲,是"天道常然之大数"。这里"大数"是规律,"天道"不是指天命,而是人事、人道。这对传统的经学观点是有力的否定。

仲长统综观春秋、战国至秦汉的历史,看出历史愈是往后发展,祸乱愈是频繁,社会的残夷破灭也就愈是厉害。他说,楚汉用兵之苦,甚于战国,王莽之乱,"残夷灭亡之数,又复倍乎秦项","以及今日(东汉末),名都空而不居,百里绝而无民者,不可胜数。此则又甚于亡新之时也"。仲长统认为历史是必然地这样江河日下的。他看不到光明和出路,悲观地感叹说:"不知来世圣人,救此之道,将何用也!"

仲长统指出,所谓社会正义是虚伪的空谈,实际上社会通行的原则是角智斗力,智诈者取胜。因此"小人贵宠,君子困贱"是世情的常态。他说:

> 汉兴以来,相与同为编户齐民,而以财力相君长者,世无数焉。
>
> 豪人之室,连栋数百,膏田满野,奴婢千群,徒附万计。船车贾贩,周于四方;废居积贮,满于都城。琦赂宝货,巨室不能容;马牛羊豕,山谷不能受。妖童美妾,填乎绮室;倡讴(妓)伎乐,列乎深堂。宾客待见而不敢去,车骑交错而不敢进。三牲之肉,臭而不可食;清醇之酎,败而不可饮。睇盼则人从其目之所视,喜怒则人随其心之所虑。此皆公侯之广乐,君长之厚实也。②

---

① 《全后汉文》卷八十九。
② 《后汉书·王充王符仲长统列传》。

这些财富权势从何而来？全都不是由于命好,由于德高,而是依靠智诈,巧取豪夺而来的。"奸人擅无穷之福利,而善士挂不赦之罪辜。"人妖颠倒,是非混淆。"清洁之士,徒自苦于茨棘之间。"他们的身教言传,对于社会的腐败风习,是没有任何损益作用的。

仲长统观察到分封制的弊病,指出分封的结果必然"上有篡叛不轨之奸,下有暴乱残害之贼"。因为"时政凋敝,风俗移易,淳朴已去,智慧已来",亲属骨肉之间互相残杀是必然的。因此他认为分封制绝不能再实行了。

那么如何治理社会?仲长统提出十六条措施:"明版籍以相数阅,审什伍以相连持,限夫田以断并兼,定五刑以救死亡,益君长以兴政理,急农桑以丰委积,去末作以一本业,敦教学以移情性,表德行以厉风俗,覈才艺以叙官宜,简精悍以习师田,修武器以存守战,严禁令以防僭差,信赏罚以验惩劝,纠游戏以杜奸邪,察苛刻以绝烦暴。"①从户口、赋税、土地、生产到法纪等都谈到了。内容是全面的,但基本上是刑德并用,而以法治为本的思想。其中断兼并,实行井田,又是最基本的措施。

仲长统说:

> 井田之变,豪人货殖,馆舍布于州郡,田亩连于方国。身无半通青纶之命,而窃三辰龙章之服;不为编户一伍之长,而有千室名邑之役:荣乐过于封君,势力侔于守令。财赂自营,犯法不坐。刺客死士,为之投命。至使弱力少智之子,被穿帷败,寄死不敛,冤枉穷困,不敢自理。虽亦由网禁疏阔,盖分田无限使之然也。今欲张太平之纪纲,立至化之基趾,齐民财之丰寡,正风俗之奢俭,非井田实莫由也。②

由于商业资本积聚的财富,投资于购买土地,两者相互促进,使土地兼并恶性地发展起来。"馆舍布于州郡,田亩连于方国。"豪族地主成为汉末最强大的势力,他们凭借雄厚的经济实力,在政治上颐指气使,作威作福,"荣乐过于封

---

① 仲长统:《昌言·损益篇》,见《后汉书·王充王符仲长统列传》。
② 仲长统:《昌言·损益篇》,见《后汉书·王充王符仲长统列传》。

君,势力侔于守令"。把老百姓弄得冤枉穷困,无以为生,只能铤而走险。所以仲长统认为,"太平至化"的根本在于实行井田制度。

有些论著说,汉末土地兼并问题引起的是社会危机,不是经济危机。其实这是一件事情的两个方面。① 土地兼并的发展,不仅引起了贫富严重分化的社会危机,而且由于土地兼并是和货殖相结合的,大批农民弃本从末,产生了农业生产危机即经济危机,由此又引起了法纪混乱,官逼民反的政治危机。所以仲长统抓住土地兼并这一点,是发挥崔寔思想而比王符深刻多了。

西汉初年,董仲舒已经指出土地兼并和自由买卖,使"里有公侯之富,邑有人君之尊",但其规模一定较东汉末年为小。而且由于地广人稀,有大量荒地可以开垦,兼并所引起的土地问题不会十分严重。故在董仲舒建议中,田租、口赋、盐铁国营是造成社会贫困的重要因素。王符则着重指出,豪人货殖及兼并引起政治腐败混乱,社会贫富分化,冤狱丛生,使小民无告,铤而走险,问题的情况和性质显然和董仲舒时有所不同。董仲舒的建议代表工商利益,要求盐铁私营,仲长统的建议则主要是针对商业货殖的,实质是要求全面恢复小农的自然经济,以制止豪人货殖及由此引起的财富积聚和土地兼并。仲长统的理想是每一地主享有八家佃户每家一百亩耕田的供应,以享受小地主田园的乐趣。这种模式正是魏晋名士如陶渊明等人的生活理想和思想先导。

(二)党锢之争与经学的衰落

东汉中叶以后,外戚与宦官的争权夺利愈演愈烈。桓帝时期,以李膺、陈蕃为首的官僚集团,与以郭泰为首的太学生联合起来,结成朋党,猛烈抨击宦官的黑暗统治。宦官依靠皇权,两次向党人发动大规模和残酷的迫害活动,并最终使大部分党人禁锢终身,也就是一辈子都不许做官,史称"党锢之祸"。

1. 东汉后期的社会矛盾

东汉初年的"光武中兴",犹如昙花一现。章帝以后,外戚开始掌权,他们"贪孩童以久其政,抑明贤以专其威",所以出现了一批娃娃皇帝。外戚专权造成政治上异常的黑暗。和帝时,窦太后临朝称制,其兄窦宪当政,"窦氏父子兄

---

① 陈启云:《关于东汉史的几个问题》汤用彤等《燕园论学集》,北京大学出版社,1984 年。

弟并居列位","刺史、守令多出其门"。① 冲帝、质帝时期,外戚梁冀势力更大,皇帝的废立全取决于他。质帝骂他是"跋扈将军",立即被毒死。外戚专权,妨碍皇权。皇帝为了打击外戚势力,便依靠身边的宦官,和帝、安帝、顺帝如此,桓帝也不例外。延熹二年(公元 159 年),梁后死,桓帝把宦官偷偷叫到厕所里密谋,并利用宫中卫士翦除了梁氏外戚势力。从此,开始了宦官擅权的局面。

宦官在支持皇帝反对外戚专权的斗争中,取得了皇帝的信任和重用。宦官郑众因翦除窦氏外戚有功,被和帝封为鄛乡侯,参与政事。郑众死后,其养子继任,从此打破了宦官不能世袭爵位的旧制。在打击梁氏外戚集团之后,桓帝为了酬谢宦官,一天之内就封单超、徐璜等五人为县侯,世称"五侯"。宦官利用接近皇帝的便利条件,假传圣旨,飞扬跋扈,许多官僚士绅为了谋求私利,也巴结宦官。宦官像外戚一样,到处安插亲信,在中央和地方培植自己的势力,形成了一个强有力的政治集团。

宦官大都是暴发户,他们到处抢掠,兼并土地。中常侍侯览"侵犯百姓,劫掠行旅",曾夺人宅舍 381 所,土地 118 顷。其兄任益州刺史,"民有丰富者,辄诬以大逆,皆诛灭之,没入财物,前后累亿计"②。宦官在朝廷上,"窃持国柄,手握王爵,口含天宪"③;在地方上,"皆宰州临郡,辜较百姓,与盗贼无异"④。宦官擅权,甚于外戚。

在外戚和宦官疯狂的掠夺下,加以自耕农纷纷破产,国家经济收入大减,出现"田野空、朝廷空、仓库空"的景象。农民起义事件不断出现。质帝时暴动事件发生多起,桓帝时起义事件也有十多起。

东汉中叶以来,政治腐败,经济凋敝,阶级矛盾日趋尖锐,使东汉政权处于摇摇欲坠之势,终于演成东汉末年的党争事件。

2. 官僚和儒生的正义人格

活跃在东汉政治舞台上的除了外戚、宦官外,还有官僚和儒生。东汉初年,刘秀注意整顿吏治,他利用兴办学校和乡堂里选等方式,培养和选拔地主阶级的

① 《后汉书·窦宪传》。
② 《后汉书·宦者侯览传》。
③ 《后汉书·朱乐何列传》。
④ 《后汉书·宦者单超传》。

子弟进入各级政权机构。这样,就为儒生的入学大开方便之门。顺帝时修起太学,儒生学子发展很快,到质帝时太学生人数已增至 3 万多人。各地儒生数量更多,在郡国和私人精舍中就学的人数,至少也有七八万人。这些儒生中有豪家世族的子弟,更多的是中小地主阶级的子弟,他们是官僚的后备军。到了东汉中叶以后,外戚、宦官轮流专权,他们任人唯亲,裙带成风,使官吏选举制度更加流于形式。河南尹田歆奉命选举六名孝廉,实际上早已内定五名,所以当时人说:"今之进者,惟财与力"。① 在选举制度败坏的情况下,也就出现了这样一些官吏:"举秀才,不知书;察孝廉,父别居。寒素清白浊如泥,高第良将怯如鸡。"②宦官掌权时,他们的"子弟亲戚,并荷荣任"的现象更为严重,这就更加堵塞了儒生求官的道路。因此,加深了儒生同宦官的矛盾。

一般地说,经学总是以地主阶级整体利益的代表者自居的。经学的传统和信条是:"公天下"、"让贤","革命","汤武革命,顺乎天而应乎人"。李膺是个敢于主持正义的有骨气的人,他不怕五侯的威胁利诱,与其进行了针锋相对的斗争。李膺当了司隶校尉以后,执法如山。桓帝宠信的宦官张让有一个弟弟叫张朔,他任县令时不但贪污勒索,甚至残杀怀孕的妇女。张朔知道了李膺的厉害,吓得逃到洛阳他哥哥家了,李膺亲自带人来到张让府中,将张朔逮捕入狱,审讯属实后,当即处决。此后,所有的宦官,都是谨慎恭敬,甚至连说话都不敢大声,节假日也很少出宫。桓帝觉得奇怪,问他们怎么了。他们一起叩头哭着说:"我们都给李膺搞怕了。"

陈蕃,字仲举。他少年时,独居一室,虽学习刻苦,但庭院污秽不堪。一天,他父亲的好友来访,见他庭院如此地杂乱无章,就对他说,你怎么不打扫打扫庭院以待客呢? 陈蕃回答说:"大丈夫处世,当扫除天下,安事一事乎?"后人也有人对他这番话严加贬义,"一屋不扫,何以扫天下"就是这么来的。但不管怎么说,陈蕃这番话表达了他的凌云壮志。所谓少有壮志,大有高行。陈蕃在桓帝时官至大尉,他便以自己的地位和外戚、宦官进行着不懈的斗争。

官僚同宦官的矛盾更大。官僚大都是世族地主,他们世代为官,经济基础雄

① 《后汉书·李固杜乔列传》。
② 《抱朴子·审举篇》。

厚,政治力量强大。如杨震四世为三公,袁安四世五人为三公,门生故吏遍布全国,权势倾天下。这些官僚集团以"清流"标榜自己,对宦官及其门徒的"浊流"是看不起的。所谓"清流"是指以儒学为正宗,凭着孝廉、征辟、策对等正途做官。在这一点上,官僚和儒生的看法和利益是一致的,这是他们联合反对宦官的基础。官僚、儒生集团反对宦官的斗争方式有以下几种:

(1)上书苦谏。一些比较正直的官吏向皇帝上书,指斥宦官擅权的弊端。桓帝时"五侯"专权,在朝的许多官僚上书,寄希望于桓帝。官僚集团中的头面人物杨秉、陈蕃、李膺等多次搬出"高祖之约"和汉家"旧典"苦谏,希望桓帝"遵用旧章,退贪残,塞灾谤"①,罢斥"权倾海内,贵宠无极"的宦官集团。这时桓帝已是宦官手中的傀儡,官僚的上书苦谏不仅无效,而且还会招来杀身之祸。白马仙李云在上书中说了"是帝欲不谛乎"这样一句话,刺痛了桓帝,因而获罪死在狱中。陈蕃、杨秉因为替李云伸冤,也被罢官撤职。

(2)大造舆论。成千上万的太学生聚集在一起,交游的活动自然也就频繁起来。他们议论朝政,指斥宦官,太学变成了抨击宦官的舆论阵地。不仅如此,太学生还和各州郡的学生,甚至和官僚经常发生联系。据《党锢传序》载,官僚李膺"养太学游士,交结诸郡生徒,更相驰驱,共为部党,诽讪朝廷,疑乱风俗"②。儒生还利用风谣大造舆论。汉代风谣,其中包含着对某个人德行学业所作的一种评价,它采用简短的韵语,上口易记。朝廷每年派人到各地采集风谣,以此作为选拔官吏的一个标准。官僚和儒生利用风谣品评人物,同宦官进行斗争,在当时叫"清议"。善于"清议"的人被视为天下名士,他们对人物的褒贬往往能够左右乡里的舆论,因而也就影响到一个人的官运前程。他们对不畏权贵的人,如李膺、陈蕃、王畅的评价很高:"天下模楷李元礼,不畏强御陈仲举,天下俊秀王叔茂"。因此,"自公卿以下,莫不畏其贬议,屣履到门"。

(3)闹学潮。以闹学潮的形式进行斗争,并不是近代才有的,早在我国东汉末期就出现了。冀州刺史朱穆打击横行州郡的宦官羽反遭报复,太学生为此愤愤不平。公元153年,刘陶率领数千名太学生为搭救朱穆而掀起了一次学潮。

---

① 《后汉书·杨震列传》。
② 《后汉书·党锢传序》。

他们向皇帝上书,痛斥宦官为虎狼,表示愿代朱穆受刑。迫于压力,桓帝释放了朱穆,公元 162 年,因为宦官诬陷对羌人作战有功的皇甫规,并把他下狱,又激怒了太学生。于是,张凤又率三百多名大学生再次闹学潮,迫使桓帝赦免皇甫规。

(4)弹劾镇压。一些在朝的正直官吏利用合法的权力,直接打击镇压宦官及其党羽。公元 165 年,太尉杨秉揭发益州刺史侯参的残暴罪行,侯参畏罪自杀。杨秉进而弹劾其兄大宦官侯览,桓帝没有办法,只好免掉侯览的官职了事。同年,司隶校尉韩縯告发"五侯"之一的左悺及其兄左称"请托州郡,聚敛为奸,宾客放纵,侵犯吏民"①的罪行,左悺、左称也都畏罪自杀。在同宦官斗争中,态度最坚决的要数李膺。他在复官之后,把贪残无道的大宦官张让之弟处死,轰动了京城,也吓坏了宦官。此后,宦官"皆鞠躬屏气,休沐不敢复出宫省。帝怪问其故,并叩头泣曰:'畏李校尉。'"②

3. 党锢之祸与经学衰落

官僚、儒生集团的斗争,给宦官以很大的威胁。因此,宦官集团寻机进行报复。公元 166 年,宦官集团对党人发动了一次大规模的迫害活动。其导火线是张成事件。方士张成与宦官来往密切,因事先知道朝廷将要大赦,故怂恿儿子杀人。当时任河南尹的李膺却不顾赦令,坚持将张成的儿子处死。宦官乘机唆使张成的弟子宋修上书,告发李膺交结太学,共为部党,诽谤朝廷。在宦官的怂恿下,桓帝下令逮捕李膺、范滂等二百余人。宦官更是推波助澜,大肆制造冤狱,弄得朝野上下,一片恐怖气氛。他们动用酷刑逼供牵引同党,企图一网打尽。"钩谓相牵引也",所以,对这些党人也称"钩党"。第二年,桓帝迫于舆论压力,释放了党人,但把李膺等人遣送还乡,"禁锢终身"。这就是第一次党锢之祸。

宦官集团的残酷迫害活动,并没有吓倒正直的官僚和儒生。史载:"海内希风之流,遂共相标榜,指天下名士,为之称号。"③太学生把敢于同宦官进行斗争的知名人物,冠以"三君"、"八俊"、"八顾"、"八及"、"八厨"等称号。李膺被迫害之后,威信更高,被儒生誉为"八俊"之首。这无疑是对宦官集团的不满和蔑视。

---

①　《后汉书·宦官列传·单超》。

②　《后汉书·党锢列传·李膺》。

③　《后汉书·党锢列传》。

三年以后,宦官又掀起了规模更大、株连更广、时间更长的对官僚、儒生的迫害活动,史称第二次党锢之祸。其过程是:宦官侯览在家乡任意残害百姓,督邮张俭上书弹劾,要求惩办侯览。但是,此书被侯览扣下,并指使人诬告张俭联络党人,图谋不轨。于是,灵帝下令讨捕张俭等人,宦官曹节趁机奏捕李膺、范滂等人,又流放、囚禁了六七百人,后来又拘捕了太学生一千多人。公元 176 年,永昌太守曹鸾上书要求赦免党人,宦官认为这是替党人翻案。因此,先将曹鸾活活打死,然后又下令禁锢党人,株连亲属,把对党人的迫害活动推向了高潮。经过这场浩劫,天下儒生几乎被一网打尽。

经过多次严重打击以后,经学的根基就像盛夏的草木遭了霜打一样,只能萎谢凋零,奄奄一息了。《资治通鉴》说:"天下豪杰及儒学有行义者,宦官一切指为党人。"所以,经学的没落,固然有它内容上烦琐、支离、荒谬的毛病,但主要还是统治阶级内部矛盾发展,皇权摧残镇压的结果。士族代表受到严重打击,汉代经学迅速没落,汉朝的统治也相继灭亡。正如司马光所指出的:"士类歼灭,而国随以亡,不亦悲乎!"

东汉末年官僚、儒生反对宦官专权的斗争,最后以失败而告终。对这场历史悲剧应该如何评价呢?

首先,东汉末年党人反对宦官的斗争是一次企图改良的行动。面临宦官擅权的黑暗统治,一些比较正直的官僚、儒生为了挽救社会危机,缓和阶级矛盾,提出了一些改革主张,在政治上,坚决要把宦官赶出政治舞台,选拔清贤奉公之人。在经济上也提出一些改革主张。尽管收效甚微,但党人的作为在当时还是有一定作用的,应给予适当肯定。

其次,党人反对宦官的斗争,在客观上反映了广大人民的愿望。广大人民深受宦官之苦,在灵帝时就曾提出斩杀十个宦官的要求。因此,党人反对宦官的斗争也得到了人民的支持和同情。在党人遭受迫害时,张俭逃亡,许多人为了保护他的安全而全家被害,"其所经历,伏重诛者以十数,宗亲并皆殄灭,郡县为之残破"[①]。这一记载可能有所夸张,但却反映出人们对宦官的愤怒和对党人的同情。

---

① 《后汉书·党锢列传·张俭》。

再次,党人不畏强暴的精神激励着后人,并对后世产生了很大影响。在东汉末年宦官的暴政下,道德沦丧,世风败坏的现象特别严重。党人陈番、李膺、李云等都怀着忧国忧民之心,敢于冒死直谏,怒斥奸邪,翦除阉党的精神是可嘉的。所以,他们那种"杀身以求仁"的气节为历代人们所推崇。明末东林党人反对宦官的斗争就是受东汉党人斗争精神的鼓舞和影响的。

(三)郑玄的经学思想

郑玄,在汉代经学发展史上是一个具有标志性的人物,在他那里,今、古文经学的分界及各种家法师法被打破,他融通众家以为一,成为东汉最大的"通儒",也可以说是两汉经学之集大成者。他的经学有今文经学"经世致用"的成分,但更多地偏于学术性的方面,他的经注在社会上的流行,标志着今、古文经学之争的基本结束。郑玄的《易》学,是在汉末社会衰微不振的时代氛围中产生的,他的引《老》注《易》,标志着汉代经学向魏晋玄学的过渡与转型。

1. 承先启后的伟大经学家

我国两汉时期,经学最为昌盛。西汉时今文经学盛行,当时立于学官的五经十四博士,全是今文经学。西汉末年古文经学逐渐兴起,东汉则是古文经学兴起、抗争,直至超过今文经学的时期。郑玄以古文经学为主,兼采今文经学之长,融会为一,而形成郑学。郑学盛行,是经学史上承先启后具有划时代意义的大事。

郑玄以毕生精力注释儒家经典,今人张舜徽先生在其《郑氏校雠学发微》中认为郑玄的校雠学成就表现在如下十二个方面:一是辨章六艺,即明辨六经之体用;二是注述旧典,理查群书;三是条理《礼》书,使之部秩井然;四是叙次篇目,在目录学方面有突出创见;五是广罗异本,比较异同,细心雠对;六是择善而从,不拘于师法家法和今古文;七是博综众说,舍短取长,不以先入者为主;八是求同存异,自申己见;九是考辨遗编,审定真伪;十是校正错简;十一是补脱订伪;十二是审音定字。《后汉书·郑玄传》说:凡玄所注《周易》、《尚书》、《毛诗》、《仪礼》、《礼记》、《论语》、《孝经》……凡百余万言。

事实上,郑玄遍注群经,远远不止这些,这里仅列举了主要部分。据清儒郑珍考证统计,郑玄的著述共有 60 种之多。郑玄在《戒子益恩书》中说,他致力于经学,是为了"述先圣之玄意,思整百家之不齐"。即是说,他的目的在于阐述儒家思想,使之发扬光大。历史地看,郑玄注经的成就是相当高的,他完成了自己的心愿。《后汉书》本传总结郑玄的经学成就说:"郑玄囊括大典,网罗众说,删裁繁芜,刊改漏失,择善而从,自是学者略知所归。"这一评价是符合实际的。

郑玄最大的功绩是编辑、注释了"三礼"。汉代《礼经》只凭师授而无注解,马融也只注了《丧服》经、传,"三礼"这个名称虽然是马融、卢植提出来的,但却是从郑玄分别为《周礼》、《仪礼》、《礼记》作注之后,才确定下来的。《礼记》49篇的选辑本得以独立成书,也始自郑玄。"三礼"是中国古代典章制度的渊薮,是十分宝贵的历史文献,但其中很多记载我们是很难直接由原文中弄清楚的,所以郑注是不可或缺的。郑注在帮助我们弄明白"三礼"的内容方面,以及在订正经文的错谬方面,其功绩是不可磨灭的。而且郑玄在解释经文时,又补充了许多经文之外的材料,大大丰富了文献的内容。这些材料在当时肯定是有文献或师说可据的,而今已大多亡佚,有赖郑注而得保存其若干,这也是郑注的一件大功劳。又由于郑玄作注博综古今,广洽精详,兼采异说,若能详加条分缕析,弄清其源流,对于后人研究汉代的学术史,亦将大有裨益。郑玄对礼义的阐发,也为我们研究汉代的政治思想史,留下了一份很有价值的遗产。另外如研究古代的文字学、音韵学、训诂学等等,都离不开郑注。尤其是今天考释地下发掘的先秦文物,郑玄的《三礼注》更是必须依靠的重要文献。总的看,郑玄遍注群经,而对"三礼"用力最深,取得的成就也最高。其《三礼注》遂为后世治礼学者所宗,孔颖达甚至说"礼是郑学",这无异说礼是郑学的精髓和主干。自古以来研究郑玄礼学的著作浩如烟海,并分为"中郑"、"驳郑"两派,这正说明郑玄礼学无可替代的历史地位。清初大学者顾炎武有《述古诗》称赞郑玄说:"大哉郑康成,探赜靡不举。六艺既该通,百家亦兼取。至今三礼存,其学非小补。"顾氏是从不轻易赞颂古人的,但却对郑玄称扬备至,由此也可见郑玄礼学成就之大、影响之深。

现存的《毛诗笺》也是郑注中的力作。郑笺以《毛诗故训传》为主,《毛诗》讲得简略之处,便加以补充,有不同的见解,则另加标明,即"若有不同,便下己意"(郑玄语),实际上也是融会今古经,兼采三家诗说。《诗经》在史学上与文学上都属极重要的一部经典,但由于时代久远,其中许多内容我们今天已经不易理解了。若要真正读懂它,非借助前人的注释不可,而郑笺正是最好的古注本,是《诗经》研究的第一个里程碑。郑笺的成就是多方面的,简括地说,一是对《诗》

义的理解较为深刻和符合原意;二是花大力气点明诗的象征特性,突现诗的文学意味;三是在文字、音韵、训诂、博物等方面取得了相当的成就。汉人传诗有齐、鲁、韩、毛四家,但前三家诗相继亡佚,《毛诗》在魏晋以后盛行,郑玄作笺是起了决定性的作用的。郑玄所注群经,经过长时期的流传,现在保存在《十三经注疏》中的,尚存四部,那就是《毛诗笺》与《三礼注》。在《十三经注疏》中,也以这四部注最为渊博详明,明显优于其他各家。宋人刘克庄有《杂咏一百首·郑司农》称赞《毛诗笺》说:"新笺传后学,古诗在先儒。不拟狂年少,灯前骂老奴。"宋人尊郑玄者不多,但《毛诗笺》的成就却是谁也抹杀不了的。

郑玄注《易》,用的是费氏古文,他把彖、象与经文合在一起,并在其前面加上"彖曰"、"象曰"字样,以与经文相区分。郑氏易学兼采义理、象数之说。在象数学方面,除用互卦、消息等方法外,还力主五行生成说与交辰说。在义理方面,多采三礼的观点,据礼以证易道广大,凡涉及嫁娶、祭祀、朝聘等项,所注皆与礼经所说相合,这一特点与后来易学义理派的治易特点相通。郑玄所注古文费氏《易》流行,后世王弼、韩康伯注《易》都用郑玄本,孔颖达《五经正义》即采用王、韩注本,通行至今。

郑玄所注《尚书》用的是古文,但与马融不同,也兼采今文。至于《春秋》,郑玄本"欲注《春秋传》",后因与服虔观点多相同,故未成之,但著有驳难公羊家何休的《发〈墨守〉》、《针〈膏肓〉》、《起〈废疾〉》,表明其扬左氏抑公羊的态度。郑学于魏晋南北朝时极受重视。这也是以后《左传》大兴的一个原因。

此外,郑玄还注释过汉代律令。《晋书·刑法志》记载,秦汉旧律诸儒章句十有余家,魏明帝曾下诏但用郑氏章句,不得采用余家。郑玄还注过《孝经》与《论语》,都有较大影响。至于他注释纬书,并用纬书解经,无论对纬书本身,还是对经今文学、古文学、训诂学,也都是有贡献的。

历史地看,郑玄注经的成就是相当高的,可以说达到了他要整齐百家的目的。清儒皮锡瑞称,"经学至郑君一变"。他的学术特点,就在于打破西汉以来经学家法的界限,有所宗主,也有所兼综,改变了汉儒拘墟胶固、抱残守阙的陋习。范晔评论说:"自秦焚六经,圣文埃灭。汉兴,诸儒颇修艺文;及东京,学者亦各名家。而守文之徒,滞固所禀,异端纷纭,互相诡激,遂令经有数家、家有数说,章句多者或乃百余万言,学徒劳而少功,后生疑而莫正。郑玄括囊大典,网罗众家,删裁繁诬,刊改漏失,自是学者略知所归。"

总之,郑玄以其丰富的著述创立了"郑学",破除了过去今古文经学的家法,初步统一了今古文经学,使经学进入了一统时代,对经学的发展做出了重大贡献。

2. 郑玄的经学思想

郑玄可称得上是经学教育家,他游学归乡后学徒相随已数百千人,后来弟子河内赵商等自远方至者数千。郑玄当时私门讲学,极一时之盛,其弟子见载于《郑志》与史传者,有河内赵商、清何崔珠、清何王经、乐安国渊、乐安任暇、北海张逸、鲁国刘琰、汝南程秉、北海孙乾、山阳郗虑、南阳许慈等等。其中不少从政为官,或以学者著称。《后汉书》郑玄本传谓:"其门人山阳郗虑至御史大夫,东莱王基、清何崔琰著名于世。又乐安国渊、任暇,时并童幼,玄称渊为国器,暇有道德,其余亦多所鉴拔,皆如其言。"

先说哲学思想。由于历史的时代的局限,郑玄存在着神学迷信思想,认为有人格化的天神存在,它是宇宙万物的创造者和最高主宰。如其《尚书五行传注》说:天生五材,民并用之。其政道则神怒,神怒则材失性,不为民用。其它变异皆属珍,珍亦神怒,凡神怒者,日月五星即见适于天矣。一事失,则逆人之心,人心道则怨,木、金、水、火、土气为之伤,伤则冲胜来乘珍之,于是神怒、人怨将为祸乱。故五行先见变异以谴告人……

这种天人感应的谴告说,不外乎宣扬君权神授,神化君主。他还进一步认为,如果君主的行为符合天神的意志,就会由上天降下种种嘉瑞、符瑞以示隆兴;反之,若君主过天,上天则会降下种种灾异以示警告。由此进一步推论,则人的生死、贵贱、贫富、祸福都是由天命决定的,所以应该恭顺天命,服从封建统治。另一方面,他还神化阴阳、五行,用阴阳气的盛衰解说事物的变化,以君子属阳,小人属阴,社会之所以乱,乃是阴气过盛即小人当道的结果。所有这些,都是成体系的,并非偶然地提及。当然,这些思想并未超出汉代"天人合一"唯心论思想的范畴,很少有郑玄个人的发明。但他遍注群经,将这些思想融于对经文的解释之中,而且其中又进行了一些系统化的工作,这就将唯心主义神学哲学进一步发扬光大了。总的看,郑玄的哲学思想并不是进步的,但也未尝不具有积极意义,因为它另一方面也强调人的主观能动作用和对自己命运的信心,只要按照天意——实际是某种客观规律——办事,就有可能导致好的结果。随着社会的发展,对今天来说,它当然早就丧失了任何积极意义,只有历史价值和认识价值了。

再说政治思想。与其神学唯心主义的哲学观相联系,郑玄在政治上是保守和正统的,他认为封建制度是合理的和永恒不变的,符合天意的,因而积极维护封建统治的中央集权制,反对地方割据势力。从这一点出发,他极力宣扬忠君思想,强调地方服从中央,地方要以"顺道"来侍奉君主。他认为,人臣为君而死就是尽忠,是义、勇兼备的行为,而正直、刚克、柔克三德,为人臣者必须具备其一。应该说,郑玄对汉室是忠心的,对军阀割据是痛心的,他在注释群经时总是神化君主,要求地方诸侯服从君主,把封国的财富贡献给天子。他注《周易》与《周礼》,常常寄托自己君贤臣忠的政治理想,而在笺注《毛诗》中,又寄托自己感伤时事之情,这也说明他向往从前、反对现实乱世的态度。另一方面,他还积极宣传孝道,用孝道来为忠君思想服务。他说:"人之行,莫大于孝,故为德本。"①显然,这是继承了孔门的"孝弟也者,其为仁之本"②的思想。要求人们像侍奉父母一样侍奉君主,像尊重长兄一样尊重各级封建统治者。郑玄在《周易·萃卦》注中说:"萃,聚也。坤为顺,兑为说,臣下以顺道,承事其君说,德居上待之。上下相应,有事而和通。故曰:萃,亨也。"③总的看,郑玄是一位笃信儒家思想的正统学者,他理想中的政治面貌,应当是君君、臣臣、父父、子子,严守等级秩序,使政治稳定,风调雨顺,国泰民安。

另外,面对统治偏离儒家的思想道德规范,导致社会动荡不安,郑玄在其著述亦多寄寓感慨、提出批评。清代学者陈澧就指出:"郑笺有感伤时事之语。《桑扈》,不戢不难,受福不那,'笺云,王者位至尊,天所子也,然而不自敛以先王之法,不自难以亡国之戒,则其受福禄亦不多也',此盖叹息痛恨于桓、灵也;《小宛》,螟蛉有子,蜾蠃负之,'笺云,喻有万民不能治,则能治者将得之',此盖痛汉室将亡而曹氏将得之也;又,战战兢兢,如履薄冰,'笺云,衰乱之世,贤人君子,虽无罪,犹恐惧',此盖伤党锢之祸也;《雨无正》,维曰于仕,孔棘且殆,'笺云,居今衰乱之世,云往仕乎? 甚急迮且危',此郑君所以屡被征而不仕乎? 郑君居衰

———————————

① 《孝经·开宗明义章》注。
② 《论语·学而》。
③ (清)惠栋:《新本郑氏周易》。

乱之世,其感伤之语有自然流露者,但笺注之体谨严,不溢出于经文之外耳。"①

　　所有这些,当然也没有多少郑玄个人的东西,而是传统儒家思想对他熏陶而形成的。但郑玄遍诠群经,已把这些政治思想说成是经典的本义和万古永恒的常则,这对于儒家传统思想的传播,当然具有重要的意义。在今天看来,郑玄的政治思想是为封建统治者服务的,没有什么积极意义。但是,历史地看,郑玄的政治思想在当时还是知识分子中普遍认同的。

　　3. 关于"郑学出而经学衰"的论述

　　郑玄兼采今古文说遍注群经,经学学风为之一变。皮锡瑞在他的《经学历史》中提出一个观点:郑学出而汉学衰。

　　皮先生阐述说:汉经学近古可信,十四博士今文家说,远有师承;刘歆创通古文,卫宏、贾逵、马融、许慎等推衍其说,已与今学分门角立矣。然今学守今学门户,古学守古学门户,今学以古学为变乱师法,古学以今学为"党同妒真",相攻若仇,不相混合。杜、郑、贾、马注《周礼》、《左传》,不用今说;何休注《公羊传》,亦不引《周礼》一字;许慎《五经异义》分今文说、古文说甚晰。若尽如此分别,则传至后世,今古文不相杂厕,开卷可镜然矣。……郑君博学多师,今古文道通为一,见当时两家相攻击,意欲参合其学,自成一家之言,虽以古学为宗,亦兼采今学以附益其义。学者苦其时家法繁杂,见郑君阂通博大,无所不包,众论翕然归之,不复舍此趋彼。于是郑《易注》行而施、孟、梁丘、京氏《易》不行矣;郑《书注》行而欧阳、大小夏侯之《书》不行矣;郑《诗笺》行而鲁、齐、韩之《诗》不行矣;郑《礼注》行而大小戴之《礼》不行矣;郑《论语注》行而齐、鲁《论语》不行矣。……汉学衰微,不能尽咎郑君;而郑采今古文,不复分别,使两汉家法亡不可考,则亦不能无失。

　　众所周知,这里的汉学指的就是经学。分析皮先生的论述,我们发现,郑玄兼收今、古文经学之长,"自成一家之言"。结束了古、今经学派别之争,使后代学者研究、学习经学有了可资信赖的"母本"。可以说,郑玄的这一贡献意义重大,不仅消解了门派之争,而且为汉学的发扬光大奠定了良好的基础。

　　学者边学珍先生在《汉代经学发展史》一书中不同意郑玄推动汉学衰亡的

————————

① 陈澧《东塾读书记》,三联书店,1998 年,第 108 页。

观点。他解释说:统观皮氏所论,结合上下文来看,文中所谓"汉学衰"的"汉学"在内涵上不是指汉代经学,具体是指"今学守今学门户,古学守古学门户"、"今古文不相杂厕"的学术局面。作为清代的今文经学家,皮氏深以汉之今、古文经传、经说分派的消弥为憾,以为郑玄虽泯灭今古文之壁垒,同时今、古文经学分派流行的价值亦为之消减。这是皮氏所谓"郑学出而汉学衰"的本义所在。我们仔细分析,会感觉边先生的论述是绕了个弯,换了种说法而已。今古经学门派之争的"学术局面"衰亡了,也就是汉代所呈现的"经学现状"消亡了。不就是汉代经学走向了衰落吗?!"皮之不存,毛将焉附"的涵义相左边先生的观点应该是恰当的吧。

当然,作为汉代官方学术的今文经学的衰落,自有其多方面的因素,例如今文经学章句的繁琐、汉末王权的衰落、进步思想家对神学观念的批评等。但不可否认,郑玄成经学一家之言,加快了汉代经学的衰落。

(四)《太平经》与道教的形成

《太平经》又称《太平青领书》或《皇天洞极政事之文》,历经180年和多名宗教活动家之手,到东汉桓帝延熹八年(165年)最终写定。全书原由10部、170卷、366篇组成。总字数至少相当于儒家整部白文十三经。文字以外,还配有4卷共2132个复文(似篆非篆的符箓性秘文)、7幅美术作品(3幅长轴专题绘画、1幅特写式插图和2幅图示)。在文体类型上,则以"法"、"诀"、"诫"为主;在表述方式上,大多采用天师答真人问的对话体,也不乏直述体或韵语,呈现出原始道教所独有的朴实与神异交融互持的宣讲风格。

对《太平经》的思想宗旨,编著者做了这样的阐述:它是专为除灾救四海、度厄致太平而问世并传布的,因此要"上为皇天陈道德,下为山川别度数,中为帝王设法度",向世人尤其是东汉所谓"火君"授付一整套学道、学德、学仁、学寿、学善、学谨、学吉、学古、学平、学长生的"大真道法"。

1.《太平经》成书缘由

(1)政治缘由。

《太平经》并非为道教立教而作。它之为道教经典,是因为它的思想观念积极地反映了当时的社会环境中的广大下层人民群众的希望与要求,蕴含了一种独具中国特色的宗教意识,因而理所当然地被当做一种理论先导而被早期道教的创教人所选择确认。由于在民间辗转相传,故书中搀杂了许多代表民间道教的思想主张,显得庞杂、繁复,且逻辑混乱。尽管如此,但是《太平经》的主旨却是十分明确的:《太平经》的造作初衷,是为时君世主治理天下、安定社稷,排忧解难、贡献策略。《太平经》曾多次提到:"其为道乃拘校天地开辟以来,天文、地文、人文、神文皆撰简得其善者,以为《洞极之经》。帝王案用之,使众贤共乃力行之,四海、四境之内,灾害都扫地除去,其治洞清明,状与天地神灵相似,故名为大洞极之政事也","名为皇天洞极政事之文"。"天师之书,乃拘校天地开辟以来、前后圣贤之文,河洛图书神文之属,下及凡民之辞语,下及奴婢、远及夷狄,皆受其奇辞殊策,合以为一语,以明天道。""乃怜帝王在位,用心愁苦,不得天意,为其每具开说,可以致上皇太平之路。"①

这说明经书目的在于"去乱世,致太平",颇似伏羲之作八卦,用以通神明之德。以"太平"名书,是为了使"帝王立致太平"。对于此《太平经》又进一步解释说:"太者,大也。乃言其积大行如天。凡事大也,无复大于天者也。平者,乃言其治太平均,凡事悉理,无复奸私也。平者,比若地居下,主执平也,地之执平也。""天气悦下,地气悦上,二气相通而为中和之气,相受共养万物,无复有害,故曰'太平'。"

太者,大也;大者,天也。天能复育万物,其功最大。平者,地也;地平,然能养育万物。经者,常也;天以日月五星为经,地以岳渎山川为经。②

可见《太平经》实为一种救世的宗教学说。它的终极关怀,乃在于天地之间"凡事悉理,无复奸私"、"无复有害",实现"治太平均"、"共养万物"、稳定不变的生态平衡、中和自然的人类社会。它反映了当时人们对汉初黄老学无为之治的所谓"桃花源"式的理想社会的缅怀与追求。

(2)思想缘由

《太平经》的产生,除了社会的政治的缘由而外,还有着深厚的思想缘由。自秦焚《诗》、《书》百家语外,《周易》等卜筮、种树之书幸得保存,黄老思想亦得以成为当时统治阶级的统治思想。汉代,黄老之学实际上一直受到人们信仰。

---

① 王明:《太平经合校》,中华书局,1960 年第 31、148 页。
② 王明:《太平经合校》,中华书局,1960 年第 31、148 页。

诚如韩愈所言:"周道衰,孔子殁,火于秦,黄老于汉。"武帝时,董仲舒投其所好,建言武帝"尊儒",儒学得以在经学的形式下复苏,然其骨子里依然流淌着黄老的精髓。董仲舒的《春秋繁露》,毋宁说是一部道释儒的失败之作。经学终于堕落于谶纬的泥潭。而《白虎通义》、《太玄》、《道德经指归》、《老子想尔注》和黄老养生之书如《周易参同契》等继续在社会上产生着重要影响。甚且连著名的无神论者王充也难以跳出"祥瑞"之说的窠臼,以"虽违儒家之说,合黄老之义也"自慰。关于这一点,近年来出土的《文子》、《黄老帛书》亦是明证。《太平经》正是在这种环境里酝酿出来的。它的思想,体现了以黄老道家神仙方技后流为主的儒家经世学说、谶纬巫术、墨家的社会理想,又由于它的世俗化和大众功利倾向,使它得以在民间扩衍而被民间道众创教时选作教典而重新诠释。

2.《太平经》的主要内容

关于《太平经》的内容,《后汉书·襄楷传》中说:

> 前者宫崇所献神书,专以奉天地、顺五行为本,亦有兴国广嗣之术,其文易晓,参同经典。而顺帝不行,故国胤不兴。

又说:

> ……号《太平清领书》。其言以阴阳五行为家,而多巫觋杂语。有司奏崇所上妖妄不经,乃收藏之。[①]

这个介绍,大体是中肯的。我们细读现存《太平经》(王明《太平经合校》),不难看出其内容十分复杂,大体可分以下四个方面:

(1)"太平世道"的社会政治思想。《太平经》追求的理想世界是无灾异、无病疫、无战争,君明臣贤,家富人足,各得其乐的太平世道。

主张帝王当行道德,黜刑祸,理政应法天地、顺自然。理想的政治是以有道、德、仁治理天下的明君,实行以民为本的治国之道,满足人民生活之急需,方能致

---

① 《后汉书·襄楷传》。

太平,得人心而称天心。它还强调君、臣、民三者关系的协调。认为君明、臣良、民顺"三气悉善",是太平长治的根本条件。"君导天气而下通,臣导地气而上通,民导中和气而上通",君、臣、民三者相得,上下相通共成一国。还以阴、阳、和比拟君、臣、民,君阳臣阴,应依阳尊阴卑之则,各居其位。阳盛则阴衰,君盛则臣服。阴、阳、和三者相通,道乃可成。"天下立平不移时",太平盛世即可实现。

《太平经》还主张选贤任能,广开言路,下可革谏其上;反对贱视和残害妇女提倡人人应力作以获衣食;反对为富不仁,提倡救穷周急;反对以智欺愚、以强欺弱,提倡孝忠诚信,主张断除金兵武备等。它的社会政治主张即襄楷上疏所称的"兴国广嗣之术",主要反映了当时处于苦难之中的广大农民向往太平盛世的思想。

(2)"奉天地顺五行"的天道观。《太平经》称"天者,乃道之真,道之纲,道之信,道之所因缘而行也。地者,乃德之长,德之纪,德之所因缘而止也"。告诫信道者当奉天地,法天道,得天心,顺天意。天可顺不可违,顺之则吉昌,逆之则危亡。帝王为天之贵子,尤应顺承天道;顺天地者,其治长久,否则当遭天罚。"天人感应"是《太平经》的基本理论依据之一。天人之感应,表现为自然界之变异灾祥,"王者行道,天地喜悦;失道,天地为灾异"。认为天是冥冥中的最高主宰,能赏善罚恶,具有无上的权威,灾异乃天警告人君之"天谏",若不听从,必降重殃。

阴阳五行说是《太平经》的主要理论基础。认为:阴阳五行体现天道之理则,恒常不变,人须绝对顺从,不可失其道。"道无奇辞,一阴一阳,为其用也。得其治者昌,失其治者乱;得其治者神且明,失其治者道不可行"。一阴一阳之理,遍于天地,为道之用。事无大小,皆守道而行,故无凶。今日失道,即致大乱。故阳安即万物自生,阴安即万物自成。阴阳之关系可互生互变,阴极生阳,阳极生阴,阴阳相得,道乃可行。

(3)善恶报应思想与承负说。《太平经》谓天地及人身中皆有众多之神,受天所使,鉴人善恶,掌人命籍,"善自命长,恶自命短"。对人之善恶,天皆遣神记录在簿,过无大小,天皆知之。天赏罚分明,行善者可得天年,如有大功,可增命益年;若作恶不止,则减其寿算,不得天年;或使凶神鬼物入其身中,使其致病。善恶之标准,最要者为孝、忠。行孝者可被荐举,现世荣贵,天佑神敬,乃至白日升天;不忠不孝者,罪不容诛,天地鬼神皆恶之,令其凶夭,魂神受考。

（4）长寿、成仙、祈禳、治病诸方术。《太平经》认为,天地之间,寿最为善,积德行善,为长寿升天之要道。人之生命须神、气结合,或精、气、神俱备。如长期保守精神与形体的结合,使神不离身,就可达到长生久视。此方法为"守一",也就是守神。"守一"可度世,乃至长生久视。此外,还有食气辟谷、胎息养形、守静存神、存思致神等仙道方术,以及尸解和白日升天两种成仙形式。

《太平经》记载的符咒祈禳诸方术有:卜占决吉凶,神咒以使神,佩、吞神符以避邪治病,叩头解过,依星宿而推禄命等。《太平经》中所谓"法"、"诀",皆与道术有关。《太平经》载后圣李君授青童大君《灵书紫文》,内有二十四经诀,不外符箓禁咒与服食炼养之术。

《太平经》还载有灸刺、生物方、草木方等治病方术。

3. 促使道教的形成

经学在东汉时期出现了激烈的纷争,《白虎通》在某种程度上统一了经学家的思想,但后来的党锢之祸又对经学家们打击沉重,《太平经》的出现,又推动了一些人的思考,而最终促使了道教的形成。

（1）道儒思想兼容。《太平经》内容庞杂,言及天地、阴阳、五行、干支、灾异、鬼神以及当时的社会情况等,如书中讲道:"元气有三名,为太阳、太阴、中和","气者,乃言天气悦喜下生,地气悦喜上养。气之法行于天下地上,阴阳相得,交而为和,与中和气三合,共养凡物。三气相爱相通,无复有害者"等等。可以说这些思想既发展了老子的道家思想,又发展了儒家《周易》的思想。

《太平经》从道家的主旨出发,结合儒家君臣纲常之道,认为元气有三名,从而论述了政治也有三名。它说:"政有三名,为君、臣、人。"又说:"此三者,常相得腹心,不失铢分,使其同一忧,合成一家,立致太平,延年不疑也。"它从元气有阳气、阴气,二气合为冲气,共三气的观点出发,即以"三"而附会于天地人事,这和《老子》以"道生一,一生二,二生三,三生万物"为出发点,是有相同之处的。它又推论到政治上,附会于君臣政教、伦理纲常。《太平经》里也有儒家思想,特别是董仲舒的天人感应论的思想。《太平经》在政治上也要求统治者顺天应人,以求达到统治者和劳动人民相调和,使天下"太平"的目的。这里丝毫没有反抗之意,而是向统治者提出建议的一种思想。至于什么是"太平",《太平经》说:

"太者,大也。乃言其积大行如天。凡是大也,无复大于天者也。平者,乃言其治太平均,凡事悉理,无复奸私也。平者比若地居下,主势平也。地之势平也,比若人种善得善,种恶得恶。人与之善,用力,多其物,子(不)好善,人与之鲜。鲜,其物恶也。"从这段话里可以看出,它是将《老子》的"人法地,地法天,天法道,道法自然"的观点推论到政治上的一种表现。所谓"太平"的境界,是要求统治者人君效法天地,而天地是无奸无私的,行善则极之以善,为恶则极之以恶,而善恶的标准是以能否做到"太平均"为衡量尺度的。然而怎样才算达到这个标准呢?《太平经》说,我们做的任何事都要做到"阴"、"阳"、"和"三者相通才能达到。"三人相通,并力同心,共治一家。君臣民相通,并力同心,共成一国。此皆本之元气自然,天地受命,凡事悉皆三相通,乃道可成也。"这就是说,《太平经》的"三相通"能达到"太平"的主张是要调和封建统治者与被统治者之间,以及统治者内部的矛盾,是以巩固封建统治为目的的。这是符合道家要求的,也接近儒家的"齐家、治国、平天下"的目标。

(2)迎合了劳苦大众的思想。《太平经》中,有些篇章具有反映劳动人民反对剥削、反对统治阶级聚敛财富、主张自食其力和救穷周急等思想,这对民间宗教活动如张角太平道和张道陵的五斗米道等曾发生过一定的影响,在历史上也曾起到了一定的进步作用。

《太平经》从"三相通"而达到太平的理论出发,进一步揭示了统治者当时的政策是"三不相通"。《太平经》说:"夫君乃一人耳,又可处深隐,四远冤结,实闭不通,治不得天心,灾变怪异,委积而不除。天地所欲言,人君不得知之。大咎在此,不三并力,聪明绝,邪气结不理,上为皇天大仇,下为地大咎,为帝王大忧,灾纷纷不解,为民大害。"这里说的"天所欲言",或"皇天大仇"、"地大咎"的"天"、"皇天"、"地"等等,其实都可以看做是"民",是指被统治阶级,以及一些较正直的"臣"的思想。在汉末,图谶还起一定作用,这时能产生这种思想,实际上对统治阶级是很不利的。

《太平经》指出"人"(指统治阶级)有六大罪状,其中在第三条中说:"或积财亿万,不肯救穷周急,使人饥寒而死,罪不除也。"接着第五条又说:"天生人,幸使其人人自有筋力,可以自衣食者。而不肯为之,反致饥寒,负其先人之体。而轻休其力,不为力可得衣食,反常自言愁苦饥寒。但常仰多财家,须而后生,罪不除也。"以上两条是互补的。这里既反对富有者聚财亿万、剥削穷人、不肯救穷周急，又反对贫穷者懒惰不劳动、依赖救济的寄生生活。

《太平经》反对这两种人，是根据"三相通"的观点的。它指出："天地乃生凡财物可以养人者，各当随力聚之，取足而不穷。反休力而不作之自轻，或所求索不和，皆为强取人物，与中和为仇，其罪当死明矣。"从这里讲的"三不通"可以看出，"太平"的基础在于"中和"，而"中和"实质就是"平均"，而"平均"就是"各当随力以聚之"。"求索不和，强取人物"，固然有罪，而"休力而不作"也是错误的。

因此，《太平经》暴露了统治阶级剥削人民、巧取豪夺和让人民"休力"的错误。同时，《太平经》也驳斥了统治阶级强取积聚天地中和之财，不为人用，这就是"三不通"，是不合理的，还把统治者比作仓中的老鼠，"常独足食"。《太平经》说："此大仓之粟，本非独鼠有也。少（小）内之钱财，本非独以给一人也……令使万家之绝，春无以种，秋无以收，其冤结悉仰呼天。"《太平经》揭露统治者压迫、剥削人民，必然指责现政权，但其目的不过是以此儆励人君，冀其从善改过。因而又说："夫天与地本不乐欲得财也，天乃乐人生，地乐人养也。无知小人，反壅塞天地中和之财，使其不得周足，杀天之所生，贼地之所养，无故埋逃此财物，使国家贫，少财用，不能救全其民命：使有德之君，其治空虚。"《太平经》把那些巧取豪夺的行为归于"无知小人"，而认为"有德之君"则应当明察而治之以罪，这样才能使天下太平。以此看来，《太平经》中的一些言词虽过激，但其在主观上仍是站在统治阶级立场上，向国君进谏的一种方式而已。

《太平经》对汉末社会现象的暴露，必然引发被剥削阶级反对现实社会的思想，所以顺帝把它视为"妖妄之言"。"颇有其书"的张角以及汉中的张鲁，他们的"五斗米道"和"天师道"，都是在这种思想影响下创立的。如以符水治病，就带有"巫觋杂语"的色彩。这样做，从政治上看，固然可以与统治者争取群众，收买人心；而从教义来看，也恰好以"三相通"来和汉室的"三不相通"相对立。张鲁的"义舍施食"，也是《太平经》的"太平均"思想的表现。

由是，黄巾军张角等提出了"苍天已死，黄天当立"的口号。就是指汉朝的苍天已死，其阶级矛盾已达到尖锐化的程度，应该把它推翻，而应该建立自己的"黄天"了。可以说，《太平经》反映劳动人民受到剥削的思想，给劳动人民以觉醒，促使他们跳出经学的清规戒律，大胆集结民众起义，并且为农民起义找到了理论上的依据。从而是经学衰微,道教兴起。

经学从兴起到独尊与繁盛到衰落是两汉思想发展的一条重要脉络。两汉时期,在儒家经学的发展过程中,在以经学为指导的社会政治生活中,儒生起着特别突出的作用。儒生以儒家学说为精神凭借,宣扬教化,对于封建政治文化不可或缺。

通过对汉代经学的兴衰与汉儒的价值追求和人格转变二者关系的粗略梳理分析,综观汉儒的价值追求和人格理想在汉代所发生的整体性变化,我们可以得出以下结论:第一,封建社会知识阶层与封建政治有着不解之缘;第二,古代知识阶层的历史命运与学术文化的变迁有着内在联系;第三,封建社会占统治地位的意识形态,对人们尤其是知识阶层的思维方式、思想观念、价值观念等有着深刻的影响。

第五章　魏晋时期的玄学思想

　　魏晋玄学是中国思想文化发展史上具有鲜明特色和独特价值的社会思潮。它勃兴于三国魏晋时期,因为洛阳乃是魏晋时期的政治、文化中心,所以,魏晋玄学也是以河洛地区为中心而辐射影响于整个中国学术思想界,诚可谓玄风流行,蔚然可观。魏晋玄学迥然不同于其前以经学"师法""家法"传承延续为主流的学术思想模式,它摈弃了墨守成规、繁琐考证、牵强附会的方法,代之以玄言超妙的体悟,实现了理论思辨的升华。

　　魏晋玄学的思想家们,思维敏锐,英才天成,多为少年卓荦,建树非凡者。他们集中围绕着"有无"、"本末"、"体用"、"动静"、"言意"、"自然与名教"等抽象的问题,展开形上之玄思,建构起体大思精、风格独特的哲学思想体系,在中国思想文化史的长江大河中,贯注了清新的源脉。

　　魏晋玄学的发展,始于"正始玄学",这一时期,以何晏、王弼为代表,倡导"贵无"论,以"无"为"本",奠定了魏晋玄学的基础;同一时期的"竹林玄学",以阮籍、嵇康为代表,关注"名教与自然"的问题,提出"越名教而任自然"的主张,这是魏晋玄学的拓展;其后,在"贵无"论产生巨大影响并产生流弊之时,出现了裴頠反对"贵无"而力倡"崇有"的学说,从玄学内部修正了"贵无论"的偏差;而以向秀、郭象为代表的后期玄学思想家,通过注释《庄子》等特殊形式,整合了此前玄学发展的思想成果,建立了以"玄冥独化"说为核心的完整的玄学思想体系,标志着魏晋玄学发展的成熟。

一、魏晋玄学产生的时代与文化背景

"有晋中兴,玄风独振。"(语出《宋书·谢灵运传》)在中国思想文化史的浩荡长河中,以河洛地区为中心而酝酿、生发的"魏晋玄学",是因应时代变化而勃然兴起的一股新的文化思潮。魏晋玄学的产生,是从两汉到魏晋思想文化发展上的一个重要变化。这种变化,其来有自,绝非空穴来风。

国家的形态、政治的变动,与思想文化发展的状态之间,虽然不是简单的线性因果的对应关系,但两者之间的相互作用,却也是可以寻绎其踪迹的。所以,在探究魏晋玄学产生的时代与文化背景时,我们不妨对魏晋时代之前的两汉时期(尤其是东汉末年)的政治变化做一个简要的回顾考察。

西汉初期,大一统的汉帝国在暴秦崩溃的基础上建立,民生凋敝,百废待兴,此时,黄老思想居于文化形态的主导地位,王朝政治的主旨是清静无为,而使天下百姓休养生息。文景之治,使西汉王朝国力增强。西汉武帝时期,强盛的帝国具备了显赫的威力。在国内政治方面,诸王的地方割据势力已臣服中央而无以为害;在对外用兵方面,除征伐东南之外,更屡次征伐匈奴,基本解除了来自西北大漠的威胁;在思想文化领域,则开始实行"罢黜百家,独尊儒术"的政策,经营起与大一统帝国统治相适应的意识形态体系,汉代的学术文化形态由此而奠基并迅速发展。考察两汉时期的思想文化形态,概括地说,是一种定型于西汉中期的以官立经学为主干、以儒学独尊为表征的文化模式,儒家经典与官立经学,在两汉思想文化领域具有笼罩性影响的地位。综合了帝王之倡导、官学之设立、风尚之趋赴、糅生之创造等诸多因素的合力作用,由儒家政治伦理学说与阴阳五行等学说杂糅配合而成的、包罗万象的宇宙论,便很快成为大一统的汉帝国巩固其统治的理论基础,并且取得了显赫尊崇的地位。其中最具代表性的内容,或可以径称为"汉代经学"。

两汉之间,虽经王莽之新朝短暂篡权,但光武帝恢复汉室后,东汉的思想文化发展,大体上仍然沿承着西汉模式。当然,东汉经学也有自身的某些特点,例如,谶纬之学说更大程度地介入经学体系,再如,今文经学与古文经学的争胜,而结果是古文经学趋于上风;嗣后,又出现了今、古文相混合的情形,如郑玄、王肃之所为,等等,都是东汉经学有别于西汉经学的特点。东汉末年,桓帝、灵帝之间,"党锢之祸"起,学者多被株连,经学也受到打击而衰落。阉宦擅权,外戚乱政,使东汉王朝的统治日趋糜烂。黄巾之变及董卓之乱,更如飓风肆虐,终于使摇摇欲坠的东汉王朝崩溃瓦解,大一统帝国的统治局面不复存在。

纷纭乱世,"自董卓已来,豪杰并起,跨州连郡者不可胜数"(诸葛亮《草庐对》),随后有魏、蜀、吴三国之鼎立;继之而起的西晋王朝,因王室贵族自相戮杀而命祚短促;东晋则在南渡后偏安一隅,但也难逃被篡权之命运。北方各游牧民族,又以其骠骑刀箭,从边疆地区杀入中原大地,彼此之间征战不休,各自割据而称帝封王。在北方,先有十六国割据,后有北魏、东魏、西魏、北齐、北周等政权的嬗递。在南方,则有东晋、宋、齐、梁、陈诸王朝的交相更替。

魏晋玄学,就是在政局动荡、兵祸连绵、社会羹沸的时期产生、发展的。除了上述的社会背景的影响之外,就思想文化自身的发展进程来看,也可以探究其规律之所趋,原因之所在。

第一,从两汉经学到魏晋玄学,其间的剥复交变、盛衰消长,与两汉经学自身的弊端有着密切的关系,换言之,两汉经学流弊之蓄积,恰成魏晋玄学发展之契机。

两汉经学之兴盛,固有其所宜于时代政治者,然而,其中所隐藏的弊端,当时的学者已有所察觉并加以反思。兹举班固的言论数则以证之。其一,《汉书·儒林传》记载:"及窦太后崩,武安君田蚡为丞相,黜黄老、刑名百家之言,延文学儒者以百数,而公孙弘以治《春秋》为丞相封侯,天下学士靡然向风矣。"[1]《汉书·儒林传》还详细记载了昭、宣、元、成诸帝倡导经学并提供禄利之情状,而篇末之"赞论"曰:"自武帝立五经博士,开弟子员,设科射策,劝以官禄,讫于元始(注:西汉平帝年号),百有余年,传业者寖盛,枝叶繁滋,一经说至百余万言,大师众至千余人,盖禄利之路然也。"[2]班固又于《汉书·艺文志》之《六艺略》中议论道:"古之学者耕且养,三年而通一艺,存其大体,玩经文而已,是故用日少而畜德多,三十而五经立也。后世经传既已乖离,博学者又不思多闻阙疑之义,而务碎义逃难,便辞巧说,破坏形体;说五字之文,至于二三万言。后进弥以驰逐,

---

[1] 《汉书·儒林传》,汉·班固撰:《汉书》,中华书局1962年版,第3593页。
[2] 《汉书·儒林传》,汉·班固撰:《汉书》,中华书局1962年版,第3620页。

故幼童而守一艺,白首而后能言;安其所习,毁所不见,终以自蔽。此学者之大患也。"①班固所论,为西汉经学之情形,至于东汉经学,天人感应的神学目的论以及谶纬迷信的附会之说,愈加严重地渗透于经学体系中,积弊更加沉重。

概言之,两汉经学是因应着大一统汉帝国的政治局面而产生、发展、兴盛起来的。汉代经学的模式,自有其与大一统帝国统治相适应之价值与功用,故"其兴也勃焉"。然而,两汉经学在其扩张、发展的过程中,也隐含着自身走向衰败的因子——无所限制地对经学旁涉领域的扩张、对儒家经典进行种种叠床架屋式的繁琐解释,功名利禄对儒学士子的诱惑和腐蚀,使两汉经学的体系走向了繁重而陈腐的境地。当东汉末期的政治变动危及大一统汉帝国统治时,在思想文化领域长期占据显赫地位的经学体系失去依附的主体,也就"其亡也忽焉"了。

第二,两汉经学的衰败,魏晋玄学的兴起,与接近玄学的老庄道家学说在此前的思想文化发展过程中仍然潜滋暗长、不绝如缕的状态也密切相关。

前面我们着重分析了两汉经学至东汉末年走向衰败的内部原因,那么,我们应该追问的是:为何在经学衰败之后兴起的是魏晋玄学,而非墨家或刑名或农家等等其他学派呢?其中,既有历史发展的偶然性原因,也有内部因素起作用的必然性原因。

《老》、《庄》、《易》并称为"三玄",这已是思想文化史之常识。魏晋玄学所讨论的诸多命题,实际上是源于《老》、《庄》、《易》,甚至,魏晋玄学本身就体现于对《老》、《庄》、《易》的注释中。《老》、《庄》为道家之经典,而《易》在西汉时期被尊奉为儒家经典中的"群经之首"、"群经之原"②,是儒家经典中最富于哲学蕴涵的著作。由此可见,魏晋玄学与道家学说及《易》学关系之密切。蒋伯潜、蒋祖怡先生指出:"自东汉之末,党锢祸起、黄巾变起,继之以三国之争、五胡之乱,国内纷扰,复有年所。经此激荡,乃有所谓'魏晋思想'发生,此盖道家思

---

① 《汉书·艺文志》,汉·班固撰:《汉书》,中华书局1962年版,第1723页。
② 在汉代学者的观念中,由于《周易》的创制起源可以追溯到伏羲画八卦的远古时代,于诸经中历史最为悠久,故冠居群经之首。班固在《汉书·艺文志》中,继承前代学者的观点,指出:"六艺之文,《乐》以和神,仁之表也;《诗》以正言,义之用也;《礼》以明体,明者著见,故无训也;《书》以广听,知之术也;《春秋》以断事,信之符也。五者,盖五常之道,相须而备,而《易》为之原。"语见汉·班固撰:《汉书》,中华书局1962年版,第1723页。

想之回光返照,亦周秦诸子之余波。"①詹石窗先生论曰:"经学式微、玄学勃兴的过程也是诸子之学再次繁荣以及儒道兼综的过程。"②亦属同样观点。

我们所说的老庄道家学说在此前仍潜滋暗长、不绝如缕,也是有充分证据的。西汉初期盛行的黄老道德之学,后来虽不及经学地位显赫,但仍然有许多学人积极探究,"如司马迁、淮南王刘安、王充、蔡邕等人皆在这方面有特出的建树,刘安组织宾客撰写的《淮南子》与老庄思想甚近。成书于西汉末、严君平所著的《道德指归》提出了'清静为本,虚无为常'的思想。老庄之学影响所及,流于魏晋。"③此外,曹魏及司马氏西晋政权,在面对经学思想体系、纲常名教陈说与现实世界相矛盾时,或者,在现实的统治中需要清静无为、与民休息的策略时,也出面提倡道家学说,自然也助长了玄学的发展。

第三,魏晋玄学的产生和发展,又与当时乱世险恶的形势中士大夫的复杂心态,有着不可忽视的关联性。

魏晋时代,政局动荡,从曹氏篡汉到司马氏篡魏,统治者一方面依靠门阀世族来维护政权,另一方面,又在争权夺利的斗争中,残酷地排斥、诛杀异己。这种局面,迥然不同于先前的稳定的大一统的汉王朝统治。政治的纷争,隐藏着难料的风险;社会的动荡,引发了深广的忧虑。蒋伯潜、蒋祖怡先生说:"魏晋思想殆可分为二派,一曰老庄的玄言,一曰颓废的思想。"④从记载魏晋时代的各种典籍中,我们看到,士大夫们为了避开政治迫害的罗网,往往采取避世隐逸、清淡无为甚至佯狂放荡、玩世不恭的生活态度,这正如东汉末期经学家郭泰所言:"方今运在明夷之爻,值勿用之位,盖盘桓潜居之时,非在天利见之会也。虽在原陆,犹恐沧海流横,吾其鱼也,况可冒冲风而乘奔波乎? 未若岩岫颐神,娱心彭老,优哉游哉,聊以卒岁。"(《抱朴子外篇·正郭》)此语颇能反映当时士人学者之心态。

谈玄远虚空之理,自然可以避开现实的政治斗争。然而,从实质上探究起来,魏晋时代的士大夫,深刻地体验着人格分裂、心理矛盾的痛苦,迫使他们需要一种思想学说的精神安慰,潜心于《老》、《庄》、《易》的玄理之中,正能够满足他

---

① 蒋伯潜、蒋祖怡著:《诸子与理学》,上海书店出版社 1997 年版,第 151 页。
② 詹石窗主编:《新编中国哲学史》,第六章,中国书店 2002 年版,第 262 页。
③ 詹石窗主编:《新编中国哲学史》,第六章,中国书店 2002 年版,第 262 页。
④ 蒋伯潜、蒋祖怡著:《诸子与理学》,上海书店出版社 1997 年版,第 151 页。

们这方面的需求。再者,魏晋时期的篡位谋逆,争权夺利,是对忠孝仁义等纲常名教的公然违背,名与实的颠倒是非,方枘圆凿,也引发了玄学中对名理之辨、名教与自然关系的关注。还有,门阀制度对"下品"寒门士子的压抑,又引发出对德才关系的讨论。

以上几个方面,是魏晋玄学产生的时代与文化背景。正是在那个特定的时代背景氛围中,因应着思想文化涌动的潮流——魏晋玄学,开始以洛阳地区为中心而发生、兴起。

二、何晏、王弼的"贵无"思想

1. 正始玄学:"天地万物,皆以无为本"

魏晋玄学,产生于魏齐帝曹芳的正始年间(公元 240~249 年),而正始玄学的代表性人物是何晏与王弼。《晋书·王衍传》记载:"魏正始中,何晏、王弼等祖述《老》《庄》,立论以为:'天地万物皆以无为本。无也者,开物成务,无往不存者也。阴阳恃以化生,万物恃以成形,贤者恃以成德,不肖恃以免身。故无之为用,无爵而贵矣。'"①这几句话,概括了何晏与王弼作为魏晋玄学初祖的地位,以及他们的思想学说的核心内容。

何晏(约公元 193~249 年),字平叔,南阳宛(今河南南阳)人,与王弼并称,共同为魏晋玄学的创始人。何晏的祖父,是汉末大将军何进,其父早亡,"母尹氏,为太祖(曹操)夫人。晏长于宫省,又尚公主,少以才秀知名,好《老》《庄》言。作《道德论》及诸文赋著述凡数十篇"②。刘义庆编撰的《世说新语》中,有数则对何晏的记载。《世说新语·凤慧篇》记曰:"何晏年七岁,明慧若神,魏武奇爱之,以晏在宫内,因欲以为子。晏乃画地令方,自处其中。人问其故,答曰:'何氏之庐也。'魏武知之,即遣还外。"③这与《三国志·魏书》本传所言"少以才秀知名"相合。据裴松之注文所述,何晏恃宠而骄,为曹丕所嫉,不得重用。直到正始初,曹爽掌权,他"曲合于曹爽",得以身居高位,任吏部尚书。后来,曹爽

---

① 《晋书·王衍传》,唐·房玄龄等撰《晋书》,中华书局 1974 年版,第 1236 页。
② 《三国志·魏书·何晏传》,晋·陈寿撰《三国志》,中华书局 1959 年版,第 292 页。
③ 《世说新语·凤慧》,南朝宋·刘义庆撰、梁·刘孝标注,杨勇校笺《世说新语校笺》,中华书局 2006 年版,第 523~524 页。

在与司马懿的权力斗争中失败,何晏也因被株连而丧命。

　　何晏"著述凡数十篇",多已散佚,至今保留完整的只有《论语集解》和《景福殿赋》。另外,《列子》张湛注还保存了何晏《道论》和《无名论》的部分佚文。《三国志》裴松之注文中引录了《魏氏春秋》所记何晏语:"唯深也,故能通天下之志,夏候泰初是也;唯几也,故能成天下之务,司马子元是也;唯神也,不疾而速,不行而至,吾闻其语,未见其人。"①这明显是拟用《周易·系辞上传》第十章中的辞句,由此可见,何晏或是一位研《易》有成的学者,至少是非常熟悉《周易》的。所以,作为"正始玄风"的主要倡导者之一,何晏的思想是儒、道兼容的。

　　诚如《晋书·王衍传》中所概括的,何晏倡论"天地万物皆以无为本",这成为他的立论之本,换言之,他的哲学观念之核心,乃是"贵无论"。

　　"无",是何晏对"道"的理解。清代学者章学诚曾指出先秦诸子"纷纷言道"的现象。"道"之为义,似乎难以言说,老子《道德经》开篇即云:"道可道,非常道。"其二十一章又云:"道之为物,惟恍惟惚。惚兮恍兮,其中有象,恍兮惚兮,其中有物。窈兮冥兮,其中有精。其精甚真,其中有信。"这种"恍惚窈冥"的形容,突出的是"道"的玄妙。庄子以"寓言"、"重言"、"卮言"的形式论"道","其文则汪洋辟阖,仪态万方"(鲁迅先生语),"无端而来,无端而去,殆得'飞'之机者"(刘熙载语),也渲染了"道"的玄妙。但实际上,"道"的概念,在春秋时期已经上升到哲学思想的高度,并为诸子百家所共用(当然,在"共用"时,又各有其侧重的乃至特定的内涵)。儒家也论"道",而《周易》(尤其是《易传》)中,论"道"者共有一百零六处,含义颇为丰富多样。② 何晏所谓"无",是对《老子》及《论语》中"道"之本质的认识与把握。何晏既重视《周易》所形容的"元亨日新之道",又借用老子《道德经》中幽深玄妙、不可闻见的说法来界定"道"的特点,他把"道"的核心本质,认定为"无"。他说:

　　　　夫道者,惟无所有者也。自天地已来皆有所有矣:然犹谓之道者,以其能复用无所有也。故虽处有名之域,而没其无名之象。(《列子·仲尼》张

――――――――――

① 《三国志·魏书·何晏传》,晋·陈寿撰《三国志》,中华书局1959年版,第293页。
② 相关论述见黄黎星著《易学与中国传统文艺观》,上海三联书店2008年版,第82~84页。

湛注引何晏《无名论》)

"自天地已来皆有所有",这是可以闻见感知的现象,而"以其能复用无所有",才能够称其为本体或者"道"。何晏既认为"道"的本质是"无",他对"无"的强调,自是题中应有之义,因此,"有"和"无"之间,"无"为起决定作用的根本,"无"是宇宙万事万物产生的依据和根源:

> 有之为有,恃"无"以生;事而为事,由"无"以成。(《列子·天瑞篇》张湛注引何晏《道论》)

由此根本性的观念,而推衍至认识论,何晏提出:

> 同类无远而相应,异类无近而不相违。譬如因阴中之阳,阳中之阴,各以物类自相求从。夏日为阳,而夕夜远与冬日共为阴;冬日为阴,而朝昼远与夏日共为阳,皆异于近而同于远也。详此异同,而后无名之论可知矣。凡所以至于此者何哉? 夫道者惟无所有者也。(《列子·仲尼》张湛注引何晏《无名论》)

所谓"异于近而同于远",指的是天下事物、现象虽然是丰繁多样的"异",但追根溯源至核心本质,则有其共同之"道"。

因何晏的著作多所散佚,故难以探其学说之全貌,但何晏的根本性的观念,仍可赖幸存之资料而得以呈现。

关于何晏,还值得一提的是,他与"正始玄学"另一位代表人物——少年天才王弼交往的佳话。《世说新语·文学第四》中有数则相关记载:

> 何晏为吏部尚书,有位望,时谈客盈坐。王弼未弱冠,往见之。晏闻弼来,乃倒屣迎之,因条向者胜理语弼曰:"此理仆以为极,可得复难不?"弼便作难,一坐人便以为屈。于是弼自为客主数番,皆一坐所不及。

何平叔注《老子》始成，诣王辅嗣，见王《注》精奇，乃神伏，曰："若斯人，可与论天人之际矣!"因以所注为《道》、《德》二《论》。

何晏注《老子》未毕，见王弼自说注《老子》旨，何意多所短，不复得作声，但应①何晏比王弼年长三十余岁，王弼未及弱冠之时，何晏已贵为吏部尚书，名动天下，但当他对王弼的才华学识非常赏识，推崇有加，并予以关爱提携。何晏曾注释《老子》，尚未完成，当与王弼交谈注《老子》心得后，何晏认为王弼的注释要远胜过自己，便放弃了自己的注释，改而作《道德论》。

王弼(公元 226 ~ 249 年)，字辅嗣，魏山阳(今河南焦作东)人。生于魏黄初七年(公元 226 年)，魏正始十年(公元 249 年)，遇疠疾亡，年仅二十四岁。今所见较为完整的王弼传略，见于《三国志·魏志·钟会传》裴松之注引何劭《王弼传》，其首即记载：

> 弼幼而察慧，年十余，好《老氏》，通辩能言。父业，为尚书郎。时裴徽为吏部郎，弼未弱冠，往造焉。徽一见而异之，问弼曰："夫无者诚万物之所资也，然圣人莫肯致言，而老子申之无已者何?"弼曰："圣人体无，无又不可以训，故不说也。老子是有者也，故恆言无所不足。"寻亦为傅嘏所知。②

王弼这么一个十几岁的少年，对于吏部郎裴徽所提出的"既然'无'是万物所本，那么为何孔圣不谈'无'，老子却反复申论"的问题，作出了令人赞叹的聪颖的回答："圣人体无，无又不可以训，故不说也。老子是有者也，故恆言无所不足。"这当然使得他名声大著。何劭的《王弼传》又曰："于时何晏为吏部尚书，甚奇弼，叹之曰：'仲尼称后生可畏，若斯人者，可与言天人之际乎!'"③这与《世说新语·文学》中的相关资料类似。

正始年间，吏部尚书何晏极力提拔，想让王弼为黄门侍郎，但掌握实权的曹

---

① 《世说新语·文学》，南朝宋·刘义庆撰、梁·刘孝标注，杨勇校笺《世说新语校笺》，中华书局 2006 年版，第 169 ~ 258 页。

② 《三国志·魏书·钟会传》，晋·陈寿撰《三国志》，裴松之注引何劭《王弼传》，中华书局 1959 年版，第 795 ~ 796 页。

③ 《三国志·魏书·钟会传》，晋·陈寿撰《三国志》，裴松之注引何劭《王弼传》，中华书局 1959 年版，第 795 ~ 796 页。

爽却不喜欢王弼,王弼只是补"台郎"而已,"弼在台既浅,事功亦雅非所长,益不留意焉"。虽然是通辩能言的少年俊杰,"然弼为人浅而不识物情","颇以所长笑人,故时为士君子所疾"。① 正始十年,曹爽被废黜后,王弼也"以公事免"。当年秋天,身染疠疾而逝,时仅二十四岁,无子绝嗣。

王弼的生命历程虽然短暂,但"天才卓出",超拔不凡,精思殚虑,著书立说以阐发玄学思想,堪称中国思想文化史上杰出的英才。王弼在二十四年的短暂生命里,完成了《老子道德经注》《周易注》《论语释疑》《老子指略》《周易略例》等大量思辨性极强的哲学论著,理论水平和学术成就超过何晏,是魏晋玄学理论体系的真正奠基者。

王弼的著作,保存较多,今人楼宇烈先生整理的《王弼集校释》(中华书局1980年版),收录甚齐全。

与何晏论道以"无"为本的主旨相同,王弼也注重讨论作为核心概念的"无"。他在《老子道德经注》中,借传统的注疏形式,倡论"以无为本"的玄学本体论,并达到了相当深邃的哲学思辨高度。在《老子道德经注》中,王弼曰:

天下之物,皆以有为生。有之所始,以无为本。将欲全有,必反于无也。(《四十章注》)②

万物万形,其归一也。何由致一? 由于无也。(《四十二章注》)③

这都是在强调"万物以无为本"的根本的、核心的观念。今存由辑佚而来的王弼《老子指略》,开篇即曰:

夫物之所以生,功之所以成,必生乎无形,由乎无名。无形无名者,万物之宗也。不温不凉,不宫不商。听之不可得而闻,视之不可得而彰,体之不可得而知,味之不可得而尝。故其为物也则混成,为象也则无形,为音也则

<hr>

① 《三国志·魏书·钟会传》,晋·陈寿撰《三国志》,裴松之注引何劭《王弼传》,中华书局1959年版,第795~796页。
② 楼宇烈校释:《王弼集校释》,中华书局1980年版,第110页。
③ 楼宇烈校释:《王弼集校释》,中华书局1980年版,第117页。

希声,为味也则无呈。故能为品物之宗主,苞通天地,靡使不经也。①

在王弼看来,"有"乃是具体的可触可感的事物现象,它们都只能是局部的、有限的,因而不可能作为笼括全体之"本体",即"若温也则不能凉矣,宫也则不能商矣。形必有所分,声必有所属。故象而形者,非大象也;音而声者,非大音也"②。所以,宇宙万物的本体,应该由超感官性的、没有任何规定性的"无名"、"无形"之"无"来指称。

王弼既重视作为"本"的"无"与作为"末"的"有"之间的关系,更从认识论的高度提出"举本统末"、"崇本息末"的思想主张。当然,应该说明的是,"崇本息末"不是只要"本"而排斥"末",而是强调"本"(本体)比"末"(现象)更重要,"本"具有统帅的地位与作用。

回顾汉代学术思想的发展过程及其特质,可以发现,作为代表性成就的两汉经学,致力于使经学在各个领域中发展起文化解释的功能作用,并不断地将这种文化解释的功能予以叠加,体系日趋庞大繁杂,终致走向难以整体地、简约地把握的困境。"王弼乘其极敝而攻之,遂能排击汉儒,自标新学。"③王弼既阐明以"无"为本,"举本统末"就顺理成章地成为把握世界的有效的方法论。举本统末作为一种智慧,使世间万事万物统之有宗,会之有元,人们可以以寡制众,以静制动,约以存博,简以济众。所以,王弼提出的"崇本息末"的思想主张,具有重要的哲学思想之意义与价值。

在《老子指略》中,他明快地指出:

《老子》之书,其几乎可一言而蔽之。噫! 崇本息末而已矣。观其所由,寻其所归,言不远宗,事不失主。文虽五千,贯之者一;义虽广赡,众则同类。解其一言而蔽之,则无幽而不识;每事各为意,则虽辩而愈惑。④

---

① 楼宇烈校释:《王弼集校释》,中华书局1980年版,第195页。
② 楼宇烈校释:《王弼集校释》,中华书局1980年版,第195页。
③ 《周易正义提要》,清·永瑢等撰,《四库全书总目》,中华书局1965年版,卷一,第3页。
④ 楼宇烈校释:《王弼集校释》,中华书局1980年版,第198页。

"崇本息末",是观察、分析和认识、把握世界的重要方法。对于认识《道德经》五千言的意旨来说,"解其一言而蔽之,则无幽而不识",否则,"每事各为意,则虽辩而愈惑"。对于认识《易》理来说,"得意在忘象,得象在忘言",这也就是"崇本息末"的思想方法在《易》学上的运用。

众多的研究者都提及王弼《周易略例·明象》中的这段话,我们也不能不再次引用之,以突显其思想文化意义,王弼曰:

> 夫象者,出意者也;言者,明象者也。尽意莫若象,尽象莫若言。言生于象,故可寻言以观象;象生于意,故可寻象以观意。意以尽象,象以言著。故言者所以明象,得象而忘言;象者所以存意,得意而忘象。犹蹄者所以在兔,得兔而忘蹄;筌者所以在鱼,得鱼而忘筌也。然则,言者,象之蹄也;象者,意之筌也。是故,存言者,非得象者也;存象者也,非得意者也。象生于意而存象焉,则所存者乃非其象也;言生于象而存言焉,则所存者乃非其言也。然则,忘象者,乃得意也;忘言者,乃得象者也。得意在忘象,得象在忘言。①

拘泥于象数的形而下模式,构建起繁杂的象数体系,正是汉《易》象数学被魏晋学术思想界所遗弃的重要原因之一。在这个意义上,王弼的"扫象阐理",的确是建树非凡。张善文先生指出:"我们从王弼《易》学推尚自然、崇本息末的世界观,清静无为、冲和守谦的行为论,以及得象忘言、得意忘象的思辨性,可以大略感受到这位卓越《易》家空前的焕发着时代精神之光的学术贡献。同时,这种贡献所产生的深远影响,超越时空,启迪来哲,以至跨过一个又一个朝代,留下永恒的学术印记,展示了经久不衰的历史意义。"②

王弼还将"崇本息末"的主张引入政治领域。例如,在《老子道德经注》中,王弼曰:

> 夫以道治国,崇本以息末;以正治国,立辟以攻末。本不立而末浅,民无

---

① 楼宇烈校释:《王弼集校释》,中华书局1980年版,第609页。
② 张善文著:《洁静精微之玄思》,上海远东出版社2003年版,第294页。

所及,故必至于以奇用兵也。(《五十七章注》)①

再如,在《老子指略》中,王弼曰:

　　夫素朴之道不著,而好欲之美不隐,虽极圣明以察之,竭智虑以攻之,巧愈思精,伪愈多变,攻之弥甚,避之弥勤。则乃智愚相欺,六亲相疑,朴散真离,事有其奸。盖舍本而攻末,虽极圣智,愈致斯灾,况术之下此者乎! 夫镇之以素朴,则无为而自正,攻之以圣智,则民穷而攻殷。故素朴可抱,而圣智可弃。②

在王弼看来,"以正治国"最重要的是"立本","本不立而末浅,民无所及",则导致乱世纷扰。王弼《易注》中,释《明夷》卦《大象传》"君子以莅众,用晦而明"之语曰:

　　莅众显明,蔽伪百姓也。故以蒙养正,以明夷莅众。
　　藏明于内,乃得明也;显明于外,巧所辟也。③

又,其释《恒》卦上六爻"振恒,凶"之语曰:

　　夫静为躁君,安为动主。故安者,上之所处也;静者,可久之道也。处卦之上,居动之极,以此为恒,无施而得也。④

此类言论,虽为注《易》,亦寓政治智慧之深意! 当然也体现出"崇本息末"主张的一脉贯注。"藏明于内,乃得明也","安者,上之所处也;静者,可久之道也",从狭义上说,这或许可视为王弼对于曹魏时代政治秩序紊乱、道德纲纪废

① 楼宇烈校释:《王弼集校释》,中华书局1980年版,第149页。
② 楼宇烈校释:《王弼集校释》,中华书局1980年版,第198页。
③ 楼宇烈校释:《王弼集校释》,中华书局1980年版,第396页。
④ 楼宇烈校释:《王弼集校释》,中华书局1980年版,第380页。

弛的险恶状况所开的一剂药方。

此外,王弼还用"无有"、"本末"、"体用"关系说明"性"、"情"之关系,提出"以性统情"的人性论。在《论语释疑》解说"子曰:性相近也,习相远也"时,王弼曰:

> 不性其情,焉能久行其正,此是情之正也。若心好流荡失真,此是情之邪也。若以情近性,故云性其情。情近性者,何妨是有欲。若逐欲迁,故云远也;若欲而不迁,故曰近。但近性者正,而即性非正;虽即性非正,而能使之正。譬如近火者热,而即火非热;虽即火非热,而能使之热。能使之热者何? 气也,热也。能使之正者何? 仪也,静也。①

此处,王弼仍是从"本末"关系展开论说。"性其情"者,即以"性"约束"情",使之趋正而非"流荡失真"之"邪"。"性"何以能够正"情"? 因其得之自然。又因为"性"的特征是"静",所以,以性统情就是以静制动。

何邵的《王弼传》中记载,王弼认为"圣人茂于人者神明也,同于人者五情也",当我们考察王弼的学说思想,认识王弼的智慧才情时,对这位少年英彦的某种程度上的"神明",也不由自主地生发出感慨! 的确,王弼作为魏晋玄学的真正的奠基者,"新学"的开拓者,"以无为本"本体论的精微高明的阐述者,其学术思想的贡献,超越前贤而启迪后哲,在河洛思想文化史,乃至于整个中国思想文化史上,都占重要的地位。

2. 竹林玄学:"越名教而任其自然"

与何晏、王弼同时代的玄学人物,还有以魏晋风度、趣闻逸行闻名于史的"竹林七贤"等。"竹林七贤",指阮籍、嵇康、山涛、刘伶、阮咸、向秀、王戎等七位名士。据史籍记载,他们常于竹林中悠游,饮酒,论道,谈玄,《世说新语》记载他们的事迹甚多。

在"竹林七贤"中,最具代表性的人物是阮籍和嵇康。就以阮籍和嵇康为代表的"竹林玄学"与以何晏和王弼为代表的"正始玄学"的关系而言,萧汉明先生

---

① 楼宇烈校释:《王弼集校释》,中华书局1980年版,第631~632页。

有一个精当的判断,他说:"就其思想特征而言,以嵇康、阮籍为代表的竹林七贤,不过是玄学思潮中新起的一个流派,与正始玄风的确有许多重大的理论分歧,但这种分歧仍在玄学思潮之内,而不在玄学思潮之外。"①郭齐勇先生则从"竹林玄学"的社会影响的层面评价说:"阮籍和嵇康以名教与自然的关系为核心,将玄学探讨的领域拓展到文学、美学、语言哲学等多个方面,并以自己的生命体证和实践玄学的精神,使魏晋玄学真正成为一种极具影响力的社会思潮。"②

阮籍(公元210～263年),字嗣宗,陈留尉氏(今河南开封)人,三国曹魏时期著名文学家、思想家。其父阮瑀,有才名,被曹操"辟为丞相掾属"。《三国志·魏书·阮籍传》对阮籍的记载很简略,谓:"瑀子籍,才藻艳逸,而倜傥放荡,行己寡欲,以庄周为模则。官至兵部校尉。"裴松之注引《魏氏春秋》,记载其事迹较多,如:"籍旷达不羁,不拘礼俗。性至孝,居丧虽不率常检,而毁几至灭性。""籍以世多故,禄仕而已,闻步兵校尉缺,厨多美酒,营人善酿酒,求为校尉,遂纵酒昏酣,遗落世事。""尝登广武,观楚、汉战处,乃叹曰:时无英才,使竖子成名乎!"此外,还有"穷途之哭"、"相对长啸"的趣闻也见于其中③。《世说新语》也记载阮籍趣闻多则。阮籍的文学创作,以《咏怀》诗八十二首最为著名,尚有散文和辞赋等作品。其哲学、思想文化的代表作,有《大人先生传》、《通老论》、《达庄论》、《通易论》等。其著作被后人编辑整理为《阮嗣宗集》(明嘉靖间本;又有明张燮刻五卷本并附录一卷,及张溥刻一卷本,则名为《阮步兵集》)。

阮籍是有思想、有才华、有济世之志的人物,但他身处魏晋之际险恶的政治环境中,欲苟全性命于乱世,只得"纵酒昏酣,遗落世事",还得时刻注意避免祸从口出,于是就"口不臧否人物"。可以想见阮籍内心世界的矛盾与痛苦,这也代表性地体现了魏晋时代有思想的士大夫们的性格冲突。基于对这种矛盾与痛苦的思想上的反思,以及意欲摆脱的冲动,他以行动来践行"越名教而任其自然"的玄学思想。虽然,"越名教而任其自然"这一说法,是嵇康在《释私论》中提出的,但从阮籍的言论与行为中,显然可以印证他与嵇康此说的契合。

名教者何? 即汉代经学所努力建设的纲常、礼制、名分、教化的一套伦理秩

① 萧汉明著:《道家与长江文化》,湖北教育出版社2005年版,第257页。
② 郭齐勇编著:《中国哲学史》,高等教育出版社2006年版,第173～174页。
③ 《三国志·魏书·阮籍传》,晋·陈寿撰《三国志》中华书局1959年版,第604～605页。

序。那么,名教是否出于自然? 名教能否与自然吻合和谐? 名教与自然的矛盾,在魏晋时代已经显露并且令人困惑不已了,应该怎么办? 这正是"竹林玄学"更为关注并力图解决的问题。名教与自然关系的问题,说到底,也正是作为本体的"自然"与作为社会现象的"名教"之间的"本末"关系问题。从理想的角度来说,既然"名教"曾被尊崇为指导、安排世事的规范,应该合乎自然,但问题是,在曹魏时期,尤其是魏晋"禅代"(实为篡逆)的闹剧中,名教与自然脱节,"名教"只不过是司马氏集团压制异己、政治迫害的工具! 阮籍因此对名教进行了批判。在《大人先生传》中,阮籍写道:

> 昔者天地开辟,万物并生,大者恬其性,细者静其形。阴藏其气,阳发其精。害无所避,利无所争;放之不失,收之不盈;亡不为夭,存不为寿;福无所得,祸无所咎;各从其命,以度相守。
>
> 今汝造音以乱声,作色以诡形,外易其貌,内隐其情;怀欲以求多,诈伪以要名;君立以虐兴,臣设而贼生。坐制礼法,束缚下民。欺愚诳拙,藏智自神……汝君子礼法,诚天下残贼乱危死亡之术耳;而乃目(自)以为美行不易之道,不亦过乎!

阮籍依据自己心目中的理想,虚构出"大人先生"的形象,"大人先生"与道同体、与天地并生,行为高妙,不拘于俗,以天地为家,与造化为友,视自然为生命,正是自然精神的表现。反之,作为对立面的"域中君子",则是那些拘于礼乐名教的世俗之人,他们"服有常色,貌有常则,言有常度,行有常式",循礼守则,"诵周孔之遗训,叹唐虞之道德",以名教为圭臬,却充满了虚伪,表现得猥琐。这两种形象的鲜明对照,体现了阮籍崇尚自然、反对名教的自由精神。

郭齐勇先生认为:"阮籍是一位用生命体证和实践玄学的哲学家,他的思想与其说蕴涵在其作品中,不如说就体现在他的活动之中。"①郭齐勇先生还通过对史籍的相关记载的分析,作为印证。笔者赞同其说。

与阮籍同时、齐名而且思想倾向一致的嵇康,则有更丰富的相关理论阐述

---

① 郭齐勇编著:《中国哲学史》,高等教育出版社 2006 年版,第 174 页。

（这或许是因为嵇康的著作相对而言佚失较少）。

嵇康（公元 223～262 年），字叔夜，谯国铚县（今安徽宿县）人，后寓居河内之山阴县。三国曹魏时期的思想家、文学家、音乐家。《三国志·魏书·嵇康传》对他的记载也很简略，谓："时又有谯郡嵇康，文辞壮丽，好言《老》《庄》，而尚奇任侠。至景元中，坐事诛。"①裴松之注引《嵇氏谱》、《魏氏春秋》等书曰："（康）家世儒学，少有俊才，旷迈不群，高亮任性，不修名誉，宽简有大量。学不师授，博洽多闻，长而好《老》、《庄》之业，恬静无欲。性好服食，尝采御上药。善属文论，弹琴咏诗，自足于怀抱之中。以为神仙者，禀之自然，非积学所致。至于导养得理，以尽性命，若安期、彭祖之伦，可以善求而得也；著《养生篇》。""康寓居河内之山阴县，与之游者，未尝见其喜愠之色。"与陈留阮籍等"相与友善，游于竹林，号为七贤"。"康所著诸文论六七万言，皆为世所玩咏。"②嵇康因娶曹操曾孙女长乐亭公主为妻而入仕，任中散大夫。因属魏宗室婿，故于司马氏篡权后隐退不仕，颇招嫉恨。终因司马昭心腹钟会构陷而死于司马氏之手。"康临终之言曰：袁孝尼尝从吾学《广陵散》，吾每固之不与。《广陵散》于今绝矣！"③

作为文学家的嵇康，创作了相当数量的诗歌和散文，而比较集中反映其哲学思想作品则是《声无哀乐论》、《养生论》、《释私论》、《难自然好学书》、《与山巨源绝交书》等。他的作品被收录在后人整理的《嵇中散集》中。《四库全书总目》著录《嵇中散集》十卷。鲁迅先生也曾辑校过《嵇康集》，收入《鲁迅全集》第 9 卷中。今人戴明扬先生有《嵇康集校注》。

前文已提及，"竹林玄学"所关注并力图解决的，是名教与自然关系的问题，而"越名教而任其自然"这一说法，正是嵇康在《释私论》中提出。萧汉明先生曾精辟地指出："综观嵇康学术思想之全，似可发现无论是他的情性论，还是他的乐论，甚至养生论，都是紧密围绕'越名教而任其自然'这一主旨展开的。是以其言往往'轻贱唐虞而笑大禹'（《卜疑》），'非汤武而薄周孔'，鄙薄名教而笃好老庄之言，自称'老子、庄周，吾之师也'（《与山巨源绝交书》）。因此，所谓'越名教而任其自然'，不只是他学术思想中的一个观点，而是他全部学术思想的核

---

①　《三国志·魏书·嵇康传》，晋·陈寿撰《三国志》，中华书局 1959 年版，第 605～606 页。
②　《三国志·魏书·嵇康传》，晋·陈寿撰《三国志》，中华书局 1959 年版，第 605～606 页。
③　《三国志·魏书·嵇康传》，晋·陈寿撰《三国志》，中华书局 1959 年版，第 605～606 页。

心之所在。"①依萧汉明先生之论,嵇康以"越名教而任其自然"为核心的玄学思想,可以从以下三个方面加以探究。

第一,嵇康论述了情性与名教之冲突。与王弼从道家自然哲学的立场出发调和名教与自然、主张"名教本于自然"的观点不同,深受道家思想影响,追求精神自由独立的嵇康,认为人之情性出于自然,但名教的产生却是"至人不存,大道陵迟"的产物,而作为名教的依据的儒家"六经",不可能与人的自然之性相吻合。他说:

> 及至人不存,大道陵迟,乃始作文墨,以传其意,区别群物,使有类族;造立仁义,以婴其心;制其名分,以检其外;劝学讲文,以神其教。故六经纷错,百家繁炽,开荣利之涂,故奔骛而不觉。(《难自然好学论》,《嵇中散集》,四库全书本,以下引文均同)

嵇康提出,既然名教是对大道的分裂,是对人性的戕害,要获得身心的自由解放,就应该超越名教,彰显人的自然本性。在《释私论》中,嵇康说:

> 夫称君子者,心无措乎是非,而行不违乎道者也。何以言之? 夫气静神虚者,心不存乎矜尚;体亮心达者,情不系于所欲。矜尚不存乎心,故能越名教而任自然;情不系于所欲,故能审贵贱而通物情。物情顺通,故大道无违;越名任心,故是非无措也。是故言君子则以无措为主,以通物为美;言小人则以匿情为非,以违道为阙。

"心无措乎是非,而行不违乎道",正是从道的高度来把握。这种"审贵贱而通物情","以无措为主,以通物为美"的境界,只能从心有矜尚、情困于欲、深陷于"名教"罗网的状态中超越才能获得。或许正因为嵇康有如此的精神追求并付诸行动,所以他最终难免被司马氏集团恰恰以"名教"名义杀害的悲惨结局。

第二,嵇康论述了声无哀乐论与乐教之冲突。在《声无哀乐论》一文中,嵇

---

① 萧汉明著:《道家与长江文化》,湖北教育出版社 2005 年版,第 255~256 页。

康以假想的秦客(儒家乐教观念的代表)与东野主人(实际即代表嵇康本人)问答辩难的形式,研讨了"声"与"情"的关系。《声无哀乐论》曰:

> 夫天地合德,万物资生;寒暑代往,五行以成;故章为五色,发为五音。音声之作,其犹臭味在于天地之间,其善与不善,虽遭遇浊乱,其体自若而无变也。岂以爱憎易操,哀乐改度哉!

嵇康从多方面论证,音乐和自然音声一样,源于天地宇宙,是阴阳之气陶铄的结果,所以,音乐之"体"(本体)是自然而非社会的,是天籁而非人为的,它有自身的独立性,既不依附于人的主观情感,也和社会治乱之政无关。名教(儒家的乐教)所持的"声音之道与政通"、"识声而知政"和"移风易俗"的观念,实际上是禁锢人的精神的统治手段。

萧汉明先生总结说:"嵇康借'声无哀乐论',批驳名教的'声有哀乐论',不仅表达了他在音乐上的自然审美观,而且抒发了他的大道之治的社会理想。他的自然审美观源于庄子,因此虽然他并不排斥情感,但却反对以是非观念衡量声音。他的大道之治的社会理想亦源于庄子,因而与名教激烈冲突。"①

第三,嵇康通过论养生,寄托了他对理想人格的追求。嵇康的养生论思想,着重强调养神。《养生论》曰:"精神之于形骸,犹国之有君也。神躁于中,而形丧于外,犹君昏于上,国乱于下也。"嵇康认为,"导养得理,以尽性命",长寿可期。但他更为重视的是从养生进到理想人格的追求。嵇康所追求的理想人格的特征,萧汉明先生归结为三个方面的内容,其一,少私寡欲,不羡慕荣华富贵;其二,不可宠辱,保持人格的独立自尊;其三,游心乎道义,不受名教羁绊,保持自由的人生。② 在《与山巨源绝交书》中,嵇康说自己不愿出仕的原因,有"必不堪者七,甚不可者二",其文看似谑语,实际上正是嵇康追求自由洒脱生活之心态的反映。

颜之推的《颜氏家训·养生篇》提到:"嵇康著《养生》之论,而以傲物受

---

① 萧汉明著:《道家与长江文化》,湖北教育出版社 2005 年版,第 268 页。
② 萧汉明著:《道家与长江文化》,湖北教育出版社 2005 年版,第 268~274 页。

刑。"这的确点出了一个形成强烈反差的结局,这既是嵇康的思想和性格决定的悲剧性命运,也是魏晋之际,政治之险恶污浊对于追求"任自然"之自由境界的士大夫残害扼杀之特出事例。

以阮籍、嵇康为代表的"竹林玄学",以"名教"与"自然"的矛盾关系为关注之重心,以"越名教而任其自然"为玄学思潮之核心,其影响当时是巨大的,后来是深远的。还值得一提的是:在很大程度上,以阮籍、嵇康为代表的"竹林玄学",造就了"魏晋风度"、"名士风流"的文化底蕴及表现形态。

三、裴頠的"崇有"思想

学术思想的发展,有时候似乎表现为偶然的、旁枝逸出的"自然生长"的状态,但实际上,从更长远、更宏观的层面去考察,其间的规律还是有迹可寻的。魏晋玄学思想在其发展过程中,由不同流派、学说从不同的角度加以修正、深化,呈现出正、反、合的发展轨迹,正体现了古今中外思想文化发展的某种规律。基于此认识,我们也就不难理解:在魏晋玄学思想的"贵无"论产生巨大影响之际,出现了裴頠和他倡言的"崇有"论哲学,从玄学内部修正了"贵无论"的偏差。

裴頠(公元267—300年),字逸民,河东闻喜(今山西绛县)人。其父裴秀为魏晋著名学者,地图学家,为西晋开国元勋,官至司空,封巨鹿郡公。裴頠出生名门,少年卓荦,博学多才,雅有远识,时人称之为"言谈之林薮"。官至尚书左仆射。后为赵王司马伦所杀,年仅三十四岁。《晋书·裴頠传》曰:"頠深患时俗放荡,不尊儒术,何晏、阮籍素有高名于世,口谈浮虚,不遵礼法,尸禄耽宠,仕不事事;至王衍之徒,声誉太盛,位高势重,不以物务自婴,遂相放效,风教陵迟,乃著崇有之论以释其蔽。"[1]

裴頠的著作,今所存者仅《崇有论》一篇。(裴頠曾撰《辩才论》,或属讨论才性问题者,尚未写成,即遇害。)《晋书》将《崇有论》作为重要的文献,全文录于裴頠《传》中。

裴頠撰写《崇有论》的时代背景,值得我们注意。前文曾提及,魏晋时代,政局动荡,政治的纷争,隐藏着难料的风险,引发了深广的忧虑。"贵无"之说盛

---

[1] 《晋书·裴頠传》,唐·房玄龄等撰《晋书》,中华书局1974年版,第1041～1047页。

行,在"越名教而任自然"的观念下出现的流弊是:以非礼毁法就是"任自然",以所谓"名士风度"相标榜,于是,裸体、纵酒、放荡、服食,无所不为,却以世间事务为庸俗,上行下效,严重破坏了社会风气,造成了恶劣的社会影响。裴頠对此深感忧虑,他撰写《崇有论》的用意,显然是要对这种状况进行补偏救弊。

《崇有论》共一千五百余言,析事阐理却很有自身的逻辑上的自洽性。开篇之时,裴頠即曰:

> 夫总混群本,宗极之道也。方以族异,庶类之品也。形象著分,有生之体也。化感错综,理迹之原也。夫品而为族,则所禀者偏,偏无自足,故凭乎外资。是以生而可寻,所谓理也。理之所体,所谓有也。有之所须,所谓资也。资有攸合,所谓宜也。择乎厥宜,所谓情也。识智既授,虽出处异业,默语殊涂,所以宝生存宜,其情一也。(《崇有论》)①

在这段话中,裴頠运用辨名析理的方法,阐述他所体认的"道"是"总混群本","有"者即是根本,"有"者即是理之体现。万有者,以相互资生而存在。裴頠对"理"、"有"、"资"、"宜"、"情"进行界定,特别是指出了"理"是"生而可寻"的,而非虚无者,这就为他阐发"崇有"论奠定了基础。

接着,裴頠陈述道:

> 众理并而无害,故贵贱形焉。失得由乎所接,故吉凶兆焉。是以贤人君子,知欲不可绝,而交物有会。观乎往复,稽中定务。惟夫用天之道,分地之利,躬其力任,劳而后飨;居以仁顺,守以恭俭,率以忠信,行以敬让,志无盈求,事无过用,乃可济乎! 故大建厥极,绥理群生,训物垂范,于是乎在,斯则圣人为政之由也。

这段话阐发了"圣人为政之由",根本所在不是无为而治,而是"用天之道,分地之利",积极有为,遵循物则,以仁顺、恭俭、忠信、敬让等道德来调整人伦关

---

① 《晋书·裴頠传》,唐·房玄龄等撰《晋书》,中华书局1974年版,第1041～1047页。

系。若非如此,将产生种种弊端和危害:

> 若乃淫抗陵肆,则危害萌矣。故欲衍则速患,情佚则怨博,擅恣则兴攻,专利则延寇,可谓以厚生而失生者也。悠悠之徒,骇乎若兹之衅,而寻艰争所缘。察夫偏质有弊,而睹简损之善,遂阐贵无之议,而建贱有之论。贱有则必外形,外形则必遗制,遗制则必忽防,忽防则必忘礼。礼制弗存,则无以为政矣。

"礼制弗存,则无以为政矣",是裴頠对遗弃一切现实伦理规范的后果的判断。裴頠指出"贵无"论的危害,还在于破坏了正常的社会运转功能和社会秩序安排:

> 遂薄综世之务,贱功烈之用,高浮游之业,卑经实之贤。人情所殉,笃夫名利。于是文者衍其辞,讷者赞其旨,染其众也。是以立言藉于虚无,谓之玄妙;处官不亲所司,谓之雅远;奉身散其廉操,谓之旷达。故砥砺之风,弥以陵迟。放者因斯,或悖吉凶之礼,而忽容止之表,渎弃长幼之序,混漫贵贱之级。其甚者至于裸裎,言笑忘宜,以不惜为弘,士行又亏矣。

以上这段,正是针对魏晋时代"贵无"玄风所产生之弊端、所带来之负面影响的针砭。这是相当精彩的论述——因为他敏锐地抓住了"贵无"论的缺陷进行批判,而且具有强烈的现实意义,所以能够引起时人的关切和共鸣。

最后,裴頠说:

> 夫至无者无以能生;故始生者自生也。自生而必体有,则有遗而生亏矣。生以有为已分,则虚无是有之所谓遗者也。故养既化之有,非无用之所能全也;理既有之众,非无为之所能循也。心非事也,而制事必由于心,然不可以制事以非事,谓心为无也。匠非器也,而制器必须于匠,然不可以制器以非器,谓匠非有也。是以欲收重泉之鳞,非偃息之所能获也;陵高墉之禽,非静拱之所能捷也;审投弦饵之用,非无知之所能览也。由此而观,济有者

皆有也,虚无奚益于已有之群生哉!

裴頠提出了"自生论",来论证"崇有"说的正确。"始生者自生也",这是裴頠对世界上万事万物生成的认识,即其宇宙生成论,而"济有者皆有也"则说明了万有相互资生的道理。

裴頠的"崇有论",与"贵无论"针锋相对,其实也可以视为是对"贵无论"的扬弃。与"贵无论"不同的是,裴頠不是要在名教之外寻找一个"自然"作为本体,而是认为"名教"本身就是本体,所以人们应该"崇有"而不是"贵无"。这就使魏晋玄学关于"有"、"无"关系问题的讨论更加全面和深入,起到了反向思维所产生的促进作用。

四、向秀、郭象的"独化"思想

前面我们探讨了裴頠从玄学内部修正"贵无论"之偏差,提出了"崇有"论的问题,而魏晋玄学发展到向秀、郭象作《庄子注》的阶段,又呈现了新的面貌。向秀、郭象都是通过对《庄子》文本的解读和注释,来推进魏晋玄学发展的。

向秀(约公元227—272年),字子期,河内怀(今河南武陟)人,与阮籍、嵇康等交往,为"竹林七贤"之一。向秀生活于魏晋之际的乱世,早年即淡于仕进,有隐居之志。在好友嵇康被杀害后,为避祸而不得已出任一些闲职,但"在朝不任职,容迹而已"。

郭象(公元252—312年),字子玄,河南(今河南洛阳)人,生于魏嘉平四年,死于晋永嘉六年。《晋书·郭象传》记载,他"少有才理,好《老》《庄》,能清言","太尉王衍每云:'听象语,如悬河泻水。注而不竭。'州郡辟召,不就。常闲居,以文论自娱。"甚至有人把他称作"王弼之亚。"[①]后因任东海王司马越的太傅主簿,遭时人诟病。郭象一生,经历了整个西晋王朝的统治时期,当然也亲身经历了西晋的"八王之乱"和"永嘉之乱"这两个重大历史事变。郭象最重要的哲学著作是《庄子注》。他的另一部著作《论语体略》(或名《论语隐》)已亡佚,只有部分内容存留于皇侃《论语义疏》注引中。

① 《晋书·郭象传》,唐·房玄龄等撰《晋书》,中华书局1974年版,第1396~1397页。

关于向秀、郭象的《庄子注》，《世说新语·文学第四》中有一则记载：

> 初，注《庄子》者数十家，莫能究其旨要。向秀于旧注外为解义，妙析奇致，大畅玄风，唯《秋水》、《至乐》二篇未竟而秀卒。秀子幼，义遂零落，然犹有别本。郭象者，为人薄行，有俊才，见秀义不传于世，遂窃为己注，乃自注《秋水》、《至乐》二篇，又易《马蹄》一篇，其余众篇，或定点文句而已。后秀义别本出，故今有向、郭二《庄》，其义一也。①

《晋书·郭象传》也持相类似的说法，所以，这一桩学术史上的公案，至今还难以辨别其真伪。但是，根据《晋书·向秀传》中的另一种说法，则是向秀为《庄子》隐解，"发明奇趣，振起玄风"，而"惠帝之世，郭象又述而广之，儒墨之迹见鄙，道家之言遂盛焉"。② 平情而论，向秀注《庄》在前，郭象注《庄》在后，同时代之人而做当时的"显学"研究，郭象受到向秀著作影响，是情理中事，亦不足为奇。但若说郭象完全剽窃向秀之作，似乎过分，因为，郭象在六十一年的生活中，谈玄论道，自然有其心得体会，其说之根源都来自剽窃，似不合情理。所以，笔者赞同"郭象的《庄子注》是在汲取向秀注庄成果的基础上'述而广之'以成。该书总体上可以说是向、郭二人的共同成果，但思想的主旨应该是以郭象为主"的学术界主流意见③。

郭象玄学思想的核心是"独化"说。"独化"说的提出，也是源于郭象对"有"、"无"相生问题的关注和探讨。从正始玄学开始，"贵无"论者都崇尚"无"，以"无"作为宇宙自然之本体，"贵无"论可谓风行一时。但"贵无"论经过裴頠"崇有"论的针对性的辩难、批判之后，其弱点得以暴露。于是，郭象所面临的理论难题，或者说，他需要完成的任务，就是在"正"、"反"两论的基础上进行整合，实现理论上的深化。

郭象赞同并且继承了裴頠《崇有论》中"无不能生有"的观点，以及"始生者，

---

① 《世说新语·文学》，南朝宋·刘义庆撰、梁·刘孝标注，杨勇校笺，《世说新语校笺》，中华书局2006年版，第183页。

② 《晋书·向秀传》，唐·房玄龄等撰《晋书》，中华书局1974年版，第1374页。

③ 郭齐勇编著：《中国哲学史》，高等教育出版社2006年版，第178页。

自生也"的观点。但他对"无"的认识,却既不同于王弼等"贵无"论的以"无"为天地万物之"本"的看法,也不同于裴頠"崇有"论的以"无"为"有之所谓遗者也"的看法。他是这样理解"无"的:

> 夫庄老之所以屡称无者,何哉? 明生物者无物,而物自生耳。

> 非唯无不得化而为有也,有亦不得化而为无矣。是以夫有之为物,虽千变万化,而不得一为无也。(《庄子注》知北游章)

郭象认为,"无"并非与"有"相对而言者,"无"不是"有"所从生的本体(故不同于"贵无"论),也不是"有"对本体分割后的消失状态(故不同于裴頠"崇有"论),老、庄所屡称的"无",仅仅是说明"生物者无物"(天地万物的生成没有任何东西作为它的根据),因此就推论出:"物自生耳。"《庄子注》齐物论章中,对此有更细密的论述:

> 然则生生者谁哉? 块然而自生耳。自生者,非我生也。我既不能生物,物亦不能生我,则我自然矣。自己而然,则谓之天然。天然耳,非为也,故以天言之。以天言之,所以明其自然也,岂苍苍之谓哉! 而或者谓天籁役物,使从己也。夫天且不能自有,况能有物哉! 故天者,万物之总名也。莫适为天,谁主役物乎? 故物各自生,而无所出焉,此天道也。(《庄子注》齐物论章)

万物都是"块然而自生",在郭象看来,这是一种是"自己而然"的"天然"状态。绝对的万物所从出的"造物主"并不存在,真正的"造物主",就是万物之自身。所以说,"物各自生,而无所出焉,此天道也"。

然而,万物的"自生"、"自为"、"自有"是如何实现的? 在万物"自生"的过程中,既然无万物所从出的"造物主",又无原因、无根据、无关联性,又如何能成就这森然繁富的世界呢? 郭象提出了颇具神秘色彩的观点:"万物独化于玄冥之境。"他说:

世或谓罔两待景，景待形，形待造物者。请问夫造物者有邪？无邪？无也则胡能造物哉？有也则不足以物众形。故明众形之自物，而后始可与言造物耳。是以涉有物之域，虽复罔两，未有不独化于玄冥者也。故造物者无主，而物各自造。物各自造而无所待焉，此天地之正也。

"独化"，郭象借注释《庄子·齐物论》说明其状态乃是庄子所言"无待"之化，即所谓"物各自造而无所待焉，此天地之正也"。他又分剖道："若责其有所待而寻其所由，则寻责无极。卒至于无待，而独化之理明矣。"（《庄子注》齐物论章）而"玄冥之境"则是万物"独化"的场所和境界，是一种自满自足的玄妙之境界。

作为"独化"的一个依据，郭象提出万物"各有定分"。在注释《庄子注·逍遥游》中"小知不及大知，小年不及大年"，"而彭祖乃今以久特闻，众人匹之，不亦悲乎"时，他说：

物各有性，性各有极，皆如年知，岂跂尚之所及哉！

夫物未尝以大欲小，而必以小羡大，故举小大之殊各有定分，非羡欲所及，则羡欲之累可以绝矣。

郭象认为，万事万物，应该各适其性，自足其性，这样就可以大小俱足。

对魏晋玄学中的"竹林玄学"所重视讨论的"名教"与"自然"的关系问题，郭象从"万物独化于玄冥之境"以及"万物各有定分"、"万物各适其性"的观点出发，调和"名教"与"自然"的关系，认为"名教"与"自然"并非矛盾，反而可以达致"名教"即是"自然"、"自然"即是"名教"的境界。郭象在《庄子序》中说：

然庄生虽未体之，言则至矣。通天地之统，序万物之性，达死生之变，而明内圣外王之道，上知造物无物，下知有物之自造也。其言宏绰，其旨玄妙。至至之道，融微旨雅；泰然遣放，放而不敖。故曰不知义之所适，猖狂妄行，而蹈其大方；含哺而熙乎澹泊，彭腹而游乎混芒。至仁报乎无亲，孝慈终于兼忘，礼乐复乎已能，忠信发乎天光。用其光则朴自成。是以神器独化于玄冥之境而源流深长也。

这段话的中心旨意是:在庄子哲学中,万事万物依各自本性而独化,在玄冥之境中,彼此各自相安,而构成和谐的整体。人们虽不知道仁义孝慈、礼乐忠信的名目,却能够自然合乎其规范。只要质朴的本性不受破坏,国家政治就能独化与玄冥之境。这是郭象所理解和阐述的庄子哲学的"内圣外王之道"。

综上所论,可以说,洛阳英才郭象,在魏晋玄学发展的后期阶段,通过注《庄》的形式,整合了正始玄学、竹林玄学、裴頠"崇有论"思想的资源,以"独化论"为核心,构建了一个完整、庞大的玄学思辨体系,代表了魏晋玄学发展的最高成就。

五、魏晋玄学的历史地位和影响

中国思想文化史犹如浩浩荡荡的长江大河,横亘奔流数千年。江河之所以能够浩荡,是因为在历史发展的各个不同阶段,具有鲜明时代特色的思想智慧不断地汇注流贯于其中。魏晋玄学,就是一种具有鲜明特色的思想智慧。

从中国思想文化史的宏观视野来俯瞰、考察,魏晋玄学之勃兴,确实是一个具有时代意义的节点。其前的两三百年的汉代经学,在因应汉帝国大一统政治格局需求的情况下,积累、发展、兴盛,建立了庞大的思想文化体系,当然自有其相应之价值与功用,但是,汉代经学的流弊也随其发展而累积。魏晋时代,玄风独振,则完成了思想文化领域中的一场革命性的变化,实现了理论思维的一次超越性的升华。这场革命性的变化,是突破束缚的思想解放,它使得哲学讨论的展开形式,不再以繁琐考据、官方经解为模式,而是以玄思体悟,畅扬心智为特色,直捷简易地阐理论道;它更使哲学思想的关注层面,不再停留在感性经验和现实关联的问题上,而是深入探讨事物内在的本质属性。这次超越性的升华,使哲学理论的核心目标从汉代经学的宇宙构成论,转换为魏晋玄学的思辨深邃的本体论。还应该提及的是:魏晋玄学不仅在中国哲学思想领域独具特色,而且还对中国文学艺术等诸多领域产生深广持续的影响。

下面,我们从两个方面对魏晋玄学的历史地位和影响略作剖析和抒论。

其一,论魏晋玄学自身的历史地位与思想价值。

　　总的来说,哲学作为人类提纲挈领、总揽全局地把握宇宙自然、社会人生的思维之结晶,其显著特点之一,就是对世界万事万物根本性的追问、探寻、理解、把握。魏晋玄学与汉代经学相比较,其优越性就得以显现。汉代经学努力构建现实的王道规范和名教秩序,魏晋玄学却以探求理想人格为关注之要点;汉代经学热衷于"天人感应"的神学目的论,魏晋玄学却探究并建立了思辨深邃的本体论。由于目标的不同,方法的革命,魏晋玄学的思维特点接近或达到了哲学思维的特征,即:能够超越多样化的现世实物,而直接诉诸万物之本体。以《易》学为例,汉《易》"象数学",其体系可谓庞大繁复,"我们看象数易,第一个印象便是象数易家们总是肆无忌惮地一任自己的思想向四面八方投射出去:向天上投射,结合了天文星象之学;向地上投射,结合了舆地分野之说;与律历合流,配合时节天候音声;与各家杂学合流,配合五行干支色相等。活像一枚炸弹爆发开来,火花四溅"①。其扩展的趋势,令人惊叹。我们无意于贬低汉《易》"象数学"所具有的深沉内蕴与文化价值,然而,它的这一切努力,在思维层面上看,大体属于"形下之道"。至曹魏时代少年天才王弼出,他指责象数易之弊,说它们是"一失其原,巧愈弥甚,纵复或值,而义无所取,盖存象忘意之由也"(王弼:《周易略例·明象》)王弼以得象忘言、得意忘象的思辨性,扫象阐理,简捷明快,确立了《易》学"义理"派的历史地位。究其根本原因,这是王弼"崇本息末"的玄学指导性思想观念在《易》学领域运用的结果。由此例可见,魏晋玄学的思维特色,是不再依赖于纯经验性的观察,而是运用抽象思考的能力,对万物的本体进行哲理的体认。显而易见,魏晋玄学家所关注的哲学概念、范畴、命题,与汉代经学迥然不同。"有无"、"本末"、"一多"、"言意"、"才性"、"名理"等等一系列不断出现、反复辨析的概念,都鲜明地体现出魏晋玄学的所进行的理论思索与抽象思辨的特色。这种变革的重大意义就在于将思辨新风注入中国传统哲学的躯体,使之产生了新的生气勃勃的活力。

　　魏晋玄学虽然是作为一种本体论哲学的面目出现的,但其中又深刻地蕴涵着魏晋士人对理想人格之追求的努力。魏晋玄学在本体论建构上具有独特的成就,同时,在天人关系问题上也有殚精竭虑的思索,也取得了丰富的成就。与汉

---

① 高怀民著:《两汉易学史》,广西师范大学出版社 2007 年版,第 235 页。

代经学家以遵崇礼法规范为标榜、以功名利禄为目标的治学行为大异其趣,魏晋玄学家在"贵无"思想的深刻影响下,倡导并实践着追求放达的人性解放的生活方式。"魏晋人士或徜徉山水,'琴诗自乐',追求一种'不与时务经怀'的'萧条高寄'的生活;或'动违礼法','以任放为达'。"①诚然,魏晋玄学也有着受后人诟病的弊端,"越名教而任自然"的口号下,魏晋人士的人生观及其表现于现实生活的行为,消极颓废乃至荒诞不羁的种种形态,在中国思想文化史上不无负面的消极影响,以至于魏晋玄学与"放荡毁法"、"清谈误国"相联系。尽管如此,我们也不能抹杀魏晋玄学在追求理想人格目标方面的意义,更不能无视魏晋玄学在这方面对后世的正面有益的影响。"在魏晋人士的推动下,老庄之学轻人事、任自然的价值观以前所未有的规模推入中国知识分子的心灵世界,进而铸造了中国士人玄、远、清、虚的生活情趣。"②刘大杰先生分析评述道:

> 魏晋人无不充满着热烈的个人的浪漫主义精神。他们在那种荡动不安的社会政治环境里,从过去那种伦理道德和传统思想里解放出来,无论对于宇宙、政治、人生或是艺术,都持有大胆的独立的见解。中国文人生命的危险和心灵的苦闷无过于魏晋,然而他们却都能在多方面找着慰安,或是酒色、或是药石、或是享乐、或是山水、或是宗教,这些都是他们灵魂的寄托所,因此,在过去的两汉称为思想界的正统的儒家,不得不被逼迫着而趋于衰落,老庄学说的流行,佛经的翻译,道教的发展,清谈的兴盛,都在这时代呈着活跃的状态……我们尽管非难当时人生观的颓废放纵与过去玄虚,但我们却不能不承认它们在思想史上应有的地位,唐代的佛学、宋明的理学,都在这时候播下了种子。至于文学思想的发展,魏晋时代有着革命的意义。③

这一评价,是公允的,可取的,笔者深表赞同。

其二,论魏晋玄学对其他学科领域的旁涉性影响。

魏晋玄学作为一种社会思潮,对当时及后世的宗教、伦理、文学艺术等学科

---

① 张岱年、方克立主编:《中国文化概论》,北京师范大学出版社 1994 年版,第 94 页。
② 张岱年、方克立主编:《中国文化概论》,北京师范大学出版社 1994 年版,第 94 页。
③ 刘大杰著:《魏晋思想论》,上海古籍出版社 1998 年版,第 88 页。

领域都具有极大的旁涉性影响。这种影响,反过来也提高和增强了魏晋玄学的历史地位。

有学者指出:"玄学的兴盛,体现出动乱时代人们对个体存在意义和价值的关注,而这样一种社会心理也成为道教与佛教兴盛的土壤。"①因此,魏晋玄学对本土所产生发展起来的宗教——道教,以及由域外传入的宗教——佛教,都产生了相当的影响。詹石窗先生主编的《新编中国哲学史》中曾论述魏晋玄学与道教、佛教的关系问题,说道:"玄学崇尚老、庄,东汉末年的两大民间宗教也都以《道德经》为经典,以老子为教主。魏晋时期,道教获得了新的发展,它包容了老庄思想、神仙方术、民间巫术、医药卫生、纲常礼教等,形成了丰富的宗教文化体系,以灵活的方式迎合了身处乱世的人们对宗教的需要。当然,道教所推崇的老子与玄学所崇尚的老子并不完全一致,在魏晋时期,玄学与道教相互影响。外丹学的创始人葛洪的《抱朴子》就是有所保留地吸取了玄学的思想。""佛教传入我国之后,由于注意与中国固有文化相结合,故能够较快站稳脚跟。到了魏晋时期,贵无派玄学的兴盛给佛教般若学提供了适宜生长的土壤。"②其书之后文又有分析评述,可参看,兹不赘引。

至于魏晋玄学对中国美学思想、文学艺术的影响,一直是学界关注、研究的问题。学者认为:"玄学虽然以超然有限达到无限为根本,但玄学家所说的达到无限,不是像西方黑格尔哲学那样以达到对'绝对理念'的纯思辨的抽象把握为最终目的,而是在现实的人生之中,特别是在情感之中去达到对无限的体验,这就使玄学与美学内在地联结在一起,成为魏晋美学的精魂。"③具体论析起来,则有以下的诸多内容:

魏晋玄学对音乐、书画的美学思想有着深刻的影响。就音乐思想而言,嵇康的《声无哀乐论》即本于玄学,导源于玄学的宇宙观,其说在魏晋时期就有极大的影响。《世说新语·文学第四》记载:"旧云,王丞相过江左,止道《声无哀乐》、《养生》、《言尽意》三理而已,然宛转关生,无所不入。"④王丞相,即王导,是东晋

①　张岱年、方克立主编:《中国文化概论》,北京师范大学出版社 1994 年版,第 94 页。
②　詹石窗主编:《新编中国哲学史》,中国书店 2002 年版,第 278 页,第 279 页。
③　张岱年、方克立主编:《中国文化概论》,北京师范大学出版社 1994 年版,第 94 页。
④　《世说新语·文学》,南朝宋·刘义庆撰、梁·刘孝标注,杨勇校笺:《世说新语校笺》,中华书局 2006 年版,第 189 页。

名士之领袖。由此可见嵇康之说的影响力。阮籍作为"竹林玄学"的代表人物，也善解音律，《晋书·阮籍传》说他"嗜酒能啸，善弹琴"，他也曾作《乐论》，称："夫乐者，天地之体，万物之性也。合其体，得其性，则和；离其体，失其性，则乖。"其论乐，在儒学的传统观念中注入了玄学思想的内涵。就书画美学理论而言，顾恺之的画作与画论，都深受魏晋玄学思想的影响，如注重"传神"，将其重要性提升于简单的形体描绘之上。《世说新语·巧艺第二十一》记载："顾长康画人，或数年不点目精。人问其故，顾曰：'四体妍蚩，本无关于妙处，传神写照，正在阿堵中。'"[1]即是著名的事例。再如重视意境的创造，寻求书画艺术的"象外旨趣"。《世说新语·言语第二》记载："顾长康从会稽还，人问山川之美，顾云：'千岩竞秀，万壑争流，草木蒙笼其上，若云兴霞蔚。'"[2]这绝非简单描述山川之美，而是烘托出江南山水的美妙境界。凡此种种，显然都是玄学思想影响的结果。

　　魏晋玄学对文学的影响，就更有可观之处了。魏晋南北朝时期，文学创作出现了空前繁荣、面貌一新的景象；同时，这一时期又是古代文论发展的黄金时代：从形式上看，文论有单篇专论，有专书通论，有结合作品集的编撰进行评论，有针对特定的体裁进行探析，等等；从基本观念上看，它们多对文学的独特性予以肯定，并大力提升、推崇文学作品、文学创作的价值、意义；从内容上看，则注重于对文学作品的体裁、章法、风格、辞采等方面的探索和把握，以及对创作主体的能力、素养、情感、思维诸因素的分析与研究，涉及面相当广泛，而且达到了相当高的理论认识水平。近现代学者多将魏晋南北朝时期定性为文学史上"文学自觉的时代"。这一时期，前承先秦两汉文学而转折发展之，后启唐宋元明清文学而导源流注之，文学创作方面如此，文学理论方面亦如此。玄学流风贯穿整个魏晋南北朝时期，玄学提出了一系列新的思想课题，更造成了一种新学风——提纲挈领地探求义理，总体宏观地把握对象，博采众长，不拘陈规，注重并发展了抽象的思辨概括能力。新学风面目一新，对当时的文学领域也起了解放思想的作用。

---

① 《世说新语·巧艺》，南朝宋·刘义庆撰、梁·刘孝标注，杨勇校笺，《世说新语校笺》，中华书局2006年版，第646页。

② 《世说新语·言语》，南朝宋·刘义庆撰、梁·刘孝标注，杨勇校笺，《世说新语校笺》，中华书局2006年版，第128页。

王弼注《易》,并作《周易略例》,其中对"言、意、象"问题的讨论,自然地旁涉性地影响到以语言文字作为表情达意工具的文学创作领域。

西晋陆机的《文赋》,是魏晋南北朝文论的代表性作品之一,在中国古代文论史上也具有一定的地位。在《文赋序》中,陆机首先标明写作此篇的意图在于论述文士写作时的"用心"。陆机本人擅诗赋创作而有文名,他对写作行文的甘苦以及表达技巧的把握运用深有体会,所以他说:"夫其放言遣辞,良多变矣。妍蚩好恶,可得而言。""故作《文赋》,以述先士之盛藻,因论作文之利害所由,他日殆可谓曲尽其妙。"《文赋》篇首云"伫中区以玄览",其篇中又云:"馨澄心以凝思,眇众虑而为言;笼天地于形内,挫万物于笔端。"此即认为创作主体用心灵去感应万物,形之于文则在于表现天地万物的本体,亦即篇末所云"伊兹文之为用,固众理之所因"者。《文赋》又指出,为文应该"课虚无以责有,叩寂寞以求音;函绵邈于尺素,吐滂沛乎寸心",这与玄学之祖何晏著《道德论》,王弼解《老》注《易》时所倡的"贵无"之说,不无相通之处。就文学作品的构成因素、表现形式而言,《文赋》涉及了写作客体(外物)、文体特性,以及骈偶、辞采、音律、章法等方面的问题;就文学创作的主体而言,《文赋》论述了素质、修养、情感作用、想象艺术、灵感捕捉以及行文乐趣等,颇见精当。如论想象艺术之一段,微妙传神,历来为人们所称道。《文赋》之受魏晋玄学直接、间接的影响是显著的,玄学重视探索义理贵有心得,标榜超越实相直达玄旨,喜好言论机敏、清新警策等等,在《文赋》中都有所体现。

此外,在钟嵘的《诗品》中,其品评诗歌与评价诗人,从思想方法到遣辞用语,玄学思想的影响是全面性的,甚至可以说是笼罩性的。即使是力图回复到以儒家经典、经学为归依的刘勰,在其文论巨著《文心雕龙》中,也不能寻找到玄学思想影响的诸多痕迹。

魏晋南北朝时期,在文学创作方面(以诗赋为主要样式),内容上出现了游仙招隐题材,或注重描写山水、田园风光,倡言玄理妙道,或抒发自然感情;形式上则承续魏晋传统,注重骈偶、辞藻,讲求用典繁富、声律谐和等,将语言表达形式的精致化推向一个高峰。我们应该注意:无论是内容上的变化,还是形式上的精致化,都与魏晋玄学的流风所披,有着密切的关系。阮籍、嵇康既为"竹林玄学"的代表性人物,又是"正始诗歌"的主要诗人,阮籍的《咏怀诗》八十二首中,

有不少篇章是写游仙和隐居的,这与其"越名教而任自然"的玄学思想密切相关,而其《清思赋》云:

> 余以为形之可见,非色之美;音之可闻,非声之善。昔黄帝登仙于荆山之上,振咸池于南口之罔,鬼神其幽,而夔牙不闻其章;女娃耀荣于东海之滨,而翩翩于洪西之旁,林石之隙从,而瑶台不照其光。是以微妙无形,寂寞无听,然后乃可以睹窈窕而淑清。
>
> 夫清虚寥阔,则神物来集;飘飖恍惚,则洞幽贯冥;冰心玉质,则激洁思存;恬淡无欲,则泰志适情。

这就是以玄思入诗赋了。嵇康的诗赋作品中,玄学的内涵也极为丰富,如他的四言诗《赠秀才入军》,此诗共十八章,其中的第十四章历来受到称颂,诗云:

> 息徒兰圃,秣马华山。流磻平皋,垂纶长川。目送归鸿,手挥五弦。俯仰自得,游心太玄。嘉彼钓叟,得鱼忘筌。郢人逝矣,谁与尽言?

此诗句想象其兄在行军休息时游猎弹琴、神情悠然的状态,语言自然天成,形象而传神。"目送归鸿,手挥五弦,俯仰自得,游心太玄"之句,更为人所传诵。

魏晋南北朝时期的其他诗人作家,如太康、永嘉诗人陆机、陆云、潘岳、郭璞,东晋时期杰出的诗人陶渊明,南朝诗人谢灵运、沈约、谢朓等等,其诗文创作均或多或少地受到魏晋玄学的影响。东晋大诗人陶渊明的《饮酒》组诗中,其五云:

> 结庐在人境,而无车马喧。问君何能尔,心远地自偏。采菊东篱下,悠然见南山。山气日夕佳,飞鸟相与还。此中有真意,欲辩已忘言。

前四句以"心远地自偏"说明主观精神与客观环境的关系,与玄学哲理颇可相通。"采菊东篱下,悠然见南山",则表现了人与自然的融合无间。"山气日夕佳,飞鸟相与还"的自然景色,似乎蕴涵着人生的真谛,"这种心与境的瞬间感应,以及通向无限的愉悦,是不可落于言筌的"①——这里的"得意忘言",是何等玄妙的境界啊!

作为山水诗新风的开启者,南朝晋宋间的诗人谢灵运,其诗作也具有玄思之风致,如其名篇《石壁精舍还湖中作》云:

> 昏旦变气候,山水含清晖。清晖能娱人,游子憺忘归。出谷日尚早,入舟阳已微。林壑敛暝色,云霞收夕霏。芰荷迭映蔚,蒲稗相因依。披拂趋南径,愉悦偃东扉。虑澹物自轻,意惬理无违。寄言摄生客,试用此道推。

诗作对自然山水的描绘刻画,精细入微。其篇末的"玄言尾巴",文学评论中常以为不佳,但无论如何,其诗歌创作深受玄学思想影响,确实是不可忽视的。

---

① 袁行霈主编:《中国文学史》第 2 卷,高等教育出版社 2005 年第 2 版,第 67 页。

第六章　佛教禅宗的哲学思想

一、白马驮经与佛图东来

(一)汉明帝"永平求法"

汉明帝刘庄(27～75),字严,庙号显宗。汉光武帝刘秀第四子。建武十九年(43年)被立为皇太子,中元二年(57年)即皇帝位。

东汉光武帝统治时期,社会安定,经济发展。明帝即位后,一切遵奉光武制度,使这一局面得以继续。明帝在位期间,基本上消除了因王莽乱政而引起的周边少数民族的侵扰,使汉族和少数民族的友好关系得到了恢复和发展。永平八年(65年),明帝设置度辽营,命中郎将吴棠行度辽将军事,以监护南匈奴。永平十六年(73年),窦固、耿忠等分兵四路征伐北匈奴。汉军出酒泉,进抵天山,取伊吾卢地。明帝诏置宜禾都尉,并留吏士屯田伊吾卢城。其后,窦固派班超、郭恂出使西域,由是西域诸国皆遣子入侍。自王莽时期西域与中原断绝关系60多年后又恢复了正常交往。永平十二年(69年),西南夷中的哀牢王柳貌率其民5万余户内附。至永平十七年(74年),自汶山以西白狼、槃木等百余国,也前后慕义奉贡。

明帝之世,吏治清明,境内安定,多次下诏招抚流民,出现了繁荣昌盛的局面。永平十二年(69年),明帝下诏征发士卒数10万人,遣王景修治汴渠,消除了自西汉平帝以来河汴决坏,汴渠东侵之害。明帝后期,"天下安平,人无徭役,岁比登稔,百姓殷富,粟斛三十,牛羊被野"①。当时,民安其业,户口滋殖。光武

---

① 《后汉书》卷二。

帝末年,全国载于户籍的人口为 2100 多万,至明帝末年,在不到 20 年的时间里激增至 3400 多万。明帝时期,经济发展,社会安定,与周边少数民族的关系得到改善,为中外文化交流创造了条件。特别是明帝颇具神秘色彩的"永平求法",使佛教得以在中国正式地大规模地传播,从而奠定了中国文化的大格局。

"永平"是汉明帝的年号(58~75 年),"求法"即指赴西域(印度)拜求佛法。有关"永平求法"的记载,见于东汉的《理惑论》、《四十二章经·序》,魏晋南北朝时期的《后汉纪》、《后汉书》、《吴书》(《集古今佛道论衡》卷中所引)、《化胡经》(《广弘明集》卷九所引)、《水经注》、《洛阳伽蓝记》、《冥祥记》、《梁高僧传》、《汉法内传》、《出三藏记集》、《魏书·释老志》以及唐代的《佛祖统记》等文献,这些文献都从不同角度对"永平求法"进行了记载和阐述。

相传永平八年(65 年)正月十五(一说四月初八),汉明帝夜寝南宫,梦见金人,身长丈六,飞绕殿庭,项佩白光。次晨,汉明帝询问众位大臣。博士傅毅奏道:西方有神,其名曰佛,正如陛下所梦。明帝听罢,信以为真。于是派遣蔡愔、秦景等 10 多人出使天竺,拜取佛法。行至大月氏国(今阿富汗境至中亚一带),正好遇到在当地传教的天竺高僧摄摩腾、竺法兰,得见佛经和释迦牟尼佛像。永平十年(67 年),汉使梵僧用白马驮载佛经、佛像,跋山涉水,回到洛阳。汉明帝见释迦牟尼佛像与梦中一样,越加崇信佛教,礼请二位高僧暂时下榻于鸿胪寺(负责外交事务的官署)。翌年,又敕命于洛阳城西雍门外三里御道之北修建僧院。"于其壁,画千乘万骑,绕塔三匝,又于南宫清凉台及开阳门上作佛像。"[1]这就是著名的白马寺。

白马寺的得名有两种不同的说法。一是"白马驮经"说。《洛阳伽蓝记》说:汉明帝"遣使向西域求之,乃得经像焉。时白马负经而来,因此为名"。《魏书·释老志》说:"(蔡)愔之还也,以白马负经而至,汉因立白马寺于洛城雍关西"。二是"白马绕塔悲鸣说"。在印度和中国有近乎相同的传说。据《高僧传》记载,印度一位国王欲毁佛寺,其中一名"招提"的僧院尚未及毁,夜见白马绕塔悲鸣,国王异其灵,乃罢毁寺之举,并改"招提"为"白马",以后其他僧院也多因袭取白马为名。在中国,据明代《重修古刹白马禅寺记》碑文记载:"汉明帝永平八年,

---

① 《弘明集》卷一《理惑论》。

闻西域有佛,遣使之天竺求其道,得其书,及摄摩腾、竺法兰二沙门以归。至十年,始立寺。初名招提,后王有欲毁寺者,夜见白马绕塔悲鸣而止。因更名白马寺。"这种说法只是印度"白马绕塔悲鸣说"的翻版而已。因第一种说法更直观和中国化,因而大多都取"白马驮经"之说。据宋代高承所撰的《事物纪原》记载:"(汉明帝时)自西域以白马驮经来,初止鸿胪寺,遂取寺名,置白马寺,即僧寺之始也。"

白马寺之名,最早见于西晋时僧人竺法护的译经诸记中。说是竺法护曾于西晋太康十年(289年)四月,在洛阳白马寺译《文殊师利净律经》,十二月译出《魔逆经》,永熙元年(290年),在洛阳白马寺译出《正法华经》。据《魏书·释老志》记载:"自洛中构白马寺,盛饰佛图,画迹甚妙,为四方式。凡宫塔制度,犹依天竺旧状而重构之,从一级至三、五、七、九,世人相承,谓之浮图,或云佛图。"《理惑论》记载:"时于洛阳城西雍门外起佛寺。"而《高僧传》则仅记为"于城西门外立精舍以处之"。

白马寺的建立标志着佛教在中国的正式传播。关于佛教传入中国的具体时间和年代,有各种不同的说法。一是释利防传教说。道宣《广弘明集》卷一一法琳《破邪论》记载:"如释道安、朱士行等经录目云,始皇之时,有外国沙门释利防等一十八贤者,赍持佛经来化始皇。始皇弗从,遂囚禁防等。夜有金刚丈六人来,破狱出之。始皇惊怖,稽首谢焉。"二是休屠王金人说。《魏书·释老志》记载:"案汉武元狩中(公元前122~公元前117年—编者注),遣霍去病讨匈奴,至皋兰,过居延,斩首大获。昆邪王杀休屠王,将其众五万来降。获其金人,帝以为大神,列于甘泉宫。金人率长丈余,不祭祀,但烧香礼拜而已。此则佛道流通之渐也。"三是张骞闻教说。《魏书·释老志》记载:"及开西域,遣张骞使大夏还,传其旁有身毒国,一名天竺,始闻有浮屠之教。"四是伊存口授经说。《三国志·魏书·乌丸鲜卑东夷传》裴松之注引鱼豢《魏略·西戎传》记载:"昔汉哀帝元寿元年(公元前2年—编者注),博士弟子景卢受大月氏王使伊存口授《浮屠经》,曰复立者,其人也。"关于博士弟子景卢(或秦景宪、秦景等)接受大月氏使者伊存口授佛经的记载,除上述《魏略·西戎传》外,还有《世说新语·文学篇》、《魏书·释老志》、《隋书·经籍志》等,一般认为这是佛教传入中国的最早记录。五是汉明帝感梦求法说。此外,还有佛教海上初输入的说法。在这众多说法中,一般公认是开始于汉明帝的求法。佛教传入中国应该说不始于汉明帝,但在此之前,佛教不过仅在少数人中奉行,而佛教作为一种宗教,得到政府的承认崇信,在中国初步建立了它的基础和规模,可以说是始于汉明帝年代。

白马寺是佛教传入中国后,由汉明帝正式兴建的官方第一座寺院,是源于南亚次大陆的佛教在辽阔的中华大地赖以繁荣发展的第一座菩提道场,故历来被佛教界称为"释源"和"祖庭"。"释源"即佛教之发源地,"祖庭"即祖师之庭院。这充分说明了白马寺在我国佛教史上的重要地位。而汉明帝的"永平求法",作为第一次"西天取经",也成为我国佛教史上的不朽盛事并永载史册。

汉明帝"永平求法",两位印度高僧摄摩腾、竺法兰曾经带来了60万言的佛经原本——梵文"贝叶经"。梵文,即古印度的语言文字;"贝叶经",是用梵文写在贝多罗树叶上的佛经。他们入华后,学会了汉语。白马寺建成后,受汉明帝礼遇的两位高僧就移居于白马寺翻译佛典,讲经说法。

摄摩腾、竺法兰均是当世得道高僧。摄摩腾来华事,首见于南齐王琰《冥祥记》。据一些佛籍记载,摄摩腾本为中天竺人,"善风仪,解大小乘经,常游化为任"①。摄摩腾在游经天竺的一些小国时,宣讲《金光明经》。当时,正遇上敌人来侵犯边境,摄摩腾看到这种情况思考着:"经里说'能够宣讲这种经法,就会被地神所保护,使所有人平安快乐。'现在战争刚刚开始,这次战争竟然对国家有益吗?"于是,他发誓忘掉自身得失,亲自到前方去作劝和工作。结果,敌对两国交相友好,因此,摄摩腾的声名流传到各地。竺法兰来华事,首见于南梁释慧皎《高僧传》。据载,竺法兰亦为中天竺人,"诵经论数万章,为天竺学者之师"。摄摩腾、竺法兰先后圆寂于白马寺。现今,白马寺山门内中轴甬路两侧有二高僧墓,东为摄摩腾墓,墓碑上刻着"汉启道圆通摩腾大师墓";西为竺法兰墓,墓碑上刻着"汉开教总持竺法大师墓"。

摄摩腾、竺法兰在汉明帝时共同翻译了《四十二章经》。《四十二章经》又名《汉孝明帝四十二章》,因全书经文共有四十二章(段)而得名。《四十二章经》的内容,属于佛教中的小乘,是《阿含经》(佛教早期经典)中部分章节的编译。它的基本教义是人生无常和爱欲之弊。开宗明义即说:"优婆塞有五事戒,沙门

---

① 慧皎:《高僧传》。

常行二百五十戒。"倡导沙门行戒,奖励梵行。它提出财色为爱欲之根,"人怀爱欲,不见道","财色之于人,譬如小儿贪刀刃之密",因此要省欲去奢,"吾视诸侯之位如过客,视金玉之宝如砾石,视甄素之好如弊帛"。它特重屏除私欲,私欲之根,为贪瞋痴三毒,佛家劝人捐资财,乐施与,所以治贪;不杀伐,行仁慈,所以治瞋。经中说"佛道守大仁慈,以恶来,以善往"。它认为,天地山川,均非常住,人命尤在呼吸间,要念道成佛。"学道以渐深去心垢,精进就道"。

摄摩腾、竺法兰的《四十二章经》,是第一部汉文佛经。《高僧传》说:"汉地见存诸经,唯此为始也。"据说,两位高僧还曾翻译了《十地断结经》四卷、《佛本生经》一卷、《法海藏经》一卷、《佛本行经》五卷等,但因后来都城洛阳贼寇作乱,这四部毁损而未能流传于世。只有《四十二章经》留存至今。

《四十二章经》翻译出来后,汉明帝非常珍视这部宝典,下令将其藏于兰台石室(当时的皇家图书馆)第十四间。由于佛教在中国的弘传是和佛经的翻译事业分不开的,因而这部早期佛典,对于佛法在中土初兴具有十分重要的意义。

（二）佛教与道教的冲突

佛教在中国的传播并非一帆风顺,而是经历了坚决的斗争。白马寺焚经台的传说可以说明这一点。关于焚经台的传说,《广弘明集》第一卷的《汉显宗开佛化法本内传》,《四十二章经》刻石,清代如秀的《洛京白马寺释教源流碑记》等文献都保存着相关的内容。其故事大体经过为:汉明帝"永平求法",在洛阳兴建白马寺后,佛法在汉地日渐流传,道教不再像原先那样受到帝王和国民的尊崇。永平十四年(71年)正月初一,来自五岳诸山的道士循惯例汇集京城向皇帝请安祝福后,聚在一起议论,对天子远求胡人异教、忽视渊源流长的道教十分不满,决定现乘各方道长高人齐聚京城,应该在皇帝面前跟胡人比试一番,夺回道教往昔的地位。于是,以褚善信、费叔才、贺正之、吕惠通等为代表的690名道士联名上表皇帝,愿与西僧比较,得辨真伪。若比对不如,任听重决;如其有胜,乞除虚妄。道士上表,请求汉明帝主持公道,与西域胡僧较试优劣,这也正合汉明帝的心思,他也很想让佛、道两家一试法力高下。明帝就敕令尚书令宋庠筹办此事,在白马寺南门外修两个高坛,定于正月十五,让白马寺的僧人和道士一决高下。

永平十四年(71年),正月十五元宵节那天,汉明帝亲自驾临白马寺南门,登上坛顶,现场监督。只见东边设立道坛,搭建得非常庄严,上面陈设了道教灵宝诸经 600 余卷,并且排设着堆积如山的五果三牲等供品,祭祀天地,参加的道士有 500 多名,可谓声势浩大,阵容强壮。而摄摩腾和竺法兰在西边的坛场,只是供奉着佛像、五颗佛舍利和《佛说四十二章经》,场面非常简朴。汉明帝下令,同时用檀香木分别焚烧本教的经典。道士褚善信等虔诚地念经、绕坛祷告,甚至声泪俱下,但他们的真言急急如律令,一切都根本失效。事后,太傅张衍亲自检视,除了老子的《道德经》留下残片依稀可辩外,其余的多种道经均在熊熊烈火中迅速化为灰烬,随风飘去。而同样的一把火,檀香木燃烧起来以后,据汉代史官傅毅所撰《汉法内传》记载,佛像、五颗佛舍利、佛经却遇火不燃,特别是地上的五颗舍利子突然放射五色光彩,腾上空中,旋绕如环,覆盖众人。舍利子"唯见五色祥光烛天",其灼灼光芒,不仅耀人眼目,而且连日光都显得相形逊色。这让汉明帝与群臣"叹未曾有"。相传,此时的摄摩腾大师,竟飞到空中去,运用他的神通变化,身上出火,身下出水,并且在空中飞来飞去,甚至睡在空中——表示他的神通自在,是无所障碍的,要怎么样都能随心所欲。同时,在虚空中变化的时候,他还作了一首偈,歌唱道:

> 狐非狮子类,灯非日月明。
> 池无巨海纳,丘无嵩岳荣。
> 法云垂世界,法雨润群萌。
> 神通稀有事,处处化群生。

　　这首偈的意思是说,你道家要跟我佛教较量,你只是一只狐狸,我却是狮子;你只是一盏小灯,我却是太阳、月亮;你是容量有限的水池,我是可以容纳百川的大海;你是一个小小的土堆,我是宏伟峥嵘的嵩山。现在佛法传到中国来,是法云如甘露一般遍满世界,所有的群萌、众生,都能够得到它的滋润。我显示神通,只是为了要度化众生。此时的竺法兰大师,则在坛场中为大家演说妙法,你们要信佛、皈依三宝。皈依三宝,将来可以离苦得乐,最后必定能够得大自在,证得圣果。他以无碍的辩才,感化了好多人来信佛。

　　汉明帝在白马寺南门外主持的这场佛道"斗法",以道教的失败而告终。来

现场助阵的道士们相顾失色,道士首领褚善信、费叔才当场倒地、气愤而死。佛
家的胜利,促使许多大臣、宫娥彩女以及普通百姓,在赞叹声中皈依了三宝,甚至
出家为僧,成为佛陀座下的忠实弟子。据记载,当时共有 1460 多人出家,他们
是:司空刘峻等 260 人;京师士庶张子尚等 390 人;后宫阴夫人、王婕好、宫人等
190 人;五岳道士吕惠通等弃道从佛的 620 人。这些人,都是汉明帝亲自批准出
家的。为此,汉明帝下令专门修建了 10 座大寺庙,7 座在城外给男众安住,3 座
在城里给女众安住。

焚经台"斗法"一事所反映的,是佛教来华以后,佛教与道教之间最早发生
的一次斗争。自古以来,但凡新生事物,没有一件不是历尽坎坷的,佛教也不例
外。佛教作为一种外来的宗教传到中国,必有一个被中国社会和中国文化界认
识、理解、接受的过程。在这个过程中,佛、道以及儒之间发生争论,不但是正常
的事,而且对于佛、道、儒各自在理论上的发展和在社会上影响的扩大和深入,都
有积极的作用。另外,就史实而言,佛教传入中国以后,与中国的道术方士思想
是紧密结合的,汉末之前,佛教、道教并无严格界限,自然也少有激烈的冲突。所
以,关于焚经台的传说,更多折射出的是,佛教在中国的历史地位和后人对它的
崇拜之情。但把这一传说和白马寺联系在一起,也曲折地反映出白马寺在佛教
传播过程中的重要作用。

(三)佛教在河洛大地的传播

自从汉明帝永平求法之后,许多僧徒相继来到洛阳,在此翻译佛经传播佛
教。摄摩腾、竺法兰翻译的《四十二章经》,是第一部汉文佛经。中天竺律学沙
门昙柯迦罗在白马寺译出第一部汉文佛律《僧祇戒心》,昙柯迦罗被后世佛徒尊
为"中国律宗之祖"。随着佛经翻译的兴起,佛经得到广泛传播。魏晋以后,佛
法日隆,风行四方。洛阳白马寺是我国佛教早期传播和佛事活动的中心,是古印
度的释学梵法在中国赖以生发滋长的第一座菩提道场。

继摄摩腾、竺法兰之后,安世高、支娄迦谶等西域佛教学者相继来到洛阳,带
来并翻译了大量的佛经,使印度古老的佛教开始在中国由宫廷向民间逐渐流传。

安世高,原名安清,安息国(今伊朗)太子。汉桓帝建和二年(148 年),来到
洛阳,从事佛经翻译。灵帝末年,北方战乱,他到南方避乱,最后死在会稽。安世
高在洛阳 20 多年间,共翻译佛经 40 卷,主要有《阴持入经》《安般守意经》《大

十二门经》、《小十二门经》等。安世高精通的是禅经和阿毗昙学,所传的是佛教的禅数之学,对中国佛学的发展产生了一定影响。

支娄迦谶,简称支谶,月氏国(今阿富汗及中亚地区)人,在汉桓帝永康元年(167 年)来到洛阳。不久就通晓汉语,译出了《道行般若经》、《般舟三昧经》、《首楞严三昧经》等 27 卷佛经。佛教强调,菩萨理想胜过阿罗汉,宣称人皆具菩提心可以成佛,倡导慈悲一切众生,力主以功德回报他人等等。

魏晋时期盛行老庄玄学,佛教学说在思辨方法上与玄学相似,所以很快风行社会。从朝廷命官至平民百姓,普遍有了对佛教的信仰。据说,西晋时,仅在洛阳、长安东西二京,便有寺院 180 所,出家僧尼 3700 余人。现在,我们能够在史籍里找到的西晋时洛阳的寺庙就有白马寺、东牛寺、菩萨寺、石塔寺等 10 余所。

南北朝时期,后赵统治者石勒、石虎,前秦君主苻坚,后秦君主姚兴,齐武帝萧赜,梁武帝萧衍等,为了巩固自己的统治,都大力倡导佛教,客观上也促进了佛教的发展。佛图澄、道安、鸠摩罗什、慧远等是此时期佛教的代表人物。

北魏迁都洛阳以后,佛教发展更快,迅速出现了我国历史上第一个崇佛高潮,著名的龙门石窟就是在此前后开始修建的。孝文帝是一个有作为的皇帝,也极为喜好佛教。他在位时,建寺院,造佛塔,广行佛事,提倡《成实》、《涅槃》、《毗昙》等佛教理论,并特为西域沙门跋陀在少室山修建了少林寺。宣武帝时更是大兴佛教,他为外国来洛阳的僧人建立了永明寺,有房 1000 多间,住有 1000 多个外国僧人。孝明帝时,太后胡氏掌权。她在熙平元年(516 年)修建了永宁寺,规模宏伟,建筑豪华,寺院中央有佛塔,高 9 层,40 余丈。北魏奉佛,朝野成风,百姓经官吏之手或私自出家者越来越多。同时,许多人为了逃避徭役也假称出家。孝文帝太和元年(477 年),各地有僧尼 77258 人,寺庙 6478 所。到北魏末年,僧尼增加到 200 余万人,寺庙达 3 万余所。仅洛阳城内外就有佛寺 1367 所。

南北朝时期,虽然发生了北魏太武帝和北周武帝两次灭佛事件,但从总体来看,佛教已经普及到社会各个阶层之中。

隋朝是我国佛教跨越性发展的时期。隋文帝杨坚出生在冯翊(今陕西大荔)的般若尼寺,生后由智仙养育长大,深受佛教影响。北朝时期,由于战乱和废佛,产生了严重的流民问题,文帝即位之初,问题更加严重,流民约占全国总人口的一半,这对恢复和发展经济是个重大障碍。为此,隋文帝下诏,招揽逃匿的僧侣出山,允许人民自由出家,重整僧团;他还下令在五岳各建佛寺一所,各州县也要建立庙、庵各一所。开皇十年(590 年),允许私度僧尼出家,一次受度者有50 余万人,使非法的流亡者取得合法地位。在隋文帝倡导下,隋朝佛教得到迅速复兴,并走向繁荣。

隋炀帝杨广是文帝的次子,在历史上虽然被称为暴君,但也有聪明过人的才干。特别是在佛教方面,炀帝有不可磨灭的功绩。隋平陈时,杨广对佛教采取保护政策。即位后,在大业元年(605 年)为文帝造西禅定寺,又在高阳造隆圣寺,在并州造弘善寺,在长安造清禅、日严、香台等寺。他曾在洛阳设无遮大会,度男女 128 人为僧尼。炀帝一代所度僧尼共 16200 人。他还在洛阳上林园内创设翻经馆,网络翻译人才,保障供给,继续开展译经事业。达摩笈多应诏移住翻经馆,译有《大方等大集菩萨念佛三昧经》《摄大乘论释》等 46 卷。

隋朝统一后,结束了多年分裂割据的局面,促进了各地文化交流,也使以往南北各有侧重的佛教信仰,得以互相补充、融合。佛教也因此出现了不少宗派,如天台宗、三论宗、三阶教等。具有中国特色的佛教宗派的出现,说明佛教从东汉初传,经过数百年的融合和发展,已基本完成了民族化的进程。

承接隋朝为佛教奠定的基础,唐朝将佛教推向了顶峰,进入了繁盛时期。宗派林立局面的形成,佛教理论的日臻完备,寺院经济的强盛,佛经的大量翻译,佛教艺术的空前兴盛,大批名僧、名寺、名窟的出现,都是繁盛的标志。具有中国特色的佛教宗派如禅宗、唯识宗、华严宗、律宗、净土宗、密宗等,这时都得到了充分发展。其中以禅宗影响最大、传播范围最广、持续时间最长。少林寺被誉为禅宗的发源地、中国禅宗的祖庭。

唐朝时期,出现了一大批高僧,如窥基(632 ~ 682),唯识宗的实际创始人;杜顺天,华严宗的初祖;神秀(约 606 ~ 706),禅宗北宗创始人;慧能(638 ~ 713),禅宗六祖,南宗创始人;道宣(596 ~ 667),世称"南山律师",律宗的集大成者;等等。在这些高僧中,当以玄奘最为著名。玄奘(600 ~ 664),世称唐三藏,洛阳偃师人,大业末出家。唐太宗贞观三年(629 年),前往印度求法,贞观十九年(645年)回国,带回佛舍利 150 粒,金檀佛像 7 尊,经论 657 部。之后,又专心致力于梵文经典的翻译,前后 19 年间,与弟子窥基等人,译出经律论 70 余部。著有《大唐西域记》,对佛教在中国的发展,作出了重大贡献。

　　唐朝的各代皇帝对佛教态度不一,除唐武宗等个别皇帝外,大都采取提倡和利用佛教的政策,如太宗、高宗、睿宗等,武则天统治时期,佛教备受崇奉,使唐代佛教达到极盛。唐武宗时,施行废佛政策。从会昌二年至五年(842～845年),敕令拆毁寺宇,僧尼还俗。共拆毁大寺4600余所,小寺40000余所,僧尼还俗26万余人,释放寺役15万人,收回民田数千万顷。这次毁佛,对以后佛教的发展影响深远。唐武宗灭佛后,佛教开始衰退。

　　宋以后,佛教各大宗派逐渐走向融合。元明时期,中国佛教失去了昔日的辉煌,开始走向衰落。统治者对佛教大都采取利用和限制并用的政策,抑制了佛教的发展。

二、佛教的"业报轮回"和"因果报应"观念

(一)佛教的"业报轮回"思想

　　"业报轮回"是印度传统宗教哲学的核心观念,是支撑印度正统哲学婆罗门教教义的重要基石。中国人对业报轮回的认识主要来源于印度佛教。

　　在婆罗门教的早期,印度先民们就在《梨俱吠陀》中,表述了对人死后归宿的思考。他们认为,人死之后会去到死神"阎摩"掌管的处所,与去世的祖先会合,行善者能够升到天界。从这些内容可以看出,代表早期婆罗门教的是一种朴素的灵魂不灭观念。随着时间的推移,婆罗门教哲学开始形成,出现了系统的轮回学说,有了明确的业报观念。如《唱赞奥义书》中说:"唯在斯世行善行者,有望于生善胎,或生为婆罗门,或生为刹帝利,或生为吠奢。若在斯世行恶行者,其事且将为入乎不善之胎,入乎犬,或野彘,或战陀罗人之胎。"[①]

　　公元前6世纪左右,佛教在印度兴起,佛教继承和发展了婆罗门教的业报轮回观念。业,梵文意思是造作。在佛教典籍中,业被分身、口、意三个方面。根据动机和行为的效果,业又分为善业、恶业、无记业(不善不恶业)。行为发生后,有一种潜在的力量存续下去,并带来或苦或乐的果报,果报通过六道轮回来体现。轮回,就是指业力在欲界、色界、无色界三界之内的天、人、畜生、阿修罗、饿鬼、地狱六道中生死流转。多修善业,则能转生到福地,多造恶业,则必沉沦于畜

---

　　①　徐梵澄译:《五十奥义书》,中国社会科学出版社1984年版,第184页。

生、饿鬼、地狱之中倍受痛苦。这个理论使人们清楚地知道,善行必将得到奖赏与福乐,恶行必将使自己痛苦。这种理论基础就是佛教的道德因果律以及多世报应原则。

佛教的道德因果律认为,一切事物都是由因果法则支配的。善因必产生善果,恶因必产生恶果,善果必从善业生,恶果也必从恶因生。这是一种不以人的意志为转移的规律,具有普遍性和必然性。所谓"不思议业力,虽远必相牵,果报成熟时,求避终难脱"①,就是强调因果发生的客观必然。同时,佛教认为,因与果的承受者是有联系的纵贯前世、后世、来世的,处于轮回之中。即自业自报、自作自受。父作不善,子不代受,子作不善,父不代受,善自获福,恶自受殃。

业报轮回提出,德行与幸福一致,而德福一致的实现,是由轮回的多世流转来保证的,即业报实现的多世原则。佛教认为,业报从感果力来说,有定报、不定报;从时间来说,有现报、生报、后报。对每一个人来说,前世、现世、后世是肯定存在的。所以,道德因果律的实现必然不会也不可能仅仅限于现世。《因果经》说:"欲知前世因,今生受者是;欲知后世果,今生所为是。"三世两重因果,诚然有将"现世的处境推因于前世,来世的状况取决于现世,从而使人们既在现实处境中认命安分,又在现实生活中努力积累来生善果的道德资粮"②之伦理教化功能,但我们并不能将它归结为欺骗性的说教,因为它所关注的前提是道德实践。"欲知前世因,今生受者是"的宗旨,是为了强化人的道德意识,用道德主义的理论来约束人们的行为,促使人们修善止恶,不断提高道德修养。

"欲知后世果,今生所为是",要求人们对善行结果的期待延至下一世。人类对某种完美圆满、德福相称的至善理想的期望是合理的,但如果要求在现世就要德福一致,那么就将德行降低为获取某种外在利益的工具,道德法则就蜕变为谋取人生福利的技术。佛教业报思想福德一致的实现,从现世拓展到前后三世,甚至更远,从而事实上阻抑了人们对现世福利的过分追求,而专注于德行本身。所以,就其终极而言,可以满足人类对至善的期望,而其现世却是"只顾耕耘,不问收获"的自律道德。这样,它就帮助人们克服了道德自身存在的两难——追

---

① 唐义净译:《根本说一切有部毗奈耶》卷四六。
② 王月清:《中国佛教伦理研究》,南京大学出版社1999年版,第40页。

求美德与追求幸福两种价值的冲突,恰当地将道德的内在价值与外在价值统一起来。

(二)佛教的"因果报应"观念

因果报应说,是佛教理论的重要组成部分,是佛教人生观、伦理观的思想基础。它于东汉时由印度传入我国,对我国思想界产生了巨大影响。在传播过程中,它又同我国的传统文化不断融合,逐步实现了中国化,普遍为中国社会各阶层所接受。时至今日,它已经成为我国人生观、伦理观的重要组成部分,仍对佛教信仰者和广大人民群众的思想和言行产生着巨大影响。可以说,因果报应说是对中国影响年代最久、影响范围最广的外国宗教人生理论。因果报应说认为,宇宙中的任何事物都不是无缘无故生灭的,而是有着必然的因果关系。善因必得善果,恶因必得恶果。每个人的善恶行为,都会给自己的命运带来相应的回报,或福或祸,或因积德修道而永脱生死,或因无道作恶而在三世六道中轮回。

(1)"因果报应"说的理论基础。

在佛教理论中,论述事物之间关系的是缘起论,它是因果报应说的哲学基础。因与缘是缘起论的哲学概念。《杂阿含经》卷二说:"我论因说因,有因有缘集世间,有因有缘世间集;有因有缘灭世间,有因有缘世间灭。"因与缘的意义相近,相对"果"而言都是因。但因与缘之间也有差别,"因"侧重于特性方面,缘侧重于力用方面;"因"指主要的,"缘"指一般的。总之,因缘即每一事物的发生,必须具备某些条件;凡是能成为某种事物发生的条件,就可以说是此事物的因缘。不但是某一事物的发生,就是某一事物的消失,也不是无缘无故的,也需要具备各种前提和条件,这也是因缘。佛教认为,世界上一切事物都是由各种因素和条件,而处于一定的关系之中,因一定的关系而产生,也因此种关系的分解而消失。

因与果的关系,被佛教视为构建宇宙人生的最重要的关系。《杂阿含经》卷一二说:"此有故彼有,此生故彼生,此无故彼无,此灭故彼灭。"在这里,"此"与"彼",泛指因与果。它强调事物因缘与果报之间的必然关系,揭示出有因必有果,因灭果必灭的规律。

缘起论是佛教的立意之本,它的因与缘、因与果是涵盖世间万物的。但佛教关注的中心是人。释迦牟尼就是以缘起说为出发点观察人生,提出了"苦、集、灭、道"四条根本道理——"四谛",并进而建立起因果报应说来教化人们。"苦谛"之义,在于说明世界一切皆苦,人生无事不苦。释迦牟尼发现,世界上的一切,都是由于因缘和合而成,也必将随着这种因缘关系的分解而消失。因此,宇宙间的万物,都不能逃脱生灭变化的流转过程。一切有生有灭,所以一切都苦。人从生到死都充满了苦,这种苦有八种:生、老、病、死、怨憎(互相仇恨,但却必须生活在一起)、爱别离(互相友爱,但却必须分开)、求不得(欲得而得不到)、五蕴炽盛(身心的烦恼);痛苦的原因,释迦牟尼称之为"集",由果推因,寻找痛苦的原因就是"集谛"。释迦牟尼发现,苦是由业和烦恼两种原因造成的。业是致苦的正因,烦恼是致苦的助因;所谓"灭谛",就是在明白致苦原因的基础上,灭绝苦的根源——业和烦恼。根据缘起论"此无故彼无,此灭故彼灭"的规律,若断苦因,即绝苦果,众生就会进入解脱的境界,达到永恒的寂灭,即达到佛教所说的涅槃;所谓"道谛",就是消除痛苦和达到涅槃的方法。释迦牟尼把这些方法归纳为八种,即八正道:正见、正思维、正语、正业、正命、正精进、正念、正定。"四谛"是一个由两重因果组成的完整体系:第一重因果是苦谛与集谛,其中苦谛是果,集谛是因,这是说明世间集的因缘;第二重因果是灭谛与道谛,其中灭谛是果,道谛是因,这是说明世间灭的因缘。释迦牟尼在论述"四谛"的过程中,不是泛谈因果。他是为了说明宇宙人生是什么,为什么会生起,怎样才会灭去,从而使人们在现实的事情中,把握因果报应的必然性,知道如何去按照佛教的真理去实践,达到解脱生死的目的。

(2)"因果报应"实现的动力与形式。

在"四谛"中,释迦牟尼不仅发现人生皆苦,并且还找到了造成痛苦的原因是"业"作用的结果。"业"是造作、行为的意思,泛指人的一切身心活动。佛教认为,这种活动能转化为产生不同结果的力量,称为"业力",这是一种能在时间和空间中存续的潜在功能,是实现因果报应的动力。

业有多种。第一,从业的表现形式看,业分为身业(身体的行动)、语业(言语,又称口业)、意业(思想活动)。第二,从业的内在特性看,业可分为有漏、无漏业。有漏业,是指人们通过眼、耳、鼻、舌、身、意等六处流出的"不净",有漏业包括全部恶业,也包括以有漏之心作的善业。无漏业,是心地纯净善良所引起的行为,不带来不善的果,有利于自己也有利于他人。第三,从道德伦理角度看,业分为善、恶、无记三种。《成实论》卷七中说："业报三种,善、不善、无记。""善得爱报,不善得不爱报,无记无报。"佛教视此为必然业报法则。善,指"顺意"、"顺理"、"顺体",即随顺佛法、佛理,使自己和他人得益。恶,是"违逆",即违理背法、违损自己与他人。佛教把善恶界分为十善、十恶,十善与十恶相对。十恶是:杀生,偷盗,邪淫,妄语,两舌(即说离间语,破语),恶口(即恶语,恶骂),绮语(即杂秽语),贪欲,瞋恚,邪见。离以上十恶,则为十善。第四,从业果报来看,业又分为满业和引业。决定个人穷富、寿夭、命运的业,称为满业,所得果报称为"别"报;决定人的共性和共同物质生活条件的业,称为引业,所得果报称为总报。

因果报应的实现的形式是什么?因果报应是如何实现的?其实现过程和实现方式如何?这是因果报应的一个根本性问题。因果报应实现主要表现为"六道轮回"的形式。

"六道轮回"是说,众生由惑业的因,而招感生死流转,犹如车轮回旋不停,众生在六道的生死世界循环不已。这六道是:①地狱:地下牢狱,是受恶报最重的苦难深渊,有"八热"、"八寒"、"无间"等地狱。②饿鬼:是一种孤贫潦倒的鬼,四处游荡而求食不得,饥渴交迫,苦无休止。③畜生:人类以外的一切动物,如禽兽鱼虫,牛羊猪马等,多受自然环境支配,依附人类生活。有的弱肉强食,互相残杀;有的受人类的奴役、鞭挞、屠杀,受苦也重。④阿修罗:住于海中,是一种大力鬼神,有神通威力而无德行,嫉妒心极强。⑤人:指人类众生。苦乐掺半或苦多乐少,是六道升沉的枢纽,修善得生天道,作恶,如杀、盗、淫,则分别坠入地狱、畜生、饿鬼三恶道。人富有智慧,易于知苦修道,转凡成圣。⑥天:指天界众生。共有三界二十八重天。从人间往上有六重天,因有男女情欲,名"欲界天"。欲界天以上有十八天,因没有男女情欲,只有色相庄严,名"色界天"。色界以上有四重天,因为没有色身形相,只有精神心识,名"无色界天"。天界内部虽有区别,但都以享乐为意,时享胜乐,并未超脱生死,也还要坠入恶道。

六道轮回说,本来是印度婆罗门教主要教义之一,认为四大种姓以及"贱民"在轮回中是生生世世永远不可改变的。佛教沿袭轮回论而加以发展,注入了自己的教义。佛教认为,一切众生皆由自身业力决定,种姓是可以改变的,但如不寻求"解脱",就永远在六道中生死相续,无有止息。因此,主张在业报面前众生一律平等。《杂阿含经》卷二０、《长阿含经》卷六中说,下等种姓今生积善德,下世即可生为上等种姓,甚至升到天界;而上等种姓今生有恶行,下世亦会成为下等种姓,以至下地狱。

(3)"因果报应"说在中国的传播与影响。

因果报应理论,是随着印度佛教的传入在我国流行起来的。最先宣传这种思想的途径就是佛经的翻译。汉朝来中国传教的安世高,就翻译了不少宣传因果报应的有关经典,如《十八泥犁经》、《阿难问事佛吉凶经》、《罪业应报教化地狱经》等。后来,由迦叶、摩腾翻译的《四十二章经》,也记载了大量的关于因果报应的言论。事实上,作为佛教的基本教义,因果报应说,贯穿后来翻译的所有的大小乘的经典中,只是有的突出,有的不突出而已。随着佛经的不断翻译,宣传因果报应的方式也在不断创新,如在普遍使用讲经、抄经、注经、印经等宣传形式之外,还广泛采取戏曲演唱、文学艺术、绘画艺术、塑像艺术、石雕艺术等人民群众喜闻乐见的形式来向社会宣传,使佛教的因果报应说普及到了社会各阶层。

第一,宣传因果报应说,是在我国推行佛教的突破口和重要手段。东汉时期,佛教初传者是结合我国固有的宗教迷信祭祀形式来宣扬因果报应的,他们鼓吹学佛得善报,不学佛得恶报。其目的是引导人们信佛。在东汉《理惑论》解答惑者问"为道(学佛)亦死,不为道亦死,有何异乎"时,就曾有这样理直气壮的回答:"有道虽死,神归福堂;为恶即死,神当其殃。"佛教初传者为什么把宣传因果报应说作为在中国推行佛教的突破口和重要手段呢? 这是因为,早在印度佛教因果报应说传入我国以前,我国先秦时代就有了类似的和简单的因果报应思想。如《周易·坤·文言》中说:"积善之家,必有余庆;积不善之家,必有余殃。"《老子·七十九章》言:"天道无亲,常与善人。"《韩非子·安危》言:"祸福随善恶。"王充在《论衡》中也记有人们迷信因果报应的情况:"世谓受福祐者,即以为行善所致,又谓被祸者为恶所得,以为有沈恶伏过,天地罚之,鬼神报之。天地所罚,小大犹发;鬼神所报,远近犹至。"到了东汉,这些简单的因果报应思想已经为广大民众普遍接受,并深深影响着民众的善恶选择和善恶行为。人们普遍地以祭祀的形式来求福祛祸,"世信祭祀,以为祭祀者必有福,不祭祀者必祸"①。在当

---

① 《论衡·祀义篇》,第387页。

时的中国,尽管印度佛教的因果报应说与中国的因果报应说有不少差异,但以宣传因果报应说为突破口来推行佛教,还是最容易被广大民众所接受的。

第二,因果报应说是伴随着同怀疑者和反对者的辩论和斗争而流行的。史载,自东晋以来,何承天、范缜、刘峻、韩愈、李翱、欧阳修、程颢、程颐、朱熹等人在不同的时期质疑、否定甚至著文批判因果报应论。他们或从自然命定论出发,或以传统的儒家王道政治为基础,或以经验或科学的验证为标准,或从形神关系出发,力图证明因果报应的虚幻不实。为了回答对因果报应说的质疑和挑战,维护佛教理论,东晋以来,中国佛教学者一直针对批评因果报应的观点,吸取和结合中国固有的报应观念,阐发带有中国特色的因果报应学说。

东晋时,慧远等人曾与怀疑因果报应说的戴逵反复论辩。南朝时,宗炳和颜延之为维护灵魂不灭说和因果报应说而跟持反对意见的何承天往返争论。隋唐以后,徐同卿、灵裕、阳尚善、道世、彦琮、李师政、刘谧、袾宏、宋濂、真可、德清、梁启超等人,也相继撰述阐发因果报应的论著。在我国思想界不断讨论佛教因果报应说是否"合理"的过程中,慧远高屋建瓴,独当一面,发表了著名的《三报论》,产生了广泛而深远的影响。《三报论》开宗明义说,报应有三种方式、三种类别:"经说业有三报:一曰现报,二曰生报,三曰后报。现报者,善恶始于此身,而此身受。生报者,来生便受。后报者,或经二生三生,百生千生,然后乃受。"慧远认为,生报是业力因缘不如现报的强大,但也不软弱,今生所作善恶业,来生即受善恶果报。后报是业力软弱,时作时悔,未酬报前业因不失,遇缘即报。即过去所作的善恶业,于今生受善恶报,或于未来受善恶报。这是根据受报时间的不同,将果报分三种。人有三业,业有三报,生有三世。生命之流继往开来,变化不息,贯通过去、现在和未来三世。现有的生命,尊卑贫富,强弱苦乐,美丑寿夭,或人或畜,都是过去业因的报应。众生的现实生活,是前生的作业结果。众生现在的思想行为又留下新的业力,在生命结束时,推动新的生命流转。

慧远阐述的因果报应说的特点是:①报应的主宰是业报、自身报,不是中国原始因果报应中所说的上帝鬼神的赏善罚恶;②报应的方式是三世报,而非拘泥于传统的现报和子孙受报;③报应的主体则是不灭的灵魂。慧远阐述的因果报应说,是精致的、完善的、圆滑的,具有极大的弹性和圆融性,它使现实社会中,人们过去难以解答的问题迎刃而解。就这样,在我国思想界不断地对佛教的因果报应说的质疑、辩论、批评、应答的过程中,因果报应理论,经历了一个逐渐中国化的过程,因果报应论也逐渐地深入人心。

第三,因果报应说是一种信仰。高度发达的现代科学,对因果报应论的冲击是根本性,因果报应说体系中"十二因缘"、"六道轮回"和"人生三世"是找不出科学根据的。即使如此,就断言说因果报应不存在,也是欠妥当的。因为,因果报应是一个非常复杂的问题,在一定的范围内,确实存在着善因得善果,恶因得恶果的现象。如现实生活中,助人即助己,害人即害己,就反映了这种因果关系。佛教的因果报应说是不是真实存在,这同上帝是否存在一样,本身就不是一个科学问题,而是一个信仰问题。孔子既"畏天命",又"不语怪力乱神",对天道及神鬼信仰采取了敬而远之,存而不论的态度。而《论语》中关于"厩焚,子退朝,曰:伤人乎? 不问马"的记载,说明孔子对人道的关心。孟子也以"存其心,养其性,所以事天"的态度,来处理天道与人道的关系。我们认为,佛教因果报应说的创立也是一种信仰的重建,这种信仰的重建,不是着眼于形而上的灵魂的创设,也不是着眼于神学的超验玄思,更不是着眼于建立科学的体系,而是着重现实人生命运的改变,现实人伦的调整,现世人生心智性灵的启悟,以及理想德治社会的设计。它把人的命运和人们的思想行为用因果关系联结起来,在一个人们无力把握自己命运的年代,这无疑给人们提供了一线改变自己命运的希望,并促使人们为这个希望去积极行动,以求今生与来世的好报,而不管行动本身有多大的可能性、合理性和科学性。

(4)"因果报应"说的现实意义。

从理论思维的层面去考察,因果报应说具有积极的社会意义。

第一,有利于发挥人的主动性和创造性。因果报应的业力说强调,一个人的命运取决于本人身、语、意三业,即取决于自身的思想和言行。人世的好坏,也取决于自己与大家所共同造的业,而不是上帝的主宰,也不是天命的安排。人自作自受,自己掌握自己的命运,自己对自己的行为和命运负责。这从原则上确立了人的主体地位,排除了神造论、天命论和宿命论,有利于树立以人为本的理念,发挥人的主动性和创造性。

第二,有利于人们的自觉自律。因果报应的必然性,具有很大的扬善止恶的作用。《中阿含经》说:"若有故作业,我说彼必受报。"不论你的地位、贫富、能力如何,都逃不脱因果律的评判。如果人们能够自觉自律,能够敬畏因果定律,可能要比法律的制裁和监督更有效。所谓"菩萨畏因,凡夫畏果"。一个法治的社会,不仅仅是靠严刑峻法,还要有一个人人自律的理论。

第三,有利于建立文明、和谐的社会。因果报应说的本旨是劝导人们从善弃恶。它推崇善,倡导社会成员团结互助、扶贫济困、平等友爱、融洽相处,也提倡保护生命、爱护环境,这些都同我们今天提倡的社会主义精神文明是共通的,有利于我们建立一个文明、和谐的社会。

第四,有利于对生命权利的普遍尊重,有助于促进世界和平。因果报应十分重视"众生平等",将人类与一切生命体平等对待,他们互相依存、互相促进;他们虽然有不同的生命境界,但随着因果关系的作用又可以互相转化,并无尊卑高下之分。当今国际社会的动荡、民族的冲突、种族的歧视、宗教的纷争、环境的污染、生态的破坏等等,其中根本的原因就是藐视其他生灵的平等权利,恃强凌弱。佛教因果报应说所倡导的平等观、生命观、慈悲观、道德观等有助于唤起人们对生命权力的普遍尊重,促进世界和平。

当然,任何事情都是一分为二的,佛教宣传的善恶报应理论,也有局限性,对善良的人们有麻醉其斗志的作用,有利于维护自己的统治。

三、禅宗的起源

(一)初祖菩提达摩

(1)菩提达摩简介。

菩提达摩(? ~536),中国禅宗初祖。生于南印度,婆罗门族,出家后倾心大乘佛法。南朝梁武帝普通年间(520~526)航海到达广州。梁武帝信佛,达摩到南朝都城建业觐见梁武帝,话不投机,渡江北上,先到北魏都城洛阳,后到嵩山少林寺,在那里独自修炼,时人称他为壁观婆罗门。达摩感觉慧可真诚,传授衣法及《楞伽经》。东魏天平三年(536年)卒于洛滨,葬熊耳山。

达摩的著作主要有《少室六门集》上下两卷,以及敦煌出土的《达摩和尚绝观论》、《释菩提达摩无心论》、《南天竺菩提达摩禅师观门》等。

达摩抵达中国的时候,中国正处于南北朝时期,战争不断,人民生活痛苦。南朝梁武帝虔诚信佛,人称"菩萨皇帝"。他得知达摩前来中国,便派使臣到广州迎接。达摩至金陵,梁武帝与达摩却话不投机,只有几句问答。

梁武帝问:"朕自登基以来,修佛寺,造佛像,抄写经书,供养僧侣,敢问大师,有何功德?"

达摩回答:"无功无德。"

梁武帝问:"请问大师,世上有没有佛?"

达摩:"没有。"

梁武帝:"对朕者谁?"

达摩:"不知。"

其实,梁武帝扶持佛教事业,本有功德,但又贪图功德,便善恶抵消。再者,梁武帝身为皇帝,用钱财布施本不是难事,所以算不上是真布施、真功德。找到自己的佛性,开悟自己,弘扬佛法,普度众生,才算得上是真正的布施、真正的功德。《金刚经》说:"凡有所相,皆为虚妄。"佛,本身并无实相,只存在于心中,与众生凡人无异。梁武帝既问佛在何处,可以说是心中无佛,却又执著于佛相。大悟之境,应无凡无圣,既不舍凡,亦不求圣,是谓"廓然无圣"。达摩大师不识自己,不是忘我,而是无我。既是无我,何来忘我? 人生在世,最难破的便是我,时时刻刻带着一个"我"字,焦虑和痛苦便由此而来。不执著于我,也不执著于无我,无我,无无我,又何来"我"的痛苦和不安? 两人话不投机。梁武帝认为达摩对佛法一窍不通,达摩感觉梁武帝形式过于实质。于是达摩渡江北上,到达北魏都成洛阳传法,后独自到嵩山,洞中面壁九年,等待可传衣钵之人。直到有一位叫神光的和尚出现。他立雪过膝,三天三夜。随后,神光断臂以表求法之决心,于是达摩大师收他为徒,赐法号"慧可"。

自公元520年,达摩由南印度航海东来,登陆广州,后至金陵,又北上洛阳,再入嵩山,游历中土名刹古寺,不遗余力在中国弘扬禅宗佛法。公元536年,达摩自觉他的时辰已到,他要四位徒弟把自己所学的心得说来听听。

道副:"依徒弟看来,我们应该不执著于文字,也不舍弃文字,要把文字当做一种求道的工具来使用。"

达摩:"你只得到了我的皮。"

尼总持:"据我了解的,就像庆喜看到了阿门佛国,一见便不再见。"

达摩:"你只得到了我的肉。"

道育："地、水、火、风四大元素本来是空的。色、受、想、行、识五蕴也非实有。依我所见,整个世界不存在一法。"

达摩："你得到了我的骨。"

最后,轮到慧可时,他走到达摩面前一言不发,只三叩拜,然后站在那里一动不动。良久,达摩说："你得到了我的髓。"达摩大师知慧可深得禅宗精髓,便传其衣钵。于是,慧可成为禅宗二祖。

(2)菩提达摩的"二入四行"理论。

达摩禅法的主要内容是"二入四行"论。"二入四行"论的核心部分在《续高僧传》、《楞伽师资记》和《景德传灯录》等史料中都有记载。据《楞伽师资记》载,达摩禅法的中心是"二入四行"理论。二入:一理入,二行入。四行:一报怨行,二随缘行,三无所求行,四称法行。

所谓"理入"是指："理入者,谓籍教悟宗,深信含生凡圣同一真性,但为客尘妄覆,不能显了,若也猞妄归真,凝住壁观,无自(无)他,凡圣等一,坚住不移,更不随于言教,此即与真理冥状,寂然无名,名之理入。"①所谓籍教悟宗,就是通过经教而又能领悟宗通自证的道理。在达摩禅法有关"理入"的说法中,按照佛教关于信、解、行、证修学的几个方面,"籍教悟宗,深信含生凡圣同一真性,但为客尘妄覆,不能显了"是属于信解的方面;"更不随于言教"的"猞妄归真,凝住壁观,无自(无)他,凡圣等一,坚住不移"是属于禅宗修行的行的方面;"与道冥符,寂然无为"是属于证的方面。按照传统佛教一般的修学方式,信解行证是个渐进的过程,而达摩"理入"禅法的特色在于,不走传统佛教迂回曲折的渐进路子,信解行证都统一到"壁观"这一理入安心的禅观之行中了。"深信含生凡圣同一真性"的"籍教悟宗"不是单纯停留于理知的信解上,而是应该当即不随言教,摆脱言教束缚,应该当即在"凝住壁观,坚住不移"的禅观之行中达到"与道冥符"的证悟。所以,达摩"理入"禅法的特色在于提倡,即信即解即行即证的顿悟,这奠定了后来中国禅宗的基本特征。"理入"主要是与最高真理的理体相应,而按照达摩禅法,众生的真心自性就是最高真理的法性理体,这些都成为后来中国禅宗提倡自性是佛、明心见性、顿悟见性而成佛的禅法理论和实践的重要渊源。

---

① 《楞伽师资记》卷一,《中国佛教思想资料选编》第2卷、第4册、第156页,中华书局1991年。

在达摩“理入”的禅法中,证入最高真理的法性理体,关键是通过“壁观”这一禅观之行而达到的。壁观是说明,这种禅观“喻如墙壁,中直不移,心无执著,遣荡一切执见”①。就是说,这是一种如墙壁一样遣荡一切执见而直接与实相理体相应的禅观之行,既不陷于知见执著,也不一定要局限于静坐调心、调息等特殊的、烦琐的禅修方法,这就更为鲜明地显示了达摩禅理行并重、行解相应,从而达到即信即解即行即证的顿悟的禅法特色。这就是说,“理入”虽然侧重于实相理体的证入,但不单是一种理知上的信解,而是有行有解有证或者说是即解即行即证。所以,达摩的“理入”禅法,实际上已经提出了即行即解即证的理行并重而重行的精神原则,而这种精神原则在“行入”的禅法中又得到了进一步的更为具体的展现和表达。

所谓“行入”,即“行入者,所谓四行。其余诸行,悉入此行中。何为四行?一者报怨行,二者随缘行,三者无所求行,四者称法行”②。行入,即是在实际事行、实际生活中体证最高真理。与理入侧重从真理的理体入手稍有不同,行入则偏重从事行、事用上入手。行入可以分为报怨行、随缘行、无所求行、称法行四行,这四行可以统摄一切事行。

报怨行是指:云何报怨行? 修道行人,若受苦时,当自念言,我从往昔,为数劫中,弃本逐末,流浪诸有,多起怨憎,违害无限,今虽无犯,是我宿殃,恶业果熟,非天非人,所能见与,甘心忍受,都无所怨诉。经云:逢苦不忧,何以故? 识达本故。此心生时,与理相应,体怨进道,是故说言报怨行。报怨行是说,修道行人,在实际的践行或事行中,若受苦时,应当知道此苦是自己过去业报所致,不怨天尤人。能作到这一点,就能与理相应,体证佛教中一切皆苦的事理而进修道行。报怨行可以说就是以佛教中“一切皆苦”的道理来指导实际事行、实际生活。

随缘行是指:随缘行者,众生无我,并缘业所转,苦乐齐受,皆从缘生,若得胜报荣誉等事,是我过去宿因所感,今方得之,缘尽还无,何喜之有? 得失从缘,心无增减,喜风不动,冥顺于道,是故说随缘行。随缘行是说,在实际事行中若遇到

---

① 汤用彤:《汉魏两晋南北朝佛教史》第19章,《中国现代学术经典·汤用彤卷》第581页,河北教育出版社1996年。

② 《楞伽师资记》卷一,《中国佛教思想资料选编》第2卷、第4册第156～157页,中华书局1991年。

胜报荣誉等事,应该认识到这是过去宿因所感,缘尽还无,何喜之有? 所以也应无动于心,与道相冥。随缘行可以说是以佛教中"诸行无常"、"诸法无我"来指导实际践行,在实际事行、实际生活中体证"诸行无常"、"诸法无我"的道理而进修道行。

无所求行即是:无所求行者,世人常迷,处处贪著,名之为求,智者悟真,理将俗及,安心无为,形随运转,万有斯空,无所愿乐,功德黑暗,常相随逐,三界久居,犹如火宅,有身皆苦,谁得而安? 了达此处,故于诸有,息想无求。经云:有求皆苦,无求乃乐,判知无求,真为道行。无所求行,就是在实际事行中应该无求无愿,安心无为,这实际上就是以佛教中"涅磐寂静"来指导实际践行,在实际事行、实际生活中体证"涅磐寂静"的道理而进修道行。

称法行是说:称法行者,性净之理,因之为法,此理众相斯空,无染无著,无此无彼。经云:法无众生,离众生垢故;法无有我,离我垢故。智(者)若能信解此理,应当称法而行,法体无吝于身命,则行檀舍施,心无吝惜,达解三空,不倚不著,但为去垢,摄化众生,而不取相,此为自利,复能利他,亦能庄严菩提之道。檀度既尔,余五亦然。为除妄想,修行六度而无所行,是为称法行。称法行就要以大乘不共的法性本净、本空之理来提升,称法行就是要在大乘六度的度化众生的实际生活中,依据对大乘般若法性本净、本空之理的信解来指导实际践行,在实际事行中体证大乘般若法性本净、本空之理。

实际上,达摩"行入"禅法的四行,都是强调以大乘佛教法性本净的基本原理来指导实际践行,在实际事行、实际生活中体证佛教的真理。这就是"理入"禅法中,理行并重而重行的即行即解即证的精神原则,得到了更为具体的、更进一步的贯彻和表现。本来,就作为最高真理的道本身来说,理体与事行本来是不可分割的,将入道之途分为理人和行人,只是为了修学和理解的方便,而两者也只是侧重点有所不同而已,理人偏重于契入真理的理体本身,而行人则侧重于契入最高真理在事用、事行上的表现。但理人和行人本来是不可分割、相辅相成的,从达摩禅法的整体来看,将入道之途分为理人和行人,两者就更为完整,而相得益彰地体现了达摩禅法理行并重而重行的即行即解即证的精神原则。理行并重而重行的即行即解即证的精神原则就是强调要在实际生活、实际事行中直接体证最高真理。

达摩"二入四行"的禅法是强调要在实际事行、实际生活中贯彻即行即解即证的精神原则。达摩禅法这种即行即解即证的禅法没有特定的程序、规范可以遵循,正是一种在最深刻的理论指导下展开的高度自觉的实践。达摩"二入四行"的禅法,主张理行并重,强调信解行证在佛教修学体系中的有机统一、不可偏废;同时,达摩"二入四行"论的禅法,还可以说是以简括的文字概括了佛教大小乘的所有的基本义理和实践,所有这些,都表明了达摩的禅法具有极大的涵括性和融摄性,具有向多种层面解释和发挥的可能性。道宣《续高僧传》称赞达摩"冥心虚寂,通微彻数",又说达摩"大乘壁观,功业最高",这些都表明了达摩作为一个当之无愧的宗教大思想家和大实践家所达到的深度和广度。达摩的禅法,也符合中国传统思想文化尚简易、重实践的精神特点,后来的南宗禅和北宗禅都可以说是对达摩禅法精神的发挥和发展。从这些方面看,达摩确实不愧为中国禅宗的始祖,菩提达摩奠定了中国禅宗的基本精神原则。

(二)慧可禅理

(1)慧可生平简介。

慧可(487～593),俗姓姬,名光,虎牢(今河南成皋县西北)人。慧可自幼志气不凡,为人旷达,博闻强记,广涉儒书,尤精《诗》《易》,喜好游山玩水,而对持家立业不感兴趣。后来接触了佛教经典,于是便潜心钻研,并产生了出家的念头。

父母见其志气不可改移,便听许其出家。于是,他来到洛阳龙门香山,跟随宝静禅师学佛,不久又到永穆寺受戒。此后遍游全国各地,学习大小乘佛教教义。经过多年学习,慧可虽然对佛教教义有了充分认识,但是个人的生死大事对他来说仍然是个谜。

为此,慧可又回到香山,放弃了过去那种单纯追求文字知见的做法,开始实修,他每天从早到晚都在打坐,希望能够借禅定的力量解决生死问题。这样过了八年,仍无结果,为此,慧可辞别宝静禅师,前往嵩山,来到达摩祖师面壁的地方,朝夕承侍。开始,达摩祖师只顾面壁打坐,根本不理睬他,更谈不上有什么教诲。但是,慧可并不气馁,内心反而愈发恭敬和虔诚。他不断用古人为法忘躯的精神激励自己:昔人求道,敲骨取髓,刺血济饥,布发掩泥,投崖饲虎。古尚若此,我又何人?就这样,他每天从早到晚,一直呆在洞外,丝毫不敢懈怠。有一年腊月初九晚上，天气陡然变冷，寒风刺骨，并下起了鹅毛大雪，慧可依旧站在那里，一动不动，天快亮的时候，积雪居然没过了他的膝盖。

这时，达摩祖师才慢慢回过头来，看了他一眼，心生怜悯，问道："汝久立雪中，当求何事？"

慧可流着眼泪，悲伤地回答道："惟愿和尚慈悲，开甘露门，广度群品。"

达摩祖师道："诸佛无上妙道，旷劫精勤，难行能行，非忍而忍。岂以小德小智，轻心慢心，欲冀真乘，徒劳勤苦。"（诸佛所开示的无上妙道，须累劫精进勤苦修行，行常人所不能行，忍常人所不能忍，方可证得。岂能是小德小智、轻心慢心的人所能证得？若以小德小智、轻心慢心来希求一乘大法，只能是痴人说梦，徒自勤苦，不会有结果的。）

听了祖师的教诲和勉励，为了表达自己求法的决心，慧可暗中拿起锋利的刀子，咔嚓一下砍断了自己的左臂，并把它放在祖师面前。顿时鲜血染红了雪地。达摩祖师被慧可的虔诚举动所感动，知道慧可是个法器，于是就说："诸佛最初求道，为法忘形，汝今断臂吾前，求亦可在。"（诸佛最初求道的时候，都是不惜生命，为法忘躯。而今你为了求法，在我跟前，也效法诸佛，砍断自己的手臂，这样求法，必定能成。）

达摩祖师于是将神光的名字改为慧可。

慧可问道："诸佛法印，可得闻乎？"

祖师道："诸佛法印，匪（非）从人得。"

慧可听了很茫然，便说："我心未宁，乞师与安。"

祖师回答道："将心来，与汝安。"

慧可沉吟好久，回答道："觅心了不可得。"

祖师于是回答道："我与汝安心竟。"

慧可听了祖师的回答，当即豁然大悟，心怀踊跃。原来并没有一个实在的心可得，也没有一个实在的"不安"可安，安与不安，全是妄想。

慧可开悟后，继续留在达摩祖师身边，时间长达六年之久（亦说九年），后继承了祖师衣钵，成为禅宗二祖。

据史料记载，慧可成为禅宗二祖后，即前往邺都，韬光养晦，变易形仪，随宜说法，或入诸酒肆，或过于屠门，或习街谈，一音演畅，四众皈依，如是长达三十四年。

慧可禅师长于辞辩,他虽无意推广自己的禅法,但是,知道他禅法的人却日渐增多。随着他的影响一天天扩大,他的弘法活动遭到了当时拘守经文的僧徒的攻击。当时有个叫辩和的法师,在寺中讲《涅槃经》,他的学徒听了慧可讲法,渐渐都离开了讲席,跟随慧可学习祖师禅。辩和法师非常不满,于是在邑宰翟仲侃面前诽谤慧可,说他妖言惑众。翟仲侃听信了辩和法师谗言,对慧可进行了非法迫害。慧可却怡然顺受,毫无怨言。灯录上记载,慧可禅师活了107岁,寂于隋文帝开皇十三年(593年),谥"大祖禅师"。

(2)慧可的"即身是佛"思想。

《楞伽经》云:牟尼寂静观,是则远离生死,是名为不取。今世后世,尽十方诸佛,若有一人,不因坐禅而成佛者,无有是处。《十地经》云:众生身中,有金刚佛,犹如日轮,体明圆满,广大无边,只为五荫重云覆障,众生不见。若逢智风,飘荡五荫,重云灭尽,佛性圆照,焕然明净。《华严经》云:广大如法界,究竟如虚空,亦如瓶内灯光,不能照外,亦如世间云雾,八方俱起,天下阴暗,日光起得明净,日光不坏,只为雾障。一切众生清净性亦复如是,只为攀缘,妄念诸见,烦恼重云,覆障圣道,不能显了。若妄念不生,默然净(静)坐,大涅槃日,自然明净。俗书云:冰生于水而冰遏水,冰消而水通;妄起于真而妄迷真,妄尽而真现。即心海澄清,去身空净也。故学人依文字语言为道者,如风中灯,不能破闇,焰焰谢灭。若净坐无事,如密室中灯,则解破闇,昭物分明。若精诚不内发,三世中纵值恒沙诸佛,无所为。是知众生识心自度。佛不度众生,佛若能度众生,过去逢无量恒沙诸佛,何故我不成佛? 只是精诚不内发,口说得,心不得,终不免逐业受形。故佛性犹如天下有日月,木中有火,人中有佛性,亦名佛性灯,亦名涅槃镜,明于日月,内外圆净,无边无际。犹如炼金,金质火尽,金性不坏,众生生死相灭,法身不坏。亦如泥团坏,亦如波浪灭,水性不坏,众生生死相灭,法身不坏。《华严经》云:譬如贫穷人,昼夜数他宝,自无一钱分,多闻亦如是。又读者暂看,急须并却,若不舍还,同文字学,则何异煎流水以求冰,煮沸汤而觅雪。

慧可之禅法,从他给向居士的回信中体现出来。向居士幽栖林野,木食涧饮。北齐天保初(551),闻二祖盛化,乃致书通好曰:"影随形起,响逐声来。弄影劳形,不识形为影本;扬声止响,不知声是响根。除烦恼而趋涅槃,喻去形而觅影;离众生而求佛果,喻默声而寻响。故知迷悟一途,愚智非别。无名作名,因其名而是非生矣。无理作理,因其理则争论起矣。幻化非真,谁是谁非?虚妄无实,何空何有?将知得无所得,失无所失。未及造谒,聊申此意,伏望答之。"二祖大师命笔回示曰:

备观来意皆如实,真幽之理竟不殊。
本迷摩尼谓瓦砾,豁然自觉是真珠。
无明智慧等无异,当知万法即皆如。
愍此二见之徒辈,申辩措笔作斯书。
观身与佛不差别,何须更觅彼无余?
居士捧披祖偈,乃伸礼观,密承印记。

可见,慧可之教旨,在体认万法一如,众生与佛不二。达摩谓,一切众生同一真性,客尘所覆,犹见不净,但离妄缘,即是实际。悟入即此一心,本来具足,即"理入"也。慧可承达摩"理入"之旨,悟此身与佛并无差别,即身是佛。可谓得达摩之真传。

四、禅宗的发展

(一)北宗神秀

(1)神秀简介。

神秀(606~706),生于隋大业二年(606年),俗姓李,陈留尉氏(今河南尉氏县)人,十三岁开始离家游学。赞宁《宋高僧传》载:"释神秀俗姓李氏,今东京尉氏人也。少览经史,博宗多闻。"《传法宝记》说,神秀"学究精博,采《易》道,黄老及诸经传,自三古微微赜,靡不洞习"。《景德传灯录》载,神秀"少亲儒业,博宗多闻"。从以上记载可知,神秀从小就对中国传统文化,包括儒、道、释诸家均有研究,这为他后来成为北宗领袖奠定了基础。

张说的《唐玉泉寺大通禅师碑》记载,神秀于唐武德八年(625年)在洛阳天宫寺受具足戒。《宋高僧传》说他"既而奋志出尘,剃染受法"。神秀出家受戒,成为佛教徒。他到五祖弘忍处,深得五祖弘忍器重。在黄梅东山寺,神秀的地位仅次于五祖弘忍。

神秀初见五祖弘忍，非常敬佩，当神秀看见五祖弘忍以坐禅为务而发出慨叹："此真吾师也。"五祖弘忍对神秀同样"忍默识之，深加器重"①。显示出师徒之间初次相见就彼此爱慕。因神秀有深厚的中国传统文化素养，所以，他与五祖弘忍除了师徒之间的教与学之外，还是朋友的关系，经常与五祖弘忍共同研讨佛教原理。五祖弘忍曾说："我与神秀论《楞伽经》，玄理通快，必多利益。"②所以，神秀在黄梅东山师从五祖弘忍学习六年，坐上了教授师的位置，其地位仅次于五祖弘忍。五祖弘忍对神秀非常器重，他对神秀说："吾度人多矣，至于悟解无及汝者。"③"东山之法，尽在秀矣。"④给神秀以极高的评价。

据张说《唐玉泉寺大通禅师碑》载，神秀在五祖弘忍圆寂后离开了黄梅，隐居于荆州当阳山，这样隐居十多年。到仪凤年间（676～679），在玉泉寺开始正式弘法。神秀开法后，声望与日俱增，于是信佛的当朝女王武则天迎他入京供养，向其问法。"久视中，则天发中使，奉迎洛阳。"⑤"唐武后闻之，召至都下，于内道场供养，特加钦礼，……时王公士庶，皆望尘拜伏。"⑥更有甚者，武则天置君臣之身份于不顾，向神秀行跪拜礼，"则天太后闻之，召赴都，户舆上殿，亲加跪礼"⑦。至中宗即位"尤加礼重"。神秀于神龙二年（702年）圆寂后，"羽仪法物送殡于龙门，帝送至桥，王公士庶皆至葬所"⑧。赐谥大通禅师。

神秀与慧能都是五祖弘忍的徒弟，他对慧能怀有深厚的同门之情。据文献记载，神秀对慧能非常仰慕和钦佩。神秀深知自己对佛法的理解比不上慧能，因而极力向武则天推荐慧能。《六祖坛经》载："神龙元年上元日，则天、中宗诏云：朕请安秀二师，宫中供养，万机之暇，每究一乘。二师推让云：南方有能禅师，密授忍大师，传佛心印，可请彼问。"于是，武则天和中宗"遣内侍薛简，弛诏迎请，愿师慈念，速赴上京"。然而，慧能以有病而辞。神秀又亲自给慧能写信，劝其

① 道原：《景德传灯录·北宗神秀禅师者》。
② 唐·净觉：《楞伽师资记》《大正藏》第八十五册。
③ 道原：《景德传灯录·北宗神秀禅师者》）。
④ 《荆州玉泉寺大通禅师碑》。
⑤ 敦煌本：《传法宝记》。
⑥ 道原：《景德传灯录·北宗神秀禅师者》。
⑦ 赞宁：《宋高僧传·神秀传》。
⑧ 道原：《景德传灯录·北宗神秀禅师者》。

赴京。"尝奏天后请追能赴都,能恳而固辞。秀又自作尺牍,序帝意征之,终不能起。"①虽然慧能最终未能成行,但透过此事,可以看到神秀对慧能的诚挚之情。

神秀很想亲自到曹溪向慧能问法,只是年老体弱、路途遥远而未能如愿,但他还是想通过派弟子到曹溪的办法来了解慧能的禅法。而当弟子们讥讽慧能时,神秀极力为其辩护,并力劝自己的弟子改投曹溪礼拜慧能。神秀说:他(指慧能)得吾师之智,深悟上乘,吾不如也。且吾师五祖,亲传衣法,岂徒然哉?吾恨不能远去亲近,虚受国恩,汝等诸人毋滞于此,可往曹溪参决。于是,他派心复弟子志诚往曹溪听法,并嘱志诚:若有所闻,尽心记取,还为吾说。

神秀向武则天和唐中宗推荐慧能,对慧能的地位和名望的提高有不小的帮助。慧能在羊城法性寺剃度出家不久,即到曹溪宝林寺弘法三十余载。由于神秀的推荐,武则天和唐中宗圣诏迎请慧能入京供养,敕额赐物,并遣特使赴曹溪询问佛法。尽管慧能婉拒圣意,未能成行,但皇帝、朝廷的谕嘉褒奖,对慧能地位和名望的提升则是不言而谕的。

神秀是禅宗北宗的开创者,在当时禅门中具有崇高的威望和地位,是当时禅门的一个杰出代表。由于神秀及其弟子们主要活动在以京洛篙为中心的北方地区,所以神秀及其弟子所弘扬的禅法在历史上被称为北宗,而神秀则成为北宗的领袖。

(2)神秀的禅法思想。

神秀的思想主要包括以下几个方面。

第一,本觉净心与离念本体。

神秀在《观心论》中明确提出"心"是万法之本。"心者,万法之根本也。一切诸法,唯心所生,若能了心,万行具备。"②心是人一切活动的根本,是修行实践的关键。他说:"心是众善之源,心是万恶之主。涅槃常乐,由自心生,三界轮回,亦从心起。"③善恶、染净都由心生,这就是说,人心有两个方面,或者说人具有染和净两种不同性质的心,"云何为二? 一者净心,二者染心。其净心者,即

---

① 赞宁:《宋高僧传·神秀传》。
② 唐·神秀:《观心论》《大正藏》第八十五册。
③ 唐·神秀:《观心论》《大正藏》第八十五册。

是无漏真如之心,其染心者,即是有漏无明之心。此二种心,自然本来具有,虽假缘和合,互不相生。净心恒乐善因,染心常思恶业"①。从神秀将心分为净心和染心两种心的思想可以看出,神秀所说的离念,是要远离各种染心的妄念,能够远离染心,则能恢复本觉真心、净心。

这就是说,心是与其他五根(眼、耳、鼻、舌、身)不同的,心能够主宰眼、耳、鼻、舌、身等五根,认知色、声、香、味、触等五尘。不能保持心的理性自觉,即是染法界。与外界接触时,能够使心保持高度自觉,能够远离外界五尘的念头,即是净法界。神秀特别重视心的作用,而不同于五根的心就是净心,净心就是一种理性,净心虽然要远离五根的作用,但又与五根的作用不可分离,而且它能主宰、克制五根的作用。

神秀认为,净法界即是离念境界。离念境界是完全排除了染心的作用,完全是净心的作用。离念的境界是"身心空,善回向,回向菩提,证真常乐,常对境界,心无所著"。自性是指心有所执,欲际是指识缘五尘,而诸法正性则是心识俱不起的离念境界。神秀从本体论的角度对于离念本体作了一个概括说明,他说:"离念是体,见闻觉知是用。寂是体,照是用。寂而常用,用而常寂。寂而常用,即事则理。用而常寂,即理则事。寂而常用,即空则色。用而常寂,即色则空。寂照照寂,寂照因性起相,照寂摄相归性,寂照空不异色,照寂色不异空。寂是展,照是卷。舒则弥沦于法界,卷则总在于毛端,吐纳分明,神用自在。"②离念、离相就是寂,寂是体,是法身佛,见闻觉知是用,见闻觉知包括了报身佛和化身佛,寂而常用,用而常寂,也就是即体即用,即用即体。即体即用也就是即理即事、即空即色。"用"也叫做"照",所以即体即用、即用即体也就是即寂即照、即照即寂,即寂即照是因性起相,即照即寂是摄相归性。这样,神秀就认为,他根据体用相即的原理而将理与事、空与色、性与相都融通了。神秀认为,整个佛教理论都可以用体用相即来概括。所以《楞伽师资记》中也说,神秀的道法可以归为体用二字,如其中有记录神秀所说:"我之道法,总归体用两字,亦曰重玄门,亦曰转法轮,亦曰道果。"

———————————

① 唐·神秀:《观心论》《大正藏》第八十五册。
② 唐·神秀:《大乘五方便[北宗]》《大正藏》第八十五册。

神秀以体用相即来概括他的本体论思想,他的体用相即的本体论思想,是指导他修行实践的基本原理和总原则。神秀的这种本体论思想,主要是依据《大乘起信论》而组织起来的,这从他引用《大乘起信论》就可以明显看出,神秀在自己的思想中是以《大乘起信论》取代了《楞伽经》在早期楞伽师思想中的地位,因为《大乘起信论》的主要理论就是吸取《楞伽经》的。由此可见,《大乘起信论》对神秀的影响是十分深刻的。

第二,观心法门与看净不动。

神秀根据本觉净心的离念本体思想,提出了相应的修行实践方法。他认为,既然心是万法之本,所以修行实践活动也就应从心入手。他说:"故知一切善恶,皆由自心,若心外别求,终无是处。"①又说:"一切佛法,自心本有;将心外求,舍父逃走。"神秀将这种直接从心入手的修行实践活动称为观心法门。他认为,观心法门可以统摄一切,是最关键、最重要的修行方法。问:"若复有人,志求佛道,当备何法,最为省要? 答曰:唯观心一法总摄诸行,名为最要。"②"诸行"是指佛教的各种修行方法,其中也包括积功累德的各种方便法门,以及各种戒律仪规,如三戒、六度、修伽蓝、铸佛像、烧香、散花、燃灯、绕塔、持斋、礼拜和念佛等等。神秀认为,这些都是"事相",如果执著于这些"事相",那么最多也只能获得某些福德,而不能使内心获得清净解脱。若不内行,唯只外求,希望获福,无有是处。

神秀以观心来解释念佛。认为,念佛应是"坚持戒行","觉察心源",而不是口诵空言,这种解释与慧能对念佛的说明一样,都是主张唯心净土说的。所以,神秀以观心来取代其他一切"事相",他还引用《金刚经》中"凡所有相,皆是虚妄"来说明这些事相都是虚妄的,而观心则是"无相"的。

由于人有染净两种心,因而所谓"观心",从一个方面说,就是要消除染心对净心的蒙蔽,"但能摄心内照,离诸邪恶,三界六趣,轮回之苦,自然消灭,则名解脱"③。而从另一方面说,观心就是要保持本觉净心,"佛性者,即觉性也。但自觉他,智慧明了,离其所覆,则名解脱,故知一切诸善,以觉为根,因其觉根,遂显

---

① 敦煌本《坛经》第十三节、第十五节
② 唐·神秀:《观心论》《大正藏》第八十五册
③ 唐·神秀:《观心论》《大正藏》第八十五册。

诸功德树,涅槃之果,因此而成。如是观心,名为可了"①。保持本觉净心也就是要看住净心,所以也叫"看净"。神秀说:"一切相,总不得取。(所)以《金刚经》云:'凡所有相,皆是虚妄。'看心若净,名净心地。莫卷缩身心。舒展身心,放旷远看,平等看,尽虚空看。"而且,看净是"一物不见"的,"看净,细细看,即用净心眼,无边无涯际远看"。"向前远看,向后远看,四维上下一时平等看,尽虚空看,长用净心眼看,莫间断,亦不限多少看,使得者然身心调,用无障碍。"②因此,所谓"看净"即是以"净心眼"向四维上下一切处看,这也就是说,"看净"是尽量将"净"的理念不间断地扩而充之,扩充到最大限度,使净的理念落实到自己的一切身心生命活动中,这时就已经认识、把握净心了。

神秀认为,要作到身心离念也就要身心不动,离身心相,身心不动才能开智慧。"身心不动,豁然无念是定,见闻觉知是慧,不动是开,此不动即能从定发慧。"智慧是本觉的净心体自然而有的。看净也就是不动,如果说看净是从"看"入手的,那么不动则是从"闻"入手的,神秀曾打木后问学者是否听到打木的声音,学者说只闻"不动",神秀就发挥说:"此不动是从定发慧方便,是开慧门,闻是慧。若不得此方便,正(定)即邪定,贪著禅味,堕二乘涅槃。已得此方便,正定即得圆寂,是大涅槃。"③所以,不动能开智慧,而且能得正定,不堕于二乘之邪定,正定是有定有慧的,而邪定则是堕于空寂,是有定无慧的。

为了说明这个问题,神秀将"不动"分为"心不动"与"耳根不动"等。他说:"心不动,是定,是智,是理;耳根不动,是色,是事,是慧。"④心就是意根,意根是智门,心不动也就是意根离念,是定,是智,是理;眼、耳、鼻、舌、身等其他五根是慧门,如耳根不动,是指耳闻声而又不为其所动,不受其影响,其他四根亦如此。所以,五根不动是相对于色或事来说的,五根不动就是慧。这样,不动就既是离念的,但又不是沉空滞寂的,因为还有见闻觉知的作用,只是能够在见闻觉知中于外境不动。所以,不动又是理事圆融、定慧一体的。神秀说:"菩萨开得慧门,闻是慧。于耳根以边证得闻慧,知六根本来不动。有声、无声、声落谢,常闻,常

---

① 唐·神秀:《观心论》《大正藏》第八十五册。
② 《大乘无生方便门》《大正藏》第八十五册。
③ 《大乘无生方便门》《大正藏》第八十五册。
④ 《大乘无生方便门》《大正藏》第八十五册。

顺不动修行。""二乘人有定无慧,名邪。菩萨有定有慧,名正。"①这即是说,真正的不动是六根本来不动,不是如二乘人那样畏动而执著于不动,偏向于空寂,也不是如凡夫那样,沉没于尘劳烦恼中。真正的不动是定中有慧,慧中有定,是定慧一体的。神秀还认为,"心不起是体,见闻觉知是用"②。这就是,以定为体,以慧为用,定慧是体用关系。

神秀的这种从不动而发慧的方便法门,显然是受了《大乘起信论》的启发,如《大乘起信论》中说:"如人迷故,谓东为西,方实不转。众生亦尔,无明迷故,谓心为念,心实不动。"神秀也认为,心本来是不动的,若要破除无明,那么就要使心恢复原来的不动。

神秀的定慧一体是说,在见闻觉知中,仍然保持宗教理性的高度自觉。如神秀认为,首先要心不动即定,心不动才能发慧,慧就是指五根在见闻觉知中不受外境的影响。心不动即是要恢复和保持离念不动的本觉净心,即宗教理性的高度自觉。为了使心不动,神秀采取了传统佛教坐禅入定的具体修行方法,如有的文献中说他"禅灯默照,言语道断"、"定水内澄,戒珠外彻"。

第三,一念净心顿超佛地。

从神秀北宗的立场来说,他们是主张顿悟的。神秀认为,只要不执著于各种"事相"修行,不向外求法,而修习观心法门,即"但能摄心内照,常观觉明,绝三毒心,永使消亡,闭六贼门,不令侵扰,自然恒沙功德,种种庄严,无数法门,悉皆成就",那么就能"超凡证圣,目击非遥,悟在须臾,何须皓首?"③所以,成佛的关键也是在于顿悟。神秀的观心法门,最终目的是要离念,因为佛地就是离念的境界。他说:"身心得离念,不见心心如,心得解脱,不见身色如,身解脱,如是长时无断用。'虚空无一物,清净无有相,常令不间断,从此永离障。'眼根清净,眼根离障,耳根清净,耳根离障,如是乃至六根清净,六根离障。一切无碍,是即解脱。不见六根相,清净无有相,常不间断即是佛。"④只要离念没有妄相,那么身心、六根就清净了,这种清净的、无相的、不间断的境界,就是佛的境界。一旦进入这种

---

① 《大乘无生方便门》《大正藏》第八十五册。
② 《大乘无生方便门》《大正藏》第八十五册。
③ 唐·神秀:《观心论》《大正藏》第八十五册。
④ 《大乘无生方便门》《大正藏》第八十五册。

清净的、无相的、不间断的境界,也就是进入解脱的境界了,佛的境界,或解脱的境界,也就是心体离念的境界。只要不起心思议,就能获得解脱。

神秀是主张顿悟成佛的。神秀对于佛经中常说的,要经历三大阿僧祗劫无量勤苦才能成佛的说法,也有他自己独特的解释。在《观心论》中有这么一段话,问:如佛所说,我于三大阿僧祗劫无量勤苦,乃成佛道,云何今说唯除三毒即名解脱? 答曰:佛所说言三大阿僧祗劫者,即三毒心也。胡言阿僧祗,汉言不可数。此三毒心于一念中皆为一切,恒河沙者,不可数也。真如之性既被三毒之所覆障,若不超越彼三恒河沙毒恶之念,云何名得解脱也。今者,能除贪、镇、痴等三种毒心,是则名为度得三大阿僧祗劫。末世众生,愚痴钝根,不解如来三种阿僧祗秘密之说,遂言成历劫。

神秀将"三大阿僧祗劫"解释为"三毒心",所以只要能超越、度脱三毒之心,也就是度过了三大阿僧祗劫的勤苦难行,神秀的这种解释,固然反映了他自由解经的态度,同时也反映了他处处都是从他的宗教理性主义体系出发来理解佛教理论的。类似于这种例子的解释在《观心论》中比比皆是,如他对于念佛、绕塔、铸佛像、修伽蓝等等的解释也是这样。这是因为,他对佛本身的理解就是充满了宗教理性的色彩,神秀的这种思想对于破除偶像、唤醒人的内在理性和自信心是有积极作用的。

总之,神秀从本体论到方法论和认识论都坚持了宗教理性——离念不动的本觉净心。神秀北宗始终着眼于息妄看净的"修",在他看来,如果能够真正息妄看净地修,那么"一念净心,顿超佛地"的顿悟自然也就在其中了。所以,神秀北宗是强调渐修。在神秀北宗看来,悟在修中,修就是悟。

(二)南宗慧能

(1)慧能简介。

慧能(638~713),中国禅宗第六代祖师。俗姓卢,原籍范阳(今北京西南),出生在广东新兴。

慧能家境贫寒,三岁丧父,迁居南海。稍长,卖柴养母。因听人诵读《金刚经》得到启发,决心出家学佛。慧能于公元662年到湖北黄梅参拜五祖弘忍大师。慧能初见弘忍,弘忍便问他:你是哪里人? 来这里求取什么? 慧能回答:弟子是岭南人,来到这里不求其他,只求作佛。弘忍听后问道:你是岭南人,哪里能作佛? 慧能回答:人有南北之分,佛性并无南北之分。这非凡的回答让弘忍刮目相看。为了不引起众人注意,就安排他随众劳动,在碓房舂米。慧能乐于从命,终日舂米。当时弘忍有徒弟七百多人。在慧能入寺八个月之后,弘忍命各人呈上一首偈语,这实际上是一场考试,他要选择继承人。神秀是众僧中的上座和尚,学识渊博,深受弘忍的器重,他在半夜三更时分,独自掌灯,在佛堂的南廊写下一偈:"身是菩提树,心如明镜台。时时勤拂拭,莫使有尘埃。"清晨时,弘忍见到此偈后漠然不语,慧能闻声来到廊下,要求也做一偈,得到弘忍许可,于是他高声念道:"菩提本无树,明镜亦非台。本来无一物,何处惹尘埃。"弘忍看到慧能,就叫他退下。第二天,弘忍把慧能叫去,为慧能讲经,又把世代相传的法衣交给他,正式传他为禅宗六祖。并为他的安全着想,亲自送他到江州的渡口,吩咐他不到必要时机,不要把自己是禅宗六祖的身份讲出来,免得有禅宗的僧人来争夺。为避免加害,慧能在广东四会一带的猎人中藏匿了十五年,直到唐高宗仪凤元年(676 年)才公开露面。是年正月初八,慧能来到广州法胜寺(今光孝寺),一天,风扬起寺庙的旗幡,两个和尚在争论到底是"风动"还是"幡动"。慧能说:既非风动,亦非幡动,仁者心动耳。慧能的说法,令众僧大为惊叹,引起了印宗法师的关注和尊敬。不久,印宗法师为慧能剃度,后又召集高僧名师为慧能举行了隆重的授戒仪式。次年春,慧能离开法胜寺,北上南华寺开山传法,前来送行的有一千多人。在南华寺,慧能传教说法长达三十七年。其间,韶州刺史韦璩曾邀请慧能到韶州开元寺讲经,其言行被弟子法海汇编成书,这就是被奉为禅宗宗经的《六祖大师法宝坛经》。在佛教中,只有佛祖释迦牟尼的言行记录能被称作"经",而一个宗派祖师的言行录也被称作"经"的,慧能是绝无仅有的一个。

　　唐玄宗先天二年(713 年),慧能圆寂于家乡广东新兴县的国恩寺,享年七十六岁。次年,慧能真身迁回曹溪,供奉在灵照塔中。慧能在生前就深得朝廷恩宠,唐万岁通天元年(696 年),女皇武则天遣中书舍人赐给慧能水晶钵盂、磨衲袈裟、白毡等礼物。慧能去世后,更是名位加身。唐宪宗追谥慧能为"大鉴禅师",到宋朝,宋太宗又加谥为"大鉴真空禅师",宋仁宗再加谥为"大鉴真空普觉禅师",最后,宋神宗再加谥为"大鉴真空普觉圆明禅师",王维、柳宗元、刘禹锡等文学大家都先后为慧能撰写过长篇碑文,记述他的事迹。

　　慧能一生充满神奇。他先悟佛道后入佛门,先成佛祖后落发为僧,留下了惊世学说,使佛教禅宗思想和禅文化发展在中国达到了巅峰。他谨记祖师之嘱,倡导自悟自解、以心传心,广种佛田,不再传承衣钵,故后世再无七祖,这是慧能对佛教的重大改革。慧能成为与老子、孔子等齐名的思想家和哲学家,一起被誉为"东方三大圣人"。欧洲将他列为"世界十大思想家"之一。国恩寺是慧能的故居和圆寂之所,以及《六祖坛经》的辑录之地,自唐至今,被视为"岭南第一禅宗圣域"。

(2)慧能的主要思想。

第一,本心清净与自性自力。

心主要指人的心理活动、精神现象、个人的内在生命主体。慧能认为,人心本来的原始状态是清净的,而人心的现实状况虽然有时清净,但往往是迷妄的。这就是说,心包含着本心和妄心两层结构。"本心"是众生本来的心性,原始的状态,本心就是"净心"。所谓净即清净,所谓清净是指佛教菩提般若的智慧,"菩提般若之知,世人本自有之,即缘心迷,不能自悟,需求大善知识示道见性"①。慧能十分强调"本心"的重要性,本心是佛教智慧、觉悟的本体,是众生成佛的根据。他非常重视人心的回归,还原于本心,契合本心。慧能认为,契合本心,也就是净心的完满显现,众生若能做到这一点,也就能获得解脱,成就为佛了。

慧能认为,众生的心理活动、精神作用有两种不同的性质、方向和结果。"世人性本自净。思量一切恶事,即行于恶;思量一切善事,便修于善行。"②这就是说,众生的心有善恶即净妄、智愚、悟迷之别。恶心即"妄心"、"迷心"、"邪心",在慧能看来,这些心是虚幻的,是对外境执着的结果,也是人没有悟道本心以前的现象,而不是人心内在本质的反映。正因为如此,众生有可能在极短暂的时间内实现心理转变,祛除妄心。慧能认为,本心是心之体,现实活动的心是心之用。用又表现为善心和恶心两类,善心与本心是一致的,恶心与本心是相违的。这就是说,心的体与用,既有一致性,又有非一致性。严格地说,恶心及其行为不是众生本心的真实作用。

---

① 敦煌本:《坛经》12,石峻:《中国佛教思想资料选编》第2卷、第4册中华书局1981。
② 敦煌本:《坛经》20,石峻:《中国佛教思想资料选编》第2卷、第4册中华书局1981。

性是指一切事物不变的性质、本性。就众生而言,性是指生命的本质。性也称"自性"。人的本性都是善良的,只要回归自己的本性,就是回复到了人的本来面目。"自性",就是自己本来的本性。慧能在黄梅五祖弘忍处舂米八个月,作偈呈心,大受五祖赏识,五祖于是秘传顿悟及衣钵,并授《金刚经》,讲至"应无所住而生其心"时,慧能言下大悟:一切万法,不离自性。是慧能悟道本性的见证,也是慧能禅学的根本。慧能后来在大梵寺传法时也说:我于忍和尚处,一闻言下便悟,顿见真如本性,是以将此法流行,令学道者顿悟菩提,各自现心,自见本性。"自性",就是只有自己承当,他人无法取代,外物也很难帮忙。所以,慧能得到传法衣钵之后南归,过九江时,五祖欲亲自摇船相送,慧能说:应该弟子来摇橹。五祖说:当然是我"渡"你。慧能说:我生在边方,蒙师教诲,懂得应该"自性自度"。五祖听了慧能的话,非常高兴,认为以后的佛法,将由于慧能大行于世。

所谓自己承当,首先要认识并保持自己的本来面目。所谓他人无法取代,就是要自性自力。"自性"是最内在、最本质的,只有自己"亲临",才能发现它的所在,只有自己"亲证",才能敞开它的光亮。慧能以下的历代禅师都很强调这一点。有个出家人问赵州禅师:怎样参禅才能悟道?赵州禅师听后,站起来说:我要去厕所小便。他走了几步后停下来,回头对那个问话的人说:你看这一点小事,也得我亲自去!宋朝慧宗禅师与宗元禅师结伴外出参学,宗元对慧宗说:有五件事不能给他帮忙:走路、吃饭、饥饿、干渴、排泄。这就是说,自性的参悟、护持,只能靠自己,它不是一个包囊,可以由别人代背。

第二,顿悟成佛说。

东晋时,竺道生即有"顿悟成佛"之说,成为风行一时的热门话题。诗人谢灵运支持竺道生,曾说:华人易于见理,难于受教,故闭其累学,而开其一极;夷人易于受教,难于见理,故闭其顿了,而开其渐悟。可见顿、渐两分在中国早有渊源。慧能"顿悟成佛"说的意义在于,它不仅只是一个观点,而且由此开出了一个宗派——即《坛经》中所谓的"顿教"。慧能的顿悟说,关键的一点,在于自识本心、直了成佛。慧能于大梵寺讲顿教法门,对大众说:万法尽在自心,何不从自心中,顿见真如本性?

其所以能顿,就因为真如本性,内在于人的心性之中,本自就有,就像月亮本在天空,只为乌云覆盖,一旦风吹云散,月华顿见光明。其所以能"顿见真如本性",还有一个原因,就是心性的统摄作用。所谓心量广大,遍周法界。心性问题解决了,一切问题都会迎刃而解,不再成为问题。人们若有超越利害得失的心理境界,对许多矛盾纠葛、恩怨亲疏、闲言碎语,就不会当一回事。这就是黄梅五祖弘忍所说的:一真一切真,万境自如如。慧能顿悟说的特点,在于用智慧观照。"观照"是一个重要概念,因为它是自见本心或直了见性的根本方式。它是对内在本性的觉悟,是整体瞬间直接呈现的。所谓观照,即是对自身本质的直觉,是对天地万物真如本性的直觉,是明净自由的心光照耀万物,使万物澄明放光。所以,慧能南禅一脉相承,多讲观照。而这样的实例,正是"观照"的典型表现。吉祥元实禅师,自到天衣(天衣聪禅师处),早夜精勤,协不至席。一日,偶失笑喧众(吵扰众人),衣摈(弃)之。中夜宿田里,睹星月粲然,有省。晓归趋方丈。述偈曰:"一位才彰五位分,君臣叶处紫云屯。夜明帘卷无私照,金殿重重显自尊。"元实禅师被老师摈弃,中断了与法界的一切关系,无依无寄,一个人半夜露宿田野之中,四周肃然,只见一轮圆月炯炯孤明,无心照物而万物无不遍被光华,这使他顿然觉悟。觉悟到了什么? 觉悟到了"这种情况",即自放明光,万物自然显露于明光,自被光彩、无所隐翳。这个意思,就是偈语后两句说的:夜明帘卷无私照,金殿重重显自尊。"观照"就是自放明光或以本然的明光映现万物庄严的自性。简单说,"顿悟"就是自性自见,"观照"是自性自见的方式。

第三,顿悟与修行的关系。

顿、渐之分,可追溯到《楞伽经》。其卷一说:渐,"譬如大地渐生万物,非顿生也"。顿,"譬如明镜,顿现一切无相色像"。这种思想,甚至用语,都与慧能及其南禅有关。《坛经》也标举顿、渐:法无顿渐,人有利钝,迷即渐契,悟人顿修,自识本心,自见本性,悟即原无差别,不悟即长劫轮回。世人尽言南能北秀,未知根本事由。且秀禅师,于南荆州府当阳县玉泉寺住持修行;慧能大师,于韶州城东三十五里曹溪山住,法即一宗,人有南北,因此便立南北。何以渐顿? 法即一种,见有迟疾,见疾即顿。法无渐顿,人有利钝,故名渐顿。两段话的意思是一样的。值得注意的是,这里强调的不是修行方式的对立,而是得道速度(迟疾)的不同。得道速度不同,不是因为修行方式,而是由于人秉性的利钝。因此虽有"南能北秀"之分,但这只是传法处所的不同,而"法即一宗",本身并无不同。这就是说:北方智利者,也可顿悟,而南方智钝者,亦需渐修。

所谓"顿悟",指的是人的本性的呈现,人的本性的呈现是整体的、顿然来到的。呈现本身是整体的、质的,要达到呈现应该逐步创造条件、作量的努力。本性的呈现,虽然是整体的,却不是一劳永逸的。成佛就是见性,需要努力修行。在慧能看来,见性是顿,要见性需逐渐用功。慧能立顿教法门,并不妨碍用功、修行。《坛经》中说,修行顿教法门,亦要"发大誓愿","终身受持而不退"。又说"凡度誓、修行,遭难不退,遇苦能忍",才可以进入顿门。又说"不修即凡"、"不植德本,难入顿门"。

第四,顿渐之法与根智高下。

"根智"通常说法是"根器",亦可简称为"根"或"器"。慧能的根智,也包括人的知智(智愚),但主要是指人的性智(性情),即人对待私利尘欲的基本态度、人潜在超越性基础的厚薄,即向来所谓性根德器。

《坛经》中说,根智顽钝的人,需多用渐的功夫,才能达到顿悟,所以突出的是渐修,而根智锐利的人,常常可以直了见性,所以下工夫的时间短,突出的是顿悟。慧能的这个思想,是强调佛性是没有差别,"悟"本身也是没有区别,有区别的是人的质地,人的质地不同,虽然最终同样达到顿然悟性,但下的工夫大小、时间长短也就有不同。

从《坛经》中看,慧能是上根之人。他是流官之后,父又早亡,生活艰辛,没有条件进学闻道。一次卖柴时偶尔听人读《金刚经》,"心明便悟"。这一"悟",使他放弃凡尘生活,上黄梅山拜五祖弘忍求法,到五祖处即入碓房踏碓八个月,但八个月后,所作呈心偈却压倒满腹经纶、修学数十年的上座教授师神秀,可见他的悟性确实不低,所悟确实达到了很高境界。于是五祖弘忍秘传他到内堂受法,讲《金刚经》至"应无所住而生其心",慧能闻言,又一次"大悟"。终于衣钵相传,一跃成为禅宗六祖。

慧能的高足,后来南岳一系的开山祖怀让法师,根智就不如慧能,所以下的工夫就大得多,修行的时间也长得多。《五灯会元》说,怀让十五岁在玉泉寺依弘景禅师出家,十年后,同学见他志气颇高,介绍他投嵩山慧安,受到慧安启发后,又去曹溪投慧能。后又经过八年,才省悟到佛性,被六祖认可。如果同一般人比,法器也够深厚,但与慧能相比,却逊之甚远。可见根器问题,像"帝力之大恰如人力之微"一样,属无可奈何之事,所以要假以时日、下大工夫、尽人力来弥补。根器不足的人,只要用功,同样可以"忽然有省",顿悟成佛。就是说,功夫虽然不同,但顿悟并无区别。根器小的人,也就是私心重的人,因为邪见障重,烦恼根深。犹如大云,盖覆于日,不得风,日不能现。但般若之智是一样的,只要用功,同样可以顿悟成佛。

根器大的人,也就是私心轻的人,用功就少。若大乘者,闻说《金刚经》,心开悟解,故知本性自有般若之智,自用智慧观照,不假文字。根器大的人特性,是私欲蔽障较轻,各种尘俗的利害谋算执着不那么严重,自性较为深厚,易起超脱感,心怀比较广远。这种人,佛性就像一粒种子,因为田地好,上面覆盖物又少,所以生根发芽特别容易,一下子就冲出地面,油然苗壮,所以顿教法门于他们特别切近。而少根之人的特性,慧能又是概括,又是比方,说是"邪见障重,烦恼根深",说是犹如大云覆日。现实生活中这样的人不少,奸滑贪婪,占小便宜,说两面话,损人利己,甚至苛酷残忍,他们虽然同样有一粒佛性的种子,上面却堆了三丈积土,一丈岩石,所以需要花时间用功夫先把岩石搬开,把积土清除,不然种子就根本不可能长出。对这种人,不用渐修,难得顿悟,而且少根之人因为私欲盛,成见深,所以认为自见本性就是尊己屈人,以为顿教法门就是不修行、无拘束,就可以破戒胡为、逞便纵欲。所以慧能说,他们像小草小树,被大雨一淋,"悉皆自倒,不能增长"。慧能强调佛性平等,人人皆可成佛。但从修行方式来讲,上根之人与下根之人是不同的,下根之人需要更多的修行功夫。

(三)荷泽宗神会

(1)神会简介。

唐代禅师荷泽神会(684~758年),湖北襄阳人,俗姓高。童年时就从师学经史,尤好老、庄之学,读《后汉书》知有佛教,后于国昌寺从颢元出家。他对禅宗通俗化的贡献很大。

关于神会研究的史料,主要有敦煌史料中《神会语录》、《六祖坛经》、《菩提达摩南宗定是非论》、《历代法宝记》,以及宗密的《圆觉经略疏抄》、《圆觉大疏抄》卷三下、《禅门师资承袭图》、《禅源诸诠集都序》,赞宁的《宋高僧传》卷八、道原的《景德传灯录》卷五,还有神会弟子们撰写的《塔铭》、《荷泽和尚传》等。

《高僧传·唐洛京荷泽寺神会传》记载:神会从小学习儒家四书五经,也通晓道家庄老之学。因为从《后汉书》中了解到佛教,深受影响,就放弃仕途之路,皈依本地颢元法师出家,精进好学,打下了良好佛学基础。宗密在《圆觉经略疏抄》中说:神会曾经跟随神秀法师学法三年,由于神秀应诏入洛阳宫中被武则天供养,神会到南方师从慧能。神会在参学中,深受神秀、慧能两位著名禅师影响,为他的"荷泽宗"禅法奠定了基础。神会在求学过程中,并没有门派之见。

慧能圆寂后,神会被请到南阳龙兴寺,在南阳,神会与士大夫密切交往,广交僧俗朋友,极力宣传禅法思想。当时,与神会直接交往的朝廷官员有:户部尚书王赵公(王琚)、崔齐公(崔日用)、吏部侍郎苏晋、润州刺史李峻、张燕公(张说)、侍郎苗晋卿、常州司户元思直、润州司马王幼琳、侍御史王维、苏州长史唐法通、扬州长史王怡、相州别驾马择、给事中房琯、峻仪县尉李冤、内乡县令张万顷、洛阳县令徐锷、南阳太守王弼等。与神会交往的僧人有庐山简法师、神足法师、崇远法师,魏郡(今河南许昌市)乾光法师、哲法师、志德法师、蒋山义圆法师、牛头山宠法师和袁禅师,罗浮山怀迪法师、门人刘相倩、同寺僧惠澄禅师、齐寺主、弟子比丘无行律师、门人蔡镐等。神会与人交往的过程实际也是弘法的过程,神会与人辨答的主题广泛,诸如佛性、真如、空色、中道、定慧、顿悟、渐悟、忏悔、读经等等,几乎包括了佛教最普遍的理念、修学方法等问题。根据神会《坛语》记载,神会登坛说法之前,先带领众人发愿、忏悔、礼佛,遵循庄严规范的仪式。神会与士大夫以及其他法师们的辨答内容,反映出当时社会思想文化状况,透露出不同社会阶层的精神追求和信仰价值趋向。神会与士大夫们交往,成为他日后成名的社会基础。那些士大夫中,有不少是当时权倾一时的官宦,也成为神会的政治依靠。

滑台辩论是神会弘法过程中的一件大事。滑台辩论发生在开元二十年(732年)。神会所论辩的主要问题是:第一,北宗神秀、普寂、法如等人没有祖传袈裟,不是禅门正统;第二,北宗禅法主张渐悟,南宗禅法主张顿悟,顿悟高于渐悟。神会在论证自己观点的时候,提出:内传法契,以印证心;外传袈裟,以定宗旨。神会的这一思想成为后来中国禅宗普遍遵循的传法制度。他说:从上相传,皆以达摩袈裟为信,其袈裟今在韶州,更不与人。余物相传者,即是谬言。从上已来六代,一代只许一人,终无有二。纵有千万学徒,亦只许一人承后,譬如一国唯有一王。滑台辩论以神会南宗的胜利而告结束。

北宗并不甘心自己的失败,在滑台辩论十一年后的天宝四年(745 年),神会就开始被打击,天宝十二年(753 年),神会被以御史卢弈为代表的北宗普寂门下陷害,遭到贬黜。《宋高僧传·神会传》记载:天宝中,御史卢弈阿比于寂,诬奏会聚徒,疑萌不利。二年敕徙荆州开元寺般若院住焉。《圆觉经大疏抄》卷三记载:天宝十二年被谮聚众,敕黜弋阳郡,又移武当郡。至十三载,恩命移襄州,至七月,又敕移荆州开元寺。皆北宗门下之所毁也。在不到两年之中,已经七十一岁高龄的神会被先后贬逐到四个地方。

在平定"安史之乱"过程中,度僧筹款有了特殊的意义。神会抓住机遇,重整旗鼓,出现了他人生后期的成功,也为南宗禅最后胜利奠定了基础。《宋高僧传》、《佛祖统纪》、《佛祖历代统载》、《旧唐书》等史籍都记载了神会被请出主持戒坛,度僧筹款的事迹。《宋高僧传·神会传》说:"初洛阳先陷,会越在草莽,时卢弈为贼所戮,群议乃请会主其坛度。于时寺宇宫观鞠为灰烬,乃权设一院,悉资毡盖,而中筑方坛。所获财帛,顿作军费。代宗、郭子仪收复两京,会之济用颇有力焉。"

从上述记载可以看出,神会立了大功。因此,得到了统治阶级的赏识,给了他崇高荣誉。神会也利用机会,为确立南宗禅以及自己的禅法地位,作出了很大努力,并取得了成功。《宋高僧传》记载:"肃宗皇帝诏入内供养。敕将作大匠,并功齐力,为造禅宇于荷泽寺中。"因此,神会就成为荷泽宗的创始人。此时的神会已经有了昔日神秀、普寂的权势。他为南禅宗地位的确立做了两件大事:(1)由郭子仪出面申请,为菩提达摩立谥。按《唐文拾遗》卷三一说,"代宗皇帝谥曰圆觉,名其塔曰空观"。(2)由广州节度使韦利见启奏,请六祖袈裟入内供养。从此,确立了慧能及其南宗禅在中国禅宗历史上的地位。当然,也确立了神会荷泽宗的历史地位。宗密在《圆觉经大疏抄》卷三和《禅门师资承袭图》中说,神会死后三十九年后,德宗皇帝敕命皇太子,"楷定禅门宗旨,遂立神会禅师为第七祖"。

神会之后的荷泽宗弟子们有名的虽然不多,但他们在当时几乎遍及唐王朝的大部分地区。他们秉承神会的宗旨,一部分隐居山林静修,一部分四处访学,传播神会禅学,一部分住持寺院,开坛传法。这样,扩大了神会禅法思想,使荷泽宗成为了中唐时期一个有影响的禅门宗派。在中国禅学中,由神会开创的荷泽宗虽然时间不长,从创始人神会入洛阳开宗立派到最后一代祖师宗密去世,其间不过百年,但影响却很深远。

(2)神会的禅学思想。

神会的禅学思想主要体现在以下两个方面:

第一,知之一字众妙之门。

《历代法宝记》载:"神会和尚每日作坛场,为人说法,破清净禅,立如来禅,立知见"。"知见"一说,代表了荷泽宗的禅风。宗密说,神会禅法与荷泽宗的纲要可归结为"知之一字,众妙之门"①。大慧宗杲说:"圭峰谓之灵知,荷泽谓之知之一字众妙之门。"

神会所谓的"知",不是一般的认知或觉知,而特指对绝对本体的认识。"知"即空寂之心的"灵知",是一种清楚明白的灵妙智慧,是众生本有的真性。认识灵知的问题,是众生获得解脱的门径。也就是所谓"知之一字"是"众妙之门"。而众生不明白这种道理,就会生起我相,视外境为我所有,不能脱离人我、善恶,不能觉悟自我和万物的性空。如果能够以"无念为宗",就会消除烦恼,增进功德,超越生死,成就为佛。"灵知"是神会心性哲学的核心。其含义包括:空寂之知、自然之知、无住之知。

空寂之知。空是指远离一切事物的形相,寂是寂静不动的实性。空寂就是超越一切事物形相区别的寂静本性。空寂之心,就是处于空寂状态的心灵。神会认为,这种空寂心灵并不是纯然的无觉知、无意识状态,而是有认知、有觉知的,它的体性、本质就是知,就是觉知。就众生心性的本质而言,众生对万物的分别认识是妄念,如果众生认识现象世界空幻不实,不产生妄念,就是空寂之心,也就是心灵进入灵知不昧的状态。

自然之知。神会曾批评佛家只讲因缘,不讲自然。道家只讲自然,不讲因缘,都是片面的,主张把两者结合起来。他认为因缘是说明万物生成演变的,自然是说明万物产生根源的。讲自然才能够说明众生成就为佛的根据。这个根据就是众生的本性,即佛性。神会说:"众生承自然智,得成于佛。""众生虽有自然

---

① 《大正藏》48 卷,河北佛教协会出版社。

佛性,为迷故不觉,被烦恼所覆,流浪生死,不得成佛。"①所谓自然,就是众生的本性,就是众生的自然智、无师智。自然智慧或自然本性(佛性)是众生成佛的根本,众生之所以没有成佛,是因为自然智慧或自然本性被烦恼所覆盖,一旦排除烦恼,即可成佛。成佛并不是要先经历排除妄念、烦恼的长期修持,然后再成就本觉智慧这样两个阶段,而是一旦排除妄念、烦恼,显示本来面目,众生便成为佛。

无住之知。神会还从无住心的角度提出"无住之知"的概念,来阐述灵知的特质。他认为"得无住心,即得解脱"②。"无住"的原意是无所住,即主体心不执着于一定的对象。无住是众生本来的知,或者是说,无所住处的自由活动的实体性心灵。无住心就是清净心,也就是对各种物质现象不产生执着的心。

第二,顿悟思想。

什么是顿悟,神会在回答志德法师的提问时说:事须理智兼释,谓之顿悟。自心从本以来空寂者,是顿悟。即心无所得者,为顿悟。即心是道为顿悟。即心无所住是顿悟。存法悟心,心无所得,是顿悟。知一切法是一切法,为顿悟。闻说空不着空,即不取不空,是顿悟。闻说我不着我,即不取无我,是顿悟。不舍生死而入涅槃,是顿悟。

顿悟,在神会看来,就是从生灭心彻底转换到真如心的过程。他在《南宗定邪正五更传》中说道:"迷则真如是妄想,悟即妄想是真如。"禅宗二祖慧可也曾讲:"本迷摩尼谓瓦砾,豁然自觉是真珠。"这些言句表达的都是同一个意思:迷时一切都是妄,悟后一切都是真。不生不灭的真如心,与生灭的妄心之间,存在一个根本性的瞬间转换,这一转换,神会称之为顿悟。

当他的一个弟子对顿悟表示怀疑时,神会用了一个比喻来说明:譬如一缕之丝,其数无量,若合为一绳,置于木上,利剑一斩,一时俱断。丝数虽多,不胜一剑。发菩提心,亦复如是。用金刚慧断诸地烦恼,豁然晓悟,自见法性本来空寂,慧利明了,通达无碍。证此之时,万缘俱绝。恒沙妄念,一时顿尽。无边功德,应时等备。神会从消除烦恼这个角度来说明顿悟何以可能。他认为,虽然众生妄

---

① 石俊等编:《中国佛教思想资料选编》第 2 卷、第 4 册第 95 页.
② 石俊等编:《中国佛教思想资料选编》第 2 卷、第 4 册第 85 页。

念繁多,但可以在刹那间消除殆尽,所谓"恒沙妄念,一时俱寂"。因此,佛性能够顿时显现出来。

五、禅宗在中国的形成

2500年前,佛祖在灵山会上说法,他手拿一枝金色波罗花,当即"拈花示众",听众默然不解其意,唯独摩诃迦叶破颜微笑,一朵花和一个微笑之间"禅"诞生了。于是佛祖当即宣布,把这个不立文字,教外别传的法门付与迦叶。"拈花微笑"被禅宗奉为以心传心法门,迦叶也被后期禅宗尊为"始祖"。摩诃迦叶为了续佛慧命,使法水长流,就把"正法眼藏"和"衣钵"以直指单传的形式传给阿难,这就是西天第二代祖师。法灯续焰,一直传到第二十八代菩提达摩(?~536),菩提达摩航海东来,从印度把佛教禅宗传到中国,他被称为中国禅宗"第一代开山祖师"。菩提达摩到嵩山少林寺九年面壁。以不立语言文字、教外别传、直指人心、见性成佛的祖师禅,接引有缘众生。后来,菩提达摩把"衣法"付与慧可,作为传法之信,所谓"内传法印以契证心,外付袈裟以定宗旨"。据说菩提达摩传法之时曾说道:吾灭后二百年,衣钵止而不传,法亦大盛。并留下一偈:吾本来此土,传法度迷津。一花开五叶,结果自然成。这是预言了禅宗将在中国兴盛发展的前景。菩提达摩把"衣法"传于慧可(487~595),慧可传于僧璨(?~606),僧璨传于道信(580~651),道信传于弘忍(601~674),弘忍传于慧能(638~713)。慧能是个目不识丁的粗汉,以卖柴为生,但悟性很高,深得弘忍赏识,弘忍为慧能开示说法,又将"正法眼藏"和"衣钵"传于他,慧能被称为中国禅宗第六代祖师。

禅宗发展到慧能时期,已演化成"不立文字,顿悟成佛"的南宗禅,成为中国佛教中最主要的一个宗派。慧能强调,万事万物,一切现象都在自己心中,外部世界是由妄念浮云盖覆本心而不能显现,如果去掉妄念,就会顿现真如本性,自成佛道。慧能说:自性迷,佛即众生,自性悟,众生即佛,佛与众生的区别在于一念之间。这就是慧能的见性成佛,顿悟成佛的学说。禅宗强调"顿悟",它所触及的正是时间的短暂,瞬刻与世界、宇宙、人生的永恒之间的关系,是直觉感受和体验领悟性的。慧能以后的禅学,把佛教信仰从遥远的彼岸世界移植到每个人的内心,把依靠佛教的经论和戒律改为只相信自己的主观信仰和觉悟,使佛教思想更人性化,把佛教由出世思想发展为入世。禅宗从中唐到宋明,僧徒关系家族化,师徒相传有如父子继承,其教义不断世俗化。宗教生活被看成是日用常行,强调平常心是道,禅即生活,这就是慧能所说的:佛法在世间,不离世间觉;离世觅菩提,恰如求兔角。慧能以后的禅学,使佛教从否定人世间的一切,反过来又肯定人世间的一切。这从佛教本身的发展来说,是一个很大的进步。慧能创立的南宗禅,是在中国本土发展起来的,其禅学思想中的世俗化和人格化,是深受中国儒家、道家思想的影响,是独创性的中国化宗派,慧能的禅宗,是中国佛教史上流传最久、影响最深的宗派。从唐末到宋明,一些儒家学者大都出入佛道,他们吸取了禅宗思想中的思辨命题,使儒学理学化,大大丰富了中国哲学史的内容,推动了中国哲学的发展。

禅宗的思想和它的宗派形成,有着历史的演变过程,从初祖达摩到六祖慧能,都是衣钵相传,正法眼藏,心心相印。自从六祖慧能以后,为了息灭争端,只传法印,不传衣钵。慧能著名的弟子有南岳怀让、青原行思、荷泽神会、南阳慧忠、永嘉玄觉,形成禅宗的主流。其中,以南岳、青原两家弘传最盛。南岳下数传形成沩仰、临济两宗,青原下数传分为曹洞、云门、法眼三宗,世称"五家"。其中临济、曹洞两宗流传时间最长。临济宗在宋代形成黄龙、杨岐两派。合称"五家七宗"。

(一)临济宗

临济宗上承慧能弟子南岳怀让,始于临济义玄(?～867年)。义玄从黄蘗希运禅师学法三十三年,之后往镇州(今河北正定)滹沱河畔建临济院,广为宣传希运禅师"般若为本、以空摄有、空有相融"的禅宗新法,后世遂称之为"临济宗",黄蘗禅寺成为临济宗祖庭。希运禅师提倡无心,他继承了马祖道一"即心即佛"的思想,力倡"心即是佛"之说。性即是心,心即是佛,佛即是法。主张"以心印心,心心不异"。临济义玄上承曹溪六祖慧能,历南岳怀让、马祖道一、百丈怀海、黄蘗希运的禅法,以其机锋凌厉,棒喝峻烈的禅风闻名于世。现存《临济录》和《祖堂集》卷一九、《景德传灯录》卷一二等记载了他的生平事迹和禅法。

临济宗传至石霜楚圆(986～1039)门下,又分出杨岐派、黄龙派。杨岐派开宗者为方会,因住杨岐山(在今江西萍乡北)而得名。黄龙派开宗者为慧南,因其住黄龙山(在今江西南昌)而得名。南宋时,因为杨岐派传人大慧宗杲的影响力,使临济宗一枝独秀,成为禅宗中教最具代表性的宗派。

在禅门五宗中,临济宗流传时间长,影响大。义玄要求弟子和信徒必须建立对佛法、解脱和修行的"真正见解";确立"自信",相信自己"本心"与佛、祖无别,无需向外求佛求祖,主张修行不离日常生活。

(二) 曹洞宗

曹洞宗为禅宗南宗五家之一,由于良价禅师在江西宜丰洞山创宗,其弟子本寂在吉水(今江西宜黄县)的曹山传禅,故后世称为曹洞宗。曹洞宗源自六祖慧能弟子行思,行思传希迁,希迁传药山,药山传云岩,云岩传良价禅师。良价(807～869),少时在家乡诸暨随师出家,青年时期到嵩山受戒,之后遍游禅林。他先去南泉(今安徽贵池境内)参谒普愿(748～835),深领妙契,随后又往沩山(今湖南宁乡境内)参谒灵佑(771～853),再在云岩(湖南潭州境内)从师昙晟并受心印。昙晟圆寂后,良价离开云岩又先后云游鄂州、袁州、吉州、宣州、建昌等地。唐大中十三年(859年),良价到宜丰洞山,当他涉蹚洞水时睹影顿悟,因是终止云游,从此驻锡洞山,宣讲他所悟的禅宗新法,一时四方徒众纷纷前来学法。良价的弟子本寂(840～901)在洞山学法数年,后到曹山(今江西宜黄境内)弘扬师法,遂使宗风大举。由于良价住洞山,本寂居曹山,所以禅林中把师徒两人创立、弘扬的新禅宗称为"曹洞宗"。

良价圆寂后,洞山众僧推举道全为洞山住持。道全进一步发展了曹洞宗,为洞山禅学作出承上启下的贡献。

曹山法系四传之后便断绝。良价另一法嗣道膺(835～902)一脉绵延趋盛,传到天童正觉(1091～1157)时,曹洞宗再度广扬天下,国内许多著名禅林都是由曹洞宗法嗣所创,正所谓"今天下举宗者,往往推少林,而少林所宗者盖曹洞也"[1]早在良价住持洞山时,便有位叫瓦室能光的日本僧人到洞山参师良价,并在洞山住了30年。新罗(今朝鲜)僧人利严(870～936)曾嗣法于道膺,归国后在须弥山建广照寺,创须弥山派。公元13世纪初,日本僧人道元又将曹洞宗传入日本,开立日本曹洞宗。到20世纪80年代,日本曹洞宗信徒已发展到1000多万人。

---

[1] 赵宝俊:《少林寺》,上海人民出版社1982年版。

（三）沩仰宗

沩仰宗是中国佛教中禅宗五家之一。由于此宗的开创者灵祐和他的弟子慧寂先后在潭州的沩山（在今湖南省宁乡县西）、袁州的仰山（在今江西省宜春县南）举扬一家的宗风，后世就称它为沩仰宗。

沩山灵祐禅师（771～853）为沩仰宗初祖。福州长溪（福建霞浦县南）人，十五岁随建善寺法常（又称法恒）出家，于杭州龙兴寺受具足戒。二十三岁至江西参谒百丈怀海禅师，为上首弟子，于此顿悟诸佛本怀，遂承百丈之法。元和末（820年），他遵百丈怀海之嘱，到沩山开法。沩山极其峻峭，人烟稀少，于是杂在猿猱之间，拿橡栗作食粮。后来山下居民稍稍知道他，来了许多人帮助他营造起一座寺宇来。不久遇到唐武宗（841～846）毁寺逐僧的事件，他把头裹起充作普通农民。大中初年（847年），湖南观察使裴休把他迎出，自此禅风大振，四方来山参禅的人渐多。当时有僧众一千五百多人，法嗣四十余人，而以仰山慧寂为上首。灵祐禅师宣扬宗法，凡四十余年，关于他的言行，有《潭州沩山灵祐禅师语录》一卷。

在禅宗五家中，沩仰宗兴起最先，衰亡也较早。慧寂的法嗣有西塔光穆、南塔光涌等十人。光穆传资福如宝、宝传资福贞邃，前后四世而法系不明。光涌也只传芭蕉慧清，慧清传逞州继彻而绝。此宗的法脉，大概历时一百五十年。

（四）云门宗

云门宗是禅宗五家七宗之一，以开山祖师云门文偃禅师（864～949）而得名。略称云宗。属南宗青原法系。文偃住韶州（广东）云门山光泰禅院，后唐长兴元年（930年）以后，大振禅风，文偃初参睦州道明，后谒雪峰义存得宗印。道明之宗风峭峻，不容拟议；雪峰之宗风温密，可探玄奥；文偃得此二风，更自发挥独妙之宗致，故机辨险绝，语句简要，如电光石火，而每有千钧之重。

云门宗经历了五代、北宋、南宋三朝约三百年。在这三百年中，云门宗内出现了大量出类拔萃的高僧大德，著名的有香林澄远、德山缘密、智门光祚、洞山晓聪、圆通居讷、大觉怀琏，明教契嵩、佛国惟白、雪窦重显。宋王朝对云门宗大力推崇，使云门宗的重心，由山林转到了都市，由粗布麻衣转为紫衣磨衲。南宋灭亡后，云门宗也随之灯焰息灭。

云门宗风有奔流突止之概，本宗接化学人有其特异之处，有所谓云门八要：

(1)玄,接化玄妙。(2)从,从学人之根机以接化之。(3)要,拈出佛道宗旨。(4)夺,不容学人拟议,截断其烦恼性。(5)或,不拘言词,接化自在。(6)过,宗风严峻,不许转身回避。(7)丧,不执己见。(8)出,接化自由,予学人出身之路。云门宗宗风陡峻,以简洁明快、不可拟议的手法破除参禅者的执著,返观自心。云门宗既不像临济那样棒喝峻烈,也不像曹洞宗那样丁宁绵密,而是以激烈言辞,指人迷津,剿绝情识妄想。

(五)法眼宗

法眼宗是中国佛教禅宗五家之一。五代文益禅师所创。源出南宗青原一脉。文益圆寂后,南唐李璟谥为"法眼大禅师",后世因称此宗为"法眼宗"。

法眼文益(885~958)于后唐清泰二年(935年)得心印,其后历住崇寿院、报恩禅院、清凉大道场,盛倡禅道,吴越王钱氏亦归依之。文益又作宗门十规论一卷,痛论当时禅家之流弊,并提出:明事不二,贵在圆融与不著他求,尽由心造之主张。嗣法弟子有六十三人,其中以天台德韶、清凉泰钦、灵隐清耸、归宗义柔、百丈道常、永明道潜、报恩法安、报恩慧明、报慈行言、报慈文遂、净德智筠、归宗策真等为著。德韶受吴越忠懿王之归崇,大振禅法。

文益禅风繁兴一时,法道虽四布,仍以天台德韶之门庭最荣,以永明延寿为首,有长寿明彦、五云志逢、报恩永安、光庆遇安、齐云遇臻等百余人。永明延寿初于天台国清寺行法华忏,后移永明大道场接化徒众,撰有宗镜录百卷、唯心诀一卷,彰显佛法要诀,又著万善同归集,提倡禅净共修,世人媲美为慈氏下生。高丽王光宗尝受其感动而致书执弟子礼,高丽之僧来习者亦多,得法者有三十六人,法眼禅风乃流传朝鲜。本宗于宋初极盛,中叶以后则渐衰而至绝法脉,其间不过百年,然于高丽犹兴盛不衰。

法眼宗为禅宗五家中最后创立的宗派,文益、德韶、延寿三世,嫡嫡相传。此宗的宗风,简明之处似云门,细密之处类曹洞,其接化学人的言句似乎很平凡,而句下自藏机锋,有当机觌面能使学人转凡入圣的功用。

六、禅宗对中国和世界文化的影响

禅在哪里?禅就在大自然无限的生机中,大自然中物物是禅,处处是禅。禅就在你身边,就在你心中,参禅打坐可以求禅,宁静淡泊的生活中同样充满禅机。

禅如同山中清泉,它可以洗涤心灵尘埃,禅如同璀璨明珠,闪烁着智慧光芒。几千年的历史中,无数彻悟、睿智的禅师用最朴素、最具哲理的思想和语言点化世人,让人们在尘世的喧嚣中蓦然发现生命的意义,使人的心灵豁然开朗。

有人比喻,自悟禅理犹如品茶,这话很有道理。佛教讲究坐禅时要五调:调心、调身、调食、调息、调睡眠。佛学修行理念以"静"为基础。这与茶道讲究"静"有着紧密关系。"静"是中国茶道的灵魂,中国茶道是修身养性之道。禅宗所讲的静思静虑深化了茶道的思想内涵,使茶道更有神韵。茶兴于唐而盛于宋,唐宋时期出现了不少著名茶人,主要是僧人和著名文人,这样就更加促进了茶、禅、艺术之间相互圆融的过程。高僧们在写茶诗、吟茶词、作茶画或与文人唱和茶事,融入了文人的气质和禅的思想内涵,使茶由一种习惯、爱好、生理需要升化为一种文化、一种修养、一种境界。禅师曰:虽只是一杯茶,森罗万象都在这里,宇宙就是一杯茶,一杯茶就是宇宙的中心。一杯茶就是宇宙的中心,这正是禅的精义所在。

在禅宗祖师眼里,"喝茶"是一种禅机悟道的法门。著名的"赵州吃茶去"成为禅宗史上千古佳话。据说,河北赵州有一柏林禅寺,寺中的从念禅师是位得道高僧,人称"赵州"。有一天清晨,他接见了许多新到的和尚,赵州问其中一位年轻的和尚说:"你以前曾来过吗?"对方点头说:"是!"赵州便说:"吃茶去。"又问另一个年长的和尚,那和尚回答:"不曾到。"而赵州依然说:"吃茶去!"站在一旁的当家和尚感到诧异,迷惑不解地问赵州:"为何到也吃茶去,不曾到也吃茶去呢?"赵州严厉呵斥他,依旧回答:"吃茶去!"赵州对三个不同者均以"吃茶去"作答,正是反映了茶道与禅心的默契,其意在消除常人的妄想,饮茶时需心平气静,讲究井然有序地啜饮,以求环境与心境的宁静、安逸。参禅要澄心静滤地体味,讲究专注精进,直指心性,以求清逸,喝茶过程与参禅一样。二位一体,水乳交融,方可体味"茶禅一味,茶禅一体"的境界。

佛法但平常,莫作奇观想。不论来过还是没有来过或是相识还是不相识,只要真心真意地以平常心在一起"吃茶",方能得清净心境,唯是清净心境,方可自悟禅机。

思想家说:"禅是一种智慧。"诗人曰:"禅是一首无声的诗。"艺术家说:"禅是一幅无形的画。"茶师曰:"禅是一杯清醇甘美的茶。"这,就是禅。禅,就是机缘。你懂得,无时不禅,无处不禅,无人不禅,无事不禅,生活就是禅。

从印度菩提达摩入华到禅宗五祖弘忍之前,禅宗在中国社会并没有多大影响。但是自慧能时起,禅宗的影响与日俱增,愈往后,影响愈大。要了解中国文化,不能不知道禅宗,只有了解禅宗,才能了解中国古文化特点。禅宗对中国的影响主要表现在以下几个方面:

(一)禅宗对中国文化的影响。

(1)禅宗对中国思想文化的影响

禅宗的开发自性和即心即佛的思想是宋朝以后儒家理学思想的源头。许多大儒,如程颢、程颐、朱熹、王阳明等人都从禅宗那里找灵感,以帮助建立自己的思想体系。禅宗与道教的思想沟通更是明显。如禅宗讲顿悟、单刀直入的思维方式,道教也吸收了这一思想。到了明代以后,在社会上盛行亦佛亦道的思想,谈禅论道已成为时尚。

禅宗是中国佛教的一面旗帜。释迦牟尼说法四十九年,谈经三百余会,或大或小,或顿或渐,或显或密,皆随众生根机,为使众生领悟入佛之知见,初无所谓宗派。佛教东来,中国学者,见佛法如汪洋大海,博大精深,为便利修习,各选择一条道路,以求专精,便纷纷引经据典,于是乃有各种宗派之形成。荟周秦争鸣之百家,融孔孟独尊之一贯,踵事增华,衍为中华佛教八宗、十宗,然后汇入中华文化源远流长的大海里,成为中华文化的主流之一。禅宗作为中国佛教八大宗派之一,源于印度佛教,融摄中国传统思想文化之后,产生了具有中国特色的一个最具影响的宗派。

自南北朝时达摩东来,力倡"不立文字,教外别传,直指人心,见性成佛"的教说,禅风即流行中国北方,其后逐渐由北向南,六传至唐代六祖慧能大师,宗风大振,门下发展为:临济、曹洞、法眼、沩仰、云门五宗,到宋代仍极为鼎盛。宋代以后,中国佛教大小各宗多相继衰落,而禅宗与中华文化全面结合,并以其独特的优势深入民间,深入到社会各个阶层,成为佛教中国化的一个重要标志,是中国佛教具有代表性的一面旗帜。

禅宗为中国佛教注入了新的活力、创立了新的模式。禅宗修行以自力为主,故古来的禅宗大师,均能在一语一默之间,充分流露出自尊与自信的磅礴气派。禅宗强调,一切众生皆具佛性,皆具如来智慧,只因妄想执著,而不能见本地风光。认为,佛在自己心中,现现成成,当下即是,何必外求? 自尊自重,一切只凭自己努力,绝不依仗他力。禅宗为中国佛教开启了新的风气,创立了新的修行模式,对中国佛教的影响极其深远。

禅宗具有开创精神,强调实践,突出表现在语言的运用和丛林清规的创立上。禅宗认为,真如理体,离言说相,离文字相,乃至离心缘相,所谓开口即错,动念即乖,强调不立文字、"把口挂在壁上"。实际上,禅宗的祖师们最能运用语言,把握机要,往往只用一句简单的话语,使听者豁然大悟,明心见性。这类"机锋转语",用文字记录下来,便成了语录。在诗词韵文鼎盛的唐宋时代,像禅宗语录中清新活泼的文字,简直是空前未有,开创了后世语体文的先河。佛教律制,是释迦牟尼根据当时印度的实际随缘制定的,传入中国后,即存在一个如何与中国的文化风俗相适应的问题。至唐代,禅宗的马祖道一,百丈怀海折中大小乘律制创立清规,使僧徒的修行生活尽可能适应中国的文化风俗,开创了中国佛教特有的修行风范。

佛教传入中国 2000 年,成为具有中国特色的佛教,其中禅宗对中国思想文化之影响尤为深远。北方之经学、南方之玄学乃至宋明理学等,无不受到禅宗的影响。由禅师们的谈话和开示的记录而产生的一种特殊文体——语录体,后来被宋明理学家仿效而产生了各种语录。理学家的自尊自信、重质轻文、体道笃行的作风,无一不与禅宗相近。特别是明代王阳明"知行合一"的哲学思想,就是从禅宗脱胎而来的。总之,禅宗崇尚朴质、实践,勇于革新的精神,对中国 2000年来思想文化的发展,有着极其重大的贡献。

(2)禅宗对中国文学的影响。

中国一直有"学诗浑如学参禅"的说法。因此,不管是做禅或是做诗,都需要灵感,而这个灵感,就来自体内的领悟,它与禅宗所说的自心自性、顿悟的学说有共通之处。提倡无缚、无碍、不拘一格的创作状态,就是一种禅悟的境界;直观直觉,纯然任运,本身就是一种审美;而审美的最高境,则是一种只可意会而不可言传的感觉,这也是禅宗所追求的一种最高的解脱境界。因此"诗中有禅,禅中有诗"一直是中国文学家做诗和评诗的标准,像王维、苏轼等唐宋一代大家,其作品中都充满了禅味或禅机,读起来使人兴味无穷。中国文学从佛教传入之后,都深受其影响,特别是在南北朝到隋、唐之间,由于佛教思想的传入,构成别具一格的中国佛教文学。

在诗歌方面,由初唐开始,从上官体(上官仪)到王(勃)杨(炯)卢(照邻)骆(宾王)四杰,经武后时代的沈佺期、杜审言、宋之问等所谓"景龙文学",还有隋文学的余波荡漾,与初唐新开的质朴风气。后来一变为开元、天宝的文学,如李(白)、杜(甫)、王(维)、孟(浩然)、高(适)、岑(参),到韦应物、刘长卿,与大历十才子等人,便很明显地加入佛与禅的成分。再变为元和、长庆间的诗体,足以代表一代风格、引领风尚的,如浅近的白居易、风流靡艳的元稹,以及孟郊、贾岛、张籍、姚合。乃至晚唐文学如杜牧、温庭筠、李商隐等等,无一不出入于佛、道之间,而且都沾上了禅味,才能开创出唐诗文学特有的芬芳气息,与隽永无穷的韵味。至于唐、宋以来佛教文学与中国文章辞境的关系,更多更大,例如苏东坡的《赤壁》前后赋等,他与禅宗与老、庄的思想,有着极其密切而明显的关系。

在词曲方面:中国文学时代的特性,从唐诗的风格的形成与蜕变,到了晚唐、五代之间,便有词的文学产生。从晚唐开始,历五代而宋、元、明、清之间,禅宗宗师们,以词来说禅,而且词境与禅境都很好,也到处可见,如辛稼轩的词:《鹧鸪天(石门道中)》:山上飞泉万斛珠,悬崖千丈落鼫鼠,已通碪径行还碍,似有人声听却无。闲略钓,远浮屠,溪南修竹有茅芦,莫嫌杖屦频来往,此地偏宜著老夫。

在小说方面:中国文学中的小说,它与唐代的戏剧与词曲,是不可分离的,将近2000年来,始终与佛、道两家的思想关系密切,所以便形成后世民间对于戏剧的编导,流传着两句俗话说:"戏不够,仙佛凑。"我们如果把中国小说写作的演变分为两大阶段,第一阶段,是由上古传说中的神话,到周、秦之际,诸子书中的寓言与譬喻,以及汉、魏以后,道家神仙的传记等,如《穆天子传》、《汉武帝外纪》、《西王母传》等等,大多是属于传统文化思想,掺加道家情感、神仙幻想成分的作品。第二阶段,是由唐人笔记小说与佛经变文开始,到了宋、元之间的戏曲,以及明、清时代的小说与散记等等,大多含有佛、道思想的感情,而且融化其中,往往是佛家思想的感情,多于道家。无论是小说与戏剧,它的终场结尾,或为喜剧,或为悲剧,或是轻松散漫的滑稽剧,它必然循着一个作家固有的道德规律去布局,那便是佛家与道家思想综合的观念、人生世事的因果报应的定律。旧式言情小说与戏剧,大都是"小姐赠金后花园,落难公子中状元"的结局,这也就是说明一个人生,因果历然不爽的道理。唐人笔记小说中,因为他的时代思想,受到禅宗与佛学的影响,固然已经开其先河,而真正汇集成这种一仍不变的规律,嵌进每一部小说的内容中去,是到了元、明之间,才集其汇流,成为不成文的小说写作规范。元、明之间,历史小说的创作者如罗贯中,他写作《三国演义》的开端,开宗明义,便首先用一首《西江月》的词,作为他对历史因果循环的观念,与历史哲学的总评语,如"滚滚长江东逝水,浪花淘尽英雄。是非成败转头空,青山依旧在,几度夕阳红。白发渔樵江渚上,惯看秋月春风。一壶浊酒喜相逢,古今多少事,都付笑谈中。"如果依哲学的立场而讲历史哲学的观点,罗贯中的这一首词,便是《金刚般若经》上所说"一切有为法,如梦幻泡影,如露亦如电,应作如是观",是为文学境界的最好注释。也正如皓布(衣昆)禅师的《颂法身同上事》说:"昨夜雨滂亨,打倒葡萄棚。知事普请,行者人力。撑的撑,拄的拄,撑撑拄拄到天明,依旧可怜生。"岂不是一脉相承的作品吗?除了罗贯中以外,施耐庵的名著《水浒传》,从表面看来,好像是一部描写宋、明时代社会的不平状态,官府骗上蒙下,欺压百姓,而引起不平则鸣的共同心理反应,如果再加深入、仔细的研究,它在另一面,仍然没有离开善恶因果的中心思想,隐约显现出强梁者不得好死的观念。至于《西游记》、《封神榜》等书,全般都是佛、道思想。此外,如历史小说《东周列国志》、《隋唐演义》、《说岳全传》等等,无一不体现着佛教禅宗的因果报应思想。

由此发展到清代,以笔记文学著名的蒲松龄,所著《聊斋志异》,几乎全盘用狐鬼神人之间的故事,衬托着善恶果报的关系。尤其是《醒世姻缘》一书,更是佛教三世因果观念的杰作,说明人生男女夫妇间的烦恼与痛苦,这种观念,后世已经普及至民间社会,所以杭州城隍庙门口,在清末民初还挂着一副韵联:"夫妇是前缘,善缘恶缘,无缘不合。儿女原宿债,讨债还债,有债方来",便是这个观念的引申。至于闻名世界的《红楼梦》一书,它的开端,便以一僧一道出场,各自歌唱一段警醒尘世的警语与禅机,然后又以仙凡之间的一块顽石,与一株"小草剧怜唯独活,人间离恨不留行"的故事,说明许许多多、形形色色、缠绵悱恻的痴情恩怨,都记在一本似真如幻的太虚幻境的账簿上,隔着茫茫苦海,放在彼岸的那边,极力衬托出梦幻空花,回头是岸的禅境。作者在开始的自白中便说"满纸荒唐言,一把辛酸泪。都云作者痴,谁解其中味"以及"假作真时真亦假,无为有处有还无"的警句,这岂不是《楞严经》上"纯想即飞,纯情即堕",以及"主因识有,灭从色除"的最好说明吗? 所以有人读《红楼梦》是把它看成一部帮助悟道的好书,有人读《红楼梦》便会误入风月宝鉴、红粉迷人的那一面,其中得失是非、好坏美丑的问题,都只在当事人的一念之间而已。

(3)禅宗对中国书画艺术的影响。

中国的书画艺术创作,讲究幽深的韵味,从整体上体现出作品的感染力,将个人的能力最大限度地发挥出来,使作品表现出一种宏大的气势。尤其在山水画里,作者总是追求禅宗所强调的那种与山水浑然一体,赏之有味、百看不厌的意境。

佛法东传,给中华民族增加了一份坚强无比的活力。在绘画方面,皆表现得异常明显。佛教传入中国之前,国人在绘画方面的成就,本已相当卓越,充分显示出中华民族优秀的资质。佛教理论及其艺术传到中国后,中国人见到了一种崭新的绘画风格,立刻生起一种惊异的爱好。初时欣赏其作品,继而模拟其格调,终至创出一种超迈东西的新画法,在我国绘画史中开拓出一段辉煌的时代。

从东汉至六朝五百年间,是刘虬、生公、傅翕、智者诸师以其超绝的智慧与德行,阐发大乘奥义的时期,也正是顾恺之、张僧繇、陆探微、宗少文等人在画坛上擅扬的时期。顾恺之大名卓著,其画"虽写迹翰墨,其神气飘然在烟雾之上,不可于画图间求"。张僧繇则创没骨笔法,一新世人耳目,影响后世极大。陆探微变古体而开新法,号称"包前孕后,古今独步"。宗少文博学多才,遍通山水人物、花卉翎毛诸法,为后世开拓出一片广大的画学领域,并首先把画理出之于笔。此四人在画坛的成就,对后世影响很大。

隋唐时期,国家安定,为佛教的发展创造了良好环境,汹涌澎湃的禅学洪流,冲击到画坛,产生了一位划时代的名家,即首创泼墨山水的王维摩诘。他善绘山水,著有《山水诀》一篇,以明画理,其警句有"妙悟者不在多言,善学者还从规矩"之语。曾作《袁安卧雪图》,有雪中芭蕉,与常见景物不同。又作花卉,不问四时,以桃杏芙蓉莲花,同人一幅。论者谓之"意在尘外,怪生笔端","得心应手,意到便成,故造理入神,迥得天机,此难与俗人论也"。苏东坡也说"细味摩诘之诗,诗中有画,细观其画,画中有诗"。我人揣摩其诗中之画,画中之诗,非他,禅境也。摩诘即秉此得之于禅宗的影响,为画家开一新境界,文人画的开创者。

王摩诘以其心法传之于张璪、王墨。张璪,有名于时。有人问其所受,答云:"外师造化,中得心源。"论者谓其画:"非画也,真道也。当其有事,已遣去机巧,意冥玄化,而物在灵府,不在耳目。"这便是禅家功夫。王墨,以善泼墨山水,时人称之为王墨。作画每在醺酣之后,即以泼墨,脚蹙手抹,或淡或浓,随其形状,为山为石,应手随意,倏若造化,俯观不见其墨污之迹。尤其是他在作画时,或笑或吟,状类疯癫,完全是一派禅僧气象,其内在的精神活动可想而知。

这一画派,在宋元时期,更加兴盛。这时的画坛,在禅风法雨拂嘘灌溉之下,进入光大阶段。荆浩、关仝、董源、巨然,号称钜子,都是参摩诘笔法有所得者。范宽、江参、郭忠恕等,堪作百世之师。米芾父子,更为独特,也更显露出他们对禅法参悟的深刻。米芾曾说:"山水古今相师,以有出尘格者,因信笔作之,多烟云掩映树石,不取细意以便己。"这简直是超佛越祖的作风。于此可见,这时期中我国画家心灵上的修养,已达到高超的境界,画的领域拓广了,画的技术充实了,尤其是画的理论,有系统地建立起来了。无疑的,这是禅宗昌盛的直接后果。

宋人标出"墨戏",明人始昌"画禅"。画与禅确乎不可分割,故禅宗兴,绘道昌,禅宗萎缩而画坛冷落。中国画名家无不具禅家精神,他们的作品,无不是禅境的示现。画与禅确乎是不分的,画即是禅,它们有共同的质地。因而欣赏画,也无异于参禅。没有禅的功夫,纵对名画,也没法赏识,没法了解。

(4)禅宗对中国武术的影响。

在武术中,也可看到禅的影响,练武要求讲究姿势,调息运气,从而进入一种气功态或禅境。

嵩山少林寺是佛教禅宗的祖庭,也是少林派武术的发祥圣地。少林拳术以其刚劲有力、勇猛敏捷、朴实无华的风格,套路繁多、利于实战、健身延年的特点,威震中外,名冠全球。少林寺凭依少林武术之盛名遍传神州,波及寰宇。而少林武术的发端、发展受佛教禅宗的影响至深至远。禅宗思想对少林武术的影响是多方面的。

中国武术中的上乘功夫,注重养气调心,超于神化。古人喻参禅如用兵,这里反过来说技击如禅机,需有深沉而又镇静的心态为本,才能立于阴阳不测之地,随机发用。以生命拼搏的技击术,是要有一种置生死于度外的大无畏精神,参禅悟道,解除对死的恐惧,放下自我,极有利于搏击致胜之道。

少林寺拳谱中指出：手到不如身到，身到不如心到，先到以心，后到以身。出必中的，心一动而后百体从令。少林寺拳谱中又说："耳与心合多益精，目与心合多益明，口与心合多益勇，鼻与心合多益力，手与心合更疾快。""五行相合一气，心一动而内劲生。"强调的是心的作用。

少林拳二十四字秘诀中有"呼吸动静"一句，释云："人生惟生死为一大关头。此关不破，则种种障碍，随之而见。常用技击之功已臻至绝顶者，一遇猝然变端则心胆俱落，手足失措，即生死之关不破故。人到生死俄顷间而能万念皆空，无一毫持牵，此所谓无挂碍斯无恐怖，无恐怖则生死之念绝，此禅门所谓了解人间生死念，便觉当前火自凉也。"

少林拳术世称外家拳，实则特别注重心功的修炼，认为武功"要以气功为始终之则"。其内功有养气、炼气二说。养气属心意的锻炼法则全出禅宗；炼气讲究姿势、调息、运气，是一种在佛家禅功基础上吸收道教及民间气功而成的武术内劲气功。少林派所传练内功之境界分为三乘。下乘功夫，以神气会合运行于内。旨在尽快入静，心意领气，使神气相随，动气于内脏经络，以达祛病健身，延年益寿，为拳法打下坚实的基础。中乘功夫，以刚柔相济、动静结合、补气相凝为特征，功成可以神役气，其气周行全身，不畏拳打脚踢，还可增强自己拳脚的攻击力度。上乘功夫，为少林内功之最高境界，以能运行刚柔为特征，功成于刚中有柔，柔中带刚，随意变化，灵活敏捷，神速莫测。

少林诸派拳法的内功，均以马步站桩为先，以四肢运动为次。站桩时身体摆成固定姿势，气沉丹田，调息动气，精神专注不散，可谓一种站式的、以强筋练骨为主旨的禅定。《少林内功绝技》中介绍的内功，即打坐之法，坐定排浊之后，意守丹田，或数息、调息，或摄心入定，这正是佛家的一种禅宗修止法。少林"壁观坐禅功"主张，上寂修为本，万念皆空，明心见性，做到"外息诸缘，内心无惴，心如墙壁"，利于气脉中和，坚实脏腑。

受到佛学禅宗的影响，少林拳法的养气，强调"心火不动，象火不为。象火不生，气念自平。无念神自清，清者心意定"。歌诀云："一念动时皆是火，万缘寂静方生真，常使气通气节敏，自然精满骨神存。"

少林武术源出佛门，不能不受佛学慈悲戒杀之影响，强调练武的宗旨在锻炼体魄、自卫防暴、严戒恃艺妄用、逞凶肆恶、好勇斗狠。少林寺武功由来极慎外传,若传于俗家弟子,必须心地善良、德行品格俱优者。觉远法师曾立少林戒约十条,特别强调:"习武术者,以强健体魄为要旨。""宜深体佛门悲悯之举,纵于技术精娴,只可备以自卫,切戒逞血气之私,有好勇斗狠之举。犯者与犯清规同罪。"以下又云:"不得恃强凌弱,任意妄为。""宜以忍辱救世之主旨,不可轻显技术;凡俗家弟子,不可轻以技术相授,以免贻害于世,违佛门之本旨。如深知其人性情纯良,而又无强悍暴狠之行心者,始可传一衣钵。""戒恃强争胜之心,及贪得自夸之习。"少林武僧,历代多能守此戒约,即使挥戈上阵,也多师出正义。

少林武术在练习的注意事项上,也多受禅戒影响,尊师道、戒酒色。觉远法师的戒约十条中说:"平日对待师长,宜敬谨将事,勿得有违抗傲慢之为。"又曰:"饮酒食肉,为佛门之大戒,宜敬谨遵守,不可违犯。盖以酒能夺志,肉可昏神也。"这些戒约虽对武僧而设,也在很大程度上影响到少林俗家弟子的作为。

同样是由于佛家思想的影响作用,少林点穴术调强"习武术尚德不尚力",力虽足以伤人,而人未心悦诚服。唯德者,力虽逊于人,而人必帜然,此为不易之理。佛教要求通过"十戒"而修"十善",而禅化了的少林武术当为武林之楷模,少林门人良好的修行当可供各门派参照、借鉴。

(二)禅宗对世界文化的影响。

从唐代起,中国的禅宗就开始向周边的国家传播,影响最大的是日本、朝鲜和越南。禅宗传入亚洲这些国家之后,各国人士开始只是认真学习、模仿,以后又根据本国的实际情况对其进行了改造,使之成为有本国特色的禅宗派别,并且出现了各国僧人自己建立的禅宗分支。在这些国家,禅宗的自心自佛思想一直在流传,同时禅宗的机锋、棒喝及语录等也在信徒中间流行,各国的僧人也先后撰作了一些语录以及解释禅宗的著作。

(1)禅宗对日本的影响

在中日文化交流史中,隋唐至宋、元、明对日本的影响最大。隋唐文化对日本奈良和平安文化,宋、元、明文化对镰仓、室町乃至江户时期的文化都发生过直接的多方面影响。在宋、元、明文化输入日本的过程中,中日禅僧起了重要作用。

中国宋代不少僧人提倡三教合一,契嵩(1007~1072)写《辅教篇》推崇儒家孝道,主张佛儒并重。此后大慧宗杲等人也提倡儒佛一致论。不少中国禅僧对儒学有很深造诣,他们东渡日本,在传禅之余也讲儒学。日本入宋求法者也受到这种影响,除学禅受法外也学儒学。

最早把宋学传入日本的是京都泉涌寺的俊芿。建久十年(1199 年)入宋学天台、禅和律,建历元年(1211 年)回国,除带回大量佛典外,还带回大量儒家经典。此后,日禅僧圆尔辨圆从宋带回朱熹注的《大学》、《孟子》及《中庸或问》、《五先生语录》(周敦颐、程颢、程颐、张载、朱熹的语录)等。他曾应诏给龟山天皇讲"三教微旨"和"禅要",为嵯峨上皇及文武官员讲《宗镜录》,并为掘河源太师写《三教要略》。他还为幕府执权北条时赖讲《大明录》。《大明录》是宋末居士圭堂所编,引禅宗语录 80 余种,从禅宗的立场系统论述儒、释、道三教一致的思想。辨圆对日本朝廷、武士及禅宗界重视儒学及三教一致思想,影响很大。

中国入日本传禅的僧人中,兰溪道隆和一山一宁影响最大。兰溪在上堂传授禅法时常借用儒学《四书》中的思想进行发挥,现存《大觉禅师语录》中有的地方讲"天下大事,非刚大之气不足以当之","世间之法既能明彻,则出世间之法,无二无异"。有的地方对周敦颐《通书》中的"圣希天,贤希圣,士希贤"的观点进行发挥,说:"盖载发育,无出于天地,圣人以天地为本,故曰圣希天;行三纲五常,辅国弘化,贤者以圣德为心,故曰贤希圣;正身诚意,去佞绝妄,英士蹈贤人之踪,故曰士希贤。"通过对僧侣参禅者说禅,把宋儒的哲学杂糅到佛法之中。一宁在传禅之余,还就"儒道百家、稗官小说、乡谈俚语"等方面回答僧俗信徒的谘询。后来著名的汉学僧人虎关师錬、雪村友梅曾从他受学。

在日本文化史上,所谓"五山"禅僧的贡献很大。"五山十刹"是在日本全国禅寺中选出五个规定为最高位的寺院,在它们之下再置十所禅院。据说,这种制度是仿照南宋的做法。镰仓末年,在镰仓开始设立建长寺、圆觉寺等为五山,此后又扩大到京都,把南禅、建仁、东福诸寺也列于五山之中。但"五山"未必是五寺。到室町幕府足利义满时才正式制定"五山十刹"之制。至德三年(1386 年)规定,把京都的南禅寺置于五山之上,以京都的天龙、相国、建仁、东福、万寿五寺和镰仓的建长、圆觉、寿福、净智、净妙五寺共同作为全国的五山。所谓"十刹",是地位仅次于五山的十座寺院,虽有建置,但变动次数很多,到 15 世纪末已达46 座。在五山之上设"僧录"一职,负责任免五山十刹及著名禅寺的住持及有关诉讼裁判、接受寺田、缴纳税金等事务,后来还为幕府起草政治外交文书。所谓"五山禅僧",泛指在五山十刹及在它们影响下一切官寺中的禅僧。

祖元的佛光派禅系,在高峰显日之后出了梦窗疏石(1275～1351),非常有名。他受到室町幕府的开创者足利尊的皈依,并为"七朝帝师",而受到朝野尊重。他劝幕府建天龙寺,为解决资金问题,派贸易船入元经商,以其利金充造寺之用。著有《语录》、《西山夜话》、《梦中问答》、《和歌集》等。弟子有无极志玄、春屋妙葩、龙湫周泽、义堂周信、绝海中津等,是五山禅僧中的重要人物。春屋妙葩(1311～1388)首任僧录,以京都相国寺为中心,在全国盛倡临济禅风,著有诗文集《云门一曲》及《语录》等。他主持出版了多种佛书和外典著作,对五山文学的发展促进很大。从他开始,陆续出版了许多书籍,后世称为"五山版",其中有《五灯会元》、《禅林僧宝传》、《百丈清规》、《圆悟心要》、《黄龙子世录》等等。所印《辅教篇》十分流行。

虎关师錬(1278～1346),前后从一山一宁及东山湛照学禅,善写汉诗汉文,除用汉文写了日本最完整的一部佛教史书《元亨释书》30卷外,又写了《济北集》20卷。继其学的有中岩圆月,他写有《东海一沤集》、《一沤余滴》、《中正子》、《文明轩杂谈》等,被认为是当时朱子学的泰斗。

义堂周信(1325～1388)对汉学很有造诣,认为孔孟之书属"人天教",可作为"助道"的参考,从这个意义讲"儒书即释书也"。因此,他钻研儒学,写有《空华日工集》及《空华集》。他的同学,绝海中津的诗文集《蕉坚稿》也是五山文学的代表作。到室町中期以后,出了一些从事汉籍注释的禅僧。瑞溪周凤(1392～1473),精于苏轼的诗,收集诸说撰《脞说》25卷、《补遗》1卷。又写有《善邻国宝记》、《卧云日件录》、《刻楮集》等。《善邻国宝记》是日中、日朝往来的外交文书集,其中也对幕府外交政策提出自己的见解。此后以抄释著称的有桃源瑞仙(1431～1489),他好读儒释之书,抄《史记》、《周易》、苏轼诗文等,著有《史记抄》、《百衲襖》(抄《周易》)、《蕉雨余滴》等。此外,桂林德昌撰《史学提要抄》。天龙寺的策彦周良(1501～1579)曾作为遣明正使两次入明考察贸易,写有《谦齐杂稿》、《谦齐诗稿》、《南游集》,又写入明游记《初渡集》、《再渡集》,是研究室町时期中日交通和中国当时佛教情况的宝贵资料。

在程朱理学方面,五山禅僧在传播和研究方面做出了重要贡献。东福寺的岐阳方秀(1361～1424),对朱熹新注《四书》加以"和训",即在汉字旁用日文假名译出大意,使不懂汉文的人可以大体读懂,还著有《不二遗稿》。门徒肖得岩、云章一庆等弟子比较有名。得岩为幕府掌管外交文书,一庆以讲学著称,曾讲《百丈清规》,在讲学过程中,弟子笔录的《百丈清规桃源抄》,对程朱学说多有介绍。桂庵玄树(1427～1508),曾在建仁寺、东福寺学《四书》新注,应仁元年(1467年)随遣明使入明,在苏杭之间留学七年,精通《尚书》,回国后到萨摩藩(今鹿儿岛),受到该藩领主岛津氏的厚遇,为他建寺,请他讲学。桂庵在此讲授宋学,并刻板印行新注《大学章句》,此为日本刊行朱熹新注之始。他把方秀的和训方法加以改进,授与门人,后人称为"桂庵和尚家法和点"。各地前来听玄树讲学的学人很多,明朝有人赞叹说:"萨都新兴仲尼之道,移东鲁之风。"他著有《岛阴渔唱》、《岛阴杂著》、《南游集》等。五山禅僧对宋学的宣传和研究,为江户时代儒学摆脱佛教而独立奠定了基础。江户时代朱子学的开创者藤原惺窝出身于相国寺,林罗山出身建仁寺,山崎阁斋出身妙心寺。

由于中日禅僧的往来,水墨画也开始盛行。在禅宗内部,师傅传法于弟子时往往授以自己的"顶相"(肖像)作为证明,上面还提上赞辞。日僧辨圆、绍明、道元等人都从中国带回先师的顶相。禅宗崇尚自然,也推动了以山水自然为内容的水墨画的盛行,禅僧中的默庵、可翁是早期的水墨画家。东福寺的吉山明兆以画佛画人物著称。周文不仅善画,而且精于雕刻,他清雅的笔法对后世画坛影响很大。最著名的画僧是雪舟等杨(1420～1506),他曾入明学画,所绘《山水长卷》、《秋冬山水图》、《天桥立图》等十分有名,对后世狩野派、云谷派、长谷川派很有影响。此外,禅宗对日本的书法、雕刻、造园艺术以及花道、茶道、能乐、俳句等也有很大影响。

(2)禅宗对朝鲜的影响。

禅宗在朝鲜半岛影响很大。早在中国禅宗盛极之前,新罗僧人法朗就从中国禅宗四祖道信(580～651)学得禅法,返归新罗。神行(704～779),师从法郎学习禅法后,仍觉不足,又赴唐投师北宗禅神秀弟子普寂(651～739)的门人志空的门下修习,返回新罗后弘扬北宗禅法。真正使禅宗在朝鲜大行其道的是南宗禅慧能之法孙道义等。道义、洪直、惠彻、玄昱、道允、无染、梵日等新罗僧人,都先后到过唐朝,向不同流派的禅师学法,归国后成为朝鲜各派禅法的大师。在这种氛围中,禅理入诗尤显三昧之境,诗中有禅则更多解脱之趣。

高丽诗人崔冲(985～1068)擅长汉诗,不少作品立意新颖。其《绝句》一诗,借月夜景物自然流露出空寂的禅佛之趣:"满庭月色无烟烛,入座山光不速宾。更有松弦弹谱外,只堪珍重未传人。"全诗以象外之象、意外之意描绘出一个静极的空灵意境,只有内心与外物合一,才能体会到月色山光那种"无烟烛"、"不速宾"、"未传人"等空寂的禅旨,已入禅家"即空即有,非空非有"之境。高丽诗人李奎报(1169~1241),号白云居士,流传至今的汉诗有2000余首,其中《咏井中月》一诗颇具禅味:"山僧贪月色,并汲一瓶中。到寺方应觉,瓶倾月亦空。"此诗如偈颂,点出佛心禅修、佛境禅理。诗中以月喻微妙的禅义,山僧渴求,并汲于瓶中,于是井中之月随瓶倾而空,虚空一片,无色可取,有"道可分不可分,无在无不在"的禅机。高丽末期诗人郑道传(?~1398)能诗善文,崇尚朱子理学,在《访金居士野居》一诗中表现了一种求禅悟的无我空寂之境:"秋云漠漠四山空,落叶无声满地红。立马溪桥问归路,不知身在画图中。"这首诗禅同道的诗,以秋云山空,落叶无声,来表现自然外物之空寂。心怀禅机的诗人进入无我之境,心问禅旨在哪里,不知不觉豁然觉悟,流露出一种心向佛性,参悟得道的喜悦。全诗意在表明"人性中皆有悟",只要能善持自性,就会发现围绕在身边的快乐。诗人朴仁范曾到唐求学,写有《泾州龙朔寺》一诗:"翚飞仙阁在青冥,月殿笙歌历历听。灯撼萤光明鸟道,梯回虹影倒岩扃。人随流水何时尽,竹带寒山万古青。试问是非空色里,百年愁醉坐来醒。"诗人面对青冥中的龙朔寺,"翚飞仙阁"、"月殿笙歌",顿生飘飘欲仙之感。而"灯撼萤光"、"梯回虹影"尽写龙朔寺超然之静。"流水"、"寒山"这些表面看来的实在之物实际是假象。诗人悟出是非真理即在色空之中,在于醉醒之间。《般若心经》讲:"色不异空,空不异色,色即是空,空即是色。"这里的"色"指有形质、能感触到的事物,"空"则认为客观事物皆假象,都不是独立存在的实体。诗人在禅宗的色空观中发现了一生愁醉,悟道即可醒的禅理。诗人成侃(1427~1456)的《渔父》诗写道:"数叠青山数谷烟,红尘不到白鸥边。渔翁不是无心者,管领西江月一船。"这首山水诗句与句之间并无必然的逻辑联系,明显暗示禅理。前两句写青山、白鸥是远离世俗之景物,渔翁垂钓的本意也并不在鱼,而在禅理(西江月)之中,暗示了禅家追求禅旨有所得后的参悟之喜悦。

(3)禅宗对越南的影响。

6世纪末,禅宗传入越南。印度僧人毗尼多流支于南朝陈宣帝太建六年

(574 年)到达长安,曾师事中国禅宗三祖僧璨(? ~606)学习禅法。太建十二年(580 年)由广州到达今越南河东省法云寺,创建"灭喜"禅派。唐元和十五年(820 年),中国禅僧无言通(? ~826)于今越南北宁省建初寺创立无言通禅派。11 至 13 世纪,佛教在越南得到长足发展。李朝(1009 ~ 1225)开国初年,曾被定为国教,出现了"百姓大半为僧,国内到处皆寺"的繁盛景象。其中禅宗也顺时发展。在当时精学汉文、擅长汉诗的文人中,一些高僧法师的汉诗表现出更多的禅宗思想。圆照法师(999 ~ 1091)阐说禅道教理的诗《妙性》非常有名:"妙性虚无不可攀,虚无心悟得何难。玉焚山上色常润,莲发炉中湿未干。"诗中之妙性即指佛性禅心,它有而若无,实而若虚,只能心悟。后两句是禅家的奇特用语,以超思维、反知性的语言说明"真如"、佛性禅心是通常语言所无法表述的。万幸法师(? ~1018)在即将涅槃时,写有《示弟子》一诗以警世:"身如电影有还无,万木春荣秋又枯。任运盛衰无怖畏,盛衰如露草头铺。"诗中一派无我之境,宣扬了禅宗的虚无玄妙观,即世间万物既有也无的思想,其本质即"空"。因此,诗中无一字写"空",却又无处不空。这种超生死得佛道,不求身外之物的心态,也是一种禅悟,足以示人。满觉大师(1052 ~ 1096)学识渊博,精于禅佛。他仅存的偈颂《告疾示众》很著名:"春去百花落,春到百花开。事逐眼前过,老从头上来。莫谓春残花落尽,庭前昨夜一枝梅。"前四句是说"花落"、"花开"、"一过"、"一来",随时间推移万物枯荣变化,都不被放在心上,表示了禅客处世的淡泊与无心。最后两句点出禅悟所在,春残花尽之时自有梅花独放,表现了禅不必刻意寻觅,它无处不在,只要悟即可得的道理。

越南陈朝(1225 ~ 1400)仁宗(1258 ~ 1308),自号竹林大师,开创了越南自己创造的竹林派禅。因而其汉诗中常常流露出沈厚的禅宗思想。《登宝山台》一诗写道:"地僻台逾古,时来春未深。云山相远近,花径半晴阴。万事水流水,百年心语心。倚栏横玉笛,明月满胸襟。"诗中将奥妙的禅理,"心即佛,佛即心"寄寓山水之中。文笔遒劲有力,意境飘忽高远。"台逾古"、"春未深"以示时间不可确定,"云山"、"花径"等自然山水也难以确指,在诸多不定中参透禅定:世间万事如流水,一生心中求佛心。最后在倚栏吹玉笛的意境中,永恒的佛性、微妙的禅旨(明月)充满胸臆。黎朝(1428 ~ 1789)初年,圣宗(1442 ~ 1497)因提倡儒学而限制了佛教的发展,但是在其诗中禅宗思想却时有流露。他的《绿云洞》

一诗写道："绿云深洞碧玉巘,名赖尘消宇宙宽。夕照溪山花掩映,春开杨柳鸟间关。清泉洗耳猿心静,幽室悬灯鹿梦寒。无相虚灵机事少,壶天日月不胜闲。"这首山水诗虽有吟风弄月之意,但不失典雅清丽之风。尤其是在描写山水之秀美时,将禅定思想融于参禅的完整体验之中,别开生面。"深洞"、"尘消",无处不悟,"夕照"、"春开",景色豁然。诗人进一步利用山水意象:清泉洗去世俗的贪欲,幽室照亮了鹿野苑之梦,来指出真如、涅槃、法性等虚灵禅机之难得。

19 世纪下半叶,中国的禅宗僧人将禅宗传到东南亚地区。当时有很多中国人到南洋谋生,他们在国外定居后,也邀请禅宗的僧人前去弘法,像新加坡、印度尼西亚、马来西亚等国的佛教就是由中国僧人前去建立的。

所传的佛教中,主要有禅宗和净土宗二家,而且禅、净二家往往合在一起,同时又融入了一些道教或民间宗教的信仰,例如马祖信仰,反映了中国佛教晚期的发展情况。到 20 世纪 20 到 30 年代,中国许多有名的僧人,如临济宗僧人圆瑛、太虚大师等都到过南洋地区讲经说法。50 年代以后,禅宗进一步在东南亚各国得到传播。与此同时,在禅宗僧人的努力下,禅宗还传入了泰国、缅甸以及斯里兰卡等国,禅宗的经典也被译成了外文。

第七章　北宋理学的哲学思想

　　北宋理学,是河洛思想文化在其发展史上所贡献出的又一重大成果。北宋理学主要的发生、发展地域(洛阳、开封),以及代表性人物(二程、邵雍、张载)的里籍或主要活动地域,均属于河洛地区。

　　当北宋王朝的首都汴京(河南开封)被金人攻破,徽宗、钦宗二帝被俘获,南宋高宗赵构以临安(浙江杭州)为"行在",偏安于江南一隅后,河洛地区作为全国性的政治、经济、文化中心的地位从此以后不复存在。从这个意义上说,北宋理学又是河洛思想文化最后一个值得称道的重大成果。当然,北宋理学在南宋时期得到了进一步发展,在朱熹等学者的努力建设、完善下,蔚然大观,其学说成为中国封建社会后期占统治地位的、影响最大的哲学。

　　关于"理学"的名目,蒋伯潜、蒋祖怡二先生曾论析道:"经学盛行于两汉,故《史记》、前后《汉书》均立《儒林传》;理学盛行于两宋,故《宋史》于《儒林传》之外又特立《道学传》。经学所以又称'汉学',理学所以又称'宋学',也是因此。理学即'性理学',因为它的研究对象是心性义理,故有此名。孔门后学本有传道、传经两派,理学诸儒以传道自命,认为孔、曾、思、孟道统之传至宋复续,故又有'道学'之名。总之,汉儒、宋儒虽皆宗孔子、崇经籍,但前者重在书本,重在章句训诂,是客观的,是偏于'道问学'的;后者重在心性,重在义理修养,是主观的,是偏于'尊德性'的。"①可见,理学之别名异称,有"性理学"、"道学"、"宋学"等,但为免于纷杂,在本书中一律称以"理学"。

────────────────

　　①　蒋伯潜、蒋祖怡著:《诸子与理学》,上海书店出版社1997年版,第168页,第174页。

北宋理学之先驱人物,后世多以胡瑗(安定先生)、孙复(泰山先生)为椎轮。全祖望《宋儒学案叙录》曰:"宋世学术之盛,安定、泰山二先生为之先河,程、朱二先生皆以为然。"①但北宋理学的开山祖,应推周敦颐(濂溪先生)。张载(横渠先生)则为"关学"之代表人物,程颢(明道先生)、程颐(伊川先生)开创之"洛学",乃北宋理学之正宗,最具规模。邵雍(康节先生)则为别出一派者。

一、北宋理学产生的时代与文化背景

中国思想文化的发展,至宋代又出现了一个新的局面,对其进行宏观的把握,我们可以说,这是一个对此前各种哲学思想作出整合而形成综合之体系的时期。

北宋王朝,是在唐末藩镇割据、五代十国更迭纷争的乱局之后建立起来的。公元880年(唐僖宗广明元年)黄巢军攻占长安,建国号齐,嗣后,后梁朱温篡唐,后唐李存勖、后晋石敬瑭、后汉刘知远、后周郭威,先后灭前朝而立政权,更迭不休。而同时或先后存在的区域性政权,尚有吴、南唐、吴越、楚、闽、南汉、前蜀、后蜀、荆南(南平)、北汉等。传统的历史家一致以"僭窃交兴,称号纷杂"的评语概括综述这一时期。公元960年(北宋太祖建隆元年),后周世宗柴荣时任殿前都点检、兵权在握的赵匡胤,发动陈桥兵变,登极称帝。自黄巢军入长安,至宋太祖兵变称帝,其间历时八十年。

宋太祖称帝后,于公元963年平定荆南和湖南,公元965年灭后蜀,公元971年灭南汉,公元975年灭南唐,除北汉之外,南方各区域性政权基本被剪灭。其后宋太宗时,又灭北汉,完成了北宋疆域的统一,结束五代扰攘的局面。天下既定,宋太祖、宋太宗均致力于务农兴学,慎刑薄敛,与民休息。北宋政权虽然从立国之始就为外患所困扰,长期与北方的辽、西夏、金等游牧民族政权相对峙且积弱不振居于下风,但是,北宋王朝的经济、文化、教育、科技等方面的发展,在一百六十余年间,取得了极大的成就。从经济方面看,除传统的农业生产外,更有城市之勃兴,商业之繁荣。交通发达,舟楫繁密,开矿炼矿业兴盛,纺织业、酿酒业突飞猛进,国际贸易也空前发展。张择端的名画《清明上河图》所描绘的开封城

---

① 蒋伯潜、蒋祖怡著:《诸子与理学》,上海书店出版社1997年版,第168页,第174页。

极盛时期的风貌,可以部分地表现出北宋经济的繁荣,都市生活的风情。从文化、教育、科技各方面看,一种精致辽阔的士大夫文化形成并显示出宋代特有的风貌。伴随城市之勃兴,市民文化也迅速发展。教育的发达则表现为中央之宫学、国子学广开门路,吸纳生员不受血统门第之限制,而地方道府州县"学校之设遍天下"(《宋史·选举志一》),更使宋代整个社会的文化素养超过汉唐。在中国文化趋向成熟、精密化的背景下,古代科技也在宋代发展到极盛。指南针、活字印刷术、火药武器这三项重大发明,是宋代科技的突出成果。天文学、地理学、地质学、医药学、冶金术、造船术、纺织术、酿造术、陶瓷术等都有令人眩目的成就。陈寅恪先生评价说:"华夏民族之文化,历数千载之演进,造极于赵宋之世。"①

北宋理学,就是在这样的时代背景下孕育、产生、发展的。当然,作为思想文化的一种结晶,北宋理学的产生,也还有其文化方面的背景、因素。

自东汉至宋初,中国的思想文化发展,经历了汉代经学、魏晋玄学、南朝佛道教义传播、隋唐诸学并兴且于转折变化中发展的丰富多彩的阶段。酝酿于东汉后期的本土宗教——道教,以及东汉后期传入中土的外来宗教——佛教,也都经历了充分的发展而走向成熟。儒学、道教、佛教三足鼎立,既攻驳非难,对立竞争,又彼此吸收,相互影响。因此,到了宋代,对儒、释、道三家进行融合的趋势已经形成。从这种大趋势来看,说北宋理学是应运而生的综合哲学,亦不为过。从思想成果的理论形态上看,北宋理学是对儒学、道教、佛教三家的融合,但在当时创构理学思想体系的一代理学家的观念中,表现出的却是强烈地站在儒家"正统"立场上针对道教、佛教对意识形态控制权之争夺的思虑与反应。

前文已提及,北宋王朝建立于唐末至五代十国政权更替、战乱频仍的社会大动乱之后,乱世之流弊,体现在思想文化方面,是社会风气败坏、纲常伦理扫地、价值观念混乱等严重社会问题,这些问题,在北宋初期相当长的一段时间里,都未能得到清理。宋初以来的思想家们大都对唐末五代社会动乱进行过深刻反思,甚至于到了南宋时期,朱熹还对"五代之乱"的道德沦丧表示痛心疾首,其《大学章句序》称:"小人不幸而不得蒙至治之泽,晦盲否塞,反复沈痼,及五季之

① 陈寅恪:《宋史职官志考证序》,《金明馆丛稿二编》,三联书店2001年版,第145页。

衰,而坏乱极矣!"因此,宋代思想家基本的思路、共同的努力,大多集中在针对胡化冲击汉化、宗教冲击人文的弊端而力图重整纲常,恢复道德,复兴儒学。①长期以来,佛教思想、道教学说的流行散播,具有对"正统"儒家伦理观念的冲击力,并且,佛教思想、道教学说关于世界本原(宇宙论)的解释体系的精致化,也对中国士大夫们具有极大的吸引力,相对而言,先秦儒家罕言"天道",这方面的理论建构逊色于释、道二家。这也是北宋理学家们所要因应的理论挑战。所以,北宋理学家一方面指责佛、老的虚无主义,认为佛、老思想学说破坏了封建的伦理秩序,但另一方面,北宋理学家又从佛教与道家思想那里吸取许多哲学观点,作为丰富自己哲学体系的养料。

　　当然,先秦儒家并非完全没有对"心性"、"性理"、"天道"、"形上"问题的讨论。如《大学》谈"心",其开篇即曰:"大学之道,在明明德,在亲民,在止于至善。"其中"明明德",即谓使内在之美善禀赋显发出来;再如,《中庸》言"性","唯天地至诚,故能尽其性;能尽其性,则能尽人之性;能尽人之性,则能尽物之性;能尽物之性,则可以赞天地之化育;能赞天地之化育,则可以与天地参也"(第廿二章)。其言"性",言"天人之道",就颇具代表性。孟子主性善,荀子主性恶,皆提供了进一步进行思辨的材料。因此,由宋代理学家取《学》、《庸》、《论》、《孟》创造出的《四书》之名目,也反映出他们取资儒家经典为理论依据的用心。伪古文《尚书》中有"人心惟危,道心惟微,惟精惟一,允执厥中"数语,可视为最古的论心性之精语,故宋儒每喜道之,以为心学之传、道统之要。更值得一提的是,《周易》这部古老奇特的思想文化经典,冠居群经之首,而且在儒家诸经典中,最富于哲理思想,最能完备、充分地体现"明体达用"的思想体系,因此自然成为宋代理学们"殊途同归"地返本以求的经典依据。从周敦颐和到朱熹,宋代理学家建构思想体系的过程中,取资于《周易》的内容,可谓丰富多彩,巨细兼备。

　　此外,西汉以来,诸家讨论心性、天道的学说,可视为北宋理学建构理论体系之先声与铺垫。如《淮南子》曰:"人生而静,天之性也;感而动,性之害也;物

---

　　①　参看黄黎星:《因时变革取精用宏》,载萧汉明主编《大易情性》,湖北教育出版社 2002 年版,第254 页。

至而神应,知之动也。"《淮南子》也论及"天道"之观念。《淮南子》为杂家言,立
论以道家为宗,间采儒家之说。再如董仲舒,乃西汉正统派的儒家,其论性情者
甚多,而其论"天人之际"则直为天人契合之说。西汉末年的扬雄,又持"性善恶
混"论。东汉王充,则认为人性之所以有善恶,在于所禀"元气"之厚薄,因而将
人性分为五种等级。至唐代学者韩愈,以道统自任,曾作《原道》、《原性》等文,
讨论"道统"与"性情";其弟子李翱作《复性说》三篇,主张性善情恶,当绝情而
复性。此类思想文化之资料,都是北宋理学产生的文化背景的组成部分。①

　　《易》曰:"苟非其人,道不虚行。"学术文化思想的创立和发展,自然也离不
开矢志于兹的贤哲。北宋理学中,不乏以继承道统、承担大义为使命者。张横渠
有言:"天地之塞,吾其体;天地之帅,吾其性。民吾同胞,物吾与也。"②又倡言:
"为天地立心,为生民立道,为去圣继绝学,为万世开太平。"③此种气魄与担当,
是北宋理学大师们所共有的。安定先生(胡瑗)、泰山先生(孙复)、徂徕先生(石
介)、范文正公(仲淹)、盱江先生(李觏)、濂溪先生(周敦颐)、横渠先生(张载)、
康节先生(邵雍),以及明道先生(程颢)、伊川先生(程颐),一大批学者相继而
出,弘扬学术思想,相互激荡,风云际会,终于形成了影响深远的理学思想。在南
宋时期,又经由紫阳先生(朱熹)集大成,理学便形成一种精致的思辨的哲学形
式,成为影响中国古代社会后期数百年的居于统治地位的官方意识形态。

二、周敦颐的《太极图说》

　　濂溪先生周敦颐,是北宋理学的开山初祖。黄百家于《宋元学案·濂溪学
案上》中称:"孔孟而后,汉儒止有传经之学。性道微言之绝久矣。元公(周敦
颐)崛起,二程嗣之,又复横渠诸大儒辈出,圣学大昌。故安定、徂徕卓乎有儒者
之矩范,然仅可谓有开之必先。若论阐发心性义理之精微,端数元公之破暗
也。"④

　　周敦颐(公元 1017～1073 年),字茂叔,原名敦实,因避宋英宗旧讳,改名敦

---

① 本段参用了蒋伯潜、蒋祖怡著:《诸子与理学》(上海书店出版社 1997 年版)中《第十八章理学的
　　种子与椎轮》的相关资料,见该书第 168～175 页。
② 张载:《正蒙》,《近思录拾遗》所载,《张载集》,中华书局 1978 年版,第 62、367 页。
③ 张载:《正蒙》,《近思录拾遗》所载,《张载集》,中华书局 1978 年版,第 62、367 页。
④ 黄宗羲、黄百家、全祖望著:《宋元学案》,上海书店出版社 1997 年版,第 482 页。

颐，又作惇颐。道州营道（今湖南道县）人。因筑书堂于庐山莲花峰下，前有溪，取营道旧居濂溪以名之，故后人又称濂溪先生。曾官郴州郴县令、大理寺丞、知洪州南昌、国子博士、通判虔州、广南东路转运判官等。有政绩。程颢、程颐尝师事之。卒年五十七，南宋嘉定十三年（公元1220年）赐谥曰"元公"；淳祐元年（公元1241年）封"汝南伯"，从祀孔子庙（见《宋史》本传及《宋元学案》）。著《太极图》、《太极图说》、《通书》等，后人编有《周子全书》。其学说根柢于《周易》，主张以"太极"为理，以"阴阳五行"为气，并据以解释大自然及人类社会的发展规律，对宋明理学影响甚大。《宋史》列其传于《道学传》之首，并曰"至宋中叶，周敦颐出于舂陵，乃得圣贤不传之学，作《太极图说》、《通书》，推明阴阳五行之理"，"然后道之大原出于天者，灼然而无疑焉"。[1]

关于周敦颐的《太极图》，学界一般认为是与宋初道士陈抟（约公元871～989年，字图南，自号扶摇子，宋太宗赐号"希夷先生"）的《无极图》有渊源关系。朱熹《周易本义》卷首列有《伏羲八卦次序图》等"先天图"四幅，并称："伏羲四图，其说皆出邵氏。盖邵氏得之李之才挺之，挺之得之穆修伯长，伯长得之华山希夷先生陈抟图南者，所谓先天之学也。"又，南宋《易》学家朱震曾言："陈抟以《先天图》传种放，放传穆修，修传李之才，之才传邵雍。放以'河图'、'洛书'传李溉，溉传许坚，许坚传范谔昌，谔昌传刘牧。穆修以《太极图》传周敦颐，敦颐传程颢、程颐。"（语见《宋史·朱震传》）当然，也有学者认为其说未明言陈抟之《无极图》究为何种形态，与周敦颐的《太极图》有何关联，朱熹与朱震之说均难以确定。[2]

关于陈抟的《无极图》，清初学者黄宗炎的《图学辩惑》有收录，并释之曰，《无极图》"乃方士修炼之术。其义自下而上，以明逆则成丹之法"。"就其图而述之，其最下一圈名为'玄牝之门'。玄牝即谷神也……为人身命门两肾空隙之处，气之所由以生，是为祖气。凡人五官百骸之运用知觉，皆根于此。于是提其祖气上升，为稍上一圈，名为'炼精化气、炼气化神'。炼有形之精，化为微芒之气；炼依希呼吸之气，化为出有入无之神；使贯彻于五脏六腑，而为中圈（五行相

①　张善文著：《历代易家与易学要籍》，福建人民出版社1998年版，第99～100页。
②　详参李申著：《易图考》，北京大学出版社2001年版。

联结),名为'五气朝元'。行之而得也,则水火交媾而为。又其上之圈(黑白相间杂),名为'取坎填离',乃成圣胎。又使复还于无始,而为最上之一圈,名为'炼神还虚、复归无极',而功用至矣。"朱彝尊也说:"陈抟居华山,曾以无极图刊诸石为圆者四,位五行其中。自下而上,初一曰'玄牝之门';次二曰'炼精化气、炼气化神';次三五行定位,曰'五气朝元';次四阴阳配合,曰'取坎填离';最上曰'炼神还虚、复归无极'故谓之无极图,乃方士修炼之术尔。"(见朱彝尊《曝书亭集》卷五八《太极图授受考》)①

在《宋元学案·濂溪学案下》中,黄宗炎谈到周敦颐对陈抟《无极图》的改造,曰:"周子得此图,而颠倒其序,更易其名,附于大《易》,以为儒者之秘传。盖方士之诀,在逆而成丹,故从下而上;周子之意,以顺而生人,故从上而下。太虚无有,有必本无,乃更最上圈'炼神还虚、复归无极'之名曰'无极而太极'。太虚之中,脉络分辨,指之为理,乃更其次圈'取坎填离'之名曰'阳动阴静'。气生于理,名为气质之性,乃更第三圈'五气朝元'之名曰'五行各一性'。理气既具而形质呈,得其全灵者为人,人有男女,乃更第四圈'炼精化气、炼气化神'之名曰'乾道成男、坤道成女'。得其偏者、蠢者为万物,乃更最下圈'玄牝'之名曰'万物化生'。"清初学者朱彝尊也曾论析道:周敦颐取陈抟的《无极图》而加以改造,"亦为圆者四,位五行其中。自上而下,最上曰'无极而太极';次二阴阳配合,曰'阳动阴静';次三五行定位,曰'五行各一性';次四曰'乾道成男、坤道成女';最下曰'万物化生'。更名之《太极图》,仍不没无极之旨"。(见朱彝尊《曝书亭集》卷五八《太极图授受考》)

周子《太极图》,旨在展示太极生阴阳,阴阳参合五行而生成男女、万物的衍化模式。其图自上而下分为五层,各有一定的含义:

第一层,为一大圆圈"○",代表化生万物的最初本体,即《太极图说》第一句所讲的"无极而太极"。

第二层,为黑白三轮图(又称"水火匡廓图"),右标"阴静",左标"阳动",黑白三圈轮廓环抱,象征太极动而生阳,静而生阴,一动一静,阴阳交相运行。

---

① 详参李申著:《易图考》,北京大学出版社 2001 年版。

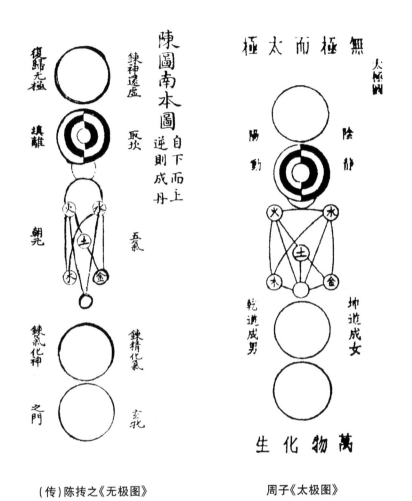

(传)陈抟之《无极图》　　　　周子《太极图》

　　第三层,为五行交合图(又称"三五至精图"),象征阳变阴合而生水、火、木、金、土五行。代表五行的五个小圈,既交系于其上的三轮图,象征阴以阳为根,阳以阴为根;又自相联系,象征五行相生而又往复循环不已。五小圈之下,又有一小圈与金、水、火、木相连,代表阴阳二气、五行密切交合。朱熹曰:"此无极二五所以妙合无间也。"(《太极图说解》)

　　第四层,也是一个大圆圈"○",象征阴阳、五行之所生成者皆禀男、女气质,右标"坤道成女",表明禀承坤道生成之物的气质为"阴";左标"乾道成男",表明禀承乾道生成之物的气质为"阳";两者相合,无非一个"太极"之理。

　　第五层,也是一个大圆圈"○",象征通过以上四个程序,便化生出大自然中形态万殊的物体,所以圆圈下标有"万物化生"。而推究大自然万物的本根,无论大小巨细,也不过一个太极而已。

综观五层图式,从太极的阴阳动静到万物化生,层层推进,其基本宗旨是用以表达作者对宇宙生成程序的一种推测。

周敦颐既作《太极图》,又撰《太极图说》,以解说图形并阐述其中的哲学内涵,图、文并行。《太极图说》全文如下:

> 无极而太极。太极动而生阳,动极而静;静而生阴,静极复动。一动一静,互为其根。分阴分阳,两仪立焉。阳变阴合,而生水、火、木、金、土。五气顺布,四时行焉。五行,一阴阳也;阴阳,一太极也;太极,本无极也。五行之生也,各一其性。无极之真,二五之精,妙合而凝,乾道成男,坤道成女。二气交感,化生万物。万物生生,而变化无穷焉。惟人也,得其秀而最灵。形既生矣,神发知矣,五性感动而善恶分,万事出矣。圣人定之以中正仁义(自注:圣人之道仁义中正而已矣)而主静(自注:无欲故静),立人极焉。故圣人与天地合其德,日月合其明,四时合其序,鬼神合其吉凶。君子修之吉,小人悖之凶。故曰:"立天之道,曰阴与阳;立地之道,曰柔与刚;立人之道,曰仁与义。"又曰:"原始反终,故知死生之说。"大哉《易》也,斯其至矣!①

《太极图说》文字的大意,可以分为前后两部分来理解。

前半部分(自篇首至"变化无穷焉"),论说宇宙的化生模式。此部分含五小节,各与《太极图》的五层图式相配合而阐释其意涵:分别阐释五层图式的含义;第一节,为首句"无极而太极",释第一层图式"〇";第二节,自"太极动而生阳"至"两仪立焉",释第二层图式"三轮图"(阴静阳动);第三节,自"阳变阴合"至"各一其性",释第三层图式"五行交合图"("三五至精图");第四节,自"无极之真"至"坤道成女",释第四层图式"〇"(乾道成男,坤道成女);第五节,自"二气交感"至"变化无穷焉",释第五层图式"〇"(万物化生)。

后半部分(自"惟人也"至终),论说人生应当遵循"太极"精微之理以为用。

---

① 宋·周敦颐撰,徐洪兴导读:《周子通书》附录,上海古籍出版社 2000 年,第 48 页。

这部分也含五小节,各述"太极"的义理及其应用之道。第一节,自"惟人也"至"万事出焉",论人生的一切行为均含"动静"的道理,而平常人往往失之于盲目、不合规律的"动",应当引以为戒;第二节,自"圣人定之以中正仁义"至"鬼神合其吉凶",论圣人能够适当合理地把持处身立世的"动静"之道,并常常立足于"静",以"无欲"为本,应当引为效法的楷模;第三节,为"君子修之吉,小人悖之凶"两句,举"君子"、"小人"为例,从正反两方面说明对"太极"之理的两种不同态度,其褒贬之意甚明;第四节,自"故曰立天之道"至"故知死生之说",引用《周易·系辞传》的辞句,证明"太极"之理的正确与精奥;第五节,为"大哉《易》也,斯其至矣"两句,归结全文,指明《太极图》的本质意义尽在《周易》哲理之中。①

上面将《太极图说》分两部分十小节进行阐解,均本于朱熹的《太极图说解》。自周敦颐的《太极图》及《太极图说》问世之后,又经朱熹阐释,遂成为宋代理学的基础理论之一,在中国思想文化史上产生过重大的影响。其后的理学思想观念对此多有吸收,从《太极图》及《太极图说》所展现的宇宙图式中,理学家进一步引申出"理先气后"、"理一分殊"以及心性关系等诸多概念。周敦颐的"主静"、"无欲"实际上也成为理学重要的人道原则,"主静"被改造为"主敬","无欲"被引申为"明天理,灭人欲",等等。朱熹说过,宋代有四篇重要文字,其中居首的一篇便是《太极图说》(见《朱子语类》)。朱熹与陆九渊(象山先生)、陆九韶(梭山先生)兄弟在"无极而太极"之语上的反复论辩,"朱、陆往复,几近万言,亦可谓无余蕴矣"(黄宗羲语),由此亦可见《太极图说》的影响力。② 康熙《性理大全》书中,甚至把《太极图说》称为"有宋理学之宗祖",推崇至尊。而后代学者更把周子《太极图》及《太极图说》合刻于石上,树于各地,更进一步扩大了它的流传与影响。

除《太极图》及《太极图说》外,周敦颐还著有《通书》。《宋元学案·濂溪学案》引录明儒刘蕺山(宗周)之语,曰:"濂溪为后世儒者鼻祖,《通书》一篇,将《中庸》道理又翻新谱,直是勺水不漏。第一篇言诚,言圣人分上事。句句言天

---

① 本段参用了张善文著:《易经初阶》(台湾顶渊文化事业有限公司 1996 年版)中第十节的相关资料,见该书第 128 ~ 133 页。

② 参看黄黎星:《论陆九渊易说》,《中国哲学史》2004 年第 4 期。

之道也,却句句指圣人身上家当。继善成性,即是元亨利贞,本非天人之别。"①
又引明儒罗整庵(顺钦)曰:"周子之言性,有自其本而言者,诚源、诚立,纯粹至
善是也;有据其末而言者,'刚善刚恶,柔亦如之,中焉止矣'是也。然《通书》首
章之言,浑沦精密,读者或有所未察,遂疑周子专以刚柔善恶言性,其亦疏矣。"
又曰:"《通书》四十章,义精词确,其为周子手笔无疑。至于'五殊二实'、'一实
万分'数语,反复推明造化之妙,本末兼劲。然语意浑然,即气即理,绝无隙缝,
深有合于《易传》'乾道变化,各正性命'之旨矣。"②《通书》对宋代理学也产生过
较大的影响。

三、张载的"气本论"哲学

宋代理学,有所谓"濂洛关闽"之支派,"濂",指周敦颐之学派,"洛"学,为
二程所创所传;"闽",指南宋朱熹之学;"关"学,即指张载所倡导、传播之学说。

张载(公元1020～1077年),字子厚。祖籍大梁(今河南开封),生于长安
(今陕西西安),后侨寓于凤翔郿县(今陕西眉县)横渠镇,故世称横渠先生。少
善谈兵,年二十一以书谒范仲淹,仲淹劝其读《中庸》;载犹以为不足,又访诸释、
老,累年研探其说,知无所得,返而求之《六经》。尝坐虎皮,讲《易》于京师,程颐
兄弟与论《易》,次日谓弟子曰:"二程深明《易》道,吾所弗及,汝可师之。"遂撤
座辍讲。嘉祐间举进士,为云岩令。熙宁初,为崇政院校书,以疾归。卒谥
"明",后定谥"献"。其学以《易》为宗,以《中庸》为的,以《礼》为体,以孔孟为
极。著《正蒙》、《西铭》、《易说》,传其学者称为"关学"(见《宋史》本传及《宋元
学案》)。其思想对宋明理学影响甚大,关于人性论之说为程朱学派所继承发
展,关于一元论之说为明末清初的王夫之所衍伸发挥。后人将其著合编为《张
子全书》。③今有中华书局1978年版《张载集》,收录张载的所有著作甚齐全,并
附录了重要的相关文献资料。

张载的名言"为天地立心,为生民立道,为去圣继绝学,为万世开太平",已
为世人所熟知,所传诵。《宋史》本传记载其治学寻道之精勤,言:"移疾屏居南

①　黄宗羲、黄百家、全祖望著:《宋元学案》,中华书局1998年版,第482页,第522～523页。
②　黄宗羲、黄百家、全祖望著:《宋元学案》,中华书局1998年版,第482页,第522～523页。
③　张善文著:《历代易家与易学要籍》,福建人民出版社1998年版,第101页。

山下,终日危坐一室,左右简编,俯而读,仰而思,有得则识之,或中夜起坐,取烛以书。其志道精思,未始须臾息,亦未尝须臾忘也。敝衣蔬食,与诸生讲学,每告以知礼成性变化气质之道,学必如圣人而后已。"①

与宋代的许多学者一样,张载也曾探究释、道二家之学说思想,"访诸释、老,累年究极其说",但在"知无所得"的情况下,"返而求之《六经》","涣然自信曰:‘吾道自足,何事旁求!’于是尽弃异学,淳如也"。② 站在儒家传统的立场上,张载殚精竭虑,努力建构符合儒家思想体系之正统性的宇宙本体论,以与释、道二家"空"、"无"的核心观念及其宇宙论的争胜。道家倡"以无为本",言"有生于无";佛学论"缘起性空",称"即色是空",张载的宇宙论,提出"太虚即气"的本原构成论,或可称为"气本论"。《正蒙》对"气"之形态多有阐解。如:

太虚无形,气之本体,其聚其散,变化之客形尔;至静无感,性之渊源,有识有知,物交之客感尔。(《正蒙·太和篇第一》)③

天地之气,虽聚散、攻取百途,然其为理也顺而不妄。气之为物,散入无形,适得吾体;聚为有象,不失吾常。太虚不能无气,气不能不聚而为万物,万物不能不散而为太虚。(《正蒙·太和篇第一》)

知虚空即气,则有无、隐显、神化、性命通一无二,顾聚散、出入、形不形,能推本所从来,则深于《易》者也。(《正蒙·太和篇第一》)

所谓气也者,非待其蒸郁凝聚,接于目而后知之;苟健、顺、动、止、浩然、湛然之得言,皆可名之象尔。然则象若非气,指何为象? 时若非象,指何为时?(《正蒙·神化篇第四》)

凡可状,皆有也;凡有,皆象也;凡象,皆气也。气之性本虚而神,则神与

---

①　《宋史·张载传》,《张载集》附录,中华书局 1978 年版,第 385~386 页。
②　《宋史·张载传》,《张载集》附录,中华书局 1978 年版,第 385~386 页。
③　以下引《正蒙》等张载文,均见于中华书局 1978 年版《张载集》中,为免繁琐,不再一一列注。

性(一本作"虚",应以"虚"为妥)乃气所固有,此鬼神所以体物而不可遗也。(自注曰:舍气,有象否? 非象,有意否?)(《正蒙·乾称篇第十七》)

张载认为,从"太虚"(或称"虚空")的状态,到有形质的万物,到人心之感知,人性之表现,归根到底,都是"气"。他还用"冰"与"水"的变化来论述"气"与"太虚"之间的转换形态:

> 气之聚散于太虚,犹冰凝释于水,知太虚即气,则无无(一本作"无有有无")。故圣人语性与天道之极,尽于参伍之神变易而已。诸子浅妄,有有无之分,非穷理之学也。(《正蒙·太和篇第一》)

水可以凝结成冰,冰可以溶解成水,犹如太虚聚则为气,气散则为太虚。"太虚即气",并非"太虚"(或"空",或"无")生出气来。张载的"太虚即气"的气本论宇宙观,从根本上否定了"诸子浅妄"——包括"浮屠以山河大地为见病"(《正蒙·太和篇第一》),"释氏销礙入空"(《正蒙·神化篇第四》),"释氏不知天命而以心法起灭天地"(《正蒙·神化篇第四》),以及道家学说的"语天道性命,不罔于恍惚梦幻,则定以'有生于无',为穷高极微之论","蔽于詖而陷于淫"。(《正蒙·太和篇第一》)

为了说明"太虚"作为特殊之"气"的形式却能够生生不已,生化万物,张载提出了"气化"的观点。《正蒙》的第一篇即为《太和》,张载以"太和"这一概念,来表示太虚之气阴阳处于相互和谐的状态,却又"中涵浮沉、升降、动静、相感之性,是生絪緼、相荡、胜负、屈伸之始",亦即"气化"之始,"其来也几微易简,其究也广大坚固",故能够感通聚结,化生万物:

> 气块然太虚,升降飞扬,未尝止息,《易》所谓"絪緼",庄生所谓"生物以息相吹"、"野马"者与! 此虚实、动静之机,阴阳、刚柔之始。浮而上者阳之清,降而下者阴之浊,其感通聚结,为风雨,为雪霜,万品之流行,山川之融结,糟粕煨烬,无非教也。(《正蒙·太和篇第一》)

张载的"气化"论中，还提到了一个"一物两体"的核心概念。"太虚不能无气，气不能不聚而为万物，万物不能不散而为太虚。循是出入，是皆不得已而然也。"(《正蒙·太和篇第一》)太虚与万物之所以能够相互转换，"皆不得已而然"者何也？乃在于气的聚散作用。"气之性本虚而神，则神与虚乃气所固有"，"虚"与"神"为气之两大属性。张载还使用了阴阳、虚实、升降、刚柔等一系列范畴来说明气的聚散运动，如：

> 一物两体，气也。一故神(自注：两在故不测)，两故化(自注：推行于一)。此天之所以参也。(《正蒙·参两篇第二》)

> 两不立则一不可见，一不可见则两之用息。两体者，虚实也，动静也，聚散也，清浊也，其究一而已。(《正蒙·太和篇第一》)

> 造化所成，无一物相肖者，以是知万物虽多，其实一物；无无阴阳者，以是知天地变化，二端而已。(《正蒙·太和篇第一》)

张载反复提及"一物两体"，是为了强调说明矛盾统一体中对立面的相互作用，才能成为万物生化不息的根本动因。正因为有了两两相对的对立面，才有可能相互作用而变化莫测；但是，"两体"又是蕴涵于"一物"中的，最终又包容、统一于"一"。"两体"固然有各种不同形态，但最终则应归结为气的"阴阳"运化。张载借用了《周易》中"感而遂通"的概念，把"气化"的过程，表述为气之阴阳的相互作用，又把这种相互作用称为"感"：

> 气本之虚则湛一无形，感而生则聚而有象。有象斯有对，对必反其为；有反斯有仇，仇必和而解。(《正蒙·太和篇第一》)

> 天性，乾坤、阴阳也。二端故有感，本一故能合。天地生万物，所受虽不同，皆无须臾之不感，所谓性即天道也。(《正蒙·乾称篇第十七》)

太虚者,气之体。气有阴阳,屈伸相感之无穷,故神之应也无穷;其散无数,故神之应也无数。虽无穷,其实湛然;虽无数,其实一而已。阴阳之气,散则万殊,人莫知其一也;合则混然,人不见其殊也。形聚为物,形溃反原。(《正蒙·乾称篇第十七》)

以上,我们对张载"太虚即气"的宇宙本体论、"一物两体"的"气化"动因论、"相感无穷"的变化形式论,进行了分析和解说。张岱年先生指出:"张载在自然观上的主要贡献是,他第一次提出关于气的比较详细的理论;他批判了道家的客观唯心论和佛教的主观唯心论,论证了虚空无物的太虚、运于无形的道都是物质的,太虚、道、神都统一于气,这样初步论证了世界的统一性在于物质的原理;他又肯定气是运动变化的,运动变化的根源在于气本身所包含的内在矛盾,这样初步论证了物质与运动的内在联系。"[1]从北宋理学思想发展的状况来看,张载的"气本论"并没有被二程所接受,二程对张载以"气"为中心观念的学说评价说:"横渠言气,自有横渠作用,立标以明道。"(《程氏遗书》五),但二程认为气只是第二性的,不应该把气认作第一性的。程颢说:"形而上者谓之道,形而下者谓之器。若如或者以清虚一大为天道,此乃以器言,而非道也。"(《程氏遗书》一一)程氏《语录》记载:"又语及太虚,曰亦无太虚。遂指虚曰:皆是理,安得谓之虚? 天下无实于理者。"(《语录》三)二程认为理才是第一性的。[2] 不过,在六百年之后,张载的《正蒙》,以及他的"气本论"的思想,受到船山先生王夫之的高度重视。王夫之神契张载《正蒙》之说,为此书作注,哲学观念上也与之遥接、呼应。

张载也论及宋代理学家所关注的心性论、修养论、认识论等方面的问题。下面也简要加以论析。

张载从其天道观出发,论述了"天地之性"与"气质之性"的区别与联系。他说:"由太虚,有天之名;由气化,有道之名。合虚与气,有性之名;合性与知觉,有心之名。"(《正蒙·太和篇第一》)即言,人之最初本性,由太虚气化而得来、而

---

① 张岱年:《关于张载的思想和著作》,《张载集》卷首,中华书局 1978 年版,第 6 页,第 11 页。

② 张岱年:《关于张载的思想和著作》,《张载集》卷首,中华书局 1978 年版,第 6 页,第 11 页。

规定,人之本性与知觉构成了"心"。因此,从根本上说,"性者,万物之一源,非有我之得私也","天性在人,正犹水性之在冰,凝释虽异,为物一也"(《正蒙·诚明篇第六》),这就承认了人有自然属性因素的存在。

张载又说:"形而后有气质之性,善反之则天地之性存焉。故气质之性,君子有弗性者焉。"(《正蒙·诚明篇第六》)一方面,张载从孟子的性善论出发,认为"性于人无不善,系其善反不善反而已,过天地之化,不善反者也;命于人无不正,系其顺与不顺而已,行险以侥幸,不顺命者也","天所性者通极于道,气之昏明不足以蔽之;天所命者通极于性,遇之吉凶不足以戕之之"。另一方面,张载也注意到了因为个体禀赋的不同而使"气质之性"发生差别,即"人之刚柔、缓急、有才与不才,气之偏也"。于是,张载又强调通过后天的修养来"知礼成性,变化气质",这就是他的修养论。

张载曾说:"性犹有气之恶者为病,气又有习以害之,此所以要鞭辟至于齐,强学以胜其气习。"(《张子语录·下》)即认为,人之所以形成恶性,或由于先天气质不好,或由于后天境遇不佳,但只要努力学习,就能够战胜它们。他又曾说:"人之气质美恶与贵贱夭寿之理,皆是所受定分。如气质恶者,学即能移。今人所以多为气所使而不得为贤者,盖为不知学。"(《经学理窟·气质》)可见,尽管张载以人的气质为先天所注定,但通过学习,仍然能够改变气质恶者。

在认识论问题上,张载认为,人有"见闻之知"与"德性所知"这两种不同的认知方式。通过耳目闻见获得的知识,此为"见闻之知";二是知性、知天、尽天下之物,此为"德性所知",或"天德良知"。"见闻之知"是基本的、必须的,"闻见不足以尽物,然又须要他。耳目不得则是木石,要他便合得内外之道,若不闻不见又何验?"(《张子语录·上》)"人谓己有知,由耳目有受也;人之有受,由内外之合也。"(《正蒙·大心篇第七》)但是,张载也认识到"耳目闻见"的局限,他说:"今盈天地之间者皆物也,如只据己之闻见,所接几何,安能尽天下之物?所以欲尽其心也。"(《张子语录·下》)"天之明莫大于日,故有目接之,不知其几万里之高也;天之声莫大于雷霆,故有耳属之,莫知其几万里之远也;天之不御莫大于太虚,故必知廓之,莫究其极也。人病其以耳目见闻累其心而不务尽其心。"(《正蒙·大心篇第七》)因此,必须在"耳目见闻"的基础上,经过"心"的思考,才能"尽天下之物",这就是"德性所知"。"世人之心,止于闻见之狭。圣人尽性,不以见闻桎梏心,其视天下无一物非我,孟子谓尽心则知性知天以此。"张载将世人与圣人相比较,认为世人的缺陷在于眼界狭隘,被闻见桎梏其心;圣人与世人不同,在于圣人能够突破个人闻见的局限,通过扩充本来的德性,最终与天道合。"儒者则因明致诚,因诚致明,故能天人合一,致学而可以成圣,得天而未始遗人"(《正蒙·乾称篇第十七》),这就是张载认识论中追求的理想境界:尽性与穷理相结合,臻至"天人合一",从而知性知天。

四、邵雍的先天象数学

邵雍(公元 1011～1077 年),北宋共城(今河南辉县)人,字尧夫,谥康节。曾隐居苏门山百源之上,后人称为百源先生。少时自雄其才,慷慨欲树功名,于书无所不读。始为学,即艰苦刻厉,寒不炉,暑不扇,夜不就席者数年。已而叹曰:"昔人尚友于古,而吾独未及四方。"于是周游天下名胜古迹,归曰:"道在是矣!"遂不复出。北海李之才摄共城令,闻雍好学,曾造访其家,谓曰:"子亦闻物理性命之学乎?"雍对曰:"幸受教。"乃从之才学,受《河图》、《洛书》、《伏羲八卦六十四卦图象》。雍妙悟神契,洞彻蕴奥,遂衍伏羲先天之旨,著书十余万言,世人知其道者甚少。朝廷屡征不应,四时耕稼,自给衣食,名其居室为"安乐窝",自号"安乐先生"。当世名贤甚敬重之,晚年病重时,司马光、张载、程颢、程颐晨夕相候,将终共议丧葬事。卒年六十七。程颢《墓志铭》称其道"纯一不杂"。著有《皇极经世书》、《伊川击壤集》、《渔樵问对》等(见《宋史》本传)。邵雍《易》学,远承陈抟一派所传"先天象数"之说,对宋《易》"象数"、"图书"学派的形成有重大影响。[①]

邵雍的先天象数之学,是中国《易》学史乃至中国思想文化史上极具鲜明特色的学说思想。张善文先生曾论述邵雍先天象数学之概况,其略云:北宋邵雍所倡扬的先天之学(又称先天象数学),主旨以《周易》思想为基础,推衍、探究大自然万物产生及发展过程的奥秘,形成一套独具特色、影响广泛、讲求心法的象数哲学体系。又因为有"先天"立本、"后天"致用之说,故随之又产生与之相附属的"后天之学"的概念。其说发端于五代末宋初的陈抟,经种放、穆修、李之才等

---

① 张善文著:《历代易家与易学要籍》,福建人民出版社 1998 年版,第 99 页。

人迭相传授,至邵雍而集大成,并创许多自得之见。基本理论集中于邵氏所著《皇极经世书》及各种图说。《皇极经世书·观物外篇》云:"先天学,心法也,故图皆自中起,万化万物生乎心也。"又云:"先天之学,心也;后天之学,迹也;出入有无死生者,道也。"张行成《皇极经世观物外篇衍义》:"《先天图》自《坤》而生者始于《复》,至《乾》而生者始于《姤》,皆在天地之中。中者,心也,故先天之学为心法,而主乎诚。"又曰:"先天造物之初,由心出迹之学也;后天生物之后,因迹求心之学也。"清纪大奎《双桂堂稿》云:"夫先天之心,天地之心也一,故神者也;后天之迹,造化之迹也两,故化者也。""夫君子所过者化,所存者神。学《易》而欲穷神以知化,非先天、后天之道,其曷以致之乎? 此邵子之言,所以得圣人不传之学也。"①

邵雍的象数《易》学体系庞大,其独创性的概念、体例纷纭而出,在令人耳目一新的同时,又不无艰深繁杂之感。以下试从阐释其关键性概念、体例入手,对邵雍先天象数之学展开分析和评判。

1. 关于"先天"的含义

"先天"一词,首见于《周易·乾文言》:"夫大人者,与天地合其德,与日月合其明,与四时合其序,与鬼神合其吉凶。先天而天弗违,后天而奉天时。天且弗违,而况于人乎? 况于鬼神乎?"从《乾文言》解说顺序上看,此段乃就《乾》卦九五爻"飞龙在天,利见大人"而言。此"先天"、"后天","先"与"后",均作为动词使用,犹言"先于天(而有所行动)"及"后于天(而有所行动)"。唐李鼎祚《周易集解》引虞翻曰:"乾为天、为先,大人在乾五,乾五之坤五,天象在先,故先天而天弗违。""奉,承行。乾三之坤初成震,震为后也。震春兑秋,坎冬离夏,四象具,故后天而奉天时,谓承天时行顺也。"又引崔憬曰:"行人事,合天心也。""奉天时布政,圣政也。"此处,虞翻用"卦变"说,崔憬直以人事义理解说,然而,"先天"、"后天",均指"先于天(而行事)"及"后于天(而行事)"。孔颖达《周易正义》疏曰:"若在天时之先行事,天乃在后不违,是天合大人也。"又曰:"若在天时之后行事,能奉顺上天,是大人合天也。"朱熹《周易本义》曰:"大人无私,以道为体,曾何彼此先后之可言哉? 先天不违,谓意之所为,默与道契;后天奉天,谓知

---

① 张善文撰:《周易辞典》,上海古籍出版社 1992 年版,第 266～267 页。

理如是,奉而行之。"朱子之说,已融入理学思想观念,然而对此处的"先天"、"后天"辞意的解说,大体仍与前人一致。邵雍的"先天之学"所言之"先天",与以上诸儒之说,涵义显然有别。

邵雍所谓"先天之学"的"先天"概念,大致有这么几方面的含义:

其一,"先天"是自然安措、不可述说的(相对而言,"后天"则是假于人力、着力安排的)。邵雍的《伊川击壤集》中有《先天吟》多首,见于卷一九者云:"先天事业有谁为?为者如何告知谁?若言先天言可告,君臣父子外何归?"见于卷一七者云:"若问先天一事无?后天方要着功夫。拔山盖世称才力,到此分毫强得乎?"这是邵雍所认识、理解的"先天"、"后天"内涵之一。

其二,尧之前为"先天",尧之后为"后天"。《皇极经世书》卷一三:"尧之前,先天也;尧之后,后天也。后天乃效法耳。"①在《皇极经世书》的元会运世岁月日辰的"宇宙年表"中,唐尧即位于第六会第一百八十运第二千一百五十六世的甲辰年(卷一下)。虞舜在唐尧之后继位。唐尧、虞舜是儒家政统中理想的圣王,虽然属于传说时代的人物,具体的"在位"年份不可考,但邵雍根据他的运算法则,将唐尧在位的年代定于第六会最末一运。据明人黄粤洲的研究,第六会最末一运的值卦为《乾》卦,代表中华古文化发展到最高顶点。② 而《皇极经世书》曰:"法始乎伏羲,成乎尧,革于三王,极于五霸,绝于秦。万世治乱之迹无以逃此矣。"(卷一三)这是邵雍以具体的时代分断"先天"与"后天"。

其三,伏羲之《易》为《易》之本,为先天之学;文王之《易》为《易》之用,为后天之学。《皇极经世书》曰:"起震终艮一节,明文王八卦也;天地定位一节,明伏羲八卦也。""乾坤纵而六子横,《易》之本也;震兑横而六卦纵,《易》之用也。"(卷一三)这是邵雍提及《说卦传》第三章("天地定位山泽通气"章)、第五章("帝出乎震"章),虽然其文中并无"先天"、"后天"字眼,但邵雍却认为这两段话,就是"伏羲先天八卦方位"和"文王后天八卦方位"之说,宋儒就是据此画成图式,而流传极广,影响甚巨。

其四,"先天"为"心法"。《皇极经世书》曰:"先天学,心法也。故图皆自中

① 《皇极经世书》,《四库术数类丛书》第一册,上海古籍出版社1990年版,后文引此书,为免繁琐,仅标明其卷数,而不出详注。
② 明·黄粤洲:《皇极经世绪言》,卷二,台北集文书局1992年版。

起,万化万事生乎心也。先天学主乎诚,至诚可以通神明,不诚则不可以得道。"
"先天之学,心也;后天之学,迹也。"(卷一三)邵雍所提之"心"与"诚",显然是
指人之心,或者说,指圣人之心。

其五,从"先天"、"后天"的性质上看,《伊川击壤集》中见于卷一九的《先天
吟》云:"先天天弗违,后天奉天时。弗违无时亏,奉时有时疲。"因此,在邵雍看
来,先天长久无亏损,后天有时而疲敝,先天当然优于后天。[①]

以上五个方面的含义,在邵雍先天象数之学中都有运用,尤其以第一、第三
两方面最为重要,也影响最大。

2."先天图"及其寓意

邵雍将他阐发的《易》图称为"先天图"。《皇极经世书》卷一三曰:"图(注:
先天图也)虽无文,吾终日言,而未尝离乎是,盖天地万物之理尽在其中矣。"邵
雍所谓"先天图",一般认为有四幅,分别是:《伏羲八卦次序图》、《伏羲八卦方位
图》、《伏羲六十四卦次序图》、《伏羲六十四卦方位图》。在《皇极经世书》中并
无明载其图,因朱熹《周易本义》卷首载录并作解说,所以流传极广而影响甚大。
下面,录其图式,并依朱熹《周易本义》中的文字说明来进行简要的介绍。

图一,《伏羲八卦次序图》,此图又称为"先天八卦次序图",或称"三横图"。
朱熹《周易本义》卷首载其图式作:

---

① 本段参用了王国忠《先天易的理象思想初探》一文中第一节的相关资料,见萧汉明主编:《大易情性》,湖北教育出版社 2002 年版,第 164 页。

《周易本义》解说道:"《系辞传》曰:'易有太极,是生两仪,两仪生四象,四象生八卦。'邵子曰:'一分为二,二分为四,四分为八也。'《说卦传》曰:'《易》逆数也。'邵子曰:'乾一,兑二,离三,震四,巽五,坎六,艮七,坤八。自乾至坤,皆得未生之卦,若逆推四时之比也。'"朱熹还曾对邵雍所传《伏羲八卦次序图》排列程式之所以然作过详细的解释,他说:

　　《易》有太极,是生两仪,两仪生四象,四象生八卦",熹窃谓此一节乃孔子发明伏羲画卦自然之形体、次第,最为切要,古今说者惟康节、明道二先生为能知之。(《与郭冲晦第三书》,《朱文公文集》卷三七)

　　太极之义,正谓理之极致耳。有是理即有是物,无先后次序之可言,故曰"《易》有太极",则是太极乃在阴阳之中,而非在阴阳之外也。……有是理即有是气,气则无不两者,故《易》曰"太极生两仪"。……妄意二仪只可谓之阴阳,"四象"乃可各加"太"、"少"之别。而其序亦当以太阳、少阳、少阴、太阴为次。盖所谓递升而倍之者。……此序既定,又递升而倍之,适得乾一、兑二、离三、震四、巽五、坎六、艮七、坤八之序也,与邵氏先天图合。此乃伏羲画八卦自然次序,非人私智所能安排,学易者不可不知也。(《答程可久第三书》,《朱文公文集》卷三七)

　　图二,《伏羲八卦方位图》,此图又称为"先天八卦方位图",或称"乾南坤北图"。朱熹《周易本义》卷首载其图式作。

邵雍在《皇极经世书·观物外篇》(卷一三)中曾对此进行过解说,曰:

　　"天地定位"一节,明伏羲八卦也。八卦相错者,明交相错而成六十四卦也。数往者顺,若顺天而行,是左旋也,皆已生之卦也,故云数往也。知来者逆,若逆天而行,是右行也,皆未生之卦也,故曰知来也。夫《易》之数,由逆而成矣。

这是指明八卦居位的顺行与逆行问题,图中左半圈乾至震四卦皆为阳卦,左向而旋,犹如顺天而行,即《说卦传》所言"数往者顺",谓之"已生之卦";而右半圈巽至坤四卦皆为阴卦,右向而转,犹如逆天而行,即《说卦传》所言"知来者逆",谓之"未生之卦"。

邵雍在《皇极经世书·观物外篇》(卷一三)又曰:

> 乾坤定上下之位,离坎列左右之门,天地之所阖辟,日月之所出入。是以春夏秋冬,晦朔弦望,昼夜长短,行度盈缩,莫不由乎此矣。

此论说明,举凡天地阴阳之消长、日月出入之门户、四时五气之推移、月相圆缺之变化、昼夜长短之转换、天象行度之盈缩,皆可于此图式中看出。

此图与前述的《伏羲八卦次序图》相合不悖。若将八卦依八个方位列成圆形,其左行、右行之序,皆与《伏羲八卦次序图》的次序应合;若将《伏羲八卦次序图》的第三层从中部拆断,各拗成两个半圆拼合在一起,便成为这一圆形的《伏羲八卦方位图》。此图经邵雍阐述表彰,流传甚广,影响颇大。

图三,《伏羲六十四卦次序图》,此图又称为"先天六十四卦次序图",又称"六横图"或"六十四卦横图"。朱熹《周易本义》卷首载其图式作:

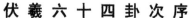

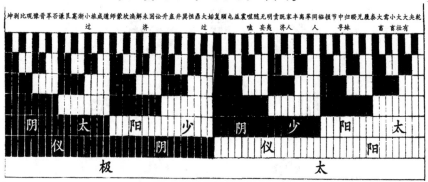

《周易本义》解说道:"前八卦次序图,即《系辞传》所谓'八卦成列'者。此图即其所谓'因而重之'者也。故下三画即前图之八卦,上三画则各以其序重之,而下卦因亦各衍为八也。若逐爻渐生,则邵子所谓'八分为十六,十六分为三十二,三十二分为六十四'者,尤见法象自然之妙也。"这里指出观察此图的两种角度:其一,从"重卦"的角度看,图中下半部三层横格为八卦之象,在八卦之上分别依次加上八卦,便是各卦两两相重的六十四卦,亦即六层横格图式的整体形态。其二,从六层横图所表示六爻逐渐派生的角度看,前三层为"一分为二,二分为四,四分为八",遂生八卦;后三层在此基础上继续推衍,为"八分为十六,十六分为三十二,三十二分为六十四",乃成六十四卦。细玩全图寓意,实是颇具奇妙之理趣。显然,《伏羲六十四卦次序图》是对《伏羲八卦次序图》的进一步扩展;换言之,"八卦次序"已经预示着"六十四卦次序"的规律,而"六十四卦次序"也完全囊括了"八卦次序"的整体内容。

邵雍在《皇极经世书·观物外篇》(卷一三)中也曾对"六横图"作过解说,曰:

　　太极既分,两仪立矣。阳下交于阴,阴上交于阳,四象生矣。阳交于阴,阴交于阳,而生天之四象;刚交于柔,柔交于刚,而生地之四象。于是八卦成矣。八卦相错,然后万物生焉。是故一分为二,二分为四,四分为八,八分为十六,十六分为三十二,三十二分为六十四。故曰"分阴分阳,迭用刚柔,故《易》六位而成章"也。十分百,百分为千,千分为万,犹根之有干,干之有枝,枝之有叶,愈大则愈少,愈细则愈繁,合之斯为一,衍之斯为万。

实际上,邵雍在此所论述的,不仅是从"太极"、"两仪"到六十四卦的衍生程序,更进一步提出事物阴阳对立元素可以不断分解剖析以至无穷的哲理认识,同时还包含着关于自然万物的发展过程皆是从一到多、从单纯到复杂,皆以对立面的互相依存而不断繁衍、未有终止的辩证思维。这也是邵雍《易》象数思想中关键性的体例法则——"加一倍法"或"一分为二"法的运用和体现。

图四,《伏羲六十四卦方位图》,此图又称为"先天六十四卦方位图",又因其内方外圆之形态而称为"六十四卦方圆图"。朱熹《周易本义》卷首载其图式作:

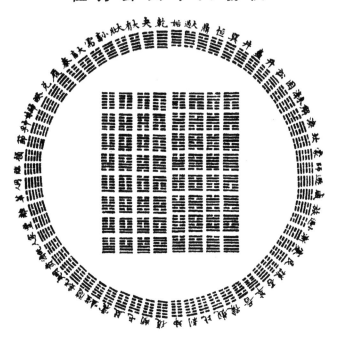

位方卦四十六羲伏

《周易本义》对此图寓意作出解说,曰:"此图圆布者,《乾》尽午中,《坤》尽子中,《离》尽卯中,《坎》尽酉中;阳生于子中,极于午中;阴生于午中,极于子中;

其阳在南,其阴在北。方布者,《乾》始于西北,《坤》尽于东南;其阳在北,其阴在南。此二者,阴阳对待之数,圆于外者为阳,方于内者为阴;圆者动而为天,方者静而为地者也。"视此图蕴意,是通过把六十四卦排成方圆两种程式,以揭示天地阴阳的生成发展原理。朱熹《易学启蒙》曾约邵雍《皇极经世书·观物外篇》解说此图之语曰:

> 天以始生言之,故阴上而阳下,交泰之义也;地以既成言之,阳上而阴下,尊卑之位也。
>
> 阳在阴中,阳逆行;阴在阳中,阴逆行;阳在阳中,阴在阴中,皆顺行。此真至之理,案图可见之矣。
>
> 《复》至《乾》,凡百一十有二阳;《姤》至《坤》,凡八十阳。《姤》至《坤》,凡百一十有二阴;《复》至《乾》,凡八十阴。

据图所示,外圆内方各分六十四卦为阴阳两类,《复》至《乾》为阳,三十二卦;《姤》至《坤》为阴,亦三十二卦。六十四卦阴阳爻各一百九十二,杂居两类而运行。方、圆图阴阳之行皆始于中,即阳卦始于《复》,极于《乾》;阴卦始于《姤》,极于《坤》,此亦即"先天学,心法也。故图皆自中起,万化万事生乎心也"之意。而阴阳循环消长,生息不已。其中阳春夏,阴卦运行可象征秋冬,卦中的阴阳爻象征昼夜,故《周易折中》引邵雍曰:"阳爻,昼数也;阴爻,夜数也。天地相衔,阴阳相交,故昼夜相离,刚柔相错。春夏阳也,故昼数多,夜数少;秋冬阴也,故昼数少,夜数多。"

对于外圈的大圆图,邵雍更以"天根月窟"说作为譬喻而进一步阐释其旨。见于《伊川击壤集》卷一六的《观物吟》云:

> 耳目聪明男子身,洪钧赋于不为贫。因探月窟方知物,未蹑天根岂识人。
>
> 乾遇巽时观月窟,地逢雷处看天根。天根月窟闲来往,三十六宫都是春。

所谓"天根"，即《复》卦，为一阳复生之时，其卦上坤为地、下震为雷，故曰"地逢雷处看天根"。之所以称"天根"，意本《复·象》之"天行也"，"刚长也"，"复，其见天地之心乎"等语。所谓"月窟"，即《姤》卦，为一阴始生之时，其卦上乾为天、下巽为风，故曰"乾遇巽时观月窟"。所谓"三十六宫"，就"先天八卦"之数言之，乾一，兑二，离三，震四，巽五，坎六，艮七，坤八，总数共为三十六；又就"先天六十四卦圆图"言之，则谓六十四卦可约为八个正反不变之卦（《乾》、《坤》、《坎》、《离》、《大过》、《颐》、《中孚》、《小过》，孔颖达称为"变卦"，虞翻称为"旁通"，来知德称为"错卦"），加上其余二十八个正反倒置变易之卦（孔颖达称为"覆卦"，来知德称为"综卦"），其总数亦为三十六。在大圆图中，犹如"天根"的《复》卦，于一年四季可代表阳气将生的冬至；犹如"月窟"的《姤》卦，于一年四季可代表阴气将萌的夏至；而大圆图三百八十四个阴阳爻乃周流运行于八卦、六十四卦的"三十六宫"之间，恰似四季寒暑流转不息，严冬终尽，春日必来，故曰："天根月窟闲来往，三十六宫都是春。"可见，大圆图所示六十四卦阴阳循环消长之理，侧重于体现阴消阳息的自然规律，与《系辞上传》所云"生生之谓易"的思想正切合。

学者曾研究指出，《伏羲六十四卦方位图》作为"先天"之学，与道家、道教的学说有密切的渊源关系，这是毋庸讳言的。但是，邵雍阐发此图的意蕴，却是以《易》理解说宇宙万物的生成、发展规律。

《伏羲六十四卦方位图》还在后世引发过一个中西文化"奇遇"的事件。17世纪德国的哲学家、数学家莱布尼兹（Leibniz）曾看到过由传教士带回欧洲的这幅《伏羲六十四卦方位图》，认为图中诸卦的排列规律，一阴一阳的递进程序，与他所创的"二进制"的新计算方法及数学模式在原理上极为相合，遂至为惊叹。[1]

以上四图，均为邵雍先天象数之学中重要的内容。此四图之间的关系至为密切而彼此相互承应，体系浑然密合而息息沟通。朱熹对邵雍的"先天四图"的象数易学体系极为推崇，他评论说："据邵氏说，先天者伏羲所画之《易》也，后天者文王所演之《易》也。伏羲之《易》，初无文字，只有一图以寓其象数，而天地万物之理、阴阳始终之变具焉。文王之《易》即今之《周易》，而孔子所为作传者是

---

① 见日本五来欣造著，刘百闵译：《莱布尼兹的周易学》，载 1935 年 4 月《学苑》第 4 卷第 3 期。

也。孔子既因文王之《易》以作传,则其所论固当专以文王之《易》为主,然不推本伏羲作《易》画卦之所由,则学者必将误认文王所演之《易》便为伏羲所画之《易》,只从中半说起,不识向上根原矣。"这种伏羲所画之《易》,"是皆自然而生,灒涌而出,不假智力,不犯手势,而天地之文,万事之理,莫不毕具,乃不谓之画前之《易》,谓之何哉?""其曰画前之《易》,乃谓未画之前,已有此理,而特假手于聪明神武之人以发其秘,非谓画前已有此图,画后方有八卦也。此是《易》中第一义也。若不识此而欲言《易》,何异举无纲之网,挈无领之裘,直是无著力处"。(《答袁机仲书》,《朱文公文集》卷三八)"先天四图"在南宋时期经朱熹、蔡元定等采用、解说后,其学遂显明于世。

此外,邵雍还曾阐发"后天二图"即:《文王八卦次序图》(又称"乾坤六子图")和《文王八卦方位图》(又称"后天八卦方位图"、"离南坎北图"),亦有精致的解说,限于篇幅,此处不再展开论析。①

3.加一倍法的规则

"加一倍法",是邵雍先天象数之学中运用最广、阐释最精的体例、规则。其说本于《周易·系辞传》的"一阴一阳之谓道","《易》有太极,是生两仪,两仪生四象,四象生八卦,八卦定吉凶,吉凶成大业"的原理。邵雍将《系辞传》所言"太极→两仪→四象→八卦"的依次递进的"生成"程序(即《伏羲八卦次序图》),继续推衍下去,则有"八分为十六,十六分为三十二,三十二分为六十四"(《伏羲六十四卦次序图》即用此法解说六十四卦生成之"次序")。程颢称之为"加一倍法"(见《河南程氏外书》卷一二)。南宋初学者程迥(沙随先生)于《周易古占法》自题卷首(序)中说:"迥尝闻邵康节以《易》数示吾家伯淳(指程颢),伯淳曰:此加一倍法也。其说不详见于世,今本之《系辞》、《说卦》发明倍法,以尚占知来,以补先儒之阙,庶几象数之学可与士大夫共之,不为谶纬瞽史所惑,于圣人之经不为无功也。"程迥并据此以解说春秋时期的"古占法"②。朱熹又将此法称为"一分为二"法,并且分析说:

---

① 本节论"先天四图",参用了张善文著:《象数与义理》(辽宁教育出版社 1993 年版)中第八章第二节的相关内容,见该书第 206～219 页。
② 黄黎星:《探筮寻例归本儒理——论程迥对周易古占法的探究》,《中州学刊》2007 年第 4 期。

此只是一分为二,节节如此,以至无穷,皆一生两尔。(《朱子语类》卷
六七)

但才有两,则便有四;才有四,则便有八;又从而再倍之,便是十六。盖自其
无朕之中而无穷之数已具,不待安排而其势有不容已者。

邵雍的这一"加一倍法",其算法和结构形式极为简单,无非一阴一阳的不
断剖分,应该说是切合于《周易》所言"乾以易知,坤以简能,易则易知,简则易
从"的原则的,同时,我们还应该看到,"加一倍法"又能够推之于无穷,"犹根之
有干,干之有枝,枝之有叶,愈大则愈少,愈细则愈繁,合之斯为一,衍之斯为万"
(《皇极经世书·观物外篇》卷一三),"引而申之,盖未知其所终极也"(朱熹、蔡
元定《易学启蒙》),颇合于《中庸》"放之则弥六合,卷之则退藏于密"之特性,又
切合于《周易》所言"易知则有亲,易从则有功;有亲则可久,有功则可大;可久则
贤人之德,可大则贤人之业","易简,而天下之理得矣"的思想。

与"加一倍法"相关,邵雍还提出了由《乾》卦开始的"卦变"法,《皇极经世
书·观物外篇》曰:

一生二为《夬》,当十二之数也;二生四为《大壮》,当四千三百之数也;
四生八为《泰》,当五亿五千九百八十七万二千之数也;八生十六为《临》,当
九百四十四兆三千六百九十九万六千九百一十五亿二千万之数也;十六生
三十二为《复》,当二千六百五十二万八千八百七十垓三千六百六十四万八
千八百京二千九百四十七万九千七百三十一兆二千万亿之数也;三十二生
六十四为《坤》,当无极之数也。

邵雍的这段话,所展示的"卦变"形式是由《乾》卦开始,由上而下,各爻依次
由阳变阴,最后终于《坤》卦。这种"生成"的程序,与《伏羲六十四卦次序图》提
法略有不同,邵雍是就先天六十四卦配为元会运世后由小而大的长数、阴数而阐
发的另一种程序形式,不过,我们细察其说,可以发现,"卦变"的形式仍然是以
"加一倍法"为原则性的体例、规则:

一变而二:《乾》上爻变→《夬》

二变而四:《乾》、《夬》五爻变→《大有》、《大壮》

三变而八:《乾》、《夬》、《大有》、《大壮》→《小畜》、《需》、《大畜》、《泰》

四变而十六:《乾》至《泰》之八卦→《履》、《兑》、《睽》、《归妹》、《中孚》、《节》、《损》、《临》

五变而三十二:《乾》至《临》之十六卦→《同人》至《复》之十六卦

六变而六十四:《乾》至《复》之三十二卦→《姤》至《坤》之三十二卦

由此可见,"加一倍法"是邵雍先天象数学中运用广泛而且居于核心地位的体例、规则。这一体例、规则,也运用于邵雍在《皇极经世书》所建构的宇宙图式中。

4.《皇极经世书》的宇宙图式

邵雍《皇极经世书》所建构的宇宙图式,其逻辑原点也是所谓的"道"。《皇极经世书·观物篇五十三》曰:

> 《易》曰:"穷理尽性以至于命。"所以谓之理者,物之理也;所以谓之性者,天之性也;所以谓之命者,处理、性者也;所以能处理、性者,非道而何?道为天地之本,天地为万物之本。以天地观万物,则万物为万物;以道观天地,则天地亦为万物。

《皇极经世书·观物篇五十九》曰:

> 天由道而生,地由道而成,物由道而行,天、地、人、物则异也,其于由道,一也。夫道也者,道也。道无形,行之则见于事矣,如道路之道,坦然使千亿万年行之人知其归者也。

就这一点来说,邵雍与周敦颐相似,也建构了一个以"道"或"太极"为本原,并由阴阳而化生万物,万物又复归于"道"或"太极"的理论模式。然而,与周敦颐阐理有所不同的是,邵雍借用《易》学中太极、阴阳、八卦、六十四卦的生化模式,寓义理于象数体系中。邵雍突破了《周易》原有的框架结构,别出心裁地组织起一套重叠生成、整齐有序的宇宙图式,令人耳目一新。

对天地万物的形成,邵雍《皇极经世书·观物内篇第五十一》说:

> 天生于动者也,地生于静者也,一动一静交而天地之道尽之矣。动之始则阳生焉,动之极则阴生焉,一阴一阳交而天之用尽之矣。静之始则柔生焉,静之极则刚生焉,一柔一刚交而地之用尽之矣。
>
> 动之大者谓之太阳,动之小者谓之少阳,静之大者谓之太阴,静之小者谓之少阴。太阳为日,太阴为月,少阳为星,少阴为辰,日月星辰交而天之体尽之矣。静之大者谓之太柔,静之小者谓之少柔,动之大者谓之太刚,动之小者谓之少刚,太柔为水,太刚为火,少柔为土,少刚为石,水火土石交而地之体尽之矣。日为暑,月为寒,星为昼,辰为夜,寒暑昼夜交而天地之变尽之矣。水为雨,火为风,土为露,石为雷,雨风露雷交而地之化尽之矣。暑变物之性,寒变物之情,昼变物之形,夜变物之体。性情形体交而动植之感尽之矣。雨化物之走,风化物之飞,露化物之草,雷化物之木,走飞草木交而动植之应尽之矣。

在《皇极经世书》中,邵雍以"加一倍法"(或"一分为二"法)的体例、规则,除了上文中所拟取的"太阳少阳太阴少阴"、"太刚少刚太柔少柔"、"日月星辰"、"水火土石"、"寒暑昼夜"、"雨风露雷"、"性情形体"、"走飞草木"诸象外,尚有"目耳鼻口"、"声色味气"、"十一百千"、"元会运世"、"岁月日辰"、"春夏秋冬"、"生长收藏"、"皇帝王伯"、"易书诗春秋"、"心胆脾肾"、"肺肝胃膀胱"、"骨肉血髓"、"士农工商"、"言意象数"、"仁礼义智"、"道德功力"、"圣贤才术"、"化教劝率"等等,可谓笼括了宇宙自然、社会人事的方方面面,而其中最重要的、构成《皇极经世书》中除乐律论之外占据最大篇幅的"元会运世"、"岁月日辰"的宇宙循环变化(当然也涵盖了人类社会的发展)的计算模式。

"元会运世"之模式,邵雍用以计算宇宙的时间,以穷天地之终始,具体来说,宇宙循环变化以"元"为一个周期,一"元"含有十二"会",一"会"含有三十"运",一"运"含有十二"世",一"世"为三十年,这就如同一年有十二月,一月有三十日,一日有十二时辰,一时辰有三十分。照此推算,一"元"有十二"会",三百六十"运",四千三百二十"世",共十二万九千六百年。依此类推,若将"元会运世"次第相交,其数之大,可至于无穷。在邵雍的"宇宙年表"中,唐尧登极是一个重要的节点,即前文已论析之"尧之前,先天也;尧之后,后天也"之说。邵雍把唐尧作为人类文明发展的极盛时代的时间坐标,唐尧以前六万多年并无实际的内容记载,而自唐尧至北宋神宗熙宁年间的三千多年历史,邵雍按照编年史的体例,详细记载了其间发生的重大历史事件,以考察其兴废治乱之迹。余敦康先生指出:"由此可以窥见他的用心所在,主要不是关注宇宙的自然史,而是人类的文明史,特别是属于后天的强调人事之用的文明史。"①

仔细探究一下,不难看出,"元会运世"这种计算宇宙时间的模式,其实是有极大的误差的,仅只就邵雍以 360 日来计算一年的时间而不考虑余下的5.242190 日这一点来看,"元会运世"之与实际的天文、历法相较,舛错何止千百万!余敦康先生曾指出:"邵雍依据这种具体的算法,就一元之数编织了一个宇宙年表。从实证的自然科学的角度来看,这个宇宙年表可以说毫无意义,完全是一种胡编乱造,根本站不住脚。"不过,余敦康先生又说:"但是其中却蕴含着一种哲学的宇宙观,开拓了人们的视野,扩展了人们的时间观念,特别是启发人们把宇宙的自然史与人类的文明史联系起来作为一个绵延而不可分割的整体去统而思之,具有极为深刻的哲学意义。"②

邵雍在《皇极经世书》及《伊川击壤集》中,也还有许多对心性关系、认识论及政治伦理等问题的讨论,但都是在其象数学模式的统辖之下的。

邵雍的先天象数学体系,从来源上看,是与道家、道教密切相关的,然而,就其思想的性质而言,还是以儒家的名教理想为宗旨。其学术思想的独特风格,很大程度上有着为建构体系之方便而生搬硬套乃至削足适履的形式主义倾向,在文献依据及实际验证上都可能经不起推敲,但是,在他的象数学中,"也确实蕴含着一种真正的哲学,贯穿着一种把天地人三才统而思之的太极整体观,充分表现了邵雍力图建构体系以解释人类全部经验的宏大的气魄胆识和探索精神"③。

---

① 余敦康著:《内圣外王的贯通》,学林出版社 1997 年版,第 221 页。
② 余敦康著:《内圣外王的贯通》,学林出版社 1997 年版,第 207~208 页。
③ 余敦康著:《内圣外王的贯通》,学林出版社 1997 年版,第 199 页。

我们就以朱熹在《六先生画像赞》中赞康节先生之语(见《朱文公文集》卷八五),作为本节的结束:

> 天挺人豪,英迈盖世。驾风鞭霆,历览无际。
> 手探月窟,足蹑天根。闲中今古,醉里乾坤。

五、二程的理学思想

北宋理学的哲学思想,其主流及典型形态就是程颢、程颐兄弟所倡导、建构、传播的思想体系,因为其思想体系以"天理"或"理"作为基础和核心的观念范畴,故称"理学"。因二程兄弟均为洛阳人,又长期在洛阳讲学,故二程之"理学",又被称为"洛学"。

程颢(公元 1032～1085 年),字伯淳,学者称明道先生,河南伊川(洛阳以南伊水之地)人。其家历代仕宦,其父程珦官至太中大夫。程颢自幼深受家学熏陶,在政治思想上尤受其父程珦的影响。举进士后,历官京兆府郿县主簿,江宁府上元县主簿,泽州晋城令。神宗初,任御史。因与王安石政见不合,不受重用,遂潜心于学术。《宋史》本传称:"慨然有求道之志。泛滥于诸家,出入于老、释者几十年,返求诸'六经'而后得之。"与其胞弟程颐开创"洛学",奠定了宋明理学的基础。

程颐(公元 1033～1107 年),字正叔,学者称伊川先生,程颢之胞弟。幼承家学,其政治思想亦受父亲程珦之影响。历官汝州团练推官、西京国子监教授。元祐元年(公元 1086 年)除秘书省校书郎,授崇政殿说书。此前,程颐得文彦博所赠鸣皋镇之庄园,乃自建伊皋书院,讲学其中几达二十年。与其胞兄程颢共创"洛学",奠定了宋明理学的基础。

二程的言论和著作,后人编为《二程全书》,包括《二程遗书》、《二程外书》、《明道文集》、《伊川文集》、《伊川易传》、《程氏经说》、《二程粹言》等。

关于程颢、程颐兄弟二人的学术观点,学界或以为颇有相异处,亦合乎情理,然而,笔者以为,其局部之"小异",并不足以影响总体之"大同";而且,《二程全书》中记载程颢、程颐二人之言论,或有标明出于何人,却多有未标明者在,今亦难以区分;再者,程颢、程颐年龄仅差一岁,程颢则比程颐早卒二十二年,二程之

"理学"自然是完善于程颐的,这也使我们难以强分二程之差异。

下面,从三个方面论析二程的理学思想。

1."天理"论

关于二程思想体系中作为基础和核心观念范畴的"天理"或"理",程颢曾不无自负地说过被后人经常提到的话:"吾学虽有授受,天理二字却是自家体贴出来的。"(见《河南程氏外书》卷二〇)"自家体贴出来的",说明他们对此有着真切的体会和深刻的感悟,由此亦可见二程对"天理"观念的特别重视,也因此,学者有将二程理学思想体系称为"理本论"者。

二程兄弟早年都曾受学于周敦颐,据《宋史·周敦颐传》记载,"敦颐每令(二程)寻孔颜乐处,所乐何事"。而且,二程兄弟又与创先天象数之学的邵雍多有交往。创、倡"关学"的张载,是二程的表叔,他们之间也有密切的交往。应该说,二程的天理观,是他们在北宋众学者努力探究天道、心性问题并各自贡献出智慧、见解的背景下,提出并完善的。二程兄弟通过对心性问题的深入探讨和精细思考,以儒家的经典《周易》、《中庸》、《孟子》及《论语》为主要依据,把人的道德之"性"与天道、天理联系起来,从而为自然万物、人之心性提供一个贯通形上形下的解释体系。

"理"是什么?在二程看来,"理"是世界万事万物的根本性、总法则,是物质世界"所以然"的规定性,还是事物存在和发展之根据。

理则天下只是一个理,故推至四海而准。须是质诸天地,考诸三王不易之理。(《二程遗书》卷二上)①

所以谓万物一体者,皆有此理,只为从那里来。"生生之谓易",生则一时生,皆完此理。

所谓"天下只是一个理"及"万物一体者,皆有此理",即说明"理"是世界万事万物的根本性、总法则。

天下物皆可以理照,有物必有则,一物须有一理。(《二程遗书》卷一八)

凡眼前无非是物,物皆有理,如火之所以热,水之所以寒;至于君臣父子间皆是理。(《二程遗书》卷一九)

---

① 见《二程集》,中华书局1981年版,后文引此,为免繁琐,仅标明篇名卷数,而不出详注。

所谓"一物须有一理"及"物皆有理",即说明"理"又是具体事物的规定性,又是事物存在和发展的根据。

那么,"理",为何又被称为"天理"呢?"理"和"天理"实际上是同一概念,因为二程兄弟认为,"理"不是私有的,不是以个人意志为转移的,而是发源于"天"的,是客观存在的,其真理性是不增不减、不生不灭的——例如,不为尧之大德而存在,亦不因桀之大恶而不存在:

> 天理云者,这一个道理,更有甚穷已?不为尧存,不为桀亡。人得之者,故大行不加,穷居不损。这上头来,更怎生说得存亡加减?是它元无少欠,百理具备。(《二程遗书》卷二上)

程颢还曾提出过"天者理也"(《二程遗书》卷二上),直接把"天"与"理"相等值。

二程认为,万物"之所以然"者,都可以通过分析其"理"而得以了解,所以,"万物皆是一理,至如一物一事之小,皆有是理","天下之物皆能穷,只是一理","物理须是要穷,若言天地之所以高深,鬼神之所以幽显。若言天只是高,地只是深,只是已辞,更有甚?"(《二程遗书》卷一五)

既然"天下只是一个理",万物之理是一个,但万物之形态却彼此不同、互有区别,"一物须有一理",换言之,"理"既是具体事物的个性,又是万物的共性,"一物之理即万物之理"(《二程遗书》卷二上),这种看似矛盾的状况,又该如何认识和把握呢? 程颐的回答是:"理一分殊。"在《答杨时论西铭》中,程颐说:"《西铭》明理一而分殊。"(《伊川文集》)"理一分殊"的提出,看似偶然,但又是解决共性之理与个体之理相联系的理论上的必然。这也就坚持了"理"的统一性,或者说,是坚持了理一元论。"理一分殊"的命题,后来被朱熹所继承,从宇宙论和本体论的角度作进一步的发挥,以说明总合天地万物之理的太极与万物各自之理之间的关系。

关于理与事物的关系,二程兄弟曾从"体"与"用"的关系上加以诠释,提出"体用一源"、"事理一致"的观念。程颐说:

> 至微者理也,至著者象也;体用一源,显微无间。(《伊川易传》序)

> 至显者莫如事,至微者莫如理,而事理一致,显微一源。古之君子所谓善学者,以其能通于此而已。(《二程遗书》卷二五)

此论指明,物与理、事与理虽有用体、显微之分,但二者统一而无间,都为一源;离开"理"则无所谓物事,离开物事亦无所谓"理","理"与物事是一体的;这就是"道之外无物,物之外无道"(《二程遗书》卷四)。

总之,二程认为,"理"或"天理",是包括宇宙自然和社会人事在内的整个世界的最高根源、唯一根源。

正因为二程坚持理本论、理一元论,所以,他们在强调形上、形下的区别时,把所有的物质世界都认作是形而下的,既然是形而下的,就不是根本性的、形而上的,就不可能作为世界之本原。因此,二程不同意张载的"气本论"。程颢说:"形而上者之谓道,形而下者之谓器。若如或者以清虚一大为天道,则乃以器言,而非道也。"(《二程遗书》卷一一)这就是针对张载的"气本论"而言的,程颢认为,"清虚一大"之"气",也只是物质性的事物,不足为根本。"立'清虚一大'为万物一源,恐未安"(《二程遗书》卷二上),因为,"凡物之散,其气遂尽,无复归本原之理。天地见如洪炉,虽生物销铄亦尽,况既散之气,岂有复在? 天地造化,又焉用此既散之气? 其造化者,自是生气"(《二程遗书》卷一五)。也正因此,对《易传》中"一阴一阳之谓道"之说,二程也细致地辨析道:"一阴一阳之谓道,道非阴阳也。所以一阴一阳,道也。"(《二程遗书》卷三)"离了阴阳更无道,所以阴阳者,是道也。阴阳,气也。气是形而下者,道是形而上者。"(《二程遗书》卷一五)二程认为,道与阴阳之气虽然不可分割,但阴阳之气只是形而下者,并不是道;而阴阳之气所以然之理,才是形而上的道,才是阴阳以及万物的最后根源。这里的"道",即等同"理"。

二程既确立了"理"或"天理"观念范畴的基础与核心的地位,其性理论、修养论、认识论也就围绕着"理"或"天理"的核心而展开、建立。

2."性理"论

"性理"论,是二程"天理"论在"心性"问题上的展开。

二程曾推崇张载的《西铭》,曰:"《西铭》某得此意,只是须得他子厚有如此笔力,他人无缘做得。孟子以后未有人及此。得此文字,省多少言语。且教他人读书,要之仁孝之理备于此。"二程虽然在世界本原观上不同意张载的"气本论",在心性问题上却颇赞赏张载的观点。甚至我们可以说,张载的名言"为天地立心,为生民立道,为去圣继绝学,为万世开太平",也是二程兄弟的平生心志所系。所以,二程的"天理"论,更大程度上是为了落实于人生的道德践履,也就必然要"心性"的问题上展开。

二程曾细致地考察分析了先秦儒家的心性论,并阐发自己的见解。程颐说:

> 凡言性处,须看他立意如何。且如言"人性善",性之本也。"生之谓性",论其所禀也。孔子言"性相近",若论其本,岂可言相近? 只论其所禀也。(《二程遗书》卷一八)

> "生之谓性"与"天命之谓性"同乎? 性字不可一概论。"生之谓性",止训所禀受也;"天命之谓性",此言性之理也。(《二程遗书》卷二四)

程颐认为,先秦诸子言性,既有就性之本而言,也有就气禀而言,故不可一概而论。孔子讲"性相近也,习相远也"(《论语·阳货》),告子讲"生之谓性"(《孟子·告子上》),都是就气禀而言;孟子讲"性善",与《中庸》的"天命之谓性",则是就性之本而言。二程分析说,"天命之谓性"的性,是在人未生以前就已存在的,程颢又称之为"人生而静以上"之性,程颐又称之为"极本穷源之性"。这性是最根本的,也就是作为宇宙根源的"理"在人心中的体现,它是绝对的善。而"生之谓性"的性,程颢又称之为"气禀"之性,程颐又称之为"才",这性是有善有恶的,是从"气"来的。因此,二程认为,应当将性与气统一起来讨论。二程说:"论性不论气,不备;论气不论性,不明。二之则不是。"(《二程遗书》卷六)若将"气"与"性"分开讨论,就无法使气论与心性论获得完备形态。

程颐提出"性即理也"的命题,"性即理也,所谓理,性是也"(《二程遗书》卷二二上),程颢也说:"道即性也,若道外寻性,性外寻道,便不是。"(《二程遗书》卷一)"天命之谓性"的性就是"理",也就是"仁义礼智信"之"五常":"自性而行皆善也,圣人因其善也,则为仁义礼智信以名之。"(《二程遗书》卷二五)亦即认为"仁义礼智信"之"五常"是一切人固有的先天本性,是绝对的根源性的"天理"赋予人的固有的东西。

既然人性固有"仁义礼智信"之"五常",为何表现出来的人性的现象并不完美? 二程认为,这就是气的影响,因为气有清浊之分,于是人的思想感情、性格行为就有善有恶。程颢说:

> "生之谓性",性即气,气即性,生之谓也。人生气禀,理有善恶,然不是性中元有此两物相对而生也,有自幼而善,有自幼而恶,是气禀有然也。善固性也,然恶亦不可不谓之性也。盖"生之谓性","人生而静"以上不容说,才说性时,便已不是性也。(《二程遗书》卷一)

在程颢看来,就本原而言,"性即气,气即性",这是一种混沌状态,无法言说,故而本无所谓善恶之分;就气禀而言,性既有善的,又有恶的,这是理所当然的。至于人出生后的"性"就兼有气禀而有善恶之分,但这并不是性之本体。

程颐更通过充分地肯定了孟子的性善论,来确认"性即理也"之命题,又引入"才"的辅助性概念来与"性"相对,以解释人之贤愚清浊,他的论说更为明晰:

> 孟子言人性善是也。虽荀、杨亦不知性。孟子所以独出诸儒者,以能明性也。性无不善也;而有不善者,才也。性即是理;理,则自尧舜至于途人,一也。才禀于气,气有清浊,禀其清者为贤,禀其浊者为愚。(《二程遗书》卷一八)

> 性出于天,才出于气,气清则才清,气浊则才浊。譬犹木焉,曲直者性也,可以为栋梁、可以为榱桷者才也。才则有善与不善,性则无不善。(《二程遗书》卷一九)

虽然因为人受"气禀"的影响而有清浊、贤愚、善恶,但本质上看,仍然是美善的"完足之物"。程颢说:

圣贤论天德,盖谓自家元是天然完全自足之物,若无所污坏,即当直而行之;若小有污坏,即敬以治之,使复如旧。所以能使如旧者,盖为自家本质元是完足之物。(《二程遗书》卷一)

程颢认为,人若是美善之"性"完美无缺,就可以依"天理"而直行,若是"性"有"污坏",只要"敬以治之",就能为复转为原有的美善,这是因为,人性之本体"元是完足之物"。

二程的"性理"论,又必然地引申、延展出他们的修养论与认识论。

3.修养论与认识论

"性理"论,是二程"天理"论在"心性"问题上的展开。既然因为人受"气禀"的影响而有清浊、贤愚、善恶之别,那么,激浊扬清,成就贤德、摒弃丑恶,就能够回复原有的美善。但是,人在现实生活中,有欲望的诱惑,人欲是与天理对立的恶的根源。程颢说:"人心莫不有知,惟蔽于人欲,则亡天德也。"(《二程遗书》卷一一)程颐说:"人之不为善,欲诱之也。诱之而弗知,则至于天理灭而不知反。"(《二程遗书》卷二五)又说:"视听言动,非理不为,即是礼,礼即是理也。不是天理,便是私欲。"(《二程遗书》卷一五)。二程兄弟还通过诠释《尚书·大禹谟》"人心惟危,道心惟微,惟精惟一,允执厥中"之语,来阐发"天理"与"人欲"对立的观点。程颢说:

"人心惟危",人欲也;"道心惟微",天理也。"惟精惟一",所以至之;"允执厥中",所以行之。(《二程遗书》卷一一)

这就是说,人心之所以"危",是因为有欲望的牵累;而"道心"之所以"微",是因为天理难见。因此,只有专心致志,才能感悟天理之所在;只有居中而行,才能行之合道。程颐有类似的言论,他说:

"人心",私欲也;"道心",正心也。"危"言不安,"微"言精微。惟其如此,所以要精一。"惟精惟一"者,专要精一之也。精之一也,始能"允执厥

中"。中是极至处。(《二程遗书》卷一九)

　　人心私欲,故危殆;道心天理,故精微。灭私欲则天理明矣。(《二程遗书》卷二四)

　　二程所提倡的"存天理去人欲"的观点,对后世理学具有重要影响,当然也有负面的影响。不过,就其思想理论体系而言,"存天理去人欲"与二程的修养论是密切相关的。二程注重修养,认为"存天理去人欲",就是修养之道。

　　程颢认为,修养的最高境界是"仁"。他所谓仁就是"万物一体"的体验境界,在这个境界中觉得自己和万物合而为一,觉得对万物无有不爱。程颢说:"仁者浑然与物同体。"(《二程遗书》卷二)"若夫至仁,则天地为一身,而天地之间品物万形为四肢百体。夫人岂有视四肢百体而不爱者哉? 圣人仁之至也,独能体是心而已。"(《二程遗书》卷四)他强调要以天地为大我,要泛爱万物,认为这是"至仁"的境界。

　　程颐有对后世影响极大的"涵养须用敬,进学则在致知"(《二程遗书》卷一八)的名言。程颐强调他所言之"敬",并非近于虚无主义的"静",他说:"敬则自虚静,不可把虚静唤作敬。"(《二程遗书》卷一五)实际上他是反对道家和佛教屏去思虑的说法。那么,究竟如何才是"敬"呢? 程颐说:

　　所谓敬者,主一之谓敬。所谓一者,无适之谓一。(《二程遗书》卷一五)

　　所谓"主一"、"无适",朱熹解释说:"只是莫走作。且如读书时只读书,著衣时只著衣。理会一事时,只理会一事,了此一件,又作一件,此'主一无适'之义。"(《朱子语类》卷九六)可见,"主一"就是专一。为何需要如此的"敬"之状态呢? 程颐说:"人心不能不交感万物,亦难为使之不思虑。若欲免此,唯是心有主。如何为主? 敬而已矣。"(《二程遗书》卷一五)这是说,人有很多杂念,无思无虑是不可能的,唯一的方法是经常集中注意力,时时警惕自己,克服一切不符合道德原则的思想,以达到并保持"敬"的状态。

与二程的修养论相互配合的,是其认识论。

前面我们分析了程颐的"涵养须用敬",接下来再来分析"进学则在致知"。

"致知"出自《大学》所言之"三纲领八条目","三纲领"即"明明德"、"亲民"、"止于至善","八条目"即"格物"、"致知"、"诚意"、"正心"、"修身"、"齐家"、"治国"、"平天下"。在二程兄弟的论述中,"致知",又经常依据《周易·说卦传》中"穷理尽性以至于命"之语而诠释为"穷理"。二程说:

> 穷理,尽性,至命,一事也。才穷理便尽性,尽性便至命。因指柱曰:"此木可以为柱,理也;其曲直者,性也;其所以曲直者,命也。"理、性、命,一而已。(《二程外书》卷一一)

二程把"穷理"、"尽性"、"至命"这几个思想修养与认识步骤看做统一的过程。何以如此?程颐曾解释说:"在天为命,在义为理,在人为性,主于身为新,其实一也。"(《二程遗书》卷一八)所以,"明善在乎格物穷理"(《二程遗书》卷一五),"物我一理,才明彼,即晓此,合内外之道也。语其大,至天地之高厚;语其小,至一物之所以然,学者皆当理会。……求之性情固是切于身,然一草一木皆有理,须察"(《二程遗书》卷一八)。程颐把"穷理"当做"明善"的手段,而"穷理"所涉及的范围非常广泛,既要"切于身",也包含穷外部事物之理,穷自然之理,以"合内外之道",但其目的都在于"明善"。

二程对"穷理"、"致知",有许多精彩的论述,比如,他们重视知识的积累,即今所谓的归纳法,又重视道理的类推,即今所谓的演绎法。如:

> 所务于穷理,非道须尽穷了天下万物之理,又不道是穷得一理便到,只是要积累多后,自然见去。(《二程遗书》卷二上)

> 格物穷理,非是要尽穷天下之物,但于一事上穷尽,其他可以类推。……所以能穷者,只为万物皆是一理,至如一物一事虽小,皆有是理。(《二程遗书》卷一五)

人要明理,若止一物上明之,亦未济事,须是集众理,然后脱然自有悟处。(《二程遗书》卷一七)

凡一物上有一理,须是穷致其理。穷理亦多端,或读书讲明义理,或论古今人物别其是非,或应事接物而处其当,皆穷理也。……须是今日格一件,明日又格一件,积习既多,然后脱然自有贯通处。(《二程遗书》卷一八)

这就是说,"理"是无所不在的,每种事物都有自己具体的"理",不可能简单地获知,必须经过积累,以能形成类推的自觉性,从而达到"自然见去"、"脱然自悟"、"脱然贯通"的境界。

在二程的认识论中,同样强调"居敬"对于"穷理"的重要作用:

入道莫如敬,未有能致知而不在敬者。(《二程遗书》卷三)

格物亦须积累涵养。(《二程遗书》卷一五)

《易》所谓"敬以直内,义以方外",须是直内,乃是主一之义。……存此涵养,久之自然天理明。(《二程遗书》卷一五)

敬只是涵养一事。必有事焉,须当集义。只知用敬,不知集义,却是都无事也。……敬只是持己之道,义便知有是有非。顺理而行,是为义也。若只守一个敬,不知集义,却是都无事也。(《二程遗书》卷一八)

与前文我们曾讨论过的张载的认识论相似,二程也区分了"闻见之知"与"德性之知"的不同境界和不同功能。程颐说:

闻见之知,非德性之知,物交物则知之,非内也,今之所谓博物多能者是也。德性之知,不假见闻。(《二程遗书》卷二五)

"致知在格物",格物之理,不若察之于身,其得尤切。(《二程遗书》卷
一七)

依程颐之论,"见闻之知"相当于感性认识,而"德性之知"则是超越外部感
官的理性思考、理性认识。"见闻之知"是从外来的,而"德性之知"可以不凭见
闻,超越见闻,是内在的,是先验的,却具有更强大的认识世界、把握世界的能力。

对于"知"、"行"关系问题,二程提出"知在行先"、"知先行后"的观点:

须是知在所行之先,譬如行路,须得光照。(《二程遗书》卷三)

须以知为本,知之深则行之必至,无有知之而不能行者。知而不能行,
只是知得浅。饥而不食乌喙,人不蹈水火,只是知。人为不善,只为不知。
(《二程遗书》卷一五)

故人力行,先须要知。非特行难,知亦难也。《书》曰:"知之非艰,行之
唯艰。"此固是也,然知之亦自艰。譬如人欲往京师,必知是出那门,行那
路,然后可往。如不知,虽有欲往之心,其将何之? 自古非无美材能力行者,
然鲜能明道,以此见知之亦难也。(《二程遗书》卷一八)

到底,须是知了方行得。……未致知,便欲诚意,是躐等也。学者固当
勉强,然不致知,怎生行得? 勉强行者,安能持久? 除非烛明理,自然乐循
理。(《二程遗书》卷一八)

细玩其辞意,二程对于"知"的认识,固然有各种不同层次的内涵,但他们所
推崇的"知"的最高境界,其实就是"能明道"、"烛明理",亦即能够真切地体认
"天理"。若能够在"天理"的指导下,必将能行、乐行,行之久,行之正,行之果
敢,行合美善。

六、程朱理学的历史地位及深远影响

北宋钦宗靖康元年(公元 1126 年),金人攻破了北宋的首都汴京(河南开

封），内禅传位于子而成太上皇的宋徽宗赵佶，及刚登九五之位一年的宋钦宗赵桓，双双被俘虏，被送往东北，终身未得南还。北宋就此灭亡。宋徽宗赵佶的第九子赵构自立为帝后，年号建炎。宋高宗甫登帝位，即仓皇而逃，退避南方，后定都浙江杭州（当时称临安，而且名义上仍只是"行在"），这就是偏安江南而延续一百五十年的南宋。

随着南宋政权退避于南方，如同东晋时期衣冠士族纷纷南渡一样，甚至规模更大的"衣冠南渡"的情形再次发生。这同时也是历史上规模重大的一次文化中心的南移。被后世尊奉为北宋理学之正宗的二程所创立、所传播的"洛学"，其学术中心原在洛阳、开封等河洛之地，但几经后继者的传承，于播迁的过程中，最后再次蔚然兴盛于以福建北部武夷山为中心的中国东南地区，此即以朱熹为宗的理学中的"闽学"。

二程兄弟"洛学"之南渡，其时代背景，是北宋的灭亡、南宋的建立。程颢、程颐兄弟弟子众多，其中，以吕大临、谢良佐、游酢、杨时最为杰出，被称为"程门四子"。

吕大临（公元1044～1091年），字与叔，今陕西蓝田县人。吕大临曾师从张载，为"关学"之中坚。张载卒后，又往洛阳，以程颐为师。朱熹曾说，他"于程子门人中最取吕大临"。不幸早死，年仅四十七。谢良佐（公元1050～1103年），字显道，上蔡（今河南上蔡县）人，后人称之为谢上蔡或上蔡先生。谢良佐从早年从程颢受学，后又学于程颐。著有《论语说》、《谢上蔡语录》等。朱熹自称其少年时代，"赖先生（指谢良佐）之言以发其趣"，并两次为《谢上蔡语录》撰写跋记，为上蔡先生祠堂写碑记。游酢（公元1053～1123年），字定夫，学者称鹰山先生，福建建阳人，宋神宗元丰间中进士，后出任太学博士，历知汉阳军及和、舒、濠三州。著有《易说》、《中庸义》、《论语孟子杂解》等。游酢亲承程颢、程硕之河洛理学，有"载道南来"之功，是"闽学"（朱子学）的鼻祖。其理学之道先传胡安国等，后传胡宪等，再传朱熹，而于朱熹集大成。以上"程门四子"中的三位，游酢卒年为最后（公元1123年，北宋徽宗宣和五年），均未及于靖康之难，只有杨时，卒于南宋高宗绍兴五年（公元1135年），故被称为"南渡洛学大宗"（《宋元学案·龟山学案》）。

杨时（公元1053～1135年），字中立，南剑州将乐（今福建将乐）人，世居将乐北龟山之下,学者称龟山先生。宋神宗熙宁九年(公元 1076 年)进士及第,后官至龙图阁直学士。杨时于宋神宗元丰四年(公元 1081 年)始问学于程颢。据《龟山先生年谱》记载:"时明道先生之门,皆西北士。最后先生(杨时)与建安游定夫酢往从学焉。于言无所不说,明道甚喜。每言杨君最会的容易,独以大宾敬先生。后辞归,明道送之出门,谓坐客曰:'吾道南矣'。"程颢卒后,杨时又师事程颐。《宋史·杨时传》载:杨时"见程颐于洛。时盖年四十矣。一日见颐,颐偶瞑坐,时与游酢待立不去。颐既觉,则门外雪深一尺矣"。此即"程门立雪"之美谈。杨时的主要著作,编为《杨龟山先生集》(四十二卷)。杨时还对其师二程兄弟的著作进行了编校,主要有:汇集二程兄弟的语录,编成《二程粹言》;对《伊川易传》进行了编校,并作《校正伊川易传后序》。杨时的门人中,著名者有罗从彦,胡宏与张栻均为其弟子,朱熹则为杨时的三传弟子。

我们看到,"程门四子"中,游酢、杨时均为闽学者,传"洛学"于闽,"载道南来",至朱熹而集其大成,发扬光大,实可谓道统传承之使命,有因缘之际会也。

朱熹(公元 1130～1200 年),字元晦,号晦庵、晦翁等,祖籍徽州(今属安徽)婺源(今属江西),出生于福建尤溪,长期于福建从事讲学、著述活动,晚年定居于福建建阳考亭,故以其为宗之学,称为"闽学"。朱熹自幼即聪慧过人,读四书、五经甚刻苦,师事"武夷三先生"胡原仲、刘致中、刘彦冲。稍长,还广泛涉猎儒家经典之外的书籍,出入佛老,泛滥百家,"无所不学,禅,道文章,《楚辞》,诗,兵法,事事要学"(见《朱子语类》卷一〇四)。于南宋高宗绍兴十八年(公元 1148 年)中进士,授左迪功郎,任泉州同安县主簿,后又知南康军(今属江西)、知福建漳州、知潭州荆湖南路安抚使、任焕章阁待制兼侍讲等,以"伪学"罪落职罢官。朱熹的一生,从政时间仅九年,立于朝者四十日而已,但他的讲学阐道、撰著述学的学术活动,自成年后,几乎未曾停歇过。朱熹一生著述颇丰,后人编有《朱文公文集》一百卷,《续集》十一卷,《别集》十卷;《朱子遗书》一百〇三卷;后人又将其讲学的语录分类汇编成《朱子语类》一百四十卷。

朱熹于绍兴三十年(公元 1160 年)正式拜李侗为师。李侗(公元 1093～1163 年),字愿中,学者称延平先生,福建剑南(今福建南平)人,其学受之于罗从彦,罗从彦为杨时之门生,而杨时则亲受教于二程兄弟。由此可见,朱熹虽然上隔二程近百年,但师承之源流脉络可以清晰地上溯至二程,但更为重要的是,朱

熹哲学思想是以二程理学为宗的,其核心观念是继承发展了二程"洛学"中的
"天理"的范畴。朱熹认为,从尧舜禹汤文武周公到孔孟的道统是一脉相承的,
但道统中断于孟子,而二程是接绪于孟子的,"程夫子兄弟者出","续夫千载不
传之绪"。(语见《中庸章句序》)的确,朱熹哲学思想,是以二程理学为基础,来
集纳、整合"濂学"周敦颐《太极图说》等理论框架,"关学"张载的"天道性理"观
念,乃至作为"别派"的邵雍先天象数《易》学的"图式"及相关论述的,所以,后
世将时代相隔近百年的二程、朱熹的理学思想称为"程朱理学",自有其逻辑上
的合理性,也反映出学理上的系统性。

　　因本节之重点不在讨论朱子学的内容,我们以学术界比较趋同的认识,对朱
熹理学思想做一个简略的概述:

　　朱子的哲学思想以太极论、理气论、性理论(心性论)为核心,强调"无极而
太极"、理气浑然一体的理学观;通过对未发、已发、中和及仁学等问题的讨论,
对心性情等范畴作了细致的分析,以"心统性情"发展了传统的心性论,肯定了
"气质之性"对人性善恶之辨的重要意义;并着重强调了居敬穷理的操存涵养工
夫,认为只有通过这层存养工夫,才能树立起人之本,达到生命的净化和升华。
朱熹由心性学上的道心人心、天理人欲之辨,进而在历史观上认为三代以天理
行,此后则以人欲行,因此要恢复三代之至治,则必须存天理,灭人欲,尊王贱
霸。①

　　要充分地认识和评价程朱理学的历史地位和深远影响,我们还应该对整个
中国思想文化史再作宏观的回顾和把握。先秦诸子,在春秋战国时代百家争鸣,
创造了一个学术繁荣的时期,奠定了中国思想文化史发展的宏大基础。嗣后两
千多年间,有几个具有时代特征的作为思想文化之代表的思潮与类型,学界一般
认为有以下几项:其一为两汉经学,其二为魏晋玄学,其三为隋唐佛学,其四为宋
明理学,其五为清代朴学。吕思勉先生曾说:"吾国学术,大略可分为七期:先秦
之世,诸子百家之学,一也。两汉之儒学,二也。魏、晋以后之玄学,三也。南北
朝、隋、唐之佛学,四也。宋、明之理学,五也。清代之汉学,六也。现今所谓新

---

　　① 郭齐勇编著:《中国哲学史》,高等教育出版社2006年版,第270页。

学,七也。"①所论也大体相同,而"清代朴学考证之法甚精,而于主义无所创辟"②,准此而论,于中国古代社会后数百年间,居于尊崇地位、产生巨大影响者,当属宋明理学。

理学之昌明,有赖于理学大师之经营创构、阐述发明,其中,程、朱之功,最为显著。宋明理学甚至可径称为程朱理学,乃实至名归。程、朱相继而起,辟佛排老,融会诸家,总结儒学,追尊道统,与宇宙本体、心性修养、政事治道、学术教育、历史文化诸多方面均有非凡建树,二程,尤其是朱熹,他们既重思想的开创,又重系统的建构,堪称辉煌。最终由朱熹所成就的程朱理学,在从南宋至晚清的数百年间,被历代王朝所尊崇,奉为官方哲学,成为政治理念、文化意识的主要依据,乃至于成为人们日常言行的是非标准,和识理践履的主要内容。程朱理学以其规模广大、深入系统的理论体系,于民族意识中深深扎根,在促进人们的理论思维、教育人们知书识理、陶冶人们的情操,以及维护社会稳定、推动历史进步等方面,都曾发挥过积极的作用,对中华民族整体文化性格的塑造,也具有不可忽视的影响。当然,我们对程朱理学的局限性及负面影响也应该保持清醒的认识。

---

① 吕思勉著:《先秦学术概论》,中国大百科全书出版社 1985 年版,第 3 页。
② 吕思勉著:《先秦学术概论》,中国大百科全书出版社 1985 年版,第 3 页。